AF538165

Tsunetomo Yamamoto

Hagakure

Tsunetomo Yamamoto

Hagakure

Das geheime Wissen der Samurai

Aus dem Englischen von
Matthias Schulz

Anaconda

Titel der englischsprachigen Originalausgabe:
Hagakure. The Secret Wisdom of the Samurai. Published by Tuttle Publishing, an imprint of Periplus Editions (HK) Ltd.

Penguin Random House Verlagsgruppe FSC® N001967

Die Deutsche Nationalbibliothek verzeichnet diese Publikation in der Deutschen Nationalbibliografie; detaillierte bibliografische Daten sind im Internet unter http://dnb.d-nb.de abrufbar.

Lizenzausgabe mit freundlicher Genehmigung

Umschlaggestaltung: www.katjaholst.de
Umschlagmotiv: Samurai, 19th century, ukiyo-e art print from Kabuki theatre series, Bibliothèque des Arts Decoratifs, Paris, G. Dagli Orti / De Agostini Picture Library / Bridgeman Images
Satz und Layout: InterMedia – Lemke e. K., Heiligenhaus
Druck und Bindung: CPI books GmbH, Leck
ISBN 978-3-7306-2089-2
www.anacondaverlag.de

Inhalt

Vorwort

Als ich hörte, dass Dr. Alexander Bennett das *Hagakure* von Yamamoto Jocho (der auch als Tsunetomo Yamamoto bekannt ist) ins Englische übersetzen würde, war mein erster Gedanke: »Das finale Resultat dürfte sehr interessant sein.« Was die Welt des japanischen Bushido angeht, verfügt Dr. Bennett über ein profundes Wissen und weitreichende Erkenntnisse. Ergänzt wird diese Expertise um seine umfangreiche praktische Erfahrung in Japans traditionellen Kampfkünsten. Seine Kompetenz in diesem Feld ist unumstritten.

Zuallererst möchte ich kurz auf den außergewöhnlichen Hintergrund von Dr. Bennett und dessen einzigartige Erfahrungen in Japan eingehen, denn dies wird zeigen, warum er eine so würdige Wahl dafür ist, diesen klassischen Text zu übersetzen. Geboren wurde er 1970 in Neuseeland, 1987 kam er als Austauschschüler erstmals nach Japan. An seiner Gastschule in der Präfektur Chiba beteiligte sich Dr. Bennett an sportlichen Aktivitäten und kam auf diese Weise mit der traditionellen Budo-Form des Kendos in Berührung. Diese Erfahrung war die Initialzündung für seine unstillbare Faszination für Japans Kampfkunst. Nach seinem Jahr in Chiba kehrte er nach Neuseeland zurück, aber schon bald darauf, von 1989 bis 1991, war er erneut in Japan, um sein Studium von Kendo und anderen Kampfkünsten fortzuführen.

1994 beendete Dr. Bennett sein Studium an der University of Canterbury in seiner Heimatstadt Christchurch. 2001 erwarb er seinen Doktortitel in Humanwissenschaften an der Universität Kyoto. Seine – auf Japanisch verfasste – Dissertation befasste sich auf beeindruckende Weise mit dem Thema Bushido und wurde

2009 von Shibunkaku in Kyoto veröffentlicht (*The Bushi Ethos and its Evolution: An Investigation of Bushidō from the Perspective of the History of Social Thought*).

2002 wurde Dr. Bennett als Forschungsassistent am International Research Centre for Japanese Studies (IRCJS) in Kyoto angestellt, wo ich ihn kennenlernte. Im Anschluss lehrte er an der Fakultät für Geisteswissenschaft der Teikyo Universität, dann wechselte er auf den Posten, den er jetzt innehat, nämlich als außerordentlicher Professor an der Abteilung für Internationale Angelegenheiten der Universität Kansai. Viele Jahre lang war er die treibende Kraft hinter *Kendo World*, das er 2001 als erstes englischsprachiges Kendo-Magazin überhaupt mit aufgebaut hatte. Dr. Bennett hält aktuell den siebenten Dan in Kendo, den fünften Dan in Iaido und den fünften Dan in Naginata. Er verkörpert exemplarisch das Ideal des Bunbu-Ryodo – eines Menschen, der in den literarischen Künsten genauso versiert ist wie in der Kriegskunst.

Seit einiger Zeit bewirbt er praktischen Unterricht in Zanshin als zentralen Bestandteil der Bushido-Kultur. Was ist Zanshin? Wörtlich bedeutet es »unbewegtes Herz« und ist vereinfacht gesagt ein wichtiges Prinzip der Kampfkünste. Es geht darum, jederzeit körperlich und geistig wachsam zu sein, auch dann noch, wenn man siegreich aus einem Zweikampf oder einer sportlichen Auseinandersetzung hervorging. Es geht unter anderem darum, im Anschluss wachsam, ruhig und gesammelt zu bleiben und den Adrenalinschub, den man vielleicht verspüren mag, voll und ganz zu kontrollieren. Freude über einen Sieg zum Ausdruck zu bringen, ist genauso inakzeptabel wie Gefühle der Qual nach einer Niederlage. Wer jubelnd die Arme in die Höhe schleudert, legt einen Mangel an Wachsamkeit und Respekt an den Tag.

Insofern lässt sich Zanshin als Geisteszustand ständiger Aufmerksamkeit und Selbstkontrolle beschreiben. Diese geistige Haltung erreichte der Samurai Dr. Bennett zufolge durch die Erfahrungen, die er im Kampf auf Leben und Tod machte. Seinem Widersacher in einer Situation, in der es um Leben und Tod geht, Respekt zu erweisen und sich in Erinnerung zu rufen, welch ernste Gefahr es bedeuten kann, seine Deckung zu vernachlässigen – das ist die Art Begegnung, die ein Gefühl für Zanshin entstehen lässt. Seine Kommentare zur Bedeutung von Zanshin sind aus meiner Sicht eine wichtige Erinnerung an ein nahezu vergessenes Element der Samurai-Kultur. Sollte dieser Baustein verloren gehen, würde dies unser Verständnis vom wahren Wesen des Bushidos und seiner Lehren schmälern.

Als ich mich das erste Mal mit Dr. Bennetts Zanshin-Theorie befasste, kamen mir die japanischen Begriffe Mushin (»Bewusstsein ohne Bewusstsein«) beziehungsweise Mushi (»Selbstlosigkeit«) in den Sinn. Der Begriff Zanshin klang fremd für meine Ohren, wie auch für die meisten Japaner. Tatsächlich klingt für Japaner Zanshin eher wie ein widersprüchlicher oder instabiler Geisteszustand. Für die Menschen in Japan stellten »ein leerer Geist« und »Selbstlosigkeit« über lange Zeit eine tiefgründige Art zu leben dar und standen für die höchste Ebene spiritueller Verwirklichung. Wie lassen sich das unbewegte Herz (Zanshin) und das Bewusstsein ohne Bewusstsein (Mushin) vergleichen? Ist Zanshin tatsächlich dermaßen wichtig, dass es, wie Dr. Bennett behauptet, als ultimativer Geisteszustand der rund um die Welt als Budo bekannten japanischen Kampfkünste gelten sollte? Diese Fragen bewege ich in meinem Hinterkopf. Ich muss gestehen, dass ich von diesen Fragen ganz besessen bin, seit Dr. Bennett meine Aufmerksamkeit auf das Konzept des Zanshins lenkte.

Während ich über derartige Themen sinniere, fasziniert mich die Überlegung, welche Haltung der Autor des *Hagakure* wohl eingenommen hat, was Zanshin und Mushin ähnelnde Ideale anbelangte. Dr. Bennett besitzt ein intensives Verständnis bezüglich derartiger Spannungen im Lebensstil des Samurais, insofern ist es für mich von großem Interesse zu sehen, wie Dr. Bennett Yamamoto Jochos Bushido-Theorie auslegt. Ich freue mich auf seine Übersetzung des *Hagakure*, weil ich sehen möchte, wie er Yamamoto Jocho begegnet ist und wie er mit ihm zwischen den Zeilen des Texts kommunizierte.

Yamaori Tetsuo
(ehemaliger Leiter des International Research Center for Japanese Studies),
2. Juni 2013, Kyoto

Hagakure – Eine Einordnung

Einführung

Das Bushido[1] regt die Fantasie der Menschen an. Auf der einen Seite steht der Begriff für Stärke, Männlichkeit, Furchtlosigkeit, Ehre und Transzendenz, auf der anderen Seite aber auch für Gefühllosigkeit und kaltherzige Brutalität. Das heutzutage sichtbarste Überbleibsel der Samurai-Kultur ist Budo, die traditionellen japanischen Kampfkünste. Sie sind fraglos Japans erfolgreichstes kulturelles Exportgut, denn sie haben weltweit Dutzende Millionen begeisterter Anhänger gefunden. Die Menschen praktizieren diese Künste nicht nur zum Zweck der Selbstverteidigung oder als Wettbewerbssport, sondern auch auf der Suche nach spiritueller Weiterentwicklung.

Japans bemerkenswerter wirtschaftlicher Erfolg nach dem Zweiten Weltkrieg hat ebenfalls zum Interesse am Bushido beigetragen, auch wenn dieser Aspekt keineswegs ein zentraler Faktor gewesen ist. Zu Zeiten der Bubble Economy Ende der 1980er-Jahre fand die These viel Zulauf, Japans volkswirtschaftliche und unternehmerische Erfolge beruhen auf Managementpraktiken, die sich vieles bei »Samurai-Strategien« abgeschaut haben.

[1] Bushido (武士道) heißt wörtlich übersetzt »Weg des Kriegers«. »Bushi« ist das übliche Wort, das in Japans akademischen Kreisen für Krieger verwendet wird, auch wenn der Begriff »Samurai« im Westen vermutlich gebräuchlicher ist. Heutzutage werden beide Begriffe synonym verwendet, in diesem Buch allerdings kommt der Begriff »Samurai« häufiger zum Einsatz.

In den 1980er- und 1990er-Jahren veranlasste die boomende japanische Kultur viele Menschen, sich mit Kampfkünsten zu befassen und die Übersetzungen berühmter Kriegerbücher zu lesen, beispielsweise *Das Buch der fünf Ringe* von Miyamoto Musashi, *Budo Shoshinshu* von Daidoji Yuzan und natürlich das *Hagakure* von Yamamoto Jocho [= Tsunetomo][1]. Heutzutage hat die japanische Kultur viele neue Freunde unter den »Anime otaku« gefunden, den leidenschaftlichen Anhängern der japanischen Anime- und Popkultur. Im Laufe der Jahre gab es viele erfolgreiche Filme, die Samurai-Ideale bewarben, beispielsweise *Der letzte Samurai* mit Tom Cruise und Watanabe Ken in den Hauptrollen. Dieser Film fachte ein neues Interesse am Kodex des Samurai an. Ebenfalls erwähnenswert in dieser Hinsicht ist *Ghost Dog* von 1999 mit Forest Whitaker in der Hauptrolle. Der hochgelobte Film über einen afroamerikanischen Auftragsmörder ist durchsetzt mit *Hagakure*-Aphorismen als Referenzpunkten. Der Killer arbeitet für einen Mafioso und erachtet sich als getreuen »Gefolgsmann«, der loyal zu dem Mann steht, der ihm vor Jahren das Leben gerettet hat.

In der modernen Popkultur und Literatur mögen die Samurai als noble Krieger hingestellt werden, aber es gibt auch Gelehrte, für die Samurai nichts als »tapfere Schlächter« waren. Tatsächlich lässt sich nicht abstreiten, dass im *Hagakure* bereits für die trivialsten Vergehen brutale Todesstrafen verhängt werden. Aus

[1] In Kanji schreibt sich Tsunetomo 常朝. Als 1700 Tsunetomos Herrscher starb und er sich zum Mönch weihen ließ, begann er, seinen buddhistischen Namen Jocho zu verwenden, der auf Kanji identisch geschrieben wird. Die Fachleute streiten darüber, welcher Name zu verwenden ist. Da das *Hagakure* geschrieben wurde, nachdem Jocho Mönch wurde, spreche ich in meiner Übersetzung größtenteils auch von Jocho und nicht von Tsunetomo.

heutigen moralischen Gesichtspunkten kommt es einem geradezu obszön vor, wie wenig ein Menschenleben zu Zeiten der Samurai offenbar wert war. Texte wie das *Hagakure*, die so nüchtern mit dem Tod umgehen, wirken schockierend auf unsere Empfindungen, umso mehr in einem Zeitalter, in dem die Menschen dazu tendieren, keine Gedanken über ihre eigene Sterblichkeit anzustellen.

Unsere Gesellschaft lehnt beispielsweise die Selbsttötung ab und die Todesstrafe für Mörder ist heftig umstritten. Für die Samurai dagegen war der Tod zentraler Bestandteil ihrer Ehre und ihrer Lebensweise. Hing ein Krieger zu sehr am Leben, behinderte ihn das während einer Notlage, insofern galt es als tugendhaft, Geist und Verstand so zu trainieren, dass ein Krieger sich ohne zu zögern auch für den Tod entscheiden würde, sollte in einer bestimmten Situation »entschlossenes Handeln« erforderlich werden. Die extremistischen Meinungen und Bilder, die im *Hagakure* so lebendig geschildert werden, mögen auf den heutigen Leser abstoßend wirken, aber die Aphorismen öffnen ein Fenster in ein Zeitalter und eine Gesellschaft, die dem Leser in seiner Lebensweise fremdartig erscheinen mögen, ihn aber dazu bringen können, über anspruchsvolle Fragen der menschlichen Erfahrung nachzusinnen. Um den Inhalt ordnungsgemäß würdigen zu können, ist es wichtig, zunächst einmal die Dinge in den richtigen Kontext zu setzen.

Das Hagakure-Phänomen

Das *Hagakure* heißt eigentlich *Hagakure-kikigaki* (wörtlich etwa: »Aufzeichnungen des hinter den Blättern Gehörten«) und gilt heute als eine der berühmtesten Abhandlungen zum Bushido. Das 1716 fertiggestellte Werk umfasst schätzungsweise 1300 Vignetten und Betrachtungen unterschiedlicher Länge, die sich auf elf Bücher verteilen. Es befasst sich mit den Menschen, der Geschichte und den Traditionen des Saga-Reichs[1] auf der südjapanischen Insel Kyushu, außerdem enthält das Buch Anekdoten von Kriegern aus anderen Provinzen. Teilweise ist der Inhalt abstrakt, aber die Seiten enthalten fesselnde Geschichten über die Taten einzelner Samurai und den Mahlstrom des Lebens als Gefolgsmann. Statt einer verschlungenen philosophischen Abhandlung haben wir es mit einem Gleichgewicht aus Verrücktheit und Gleichmut zu tun.

Bei den ersten beiden Büchern nimmt man an, dass sie von Yamamoto Jocho (1659–1719) diktiert wurden, einem Gefolgsmann mittleren Rangs von Nabeshima Mitsushige (1632–1700), dem Daimyo[2] der Provinz Hizen (oder Saga). Diktiert hat sie Jocho dem zum selben Clan gehörenden Tashiro Tsuramoto

[1] Das Reich Saga ist auch als Hizen-Domäne und Nabeshima-Domäne bekannt. Es liegt in der Provinz Hizen in der heutigen Präfektur Saga auf der südlichen Insel Kyushu. Ursprünglich wurde die Region vom Ryuzoji-Clan kontrolliert, die Nabeshima waren ihre Vasallen. Als Ryuzoji Takanobu 1584 in der Schlacht fiel, wurde Nabeshima Naoshige Vormund von Ryuzojis Sohn Takafusa. 1590 erlaubte es der Feldherr Toyotomi Hideyoshi dem Nabeshima-Clan, die Region für sich in Anspruch zu nehmen. Damit endete die Herrschaft der Ryuzoji und Naoshige stieg zum ersten Nabeshima-Daimyo des Lehens auf.

[2] Lokale Herrscher, vergleichbar mit den deutschen Fürsten.

(1678–1748). Die Bücher 3 bis 6 befassen sich mit den Adligen von Nabeshima und Ereignissen aus dem Saga-Reich, während die Bücher 7 bis 9 in die »verdienstvollen Taten« von Saga-Kriegern eintauchen. Buch 10 ist eine kritische Abhandlung über Samurai aus anderen Provinzen, Buch 11 enthält ergänzende Informationen über unterschiedliche Ereignisse und diverse Aspekte der Kriegerkultur.

Zweifelsohne wird Jocho einen größeren Teil der Informationen in den Büchern ab Buch 3 beigesteuert haben, aber da sich einige Einträge mit Personen und Ereignissen nach Jochos Tod befassen, hat Tashiro Tsuramoto weite Teile des Inhalts offensichtlich aus anderen Quellen zu einem einheitlichen Werk verwoben. Allgemein gilt Jocho als Autor, aber letztlich ist es Tsuramotos Bemühungen zu verdanken, dass dieses Buch überhaupt das Licht der Welt erblickte. Inhaltlich kritisiert das Werk in einigen Passagen das Tokugawa-Shogunat (die in Edo ansässige Kriegerregierung) – eine Reaktion auf strenge Anordnungen, die Samurai auf die Rolle »mechanischer Schrauben im bürokratischen Rad des Staats« reduzierten.[1] Weitere Kritik äußerte das Buch an den Handlungen bestimmter herausragender Krieger des Saga-Lehens. Die eher arglosen Tiraden gegen örtliche Würdenträger und die verweichlichten hauptstädtischen »Kamigata«-Krieger aus Edo und Kyoto führten dazu, dass das *Hagakure* vorsorglich als »verbotener Text« behandelt wurde und Mitglieder des Saga-Lehens das Werk nur hinter vorgehaltener Hand weiterreichten. Das änderte sich erst in den 1930er- und 1940er-Jahren. Die damals in Japan dominierende militaristische Atmosphäre holte den Text aus der Vergessenheit und machte

[1] Eiko Ikegami, *The Taming of the Samurai*, S. 297

ihn populär. Der Inhalt des *Hagakure* galt als zu aufrührerisch, als dass man das Werk im Lehen Saga hätte offen gutheißen können. Nicht einmal in der Lehensschule Kodokan, wo junge Saga-Krieger ausgebildet wurden, kam der Text zum Einsatz. Dass das Werk heutzutage so viel Anerkennung gefunden hat, erfüllt die Bewohner der Präfektur Saga allerdings mit großem Stolz.

Als sich die Menschen in der Neuzeit erneut für die Traditionen des Bushidos begeisterten, erwachte auch das Interesse am *Hagakure* – ironischerweise, nachdem die Kaste der Samurai im Rahmen der Bemühungen, Japan zu modernisieren, abgeschafft worden war. Die Kaste der Samurai endete während der Meiji-Zeit (1868–1912), war aber nicht gleichbedeutend mit dem Ende des Bushidos als packende, gefühlsgeladene Kraft. Während der Modernisierung der frühen Meiji-Zeit wurden viele Traditionen der Samurai ausgesetzt, das galt auch für die Kampfkünste, doch ab Mitte der 1880er-Jahre feierten sie ihr Comeback. Damals begann das kulturelle Pendel in eine offenkundig nationalistischere Richtung zu schwingen und westliche Technologie sollte durch einen »japanischen Geist« [= Wakon yosai] ergänzt werden.

Garon schrieb, Ende der 1880er-Jahre waren sich »Intellektuelle, örtliche Eliten und Staatsdiener grundsätzlich einig, dass man den Massen ›das Gefühl, eine Nation zu sein‹ vermitteln müsse, sollte Japan es schaffen, sich zu modernisieren und mit der westlichen Konkurrenz mitzuhalten«.[1] Exakt zu dieser Zeit wurde heftig über Fragen des «Japanischseins« debattiert und darüber, was es grundsätzlich bedeutet, Japaner zu sein. In vielerlei Hinsicht tasteten sich die Japaner voran, während sie sich bemühten, eine nationale Identität zu prägen. Laut Doak handelt es

1 Sheldon Garon, *Molding Japanese Minds*, S. 8.

sich bei dieser Epoche um »den ersten wichtigen Augenblick im japanischen Nationalismus – die Kultur als Code für die Konzeptualisierung der kollektiven Identität der Japaner als eigenständiges Volk wurde für Ziele mobilisiert, die das gesamte politische Spektrum abdeckten«.[1]

Prominente Gelehrte wie Inoue Tetsujiro zogen eine Linie vom Bushido zu Patriotismus und Hingabe gegenüber dem Kaiser und versuchten auf diese Weise, das Bushido in den Dienst am Staat einzubinden. Sein Zeitgenosse Uchimura Kanzo, ein leidenschaftlicher Christ, entwickelte eine Neuinterpretation des Bushidos und stellte es auf eine Stufe mit Loyalität gegenüber Jesus Christus. Der zweifelsohne wichtigste Bushido-Kommentator der Neuzeit ist Nitobe Inazo. Er veröffentlichte *Bushido. Die Seele Japans* und schildert darin für das westliche Publikum eine christianisierte Lesart des Bushidos als Rückgrat des japanischen Wertesystems. Es handele sich um die perfekte Grundlage, auf der das Christentum in Japan veredelt und bekannt gemacht werden könne. Er betonte Tugenden wie Ehrlichkeit, Gerechtigkeit, Höflichkeit, Mut, Mitgefühl, Aufrichtigkeit, Ehre, Pflichtgefühl, Loyalität und Selbstkontrolle. Das Bushido sei zwar bei den Kriegern der Feudalzeit entstanden, aber alle Schichten der japanischen Gesellschaft hätten diese Werte übernommen, schrieb er.

Das Bushido und andere Überreste der Kriegerkultur wie beispielsweise die traditionellen Kampfkünste genossen einen derartigen populären und symbolischen Reiz, dass sie wie ein zwar stark romantisch verklärter, aber zunehmend unwiderstehlicher werdender Bestandteil der japanischen Kultur wirkten. Harumi

[1] Kevin Doak, *A History of Nationalism in Modern Japan: Placing the People*, S. 195.

Befu schrieb von der »Samurai-Werdung« des japanischen Volks: »Eigenschaften wie Loyalität, Durchhaltevermögen und Gründlichkeit hatte man zuvor einer kleinen (aber elitären) Bevölkerungsgruppe zugesprochen – den Samurai. Durch Propaganda, Bildung und Regulierung wurden diese Eigenschaften nun schrittweise auf die gesamte Bevölkerung ausgedehnt.«[1]

Zum blühenden japanischen Militarismus passte besonders gut das Grundthema des *Hagakure*, nämlich absolute Ergebenheit gegenüber seinem Herrn, was so weit ging, dass sich ein Krieger dafür wappnen musste, in Erfüllung seiner Pflichten sein Leben einzubüßen. Zusammengefasst wird diese Haltung im legendären Satz »*Bushidō to iu wa shinu koto to mitsuketari*«, »Der Weg des Kriegers liegt im Sterben«. Dass sich dieser Gedanke so gut in das Gedankengut des Militarismus einfügt, liegt, wie Ikegami schreibt, an der Kombination »aus Todeskult mit dem Ideal der getreuen und wirkungsvoll Hingabe an das öffentliche Wohl«.[2]

Im März 1906 wurde das *Hagakure* erstmals gedruckt veröffentlicht und auf diese Weise auch außerhalb der Provinz Saga bekannt. Der Grundschullehrer Nakamura Ikuichi stellte eine Auswahl von Aphorismen zusammen und veröffentlichte sie in Buchform. Erst 1935 wurde in Kurihara Aranos *Hagakure Shinzui* (»Die Essenz des Hagakure«) erstmalig der vollständige Text veröffentlicht. 1940 folgte das sorgfältig kommentierte Werk *Hagakure Kochu* (»Hagakure-Kollation«). Seit diesem Zeitpunkt entkam das Hagakure endgültig dem Nebel des Obskuren. Die Popularität nahm noch zu, als ebenfalls 1940 der große Verlag

[1] Harumi Befu, *Japan: An Anthropological Introduction*, S. 50–52.

[2] Eiko Ikegami, *The Taming of the Samurai*, S. 288.

Iwanami Bunko *Hagakure* veröffentlichte, eine Zusammenarbeit des prominenten japanischen Philosophen Watsuji Tetsuro und des Ethik-Historikers Furukawa Tetsushi. Das dreibändige Werk im Taschenbuchformat machte das *Hagakure* den Massen zugänglich. Einen wirklich großen Hagakure-Boom gab es zwar nicht, aber bei den vom japanischen Kriegsapparat mobilisierten Soldaten war es dennoch eine beliebte Lektüre.[1]

Der Zweite Weltkrieg brachte Kamikaze-Piloten hervor, die sich in den Tod stürzten, und japanische Soldaten, die im Angesicht des Todes einen Fanatismus an den Tag legten, der viel Furcht auslöste. Das sorgte nach dem Krieg dafür, dass Bücher wie das *Hagakure* stark in die Kritik gerieten. Der Vorwurf lautete, sie seien Werkzeuge einer militaristischen Propaganda, die danach strebe, der Jugend Japans einen unzähmbaren Patriotismus einzuimpfen und sie darauf vorzubereiten, ihr Leben für Kaiser und Vaterland zu opfern. Das *Hagakure* lieferte in Kriegszeiten den Ultranationalisten ein wirkmächtiges und gefühlvolles Kredo, allein schon dadurch, dass es dermaßen eindimensional die Loyalität zur Pflicht erhob – bis hin zur Selbstopferung im Rahmen einer »Todesraserei« [= Shini-Gurui]. Doch hatte man hier die wahren Absichten des *Hagakure* tatsächlich zutreffend ausgelegt?

In den Nachkriegsjahren monierten ausländische, aber auch japanische Kritiker, das Bushido stehe für alles, was am Verhalten Japans während des Kriegs abscheulich gewesen sei. Viele Japaner wandten sich vom Bushido ab, weil sie es als Teil der fehlgeleiteten militaristischen Ideologie erachteten, die zu Japans Niederlage und Schande führte, und weil sie das Bushido als nicht

[1] Koike Yoshiaki, *Hagakure-Bushi to Hoko*, S. 44.

geeignet für die neue demokratische Gesellschaft erachteten, die nach dem Krieg in Japan entstand.

Vor diesem Hintergrund entwickelte sich das *Hagakure* zu einem der Bücher, die im Mittelpunkt intensiv geführter Kontroversen standen. Je nach Standpunkt repräsentiert das *Hagakure* eine mystische Schönheit, die der ästhetischen Erfahrung der Japaner innewohnt, sowie eine stoische, aber tiefgreifende Wertschätzung der Bedeutung von Leben und Tod, oder aber man sieht es als Text an, der für alles Abscheuliche steht, was sich über bedingungslose Selbstaufgabe sagen lässt, der den Wert des Lebens auf verabscheuenswürdige Weise herabwürdigt und der blinden Gehorsam gegenüber der Obrigkeit predigt.

Es lässt sich guten Gewissens sagen, dass das *Hagakure* sowohl in Japan als auch im Ausland ein sehr falsch verstandenes Buch ist. Vielleicht war das auch der Grund, weshalb Yamamoto Jocho Tashiro Tsuramoto beschwor, das Buch nach seiner Fertigstellung zu verbrennen, auf dass es nicht in die Hände von Menschen falle, die niemals verstehen könnten, mit welcher geistigen Haltung es geschrieben worden war. Diese Anweisung erscheint geradezu prophetisch, betrachtet man die starken Schwankungen, die die Bewertung des Buchs in der Neuzeit durchlaufen hat.

In Japan pickt sich eine große Bandbreite an Fachleuten – von angesehenen Gelehrten bis hin zu ausländerfeindlichen rechten Ultranationalisten – bequem ein Zitat aus dem *Hagakure*, um Japans vermeintliche »Einzigartigkeit« zu betonen und um eine Verbindung zwischen der vornehmen Samurai-Kultur und dem Geist der modernen japanischen Bevölkerung heraufzubeschwören, sei sie noch so dürftig. Sieht man sich wiederum an, wie viele Übersetzungen des *Hagakure* in andere Sprachen im Ausland erhältlich sind und dass sie sich einer steten Nachfrage erfreuen, gibt es offenbar viele Nicht-Japaner, die sich von der Romantik in Japans feudaler Vergangenheit sowie den Ideen des Bushidos in ihren Bann schlagen lassen. Mag sein, dass es für sie eine Kuriosität darstellt, mag sein, dass sie auf eine Weisheit zu stoßen hoffen, die ihnen von Nutzen sein kann. Dann wiederum gibt es auch Menschen, die das *Hagakure* als schändlichen Nonsens abtun, den das japanische Militär für böswillige Gehirnwäsche einsetzte.

Ausländische Gelehrte, die sich mit Japans Historie und seiner Kultur befassen, sehen die modernen kulturellen nationalistischen Konstrukte rund um das Bushido eher skeptisch und sprechen von einer »erfundenen Tradition«. Dass das *Hagakure* einen historischen Wert hat und ein Fenster in die komplexe, manchmal unfassbar brutale, aber grundsätzlich eher friedliche Welt der Krieger der Tokugawa-Zeit bietet, wird gerne abgetan. Es handele sich nur um das radikale, aufwieglerische Gezeter eines mürrischen alten Griesgrams, der wegen des Verfalls, den das Altern mit sich bringt, übellaunig ist. All diese Haltungen sind verständlich, die positiven genauso wie die negativen. Doch der Inhalt des *Hagakure* ergibt deutlich mehr Sinn, wenn man das Werk mit Sympathie für den Mann und seine Zeit liest.

Der historische Rahmen und das soziale Umfeld

Als Berufskrieger unterschieden sich Samurai von den Bauern und Bürgern, die in den alten [= Kodai] und neuen [= Kindai] Zeiten für den Militärdienst eingezogen wurden. Sie unterschieden sich auch stark von den Beamten, denen in den alten Zeiten militärische Pflichten übertragen wurden, wie auch vom modernen Berufssoldaten.[1] Der schrittweise Aufstieg des Samurai zu landesweiter politischer Bedeutsamkeit war das Resultat dessen, dass im Rahmen des Ritsuryo[2] der allgemeinen Bevölkerung immer weniger militärische Verpflichtungen auferlegt wurden. Das System förderte eine starre Hierarchie am Hof. Bestimmte Ämter, die eine kleine, handverlesene Gruppe Adliger ausübte, wurden nicht nach Qualifikation besetzt, sondern vererbt.

Diese Clique war fest entschlossen, ihre Privilegien und ihr Monopol auf Regierungsämter nicht aufzugeben. Deshalb arbeitete sie immer enger mit aufkeimenden Kriegergruppen zusammen oder stellte gleich eigene Privatarmeen auf. Das wiederum eröffnete Adligen aus mittleren und niederen Rängen gute Möglichkeiten, Karriere zu machen. Rasch erkannten sie, dass kriegerisches Talent ihre Fahrkarte zum Aufstieg sein würde. Es war eine Übereinkunft, die für beide Seiten von Vorteil war, für die niederen Adligen genauso wie für die mächtigen aristokratischen Familien, die am Regierungssitz in Kyoto das Sagen hatten. »Je größer die Möglichkeiten wurden, desto begeisterter und desto ernsthafter widmeten sich derartige junge Männer dem Soldatischen.«[3]

Männern aus regional einflussreichen Familien der östlichen Grenzlande übertrug man Regierungsposten. Sie schlossen sich zusammen und bewaffneten sich, um ihre Anwesen zu verteidigen und um lokale Konflikte mit Gewalt im Keim zu ersticken. In Provinzeinheiten organisierte Samurai formten schließlich feudale Bande, in deren Mittelpunkt ein starkes Gefühl der Identität

[1] Motoki Yasuo, *Bushi no Seiritsu*, S. 1.

[2] Anm. d. Übers.: Ein historisches japanisches Rechtssystem.

[3] Karl Friday, *Samurai, Warfare and the State in Early Medieval Japan*, S. 6.

als Krieger stand. Ihre gemeinsam im Kampf gemachten Erfahrungen schweißten sie eng zusammen und sorgten für intensive loyale Beziehungen, aber auch die Aussicht auf finanzielle Vergütung für geleistete Dienste spielte eine Rolle. Als Minamoto no Yoritomo 1192 in Kamakura die erste Bakufu [= Militärregierung] ins Leben rief, hatten die Krieger längst ihre eigene Kultur entwickelt. Sie basierte auf einem schier unersättlichen Hunger nach Ruhm, Glanz und Ehre. Zu diesem frühen Zeitpunkt war die Kultur der Krieger noch nicht kodifiziert, insofern haben sich hier eine ganze Reihe von Begriffen etabliert, etwa *bando musha no narai* (»Bräuche der östlichen Krieger«), *yumiya no michi* (»Der Weg von Pfeil und Bogen«), *kyuba no michi* (»Der Weg von Bogen und Pferd«) und so weiter. Der Begriff Bushido entstand erst viel später, nämlich im 17. Jahrhundert.

Für die Samurai drückten die kriegerischen Fähigkeiten die Stärke und den Mut des Einzelnen aus, außerdem standen sie symbolisch für die einzigartige Subkultur der speziell für den Kampf Ausgebildeten. Ab dem 9. Jahrhundert (möglicherweise sogar noch eher) entwickelten und kultivierten japanische Krieger eine eigentümliche Kultur, die in erster Linie auf der Fähigkeit basierte, Gewalt anwenden zu können. Im Laufe der Jahrhunderte bildeten sich Anforderungen an den idealen Krieger heraus. Die Samurai befolgten die Gebote von Ehre und Lehnstreue zwischen Gefolgsmann und Herr. Die klassischen Kriegsgeschichten [= Gunki monogatari] schildern wieder und wieder, dass der Krieger nur zu gern bereit war, für seinen Herrn in den Tod zu gehen.

Allgemein gesprochen entwickelten die Samurai bis zur Kamakura-Zeit (1185–1333) einen ausgeprägten Moralkodex, der so weit ging, dass ein Samurai im Idealfall zum Schutz der Ehre sein Leben riskierte oder opferte. Die restliche Gesellschaft war nicht ansatzweise dermaßen erpicht darauf, zur Wahrung ihrer Ehre ihr Leben aufs Spiel zu setzen. Um das Verhältnis der Samurai aller Rangstufen untereinander zu regeln, erschufen sie einzigartige Vorgaben für die Interaktion. Ehrentitel spielten eine wichtige Rolle. Diese Regeln waren der Klebstoff für das politische und gesellschaftliche Leben der Samurai. Darüber hinaus entwickelten die Krieger einen unstillbaren Durst, den Namen ihres Hauses [= Ie] zu mehren, und mit verbissener Leidenschaft arbeiteten sie daran, dass ihr Name [= Na] für die Nachwelt erhalten blieb. Das Streben nach Ehre und danach, Schande zu vermeiden, wurde auf diese Weise untrennbar mit Tapferkeit und unermüdlichem Mut verknüpft sowie mit dem Monopol auf das Recht, Gewalt anwenden zu dürfen.

Ehre wurde nicht zuletzt durch kämpferische Fähigkeiten und Gewalt ausgedrückt, insofern nahm das Thema Tod stets einen zentralen Platz im Leben der Samurai ein. Ähnlich wie bei den westlichen Rittern im Mittelalter wurde das Töten nicht als moralischer Akt an sich geduldet, auch wenn es auf vielerlei Art und Weise rechtfertigt und verteidigt wurde. Das Sehnen nach Anerkennung über den Tod hinaus und der wie besessen verfolgte Wunsch, den eigenen Ruhm und den Ruhm seiner Familie zu mehren, reichte dem Samurai als Motivation und als Rechtfertigung, dafür zu töten oder zu sterben. Es war (gemeinsam mit der Aussicht auf finanzielle Entlohnung) der emotionale Anreiz, tapfer für seinen Herren zu kämpfen. Das Stigma der Feigheit wäre zudem eine viel zu große Schande, sowohl für den Samurai selbst als auch für seine Nachfahren.

Im beliebten Mittelalter-Genre der »Kriegsgeschichten« wurden die Samurai sehr ehrenvoll dargestellt, aber warf man einen Blick auf das große Ganze, schimmerten stets die Gier auf Land, Macht und das eigene Vorankommen durch. Seinen Höhepunkt erreichte dieser Zustand während einer der turbulentesten Phasen der japanischen Geschichte, der Sengoku-Zeit (1467–1568), der »Zeit der kriegführenden Länder«. Rivalisierende Warlords [= Daimyo] stritten miteinander darum, das gesamte Land unter ihre Kontrolle zu bringen und zu beherrschen. In dieser Zeit fiel die Loyalität gegenüber dem eigenen Oberherrn gerne dem eigenen Vorankommen zum Opfer, während Bündnisse und Treueschwüre genauso schnell gegeben wie gebrochen wurden.

Es war eine Zeit großer Unsicherheiten und über Aufstieg oder Fall eines großen Daimyos, seines Hauses [= Ie] und seiner Mitglieder, entschied häufig ein einziger verräterischer Dolchstoß in den Rücken. Die Ungewissheit dieser Zeit brachte eine Vielzahl an »Hausregeln« [= Kakun], Gesetzen [= Hatto] und Vorschriften hervor, die das gebührliche Benehmen eines Samurais zu regeln suchten. Das spricht dafür, dass ein vorbildliches Verhalten alles andere als normal war. Und dennoch blickten spätere Generationen voller Nostalgie auf das gefährliche Leben der Sengoku-Krieger und auf ihre Taten. Es war »die gute alte Zeit«, als Samurai noch echte Männer waren und die Kühnen gewannen … oder wenigstens ehrenhaft starben.

Als im Tokugawa-Shogunat[1] (1603–1867) endlich eine friedlichere Phase in Japan Einzug hielt, standen die Samurai vor einem Dilemma. Wie konnte die Kriegerklasse, die gerade einmal fünf, sechs Prozent der Gesamtbevölkerung ausmachte, ihre Existenz an der Spitze der neuen gesellschaftlichen Ordnung [= Shinoko-

[1] Anm. d. Übers.: Auch Edo-Zeit genannt.

sho][1] rechtfertigen, wenn es keinerlei Kriege mehr gab, die man führen konnte?

Militärgelehrte und konfuzianische Gelehrte entwickelten und optimierten nun Protokolle, die die Rolle der Krieger zu Friedenszeiten definierten. Diese Protokolle wurden als »Shido« oder »Bushido« bezeichnet. Mit der Zeit entstanden die Grundlagen für ein neues System politischer Gedanken und politischen Bewusstseins. Die Regierung erörterte auf den oberen Ebenen die zentrale Rolle von Kriegern in Angelegenheiten des Staats. Auf diese Weise erhielt die privilegierte Kaste der Krieger eine Existenzberechtigung auch in Zeiten anhaltenden Friedens.

In seiner berühmten militärischen Abhandlung *Heiho Kadensho* von 1632 beispielsweise legt Yagyu Munenori (1571–1646) dar, wie ein tugendhafter Herrscher sich die Möglichkeit bewahrt, zum Schutz des Volks militärische Macht einzusetzen. Für das Wohlergehen des Reichs sei es unerlässlich, sich eine wohlwollende Militärregierung zu bewahren: »Manchmal müssen zehntausend Menschen leiden, weil ein Mensch böse ist. In so einem Fall wird die Klinge, die den Tod bringt, zum Schwert, das Leben rettet.« Anders gesagt: Der Weg des Kriegs wurde auch als Weg des Friedens gesehen.

Diese Rechtfertigung funktioniert auf Regierungsebene, doch als das *Hagakure* mitten während der Tokugawa-Zeit geschrieben wurde, waren es die unteren und mittleren Ränge der Samurai – inzwischen voll und ganz in nicht kämpfende, bezahlte Bürokraten verwandelt –, die nach dem Sinn ihrer Existenz such-

[1] Shinokosho bezeichnet die sozialen Schichten des Shogunats. An der Spitze der Pyramide standen die Samurai, gefolgt von Bauern, Handwerkern und Kaufleuten. Allerdings verschwammen die Grenzen häufig und es herrschte durchaus Durchlässigkeit zwischen den Schichten.

ten. Bekannte Gelehrte wie Yamago Soko (1622–1685) und Daidoji Yuzan (1639–1730) lieferten den Samurai Kriterien für geleistete Errungenschaften, die an die Stelle von Heldentaten auf dem Schlachtfeld traten. Rhetorisch fragte Yamago Soko: »Der Samurai isst, ohne die Lebensmittel angebaut zu haben. Er nutzt Dinge, ohne sie hergestellt zu haben. Er profitiert, ohne verkauft zu haben. Mit welcher Rechtfertigung tut er das?« Seine Antwort: Dem Samurai kam in Friedenszeiten die Aufgabe zu, seinem Herrn getreulich zu dienen und den Bürgerlichen durch seine hingebungsvolle Pflichterfüllung ein moralisches Vorbild zu sein. Dazu gehörte es, sich strikt an die Protokolle der Etikette zu halten, sich durch asketisches Training in den Kampfkünsten bereit für eine militärische Verwendung zu machen und gleichzeitig sein ästhetisches Empfindungsvermögen durch Studium und kulturelle Weiterbildung zu verfeinern.

Das Streben nach Perfektion im Alltag und die hingebungsvolle Pflichterfüllung gaben den Samurai ein alternatives Grundgerüst an die Hand, auch abseits des tapferen Kampfs auf dem Schlachtfeld an Ehre zu gewinnen. Es war ein deutlich weniger gefährlicher und weniger aufregender Ersatz für Krieg, aber das Shogunat war zufrieden damit, die Samurai auf diese Weise zähmen zu können, herrschte doch Besorgnis, dass das von Natur aus explosive Wesen der Kriegerkultur anderenfalls die Vormachtstellung des Shogunats gefährden könnte.

Auch wenn die Aussicht, ehrenhaft in der Schlacht zu sterben, nicht länger real war, wurde interessanterweise das Todeskonzept idealisiert. Es schlug sich in einer Haltung nieder, sich bis zur Selbstaufopferung und mit unerschütterlicher Loyalität in den Dienst seines Herren zu stellen. Das konnte so weit gehen, dass man als Sühne für Fehlverhalten den Freitod wählte. Gefeierte Episoden aus der Tokugawa-Zeit belegen, welche »Treue« ein Samurai an den Tag legen konnte. Das offensichtlichste Beispiel ist die Rache der 47 Ronin (herrenlose Samurai). 1701 zog der Fürst von Ako, Asano Naganori, sein Schwert und griff in der Burg Edo Kira Yoshinaka an. Der Grund: Er fühlte sich in seiner Ehre verletzt. Wegen dieses schweren Verstoßes gegen die Etikette am Hof wurde Asano sofort angewiesen, Seppuku zu begehen, rituellen Selbstmord. Zwei Jahre schmiedeten seine Gefolgsleute Rachepläne, dann schlugen sie zu. Seinen Höhepunkt erreichte der Rachefeldzug damit, dass sie Kira in dessen Anwesen töteten. Im Anschluss begingen sie rituellen Selbstmord. Bis heute werden die Männer in Japan als Musterbeispiel für Loyalität wie Helden geehrt.

Ihr Handeln findet Befürworter genauso wie Kritiker und zeigt das komplexe Wesen der bei den Tokugawa-Kriegern herrschenden »Gemeinschaft der Ehre«. Hätte Asano mehr Zurückhaltung an den Tag legen sollen, als er von Kira aufgestachelt wurde? Wie sehr dürfen heilige persönliche Grenzen überschritten und die eigene persönliche Ehre verletzt werden, bevor es akzeptabel ist, zu Vergeltungsmaßnahmen zu greifen? Die persönliche Ehre eines Samurai galt als unantastbar. Hätte Shogun Tsunayoshi also nicht verständiger sein müssen, bevor er Asano sofort dafür bestrafte, mit dem Ziehen seiner Waffe gegen das bei Hof geltende Protokoll verstoßen zu haben? Hätte er Kira für seine Rolle bei diesem Streit nicht ebenfalls bestrafen müssen? Hätten die 47 Gefolgsleute Asanos sich nicht an die Gesetze halten müssen, die Rache unbedingt untersagten, oder war ihr Handeln gerechtfertigt? War das Motiv für ihre Vendetta Loyalität gegenüber ihrem Herrn, der aus ihrer Sicht ungerecht behandelt worden war, oder ging es ihnen darum, den Ruf ihres Clans zu wahren? Oder trieb sie gar der egozentrische Wunsch, sich ihren persönlichen Stolz und ihren Namen innerhalb der Kriegergemeinschaft zu bewahren? Hätte man ihnen nicht die ehrenhafte Selbsttötung verweigern und sie wie Verbrecher hinrichten müssen?

All diese Fragen wurden zum damaligen Zeitpunkt prominent diskutiert.

Jochos Einschätzung zu dem Vorfall zeigt, dass er, wenn es um angemessenes Verhalten eines Kriegers ging, keinerlei Spaß verstand:

> »Die Ronin des Asano-Clans haben sich schuldig gemacht, weil sie [nach dem nächtlichen Überfall auf das Anwesen von Fürst Kira] nicht sofort Seppuku im Sengakuji-Tempel begangen haben. Vor allem dauerte es viel zu lang, bis sie den Tod ihres Herrn durch den Feind gerächt hatten. Was, wenn ihr [vorgesehenes Opfer] Fürst Kira in der Zwischenzeit an einer Krankheit verstorben wäre? Das wäre eine Schmach gewesen. Krieger der Region Kamigata sind klug und raffiniert, wenn es darum geht, Wege zu finden, wie man ein Lob einheimst.« (1-55)

Tatsächlich stellt das *Hagakure* einen unverblümten Kommentar zu den vielgestaltigen Themen dar, mit denen die Samurai sich auseinanderzusetzen hatten, während sie sich einen Weg durch die Pax Tokugawa bahnten. Yamamoto Jochos Lebensphilosophie unterstreicht die Spannungen und die Widersprüchlichkeiten, mit denen es eine Subkultur von Kriegern zu tun hatte, die sich über viele Jahrhunderte hinweg für den Krieg gewappnet hatte, nun aber in den Unwägbarkeiten des Friedens feststeckte.

Der inhaltliche Rahmen

Das *Hagakure* wurde von Yamamoto Jocho diktiert. Er wurde 1659 am elften Tag des sechsten Monats geboren, sein Vater war Yamamoto Jin'uemon Shigezumi, ein Gefolgsmann des Fürsten von Saga. In Buch 2 spricht Jocho über die Tage seiner Kindheit. Er erwähnt, dass sein Vater zum Zeitpunkt von Jochos Geburt 70 Jahre alt war und da es eine ziemliche Belastung ist, in diesem Alter noch ein Kind großzuziehen, witzelte Jin'uemon, er werde das neue Kind wohl an einen Salzhändler verkaufen müssen. Der Hauptmann seiner Einheit, Taku Zusho, sprach sich allerdings gegen einen raschen Verkauf des Jungen aus, da sein klangvoller Name ihm eine nützliche Rolle als Gefolgsmann garantiere.

Jocho hieß zunächst Matsukame, wurde im Alter von neun Jahren aber in Fukei umgetauft, als ihn der zweite Fürst von Saga, Nabeshima Mitsushige (1632–1700) als Laufburschen in Dienst nahm. Sein Vater war streng und trug ihm viele körperlich anspruchsvolle Arbeiten auf, damit Jocho an Stärke und Ausdauer gewann. Offenbar war der Junge in körperlich schwacher Verfassung und es hieß, er werde sein zwölftes Lebensjahr wohl nicht überleben. Doch schon damals legte er die Hartnäckigkeit an den Tag, die den Text des *Hagakure* durchzieht: Jocho arbeitete seine gesamte Jugend über verbissen daran, seine Kritiker eines Besseren zu belehren.

Als Jocho elf Jahre alt war, starb sein Vater. Danach kümmerte sich sein Neffe Yamamoto Tsuneharu um den 20 Jahre jüngeren Jocho und ließ ihm eine strenge Erziehung angedeihen. Jocho wurde Nabeshima Mitsushiges Page und erhielt im Alter von 14 Jahren den Namen Ichijuro. 1678 absolvierte er das Mannbarkeitsritual Genpuku und nahm den Namen Gon'nojo an. Er wurde zum Leibdiener und Assistenten des Schreibers befördert.

Leider machte Mitsushige auch Gon'nojo dafür verantwortlich, dass sich sein Sohn Tsunashige so sehr für Poesie begeisterte, und suspendierte ihn vorübergehend. Gon'nojo nutzte die Zeit dafür, in Kezoan einen alten Freund seines Vaters zu besuchen, den Zen-Mönch Tannen Osho. Bei ihm lernte er die Lehren des Buddhismus. Als er 21 wurde, wurde Gon'nojo in das Kechi-myaku aufgenommen, die »Ahnentafel« aller Zen-Meister einer bestimmten Schule. Er erhielt den buddhistischen Namen Kyokuzan Jocho (der sich auch als »Tsunetomo« lesen lässt). Etwa zur selben Zeit suchte er Ishida Ittei auf, einen in Saga lebenden berühmten Gelehrten für Konfuzianismus und Philosophie. Die Lehren dieser beiden Männer hatten einen starken Einfluss auf Jocho, was sich auch daran ablesen lässt, wie häufig ihre Weisheiten im *Hagakure* zitiert werden.

Mit 24 heiratete Jocho und wurde wieder eingestellt, dieses Mal in der Dokumentenerstellung. In dieser Funktion sandte man ihn vier Jahre später nach Edo und anschließend nach Kyoto. Als er mit 33 nach Saga zurückkehrte, nahm er den Namen seines Vaters an, Jin'uemon. Fünf Jahre darauf sandte ihn Mitsushige erneut nach Kyoto. Bei diesem Spezialauftrag ging es darum, eine Kopie des *Kokin-denju* zu erwerben, eines seltenen Korpus an Lehren, der sich mit der inneren Bedeutung der Gedichte im *Kokin Waka-shu* (allgemein eher als *Kokin-shu* bekannt) befasst, einer Gedichtsammlung aus dem 10. Jahrhundert. Im Rahmen dieses Auftrags suchte Jocho den Adligen Sanjo-nishi Sanenori auf, eine Kapazität zum Thema Waka-Poesie. 1700 gelang es ihm schließlich, für seinen Herrn Kopien der kostbaren Dokumente zu erwerben. Getrieben von einer Vorahnung eilte er rasch nach Saga zurück, wo er dem ans Bett gefesselten Mitsushige gerade noch rechtzeitig die ersehnten Schriften übergeben konnte.

Mitsushige starb im selben Jahr und wie sich herausstellen sollte, endeten damit auch Jochos Dienst für seinen Herrn und seine wichtigsten Heldentaten. Es entsteht der Eindruck, Jocho habe es sehr bedauert, dass seine Laufbahn erzwungenermaßen an die Künste gebunden war. Dies verhinderte, dass er sein hochgestecktes Ziel erreichen und Haushofmeister werden konnte. Er träumte nämlich davon, ein einflussreiches Amt zu bekleiden und an der Seite seines Herrn zum Wohle des Hoheitsgebiets zu wirken.

Jocho hegte den ausdrücklichen Wunsch, seinem Herrn nach dessen Ableben durch Junshi [= Selbstverbrennung] freiwillig in den Tod folgen zu dürfen. Ein derartiger Tod galt als höchster Ausdruck der Loyalität gegenüber einem verstorbenen Fürsten und als ehrenvoller Abschluss für das Leben eines getreuen Gefolgsmanns. Doch zu Jochos Enttäuschung war Junshi (oder Oibara, wie es auch hieß) 1661 in Nabeshima verboten worden und 1663 ein weiteres Mal durch die Regierung Tokugawa. Um seine Integrität und seine Hingabe als getreuer Krieger des Nabeshima-Clans unter Beweis stellen zu können, blieb ihm nur noch ein Ausweg – er musste »gesellschaftlichen Selbstmord begehen«. Er wurde Mönch, rasierte sich den Kopf und zog sich in eine Einsiedelei in den Hügeln von Kurotsuchibaru zurück.

Genau dort suchte ihn zehn Jahre später Tashiro Tsuramoto auf, um ihn um Rat zu bitten. Jochos Frau war bereits gestorben, Kinder hatten sie keine. Jochos Adoptivsohn Tsunetoshi (der ebenfalls Gon'nojo hieß) war im Alter von 38 Jahren in Edo in Ausübung seiner Pflicht gestorben, insofern ist es verständlich, dass Jocho Gefallen an dem jungen Mann fand, der ebenfalls aus

Nabeshima stammte. Es entstand eine Beziehung, die von tiefem, geradezu väterlichen, Respekt geprägt war.

Tsuramoto kam 1678 zur Welt und dass er für eine Laufbahn als Gelehrter geeignet war, zeichnete sich bereits in frühen Jahren ab. Im Alter von 19 wurde er als Kopist bei Nabeshima Tsunashige eingestellt und behielt diese Aufgabe unter dem vierten Fürsten des Nabeshima-Clans, Yoshishige, bei. 1709 wurde er seines Amts entbunden, wobei unbekannt ist, was er sich hat zu Schulden kommen lassen. Verzweifelt suchte Tsuramoto im dritten Monat des darauffolgenden Jahrs Jocho in der Einsiedelei in Kurotsuchibaru auf. Dort schrieb er über einen Zeitraum von sieben Jahren hinweg die Geschichten nieder, die ihm erzählt wurden. Die erste Abschrift des *Hagakure* wurde am zehnten Tag des neunten Monats des Jahres 1716 fertiggestellt.

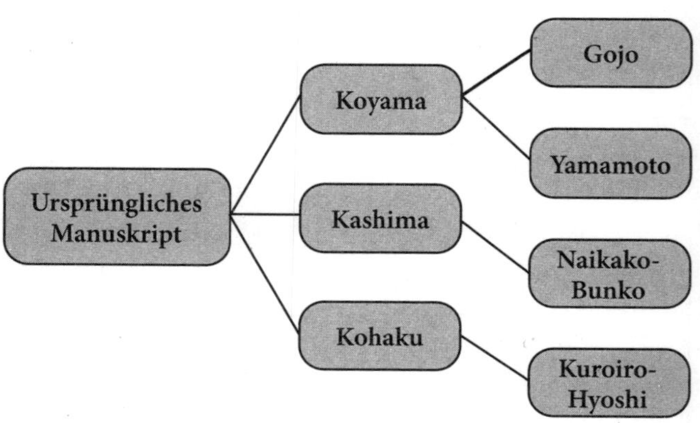

Das Originalmanuskript des *Hagakure* ist längst verschollen, aber es existieren wichtige handschriftliche Kopien aus der Tokugawa-Zeit, darunter das *Kohaku-bon* (ein Transkript, das Kamohara Kohaku angefertigt hat, der fünf Jahre jünger als Tsuramoto war), das *Kashima-bon* und das *Koyama-bon* (auch *Yamamoto-bon* und *Gojo-bon* genannt). Inklusive nachfolgender Abschriften dieser Abschriften existieren rund 40 Kopien. Jede Version weist kleinere Unterschiede auf und ist unterschiedlich vollständig. Diese Übersetzung basiert auf der Kohaku-Version, die allgemein als dem Original am nächsten kommend gilt.

Die Essenz des Hagakure

Inhaltlich ist das *Hagakure* komplex, offen widersprüchlich und an einigen Stellen mehrdeutig. Selbst der Ursprung des Namens gibt Anlass zu Mutmaßungen. Eine Theorie zitiert ein Gedicht des berühmten buddhistischen Barden Saigyo Hoshi (1118–1190) aus dem *Sankashu*: *»Hagakure ni chiri-todomareru hana nomi zo, shinobishi hito ni au kokochi suru.«* (etwa: »Verborgen unter Blättern erweckt eine übrig gebliebene Blüte in mir den Wunsch, auf diese Weise auf meine heimliche Liebe zu stoßen.«) Eine andere These besagt, »verborgen unter Blättern« beziehungsweise »hinter den Blättern« bezieht sich darauf, dass Tsuramoto an einem sehr zurückgezogenen Ort mit Jocho sprach. Andere Gelehrte verweisen darauf, dass Jocho sich häufig auf unerschütterlich treuen Dienst bezieht, der hinter den Kulissen erfolgt (»Dienst im Schatten«) und keinerlei Anspruch auf Anerkennung erhebt. Es gibt sogar die Theorie, Muneshige, der fünfte Fürst von Nabeshima, habe Tsuramoto besucht und dem Werk höchstpersönlich diesen Titel gegeben.

Am plausibelsten erscheint der Verweis auf Saigyo. Allerdings lehnt der angesehene *Hagakure*-Fachmann Furukawa Tetsushi diese These ab, denn es gibt eine Passage, in der Jocho seiner Verachtung gegenüber Saigyo freien Lauf lässt: »Kenko und Saigyo waren besser als hasenfüßige Feiglinge. Sie verkleideten sich als Schreiberlinge, denn sie hatten Angst, als Samurai zu dienen.« Und dennoch beendet Jocho diese Vignette mit der Beobachtung: »Ein Mann, der der Welt entsagt hat, um Mönch zu werden, mag sich in derartigen Büchern verlieren, ebenso alte Männer, die aus dem Dienst ausgeschieden sind. Doch um seinem Herrn ein wertvoller Vasall zu sein, muss sich ihm ein Krieger in seinem Streben nach Ruhm voll und ganz hingeben, selbst dann noch, wenn er in die Abgründe der Hölle gestürzt ist.« (2-140) Insofern erscheint es logisch, dass Saigyos Gedicht – insbesondere mit dem folgenden Hinweis auf die »heimliche Liebe« – der wahrscheinlichste Ursprung für den Titel ist. Heimliche Liebe spielt im *Hagakure* eine ähnlich wichtige Rolle wie Hingabe und Loyalität. »Bei einem Treffen erklärte ich kürzlich, die höchste Form der Hingabe sei die ›heimliche Liebe‹ [= Shinobu-koi].« (2-2)

Geschrieben hat Jocho das *Hagakure* aus einem Gefühl der Verärgerung heraus, das in ihm wuchs, während er über Jahrzehnte hinweg mitansehen musste, wie die Kriegernormen immer mehr fielen. Hinzu kamen seine Abneigung gegen das Shogunat und ein nostalgisches Sehnen. Jocho wünschte sich den ersten Daimyo von Nabeshima zurück, Nabeshima Naoshige, sowie dessen Sohn und Erben Katsushige (1580–1657).[1] Jocho beklagte, dass junge Samurai »über Geld reden, über Gewinne und Verluste, über die finanziellen Probleme ihres Haushalts, über den Geschmack in der Mode. Sie halten unnütze Reden über den Beischlaf«. (1-63) Dass ihre Gedanken um frivole Themen und

[1] In der Zeitleiste finden Sie chronologisch angeordnet die wichtigsten Ereignisse in der Geschichte Sagas während der Herrschaft des Ryuzoji-Clans und des Übergangs zur Herrschaft des Nabeshima-Clans.

Konsumverhalten kreisten, stand sinnbildlich für die neuen Generationen von Kriegern, die nie in die Schlacht gezogen waren und denen es deshalb an Disziplin mangelte und an der klaren Ausrichtung früherer Generationen.

Jochos Vortrag ist facettenreich und erscheint zunächst chaotisch, aber der Geist des *Hagakure* lässt sich am besten durch die vier einfachen Schwüre zusammenfassen, auf die er im Verlauf des Texts wiederholt zurückkehrt:

- Ich werde auf dem Weg des Kriegers niemals hinter anderen zurückfallen.
- Ich werde jederzeit bereit sein, meinem Herrn zu dienen.
- Ich werde meine Eltern ehren.
- Ich werde voller Barmherzigkeit zum Wohle anderer dienen.

Auf den ersten Blick scheinen die hier von Jocho propagierten Moralvorstellungen universeller Natur zu sein und nicht besonders belastend. Diesen nach außen hin gelassenen Versprechen liegen mächtige, emotionsgeladene Gefühle zugrunde, die bis in den allertiefsten Kern der Samurai-Kultur reichen, einer Kultur, bei der es um der Ehre und der Loyalität willen explosionsartig zu Augenblicken des Irrsinns kommen kann, die Menschenleben kosten. Von Anfang an predigt Jocho einen pragmatischen Weg und bekräftigt etwas, das sich als Todeskult bezeichnen lässt.

Das berühmteste Zitat aus dem *Hagakure* ist zweifelsohne: »Der Weg des Kriegers [= Bushido] liegt im Sterben.« Was zunächst nach einer ganz klaren und eindeutigen Aussage klingt, ist tatsächlich völlig offen für Interpretationen. Meinte Jocho damit wirklich, dass Krieger jede sich bietende Gelegenheit froh gestimmt nutzen sollten, das allerhöchste Opfer zu erbringen? »Stehst du vor der Wahl zwischen Leben und Tod, entscheide dich einfach für den Tod. Es ist keine außerordentlich schwere Wahl: Geh einfach deinen Weg und tritt ihm voller Zuversicht entgegen.« (1-2) Dies würde dafür die eben genannte Deutung sprechen. Anders formuliert: Wer den Weg des Bushido einschlägt, sollte sich bemühen, einen unbezwingbaren Kampfgeist zu entwickeln, der frei von Sorgen um Leben und Tod ist.

Auch im Rahmen des Dienstes als Freisass [= Hoko] und den täglichen Pflichten fordert das Bushido Einsatz, Hartnäckigkeit und Hingabe. In diesem Zusammenhang lässt sich das Ideal des Todes so interpretieren, dass man sich selbstlos dem Dienst im Rahmen des Vasallentums unterordnet und sich die entsprechende geistige Haltung dafür aneignet. Wir haben es also nicht nur mit der Aussage im wortwörtlichen Sinn zu tun, wonach der Tod wichtiger als das Leben ist, es wird auch die Nuance »Zu leben, als sei man tot« impliziert, wonach jede einzelne Sekunde im Leben eines Menschen ein kostbarer, unwiederbringlicher Augenblick ist und niemals sinnlos verschwendet werden sollte.

Dafür spricht auch die folgende Passage: »Was die Art und Weise des Todes angeht, gilt: Wer darauf vorbereitet ist, jederzeit in den Tod zu gehen, der nimmt das Ende seines Lebens mit Gleichmut auf. Unglücke werden üblicherweise nicht so gravierend, wie man sie sich im Vorfeld ausmalt, insofern ist es närrisch, Angst vor noch nicht erlittenen Beschwerlichkeiten zu verspüren. Akzeptiere einfach, dass das schlimmste denkbare Schicksal für einen Dienst leistenden Mann darin besteht, ein Ronin zu werden oder Tod durch Seppuku zu erleiden. Dann wird dich nichts beunruhigen.« (1-92) Das bedeutet: Sofern man sich verdeutlicht, dass das Allerschlimmste, was geschehen kann, eine Trennung von der eigenen Existenzberechtigung oder der Tod ist, sollte man imstande sein, ein uneingeschränktes und produktives Leben zu führen, bevor man dem Tod auf würdevolle Weise entgegentritt. Das *Hagakure* behauptet, das Leben sei ein Satz, der durch den Tod vervollständigt wird. Die beiden seien untrennbar miteinander verknüpft und je vornehmer der Tod, desto besser war das Leben. Und damit nicht genug: Ein würdevoller Tod ist das Ergebnis dessen, dass man sein Leben geführt hat, als sei man bereits tot.

Diese Haltung ist geradezu existenziell und Jocho plädiert dafür, angesichts einer bedeutungslosen oder absurden Welt nicht in Verwirrung zu geraten: »Sind Männer nicht wie von Meisterhand kontrollierte Marionetten? Es ist hervorragende Handwerkskunst, die es uns erlaubt, zu gehen, zu springen, zu stolzieren und zu sprechen – und das alles auch ohne Fäden. Möglicherweise sind wir Gäste auf den Bon-Festspielen im kommenden Jahr. Wir vergessen, in welch vergänglicher Welt wir leben.« (2-45) Aus diesem Grund gibt es nur einen einzigen Weg, das Selbst zu befreien und dieser flüchtigen Existenz eine Bedeutung zu verleihen: Man muss mit unerbittlicher Entschlossenheit [= Ichinen] daran arbeiten, ein heldenhafter Krieger zu werden, ein durch und durch zuverlässiger erstklassiger Samurai, ein Kusemono.

Trotzdem durchziehen widersprüchliche Botschaften über Tod und Dienen das *Hagakure* und sorgen für Verwirrung. Die Tokugawa-Zeit war für Japan eine vergleichsweise stabile Zeit und die Krieger hatten, wenn überhaupt, nur selten auf dem Schlachtfeld den Geruch des Todes in der Nase. Dennoch herrschte im Alltag stets eine von der Ehre befeuerte unterschwellige Spannung, die sich jederzeit mit tödlichen Gewaltausbrüchen Bahn brechen konnte. Das *Hagakure* ist gespickt mit Erzählungen von Kämpfen, Geschichten, die zumeist das Handeln von Kriegern loben, die ohne zu zögern kurzen Prozess mit ihrem Feind machen, obwohl ihnen als Bestrafung für ihren Gesetzesübertritt der Seppuku oder, schlimmer noch, die Schande einer Hinrichtung droht.

In Buch 10 beispielsweise wird ein Vorfall in Kyoto geschildert, bei dem ein Samurai von einem Passanten hört, dass einer seiner Mitstreiter in eine Rauferei verwickelt ist. Er stürzt zum Ort des Geschehens, um dort festzustellen, dass sein Mitstreiter kurz davor steht, erledigt zu werden. Also wirft er sich in selbstmörderischer Absicht ins Getümmel und tötet die beiden Angreifer. Er wird verhaftet und in Kyoto vor Gericht gestellt. »Man sagte mir: ›Dein Kamerad ist in einen Kampf verwickelt‹ und ich dachte, dass ich dem militärischen Weg Schande bereiten würde, sollte ich die Situation ignorieren. Deshalb eilte ich zum Ort des Geschehens. Mehr noch: Es wäre unverzeihlich gewesen, hätte ich, nachdem ich die Ermordung eines Clanbruders mitangesehen hatte, gar nichts unternommen. Ich hätte die Dauer meines Lebens verlängert, aber der Geist des Bushido in mir wäre erloschen. Deshalb zerstörte ich mein eigenes kostbares Leben, um den Weg des Samurai zu bewahren. Indem ich mein Leben verwirkte, habe ich das Gesetz der Samurai geachtet und den Kriegergeist gewahrt. Ich habe mein Leben bereits hingegeben, insofern bitte ich voller Bescheidenheit darum, dass meine Bestrafung mir rasch zuteilwerde möge.« (10-63) Nach dieser Aussage ließ das Gericht ihn frei und informierte den Herrn des Kriegers: »Dein Gefolgsmann ist ein lobenswerter Mann und sollte geschätzt werden.«

Andererseits gibt es im *Hagakure* aber auch eine Geschichte, in der es heißt, der empfohlene Weg für einen Samurai sei es, eine friedliche Lösung anzustreben. In der Erzählung treffen zwei Krieger auf einer einspurigen Brücke aufeinander. Beide weigern sich, dem anderen Platz zu machen, und drohen damit, das Schwert eine Lösung finden zu lassen. Dann tritt ein bescheidener Verkäufer von Rettichen zwischen die beiden. Er packt jeden von ihnen mit der Stange, die er über seine Schultern trägt, hebt sie in die Höhe und dreht sie einmal so, dass sie am entgegengelegenen Ende der Brücke zu stehen kommen. Die Schlussfolgerung: »Andere darin anzuleiten, bessere Gefolgsleute zu werden, ist ein Akt der Loyalität. Jene, die den Willen zu lernen an den Tag legen, sollten also Instruktionen erhalten. Nichts bereitet mehr Freude, als Wissen weiterzugeben und durch den Dienst anderer indirekt von Nutzen zu sein.« (2-124)

In einigen Passagen heißt es, der Krieger solle, wenn er seinem Fürsten Ratschläge gibt, reserviert und diskret auftreten. »Werden Ermahnungen und Meinungen nicht sorgfältig in einem Geist der Übereinstimmung kommuniziert, werden sie nichts bewirken. An unsensibel vorgetragenen Protesten wird der Herrscher Anstoß nehmen und selbst einfache Probleme werden sich nicht aus der Welt schaffen lassen.« (1-152) Gleichzeitig ermutigt Jocho die Samurai, beim Streben nach Ehre und Ruhm aktiv nach Anerkennung zu suchen: »Legt ein Samurai keinen großen Wert auf seinen Ruf, ist er häufig ein Abweichler, arrogant und zu nichts zu gebrauchen. Er ist weniger wert als ein Samurai, den es nach Ruhm gelüstet, insofern ist er also völlig unbrauchbar.« (1-154) Oder: »Was militärische Angelegenheiten angeht, so übe mit aller dir zur Verfügung stehenden Kraft, damit niemals andere an dir vorbeiziehen. Denke im Stillen: ›Mein Heldenmut ist unübertroffen.‹« (1-161)

Krieger werden zudem ermutigt, andere zu unterstützen, damit es dem Clan als Ganzem von Nutzen sei. So heißt es: »Es ist ein Akt der Loyalität, andere darin zu unterweisen, bessere Gefolgsleute zu werden. Insofern sollten jene, die den Willen zu lernen äußern, unterwiesen werden. Nichts ist freudiger, als Wissen weiterzugeben und auf diese Weise durch andere im Dienste nützlich zu sein.« (1-124) Anderseits wird in einem anderen Abschnitt geschildert, wie sich Jocho über seine Befehle hinweggesetzt, um an der Seite seines Fürsten in die Schlacht ziehen zu können: »Ich kann dieser Anordnung nicht Folge leisten, wenn sie dafür sorgt, dass ich meinem Fürsten in der Schlacht nicht nahe bin. Seid mein Zeuge, während ich gegenüber dem Kriegsgott [= Yumiya Hachiman] einen Eid ablege, dass es mir unmöglich ist, diesem Befehl mein Siegel der Zustimmung zu geben. [...] Hältst du mich für unverschämt und beschließt, mich von meinem Posten zu entfernen, dann sei es so. Sollte beschlossen werden, dass ich Seppuku begehen sollte, dann werde ich dem bereitwillig nachkommen.«

Er schließt mit einem Kommentar, in dem er Krieger drängt, ihre Mitstreiter zu übertreffen und siegreich aus der Rivalität hervorzugehen, die das Kriegerleben charakterisierte: »Ein junger Krieger sollte starrsinnig sein.« (1-106) Und weiter heißt es: »Ein Samurai sollte starrsinnig im Übermaß sein. Alles, was du gemäßigt tust, wird deine Ziele nicht erreichen. Hast du das Gefühl, du würdest mehr als erforderlich tun, dann ist es gerade recht.« (1-188)

Jocho rät aber auch zu Umsicht: »Am besten gehst du vor, indem du einen Schritt zurück machst, die Tiefen und Untiefen unterschiedlicher Angelegenheiten auslotest und vermeidest, bei deinem Herrn Gefühle der Entrüstung heraufzubeschwören.«

(2-8) Andererseits rät er von Vernünftigkeit ab: »Ein Mann, der berechnend vorgeht, ist ein Feigling. Er wägt alles unter dem Gesichtspunkt von Gewinn und Verlust ab und sein Geist verlässt diese Spur niemals. Für ihn ist der Tod ein Verlust und das Leben ein Gewinn.« (1-111) Häufig spricht er sich für rasches Handeln aus, völlig ungeachtet der Ergebnisse. »Zur Vergeltung gehört es, sich frenetisch auf seinen Widersacher zu stürzen, auch auf die Gefahr hin, niedergestreckt zu werden. Auf diese Weise getötet zu werden, birgt keinerlei Schande. Denkst du erst darüber nach, wie du gewinnen könntest, verpasst du möglicherweise die beste Gelegenheit zu handeln.« (1-55) Dieses Handeln wird durch einige weitere Schlüsselbegriffe im *Hagakure* unterstrichen – »Kichigai« und »Shini-Gurui«, die »Todesraserei«. »In jedem Fall solltest du dich dem Wahnsinn überlassen und dich voll und ganz für die Aufgabe aufopfern. Mehr wird nicht verlangt. Wenn du versuchst, mit geschicktem Manövrieren Probleme zu lösen, werden sich Zweifel festsetzen und deinen Verstand lähmen. Du wirst kläglich scheitern.« (1-193)

Als ob all diese Widersprüchlichkeiten nicht bereits verwirrend genug wären, wird die Komplexität, die in der in diesem Buch dargestellten zwischenmenschlichen Dynamik herrscht, noch vergrößert zwischen der »heimlichen«, loyalen Liebe und Shudo, dem erotischen Verhältnis zwischen Lehrer und Schüler.[1] »Zentraler Punkt des Shudo ist es, sich darauf vorzubereiten, zum Wohle deines Geliebten dein Leben zu verwirken. Ansonsten läufst du Gefahr, erniedrigt zu werden. Andererseits bedeutet dies, dass du nicht imstande wärst, dein Leben im Dienste deines Herrn zu lassen. Durch diesen Widerspruch wurde mir deut-

[1] Anm. d. Übers.: Auch Wakashudo oder Bido.

lich, dass du beim Shudo deinen Partner lieben solltest, ihn aber zur selben Zeit auch nicht lieben solltest.« (1-181) Shudo wird als reinste Form der ehrfurchtsvollen Bindung zwischen zwei Männern dargestellt. Sie basiert auf unauslöschlichem Vertrauen und darauf, dass man die inneren Qualitäten des jeweils anderen wertschätzt.

Das sind nur einige wenige Beispiele für den Facettenreichtum des Inhalts und die sich wiedersprechenden Ratschläge, die ein Maß an Verworrenheit auslösen, das viel Raum für Interpretation lässt. Genau aus diesem Grund kann man zu der Einschätzung gelangen, man habe es beim *Hagakure* nur mit dem verrückten Grummeln eines verbitterten alten Mannes zu tun, verfügt man nicht über zumindest ein Grundwissen, was die Komplexitäten im Ehrensystem der Tokugawa-Krieger und die Ethno-Mentalität der Samurai anbelangt und sich – bis zu einem gewissen Grad – mit Saga und seinen Persönlichkeiten auskennt. Natürlich enthält der Text auch einiges an Grummeln eines verbitterten alten Mannes und wie jeder Mensch hatte gewiss auch Yamamoto Jocho gute und schlechte Tage, als er laut vor Tsuramoto über die Vergangenheit nachdachte. Einige Passagen des *Hagakure* wurden gewiss mit einem Grinsen erzählt und wenn man danach sucht, findet man auch gewisse humorige Elemente.

Viele der scheinbaren Widersprüchlichkeiten im *Hagakure* lassen sich dadurch auflösen, dass man sich vor Augen hält, an welche Samurai-Ränge eine bestimmte Lektion gerichtet ist. Ein beliebter Fehler besteht darin, alle Samurai über einen Kamm zu scheren, aber in ihrer Welt gab es zahllose Rangstufen und der Verantwortungsbereich und die Erwartungen veränderten sich von Stufe zu Stufe teilweise deutlich. Insofern variierten die Ansprüche, was das Benehmen und das Ausmaß der Loyalität anbelangte. Olivier Ansart beispielsweise unterscheidet grob zwischen zwei Arten von Loyalität – die mittleren und unteren Ränge der Samurai personifizierten für ihn »symbolischen Dienst«, wohingegen von ranghohen Kriegern die »Loyalität des Beraters« erwartet werde.[1]

Die mittleren und unteren Samurai-Ränge wurden ermutigt, bedingungslos zu dienen und blind zu gehorchen. Sie sollten darauf eingestellt sein, mit reinsten Absichten in »Todesraserei« zu verfallen und voller Begeisterung ihr Leben zu opfern. Die untersten Samurai-Ränge hatten keinerlei Einfluss darauf, wie der Herrschaftsbereich verwaltet wurde oder was der Herrscher dachte. Realistisch konnten sie ihrem Herrn nur auf eine einzige Weise Ehre bezeugen – indem sie ihre Fähigkeiten als Krieger und ihren martialischen Geist für gewalttätige oder selbstaufopfernde Handlungen nutzten. Dazu gehörten auch wilde Kämpfe auf Leben und Tod, die sich darauf auswirkten, ob ihr Fürst als jemand angesehen werden würde, der in seinem Herrschaftsbereich über tapfere und entschlossene Krieger verfügte. Im Grunde waren die Samurai wie entbehrliche Bauern beim Schachspiel. Ihre einzige Hoffnung, gesellschaftlich voranzukommen, bestand darin, sich bereits in jungen Jahren selbstlos in den Dienst ihres Herrn zu stellen. Gelang es einem jungen Samurai, durch kühne Taten oder herausragende Eigenschaften das Interesse seines Fürsten zu wecken, konnte er darauf hoffen, im Rang aufzusteigen. Das allerdings war eher die absolute Ausnahme als die Norm. Die »Loyalität des Beraters« wiederum war den ranghohen Samurai vorbehalten. Es war allerdings einiges vonnöten,

[1] Olivier Ansart, »Embracing Death: Pure will in *Hagakure*«, *Early Modern Japan: An Interdisciplinary Journal* Vol. 18 (2010): S. 57–75.

damit sie ihre wichtige Aufgabe erfüllen und dem Fürsten beratend zur Seite stehen und ihn bei Verfehlungen zum eigenen Wohl und dem seines Reichs zur Ordnung rufen konnten: Diese Samurai mussten diplomatisch sein, selbstlose Entschlossenheit an den Tag legen, weise sein und umsichtig. Ehre bestand darin, vernünftig und vor allem diskret Ratschläge zu geben. Auch dies war ein gefährliches Leben, konnte es doch bedeuten, dass man sein eigenes Leben opfern musste, um die Schuld für die Torheit seines Herrn zu übernehmen oder um zu sühnen, dass man ihn verärgert hatte. Egal, ob es sich um virtuelle Loyalität handelte oder um Loyalität in Form von Ratschlägen – wichtig war es, einen fokussierten, reinen Willen und ebensolche Absichten an den Tag zu legen. Im *Hagakure* ist in diesem Zusammenhang von Ichinen die Rede:

> »Wichtig ist es nur, im Hier und Jetzt über unerbittliche Entschlossenheit [= Ichinen] zu verfügen. Das Leben ist eine ständige Aneinanderreihung von ›ein Wille zur Zeit‹ in jedem einzelnen Augenblick. Begreift ein Mann diese Wahrheit, muss er sich nicht länger beeilen, andere Dinge zu tun oder danach zu suchen. Lebe einfach mit unerbittlicher Entschlossenheit in der Gegenwart. Die Menschen vergessen diese wichtige Wahrheit und suchen wieder und wieder nach anderen zu erreichenden Dingen.« (2-17)

Kann ein Krieger dieses Maß an Entschlossenheit und eine derartige Reinheit seiner Gedanken an den Tag legen, preist man ihn als Kusemono. Im modernen Sprachgebrauch hat Kusemono in Japan einen negativen Beigeschmack und spricht für einen Exzentriker oder eine abnormale Person – einen absoluten Spinner. Der Kusemono aus dem *Hagakure* hingegen entspricht dem Idealbild eines Kriegers. Bei einem derart perfekten Mann konnte man sich darauf verlassen, dass er einem bei Notfällen stets zur Seite stehen würde, dann aber wieder hinter den Kulissen verschwand, sobald er nicht mehr benötigt wurde. »Außerordentliche Krieger [= Kusemono] sind verlässliche Männer. Verlässliche Männer sind außerordentliche Krieger. Das weiß ich aus beträchtlicher eigener Erfahrung. Bei verlässlichen Männern kann man gewiss sein, dass sie sich fernhalten, wenn die Dinge gut laufen, dass sie aber unweigerlich an deine Seite eilen werden, wenn du sie benötigst. Ein Mann mit dieser Haltung ist ganz bestimmt ein Kusemono.« (1-132)

Der Geist des Kusemono zieht sich durch das gesamte *Hagakure*. Der Kusemono ist das Urbild des Kriegers, der zu sein Jocho anstrebte, und er ist der ungenannte Held des Buchs. Der Kusemono verkörpert die Essenz des Bushidos, wie es im *Hagakure* ausgelegt wird.

Zusammenfassung

Diese Einführung entstand in der Absicht, einen Rahmen zu liefern für die unzähligen Einflüsse (und die nachfolgende Begeisterung), die zur Entstehung dieser arglosen, aber gelegentlich weltfremden Aphorismen führten, die als *Hagakure* bekannt wurden. Das Buch war von Beginn an umstritten, aber die Art und Weise, wie der Geist des *Hagakure* im 20. Jahrhundert interpretiert wurde, machte das Werk besonders geeignet für die Aufgabe, eine ultranationalistische Stimmung anzufachen und Militarismus zu fördern. Das hatte zur Folge, dass das *Hagakure* nach Ende des Zweiten Weltkriegs vorübergehend eine Art »verbotener Text« wurde. Ab den 1960er-Jahren allerdings nahm das Interesse Japans am *Hagakure* wieder zu. Angesehene Historiker wie Furukawa Tetsushi und Autoren wie Mishima Yukio priesen das *Hagakure*, weil es ihrer Auffassung nach die allerbesten Aspekte der japanischen Kultur darstellt, die in den Jahren unmittelbar nach Kriegsende mit breiter Klinge ausgemerzt worden waren.

Im Westen wuchs das Interesse an dem Werk mit der zunehmenden Faszination für die Kultur und Philosophie der Samurai. Das galt umso mehr, nachdem Japan in den 1980er-Jahren zur wirtschaftlichen Supermacht aufstieg. In den vergangenen Jahren wurde das *Hagakure* wiederholt in modernes Japanisch übertragen, außerdem wurde durch mehrere Übersetzungen ins Englische versucht, die »Weisheiten« des *Hagakure* einer breiten internationalen Öffentlichkeit zu vermitteln.

Berücksichtigt man, wie wichtig das Werk aus historischem Blickwinkel für ein Verständnis um die Psyche der Samurai ist, überrascht es nicht, dass es bereits diverse Übersetzungen ins Englische gab. Warum also ist es nötig, dem noch eine weitere Übersetzung hinzuzufügen? Die Verlässlichkeit der bestehenden Übersetzungen schwankt und sie neigen dazu, feinere Nuancen des ursprünglichen japanischen Ausgangstextes zu übertünchen. Hinzu kommt, dass es bislang in Buchform noch keine vollständige Übersetzung des *Hagakure* gab. Dieses Buch ist keineswegs vollständig, enthält aber als erstes die Übersetzungen sämtlicher Vignetten der ersten beiden Bücher. Diese beiden Bücher sind insofern von besonderer Bedeutung, als sie von Yamamoto Joch diktiert wurden. Die restlichen Bücher wurden aus Informationen erstellt, die möglicherweise von Jocho erhalten wurden, aber einen beträchtlichen Teil des Materials hat Tashiro Tsuramoto aus anderen Quellen zusammengetragen. Im dritten Abschnitt dieser Übersetzung führe ich einige spätere Aphorismen auf, die ich interessant finde oder bei früheren Recherchen bereits verwendet habe.

Diese Übersetzung basiert auf der *Hagakure*-Version von Saiki Kazuma (und weiteren Herausgebern) in *Mikawa Monogatari, Hagakure (Nihon Shiso Takei 26)*. Ich halte sie für die aus akademischer Sicht genaueste Version. Sie basiert auf dem bereits erwähnten Kohaku-Buch und stellt umfassende Vergleiche zu den anderen noch existierenden Kopien an. Außerdem enthält sie viele Anmerkungen, die helfen sollen, die im Original enthaltenen obskuren Verweise besser zu verstehen. Ich habe die wichtigsten Anmerkungen übernommen und hoffe, dass diese Übersetzung des *Hagakure* dem Leser ein Verständnis für dieses komplexe, aber hochgradig faszinierende Fenster vermittelt, das uns einen Blick auf die menschliche Erfahrung im Japan des 18. Jahrhunderts erlaubt, eine Zeit, als die Krieger sich bemühten, ein Gleichgewicht zwischen ihrer Ehre und den Anforderungen der gesellschaftlichen Ordnung zu finden.

Abschließend möchte ich Professor Lachlan Jackson, Professor Uozumi Takashi, Professor Yamaori Tetsuo, Trevor Jones und meinem Forschungsassistenten für dieses Projekt, Remi Yamaguchi, für ihre Meinungen und ihre unbezahlbare Unterstützung bei der Fertigstellung dieser Übersetzung danken.

Geplaudere mitten in der Nacht[1]

Unser erstes Treffen fand am fünften Tag des dritten Monats im siebten Jahr von Hoei statt [= 1710].[2]

Wie weit entfernt von der elenden Welt
sind die Kirschbäume der Berge? (Komaru)[3]

Endlich trafen wir uns unter den weißen Wolken
und es blühten die Kirschbäume.[4] *(Kisui)*[5]

1 Dieser Titel steht in der Yamamoto-Version des *Hagakure*. Obwohl er sich nicht in der *Hagakure*-Version aus *Mikawa Monogatari, Hagakure (Nihon Shiso Taikei 26)*, (Tokio: Iwanami Shoten, 1974) findet, habe ich beschlossen, ihn dennoch hinzuzufügen.

2 Zehn Jahre, nachdem Yamamoto Jocho [= Tsunetomo] sich zum Priester hatte weihen lassen. Jocho war zu diesem Zeitpunkt 52 Jahre alt, Tashiro Tsuramoto 33. Getroffen haben sie sich in Jochos Strohhütte in den Bergen.

3 Jochos Pseudonym.

4 Diese Gedichte stehen dafür, dass Jocho wehmütig, mit offenem Herzen und voller Reinheit seine Gedanken teilt. Die Reinheit wird repräsentiert durch die Schönheit des Kirschbaums [= Yamazakura], der weit entfernt vom hektischen Treiben der mondänen Welt steht. Tsuramotos Antwort drückt aus, wie dankbar er für die Ratschläge ist.

5 Tashiro Tsuramotos Pseudonym.

Sämtliche Gefolgsleute des Nabeshima-Clans müssen mit dem überlieferten Wissen und den Gepflogenheiten [= Kokugaku] des Reichs vertraut sein.[1] Bedauerlicherweise hat man derartiges Wissen in jüngerer Vergangenheit vernachlässigt. Warum diese Kenntnisse notwendig sind? Sie helfen, die Ursprünge des Nabeshima-Clans zu verstehen und zu ermessen, welch große Opfer die Vorväter des Reichs erbracht und welche Großzügigkeit sie an den Tag gelegt haben, um den fortdauernden Wohlstand des Reichs zu gewährleisten. Dankbarkeit gebührt Fürst Gochu[2] für sein Mitgefühl und seinen Heldenmut sowie Fürst Riso[3] für seine gütigen Taten und seinen Glauben. Dank ihnen sicherte die Macht Fürst Takanobus[4] und Fürst Nippos[5] die Langlebigkeit des Clans und

[1] Der Begriff Kokugaku bedeutet wörtlich »nationales Lernen« und wird gemeinhin eher mit dem Textstudium und der Interpretation der klassischen japanischen Literatur in Verbindung gebracht, einem akademischen Forschungsgebiet, das während der Tokugawa-Zeit eine Blüte erlebte. Beim *Hagakure* bezieht es sich auf die Entstehung des Nabeshima-Reichs, des Stammbaums seiner Fürsten, seiner politischen Systeme und Gebräuche.

[2] Ryuzoji Iekane (1454–1546), ein gefürchteter Kriegsfürst während der Sengoku-Zeit. Seine zahlreichen Siege führten dazu, dass die Familie Ryuzoji die Macht in Saga übernahm. Als er Priester wurde, änderte er seinen Namen in Gochu.

[3] Riso ist der posthum vergebene Name Nabeshima Kiyohisas (1468–1552), einen Gefolgsmann Iekanes. Kiyohisa war der Großvater von Nabeshima Naoshige, der das Haus Ryuzoji stürzen und seinerseits die Macht in Saga übernehmen sollte.

[4] Ryuzoji Takanobu (1529–584) war ein mächtiger Kriegsherr, der die Provinz Hizen und die angrenzenden Bezirke vereinigte. Seine Mutter heiratete erneut, und zwar den Vater von Nabeshima Naoshige. Das machte die beiden zu Stiefbrüdern und engen Verbündeten.

[5] Nippo ist der posthum vergebene Name Nabeshima Naoshiges (1538–1618). Naoshige wurde 1607 formell Fürst von Saga und erbte den Titel von der Familie Ryuzoji. Er gilt als Hanso, als Begründer des Nabeshima-

einen langanhaltenden ehrenvollen Ruf, der in der Welt seinesgleichen sucht.

Es ist unverständlich, wie die heutigen Krieger vergessen konnten, wie umwälzend diese historischen Ereignisse waren, und wie sie stattdessen Fürsten verehren, die nicht zur Familie gehören.[1] Sakyamuni, Konfuzius, Kusunoki Masanari und Takeda Shingen gehörten niemals der Ryuzoji-Nabeshima-Bruderschaft an und sind nicht vereinbar mit den Gepflogenheiten unseres Reichs. In Zeiten des Friedens wie auch des Kriegs ist es für Männer jedweden Status wichtig, die Ahnen unseres eigenen Clans zu ehren und ihren Lehren zu folgen. Schüler einer Schule oder Tradition verehren den Meister ihres Stils.[2] Doch die Gefolgsmänner des Nabeshima-Clans müssen nichts studieren, was außerhalb des Reichs liegt. Erst wenn sie sich mit dem überlieferten Wissen unseres eigenen Fürstentums vertraut gemacht haben, ist es zulässig, andere Dinge zu lernen. Ein Gefolgsmann benötigt nichts weiter als umfassende Kenntnisse des Nabeshima-Clans und seiner Art.

Was geschieht, wenn ein Krieger eines anderen Clans Fragen zu den Ursprüngen der Häuser Ryuzoji und Nabeshima stellt und wie es kommt, dass letztgenannte Familie das Reich regiert? Oder: »Ich habe gehört, die Ryuzoji-Nabeshima-Clans sind die kühnsten in ganz Kyushu. Welche heroischen Taten haben eure Krieger vollbracht?« Verfügt der Nabeshima-Gefolgsmann dann nicht über Wissen, was die Geschichte, die Gebräuche und die Traditionen

Reichs. Sein Sohn Katsushige wurde nach dem Tod seines Vaters erster Fürst [= Shodai] des Reichs.

1 Gemeint ist die Verehrung der Ahnengeister von Personen, die nicht mit dem Nabeshima-Clan oder dem Reich in Verbindung stehen.

2 Buddhismus, Konfuzianismus, die Kampfkünste oder Ästhetik.

seines Reichs anbelangt, wird er diese Fragen nicht beantworten können. Ein Gefolgsmann hat im Grunde nur eine einzige Aufgabe: Er muss mit aller ihm zur Verfügung stehenden Energie die ihm übertragenen Aufgaben erfüllen. Und dennoch legen viele Abneigung gegen ihre Pflichten an den Tag und blicken neiderfüllt auf die Aufgaben anderer, was Vernachlässigung von beträchtlichem Ausmaß nach sich zieht. Fürst Nippo und Fürst Taisei-in [= Nabeshima Katsushige] gaben ein wunderbares Beispiel dafür, wie man getreulich seine Pflichten erfüllt. Auch ihre Vasallen kamen ihren Aufgaben mit großer Hingabe nach. Höhere Ränge suchten zweckmäßige Männer als Gefolgsleute, niedere Ränge strebten danach, von Nutzen sein zu können.

Auf diese Weise stimmte der Wille von hohen wie niederen Männern überein und der Clan war stark.

Fürst Nippo ertrug unbeschreibliche Härten, häufig ließ er Blut und musste sich im Kampf beweisen. Bei vielen Gelegenheiten war er bereit, seinem Leben durch Seppuku ein Ende zu setzen. Doch entgegen der Erwartungen war er auch vom Glück gesegnet und es gelang ihm, sein Haus zusammenzuhalten. Ähnliches gilt für Fürst Taisei-in. Nachdem er beinahe Seppuku begangen hätte, regierte er später die Provinz (als erster Nabeshima-Daimyo). Er kämpfte nicht nur hart in zahlreichen Schlachten, er ertrug auch Qualen bei der Verwaltung des Clans, beim Schutz der Provinz und der Reichspolitik. Darüber hinaus war er von festem Glauben. Er sagte: »Ich würde gewiss bestraft, sollte ich es wagen, das Haus zu vernachlässigen, das Fürst Nippo wiederbelebt hat. Die Pflicht trägt mir auf, dafür zu sorgen, dass der Clan durch die Generationen hinweg in Frieden und Wohlstand leben kann. Der Frieden wird die Welt in einen ausgesprochen extravaganten Ort verwandeln. Die Menschen werden die Härten des Kriegs vergessen und ihre Ausgaben erhöhen, während sie nach einem Leben in Luxus streben. Indem sie über ihre Verhältnisse leben, werden Krieger hohen wie geringeren Ranges in schreckliche Armut stürzen und viel Schande in den Augen der Menschen innerhalb wie außerhalb des Reichs auf sich laden. Schließlich werden ihre Haushalte zusammenbrechen. Die Veteranen der Kriegerhäuser werden alle verscheiden und die jüngeren Samurai-Generationen lernen einzig die aktuellen Entwicklungen. Aus diesem Grund hoffe ich, dass künftige Generationen noch über das, was ich schreibe, schreiben werden. Werden meine Schriften beim Wechsel der Clan-Führung weitergegeben, wird der neue Führer, indem er dies liest, ein Gefühl für die Dinge entwickeln, die sich vor seiner Zeit zugetragen haben.« Aus diesem Grund umgab sich Fürst Nippo sein gesamtes Leben lang mit Papierschnipseln, auf denen er seine Gedanken festhielt.

Es gibt keinen Weg für uns, die Geheimnisse des Clans zu kennen. Die Reichsältesten sagen, die geheimen Militärtaktiken des Kachikuchi,[1] die zum vollständigen Sieg führen, werden mündlich von einer Generation Nabeshima-Erben an die nächste weitergegeben, wenn die junge Generation die Macht übernimmt. Außerdem enthält die sichere Truhe des Hauses zwei Texte – *Shichokakuchisho* und *Senkosani-ki*.[2] Diese beiden Militärtexte werden dem jeweils neuen Herrscher persönlich übergeben.

Außerdem hat Fürst Nippo auf qualitativ hochwertigem Torinoko-Papier sehr ausführlich die Angelegenheiten des Hauses festgehalten sowie einen Überblick über all die unterschied-

[1] Wörtlich »der Mund des Sieges«.

[2] Nabeshima Katsushige wies 1561 Ishida Ittei und andere an, diese beiden Werke über Militärtaktik zu erstellen.

lichen Organisationen innerhalb des Reichs, die Protokolle für die Beziehungen zum Shogunat und sämtliche finanziellen Angelegenheiten.[1]

Dass der Wohlstand unseres Clans fortbesteht, verdanken wir der harten Arbeit von Fürst Nippo. Ihm sind wir zu ewigem Dank verpflichtet. Insofern hoffe ich bei allem gebührenden Respekt für die neuen Fürsten aus vollem Herzen, dass sie sich die Zeit nehmen, über das harte Los ihrer Vorgänger Fürst Nippo und Fürst Taisei-in nachzudenken, und zumindest Gebrauch von den überlieferten Schriften machen und ihren Inhalt verinnerlichen. Neue Fürsten werden von Geburt an von der Dienerschaft verhätschelt, insofern durchleben sie kaum Härten und kennen die Gebräuche und die Geschichte des Reichs nicht. Sie handeln einfach, wie es ihnen passt, und denken dabei wenig an die unglaubliche Verantwortung, die ein Fürst schultern muss. Viele neue Unternehmungen wurden in den vergangenen Jahren begonnen und die Verwaltung des Reichs ist ins Stocken geraten.

Gerissene Gefolgsleute, die wenig von der Welt kennen, bringen ihre oberflächlichen Weisheiten zur Anwendung und ersinnen neue Pläne in der Hoffnung, auf diese Weise das Wohlgefallen ihres Fürsten zu wecken. Sie verhalten sich arrogant, handeln nach ihrer Façon und werden auf diese Weise zum Quell endloser Probleme. Um nur einige Beispiele zu nennen: Der Streit zwischen den drei Familienzweigen des Nabeshima-Clans,[2]

[1] Bei Torinoko handelt es sich um ein eierschalenfarbenes traditionelles Japanpapier, das vor allem aus qualitativ hochwertigen, glänzenden Gampi-Fasern [Anm. d. Übers.: Gampi ist ein nur in Japan vorkommendes Seidelbastgewächs.] produziert wird. Dieser Leitfaden zu den Abläufen im Reich war bekannt als das *Torinoko-cho*.

[2] Siehe Buch 1-101.

die Einführung der Rangstufe eines Chakuza (direkt unter den Haushofmeistern) mit der Aufgabe, die Verwaltung eines Reichs zu koordinieren; die Indienststellung Außenstehender; die Beförderung von Teakiyari [= Kriegern der Reserve] in das höhere Amt des Monokashira [= Hauptmanns einer Abteilung]; häufige personelle Wechsel innerhalb einer Kumi [= Militäreinheit]; der Wechsel von Anwesen; die Erhebung von Haushofmeistern in denselben Status wie Verwandtschaft des Fürsten [= Shinrui Dokaku]; der Abriss des Herrenhauses Koyoken; die Änderung der Reichsregeln [= Okitecho]; die Erstellung von Ranglisten für Tempel [für exklusive Audienzen beim Fürsten]; die Aufwendung beträchtlicher Mittel für den Bau des westlichen Herrenhauses [= Nishi Yashiki] durch Tsunashige; die Neuordnung der Ashigaru-Einheiten;[1] die Aufteilung des Besitzes des Fürsten unter seinen Gefolgsleuten [nach seinem Tod]; der Abriss des westlichen Herrenhauses [durch Yoshishige] und so weiter. Wann immer ein neuer Fürst den Thron besteigt, ändert sich die Art und Weise, wie mit derartigen Dingen umgegangen wird. Zu Problemen kommt es, wenn die Herrscher der Verlockung erliegen, etwas Neues zu verfolgen.

Doch die Erlasse unserer Vorfahren sind stabil, das Fundament unseres Clans ist nicht im Mindesten instabil geworden. Ein gewisser Grad an schlechter Führung wird dem Clan nicht zusetzen, sofern sich alle Männer an die von Fürst Nippo und Fürst Taisei-in hinterlassenen Anweisungen halten. Diese Stabilität wird ein effektives Regieren des Reichs ermöglichen.

Nicht einer unserer früheren Fürsten war ein Tyrann oder dunklen Gemüts. Nicht einer unserer Fürsten wurde je negativ

[1] Siehe Buch 2-69.

mit einem Fürsten einer der anderen Provinzen verglichen. Dank des unumstößlichen Glaubens unserer verehrten Ahnen steht unsere Vortrefflichkeit außer Frage. In Übereinklang mit unseren Gebräuchen wurden niemals Angehörige des Nabeshima-Clans in andere Provinzen verbannt, nicht einmal dann, wenn sie unehrenhaft entlassen wurden [= zu Ronin wurden], und nur wenige Außenstehende anderer Clans wurden hier beschäftigt. Selbst ein von seinem Amt entbundener Krieger oder der Nachwuchs von Männern, die auf Anweisung Seppuku begingen, dürfen weiterhin innerhalb des Fürstentums leben.

Bei derart viel Lehnstreue steht jeder Mann, der in diesen Clan hineingeboren wurde und die über Generationen hinweg weitergegebene Generosität und Anteilnahme genießen durfte, tief in einer Dankesschuld, deren Ausmaß sich kaum in Worten ausdrücken lässt, seien sie niedergeschrieben oder gesprochen. Das gilt für den Gefolgsmann genauso wie für den Bauern und den Stadtbewohner. Bist du als Gefolgsmann beschäftigt, lege alles daran, diese Schuld an Freigebigkeit durch selbstlosen Dienst zurückzuzahlen. Macht man dich zum Ronin oder weist dich an, Seppuku zu begehen, erachte auch dies als einen Dienst. Selbst wenn du tief in den Bergen oder unter der Erde lebst, wünsche dem Clan weiterhin fortwährenden Wohlstand. Das muss das erste und wichtigste Ziel eines Nabeshima-Samurai sein.

Ich bin ein Einsiedler, der die heiligen Gelübde abgelegt hat, insofern ist es anmaßend von mir als Mönch, dass ich nicht einmal den Wunsch verspürt habe, Buddhaschaft durch den Tod zu erreichen. Vielmehr wünsche ich mir nur, sieben Mal als Mann des Nabeshima-Clans wiedergeboren zu werden und dass in mir unauslöschlich die Entschlossenheit brennt, die Friedlichkeit des Reichs von Saga zu wahren.

Kein besonderes Talent ist erforderlich. Alles was nötig ist, ist die innere Kraft zu erklären, dass du allein die Verantwortung übernehmen wirst. Wem kann ich als Mann unterlegen sein, wenn es darum geht, den Fürsten zu wertschätzen und ihm zu dienen? Bei der Ausbildung eines Manns gilt: Du wirst keinen Erfolg haben, glaubst du nicht mit Stolz erfüllt an deinen wahren Wert als dienender Mann. Jeder Samurai muss überzeugt sein, dass er und nur er allein den Clan stützt. Wie beim Grundsatz des Yakan Doshin (»Die Suche nach einem Weg im Wasserkessel«) können Gefühle heiß und kalt sein, aber es gibt Einstellungen, die du niemals aufgeben solltest. Nachfolgend mein eigener Eid, den ich ablege:

- Ich werde auf dem Weg des Kriegers niemals hinter anderen zurückfallen.
- Ich werde jederzeit bereit sein, meinem Herrn zu dienen.
- Ich werde meine Eltern ehren.
- Ich werde voller Barmherzigkeit zum Wohle anderer dienen.

Bete mit diesen vier Eiden [= Shiseigan] jeden Morgen und jeden Abend zu den Göttern und zu Buddha und deine Stärke wird sich verdoppeln und du wirst niemals hinter den anderen zurückbleiben. Wie bei einer Raupe geht es einfach darum, Stück um Stück voranzukommen. Selbst die Götter und Buddha begannen damit, dass sie einen Treueeid ablegten.

Buch 1

1. Ein Krieger muss sich an die Grundregeln des kriegerischen Wegs halten, das leuchtet ein.[1] Und dennoch machen sich offenbar viele schuldig, in dieser Hinsicht nachlässig zu sein. Befragt nach der Essenz des Budo wissen nur wenige ohne zu zögern eine Antwort zu geben, denn sie haben sie nicht verinnerlicht. Das zeigt offenkundige Nachlässigkeiten, wenn es darum geht, den Weg des Kriegers zu verstehen. Diese Sorglosigkeit ist erschreckend.

2. Der Weg des Kriegers [= Bushido] liegt im Sterben.[2] Stehst du vor der Wahl zwischen Leben und Tod, entscheide dich ein-

1 Budo (武 道) wird hier als alternativer Begriff zu Bushido verwendet. Tatsächlich wurde zur Tokugawa-Zeit eher der Begriff Budo verwendet, wenn es um die Ideale eines Kriegers ging. Das führt heutzutage allerdings zu Verwirrung, da Budo die modernen Kampfkünste (der Nach-Meiji-Zeit) bezeichnet. Bushido entwickelte sich in der Meiji-Zeit im späten 19. Jahrhundert zum populären Oberbegriff für die Kultur, die Ideale und die Lebensweise der Samurai über alle Zeiten hinweg. Der Begriff selbst existierte vor dem Ende der Sengoku-Zeit (1457–1568) gar nicht und war auch während der Tokugawa-Zeit (1603–1867) nicht weit verbreitet. Das *Hagakure* zählt tatsächlich zu den wenigen Beispielen für Literatur aus der Tokugawa-Zeit, bei der dieser Begriff viel zur Anwendung kommt. Häufigere Begriff für den »Weg des Kriegers« waren während der Tokugawa-Zeit unter anderem Budo und Shido.

2 Zweifelsohne der berühmteste Satz im *Hagakure*. Es finden sich im modernen Japanisch und bei Übersetzungen in andere Sprachen unterschiedliche Antworten auf die Frage, wie genau dieser Satz zu verstehen ist. Einige bevorzugen die Variante: »Ich habe festgestellt, dass der Weg des Kriegers im Sterben liegt.« Das Verb *mitsuketari* kann man so verstehen, dass der Autor die Bedeutung des Bushido entdeckt hat, oder so, dass

fach für den Tod. Es ist keine besonders schwere Wahl. Schreite einfach voran und tritt ihm voller Selbstvertrauen entgegen. Zu erklären, wer sterbe, ohne nach dem richtigen Zweck zu streben, sterbe wie ein Hund[1], ist die ängstliche und oberflächliche Art der Kamigata-Krieger.[2] Wann immer du vor der Wahl zwischen Leben und Tod stehst, musst du dich nicht bemühen, deine Ziele zu erreichen. Der Mensch zieht das Leben vor. Insofern ist es nur natürlich, mit Logik zu rechtfertigen, warum man lieber am Leben bleiben möchte. Wenn du das Ziel verfehlst und am Leben bleibst, bist du ein Feigling. Das ist eine gefährliche Art zu denken. Begehst du einen Fehler und stirbst dabei, wird man dich vielleicht für verrückt [= Kichigai] halten, aber es wird keine Schande über dich bringen. So denkt jemand, der unbeirrbar auf dem Weg des Kriegers schreitet. Übe deinen Tod jeden Morgen und jeden Abend. Nur wenn du ständig lebst, als seiest du bereits ein Leichnam [= Joju Shinimi], findest du die Freiheit auf dem Weg des Kriegers und erfüllst dein Leben lang tadellos deine Pflicht.

Bushido bedeutet, offen für den Tod zu sein. Ich bevorzuge zweitere Lesart, aber linguistisch ist beides möglich.

1 Der Begriff, der hier für »Sterben wie ein Hund« verwendet wird, ist Inujini (犬死) und war während der Tokugawa-Zeit weit verbreitet, um das Pathos eines verschwendeten oder bedeutungslosen Todes zum Ausdruck zu bringen.

2 »Kamigata« bezieht sich normalerweise auf die Region Osaka und Kyoto, schließt in diesem Fall aber auch die Stadt Edo ein. Im *Hagakure* wird dieses Wort häufig verwendet, um die Eigenheiten der kultivierten städtischen Krieger in Kontrast zur rustikalen Art der Samurai aus Saga zu stellen.

3. Arbeitet ein Mann als Diener [= Hokonin], darf im Mittelpunkt seines Herzens nur Platz für seinen Fürsten sein. Nichts ist erstrebenswerter als dies. Wir wurden in den Dienst am ehrenwerten Haus Nabeshima geboren, eines Clans, der viele Generationen zurückreicht. Deshalb sollten wir anerkennen, welch enormes Maß an Großzügigkeit aufeinanderfolgende Fürsten unseren Vorfahren haben zukommen lassen, und deshalb sollten wir bereit sein, Körper und Seele im Dienst ehrfurchtsvoller Knechtschaft zu opfern. Darüber hinaus ist es wünschenswert, dass du über Weisheit und andere Talente verfügst, die dein Dienen noch besser machen. Selbst ein Mann, der zu nichts zu gebrauchen ist und der nicht imstande ist, etwas Effektives beizusteuern, wird ein getreuer Diener sein, solange er von ganzem Herzen treu ist. Wer sich einzig auf Cleverness und Talente verlässt [ohne unbeirrbare Hingabe], der leistet eine niedere Form von Dienst.

4. Es gibt Menschen, die mit einer raschen Auffassungsgabe zur Welt kommen, während andere sich erst zurückziehen und die Dinge sorgfältig durchdenken müssen, bevor sie zu einer Antwort gelangen. Es ist nicht von Belang, zu welcher Art von Mann du gehörst, denn wenn du deine eigenen Veranlagungen abstreifst und sorgfältig die »Vier Eide« [= Shiseigan][1] studierst, wirst du immense Weisheit aus dir selbst heraus ausstrahlen. Viele Menschen glauben, ernste Angelegenheiten ließen sich durch akribische Selbstbetrachtung lösen, aber weil egozen-

[1] Ich werde auf dem Weg des Kriegers niemals hinter anderen zurückfallen. / Ich werde jederzeit bereit sein, meinem Herrn zu dienen. / Ich werde meine Eltern ehren. / Ich werde voller Barmherzigkeit zum Wohle anderer dienen.

trische Motive dominieren, führt dies zu üblen Gedanken, die nichts Gutes mit sich bringen. Ist es von närrischen Männern zu viel verlangt, selbstlos zu werden? Wenn du also vor einem Problem stehst, lass es einen Augenblick liegen, nimm dir Zeit, über die »Vier Eide« nachzudenken und alle Gedanken auszublenden, die sich um dich drehen. Anschließend wirst du imstande sein, deinen Weg ohne Zögern weiterzugehen.

5. Unser Handeln wird zumeist von unserer eigenen beschränkten Intelligenz gelenkt, wodurch selbstsüchtige Wünsche aufkommen und Männer sich unbeabsichtigt vom Himmlischen Weg [= Tendo] abwenden. Das führt zu Boshaftigkeit. Andere werden dies als abstoßend, schwach, beengend oder lax ansehen. Hast du Schwierigkeiten, zu wahrer Weisheit frei von selbstsüchtigen Motiven zu gelangen, suche Rat bei einem Mann mit Einsicht. Da die Angelegenheit für ihn nicht von persönlichem Belang ist, wird er dir selbstlos und offen Rat geben und auf Vernunft basierende Urteile fällen können. Andere werden diesen Weg als fest verwurzelt und vernünftig erachten. Es ist wie bei einem gewaltigen Baum mit vielen Wurzeln. Die Weisheit eines einzelnen, auf sich selbst ausgerichteten Mannes ist im Vergleich dazu wie ein kleiner Baum, der ohne festen Halt im Boden steht.

6. Wenn wir die Sinnsprüche und Taten der Ahnen studieren, profitieren wir von einem Wissen, das uns hilft, Egoismus abzuschütteln. Legen wir unsere eigenen Vorurteile ab und beschwören die Maximen unserer Vorväter oder holen wir bei derartigen Themen den Rat anderer ein, können wir ohne Einschränkung voranschreiten und verfallen nicht in Schandtaten. Fürst Katsushige zog häufig (seinen Vater) Fürst Naoshige zu Rat. Diese Information ist im *O-hanashi-kikigaki* enthalten und beweist ein gutes Urteilsvermögen.

Ebenso gab es einen Mann, der mehrere seiner jüngeren Brüder als Gefolgsleute beschäftigte. Sie begleiteten ihn, als er Edo und die Region Kamigata besuchte. Er konnte sich mit ihnen in Angelegenheiten persönlicher wie auch förmlicher Natur beraten und es heißt, er habe seine Angelegenheiten effizient und ohne große Versehen geführt.

7. Sagara Kyuma[1] war körperlich und geistig eins mit seinem Fürsten und er stand ihm mit selbstloser Hingabe zur Seite, als sei er »bereits tot«. Er war einer unter Tausend. Im siebenten Jahr von Enpo [= 1679] wurde in der Residenz Mizugae des Fürsten Sakyo[2] eine Besprechung abgehalten, auf der beschlossen wurde, dass Kyuma[3] Seppuku zu begehen habe. Damals stand in der dreistöckigen Vorstadtvilla von Fürst Taku Nui[4] in Osaki ein Teehaus. Kyuma mietete das Gebäude und lud alle Schurken Sagas zu einer Feier ein. Man führte sogar ein Puppentheater verächtlichen Inhalts auf, bei dem er die Hauptrolle selbst bediente. Lautstark lärmend tranken sie Tag und Nacht ganz in der Nähe der Residenz von Fürst Sakyo. Es war wirklich lobenswert, dass Kyuma diese öffentliche Unruhe vorsätzlich in der noblen Ab-

[1] Ein ranghoher Vasall Nabeshima Mitsushiges.

[2] Shindai Naonaga, der zehnte Sohn Nabeshima Mitsushiges.

[3] Bei dem Treffen sprach man über die Verfehlungen Fürst Mitsushiges und beschloss, Kyuma solle die Missetaten seines Herrn sühnen, indem er sein eigenes Leben opfert.

[4] Yasuhide.

sicht anzettelte, stellvertretend für seinen Fürsten Selbstmord zu begehen.[1]

8. Ishida Ittei[2] schilderte das Folgende: »Sagara Kyuma erschien möglicherweise als Antwort auf die Gebete Fürst Katsushiges am Ort des Geschehens. Er war ein Mann beeindruckender Fähigkeiten. Fürst Katsushige ließ ihn jedes Jahr seine Bittgebete an die Gottheiten und Buddha schreiben. Das, was er im Jahr vor seinem Tod schrieb, ist möglicherweise im Lager aufbewahrt. Kyuma verhielt sich zum Ende hin auf eine etwas unbefriedigende Art und Weise. Er sagte: ›Ich erhalte ein Gehalt, das mehr als großzügig ist, kann die Schuld dieser Verpflichtung aber nicht begleichen. Mein Sohn Sukejiro ist noch klein und da ich nicht weiß, wie fähig er als mein Nachfolger sein wird, sehe ich mich gezwungen, mein Gehalt zurückzugeben. Sollte Eure Hoheit meinen Sohn zu meinem Nachfolger bestimmen, würde ich mich freuen, wenn Ihr ihm ein seinen Fähigkeiten entsprechendes Gehalt bezahltet.‹ Normalerweise würde man von einem Mann von Kyumas Kaliber niemals eine derartige Ausrede erwarten. Vielleicht hatte es mit einer Erkrankung zu tun. Es ist traurig, aber das Haus Sagara wird innerhalb von drei Jahren absteigen. Die Gunst, die er von seinem Fürst erhalten hat, ist eine dermaßen schwere Schuld, dass sie nicht beglichen werden kann.«

Gegenüber jemand anderem sagte Ittei: »Dieser Mann ist sehr klug und hat sich als Diener absolut gar nichts zuschulden

[1] Der Hintergedanke: Indem er sich an derart schändlichen Unternehmungen beteiligte, wollte er dafür sorgen, dass Außenstehende dachten, sein eigenes Fehlverhalten sei der Grund dafür, dass man ihm befohlen hatte, Selbstmord zu begehen. Auf diese Weise wollte er von den Patzern seines Fürsten ablenken.

[2] Jochos Lehrer in konfuzianischer Moral.

kommen lassen. Und dennoch wird auch sein Haus in vier oder fünf Jahren sein Ende finden.« Alles kam wie von ihm vorhergesagt. Seine Beobachtungsgabe war ungewöhnlich. Ich begann daraufhin, ebenfalls ein Auge auf die Männer im Dienste des Fürsten zu haben. Schrittweise wurde mir bewusst, wie lang ein unzulänglicher Samurai im Dienst bleiben würde.

Kyuma wurde später zum Ronin. Verstoßen wurde er, nachdem eine Botschaft am Tor des O-metsuke [= Inspektor] Yamamoto Gorozaemon[1] befestigt worden war. In der Botschaft heißt es, Kyumas brutaler Umgang mit den Bauern sei nicht akzeptabel. Es gab eine Ermittlung, in deren Verlauf sich die Vorwürfe als wahr erwiesen. Man tadelte mehrere Gefolgsleute und entließ Kyuma aus dem Dienst.

9. Ein wahrer Gefolgsmann ist der größte Anhänger seines Fürsten. Er unterwirft sich vollständig dessen Autorität und überlässt ihm ohne einen Gedanken an sich selbst sämtliche Angelegenheiten, seien sie gut oder schlecht. Zwei oder drei Männer dieses Kalibers gewährleisten das Wohlergehen des Clans. Ich habe die Welt einige Jahre lang beobachtet und gemerkt: Laufen die Dinge gut, melden sich viele zu Wort und tun, als seien sie wegen ihrer Intelligenz, ihres Urteilsvermögens oder ihrer künstlerischen Fähigkeiten von ganz besonderem Nutzen. Beschließt der Fürst allerdings, sich zurückzuziehen, oder verstirbt er, wenden sie sich rasch von ihm ab und schmeicheln sich bei seinem Nachfolger ein. Der Gedanke an ein derart verachtenswertes Verhalten schmerzt mich. Männer von hohem Status, Männer von geringem Status, kluge Männer und künstlerische Männer wetteifern allesamt darum, ihren Wert

[1] Jochos 20 Jahre älterer Neffe, ebenfalls als Tsuneharu bekannt.

als getreue Diener unter Beweis zu stellen, aber wenn das Unheil zuschlägt und es darum geht, dass sie tatsächlich ihr Leben lassen sollen, werden sie schlaff und feige. Ein durch und durch unentschuldbares Verhalten.

Ein vermeintlich nutzloser Gefolgsmann ist mehr wert als 1000 Männer dieses Schlags, ist er bereits zu dem Entschluss gelangt, sein Leben aufzugeben und eins mit seinem Fürsten zu werden. Das zeigt sich beim Ableben von Fürst Mitsushige. Ich war als einziger bereit, ihm in den Tod zu folgen, indem ich meinen privilegierten Status aufgab und zum Laienmönch wurde. Einige folgten später meinem Beispiel.[1] Als Fürst Mitsushige noch lebte, gab es angesehene Männer von Rang, die hochtrabend ihre Meinung kundtaten, doch er war kaum gestorben, da wandten sie sich bereits ab. Es heißt, es sei sehr schwierig, das durch das Gewicht von Gi[2] beschwerte Ergebenheitsversprechen zwischen Fürst und Anhänger einzuhalten, dabei ist es in Wirklichkeit sehr einfach. Hat sich ein Gefolgsmann ohne zögern dazu entschlossen [für seinen Fürsten zu sterben], wird er seinesgleichen suchen.

[1] Yamamoto Jocho hatte rituellen Selbstmord [= Junshi] begehen und so seinem Herrn in den Tod folgen wollen. Doch Junshi war 1661 in Saga und 1663 durch die Bakufu [Anm. d. Übers.: der Verwaltungsapparat des Shogunats] verboten worden. Da ihm sein Recht auf »selbstbestimmten Tod« versagt worden war, beschloss Jocho, sich stattdessen einem Orden anzuschließen und sich aus dem Weltlichen zu verabschieden. In diesem Abschnitt zeigt er seine Verachtung gegenüber Zeitgenossen, die nach dem Tod von Mitsushige mehr Berechnung an den Tag zu legen schienen.

[2] Gi (義) hat zahlreiche Bedeutungen, darunter Moralität, Rechtschaffenheit, Gerechtigkeit und Ehre. Das erstreckt sich auch auf Beziehungen ohne Blutsverwandtschaft.

10. Einige Menschen neigten dazu, sich an Dingen des Fürsten zu vergreifen, die entsorgt werden sollten, und diese für sich selbst zu behalten. Derartigen Männern kann man nicht trauen. Es ist ein Sakrileg, sich Dinge zu nehmen, die mit der Seele des Fürsten getränkt sind, und sie dann im eigenen Haushalt zu verwenden (beispielsweise kunstvolle Taschen, die er schätzte). Dasselbe gilt dafür, verschiedene, in Kisten gelagerte persönliche Gegenstände einer Begutachtung zu unterziehen und sie dann zu plündern. Es mag kein Vergehen sein, das strafbar ist, aber ich stelle in Frage, dass diese Männer ein Gefühl für Recht und Unrecht besitzen. Derart oberflächlichem Dienst fehlt die moralische Verpflichtung, die einen Fürsten mit seinem Gefolgsmann verbindet.

11. Sein Leben lang weigerte sich Yamasaki Kurando,[1] Utensilien anzunehmen, die seinem Fürsten gehört hatten. Ebenso wenig suchte er ein einziges Mal die Wohnsitze von [gut situierten] Bürgern auf. Das ist genau die bescheidene Haltung, die man von einem Gefolgsmann erwarten kann. Auch Ishii Kurouemon[2] verwendete bei keiner Gelegenheit Ausrüstung aus zweiter Hand. Heutzutage legen die Menschen verstörend selbstsüchtige Neigungen an den Tag und bemühen sich darum, einander beim Erwerb von gebrauchten Dingen zu überflügeln. Sie statten Bewohnern der Stadt unangekündigte Besuche ab, missbrauchen deren Gastfreundschaft und finden dann Vergnügen daran, unter dem Vorwand, den Markt zu inspizieren, Kaufleuten frivole Dinge ab-

[1] Ein Clanältester [= Toshiyori].

[2] Ebenfalls ein Toshiyori.

zukaufen. Derart zügelloses Verhalten verhöhnt den Kodex der Samurai.

12. Als ich mich vor dem Dahinscheiden von Fürst Mitsushige in der Region Kamigata aufhielt, ergriff mich schlagartig ein starker Wunsch, ins Reich zurückzukehren.[1] Ich traf mit Kawamura[2] Vereinbarungen, dass er seinem Herrn (Sanenori) meine Absicht kundtat, dann brach ich auf die lange Reise auf und war Tag und Nacht unterwegs, bis ich Saga erreichte.[3] Ich war gesegnet, meine Reise abschließen zu können, bevor Seine Hoheit starb. Es war ein echtes Wunder, denn als ich abreiste, hatte die Nachricht, dass sich sein Zustand schlagartig verschlechtert hatte, Kyoto noch gar nicht erreicht. Ich glaube, es waren die Götter, die mich wegen seines nahenden Todes alarmierten, denn ich war fest überzeugt, dass ich der einzige seiner Gefolgsleute war, der ihn über alles andere stellte. Mein Dienst ragte nicht durch eine spezielle bemerkenswerte Tat oder Tugend hervor, aber ich allein hielt den Ruf meines Fürsten hoch, als er starb.[4] Es ist tra-

1 Gemeint ist Jochos Zeit in Kyoto. Er kehrte 1700 nach Saga zurück.

2 Kawamura Gonbei diente dem berühmten adligen Poeten Sanjo-nishi Sanenori (1619–1701). Diese Reise und die Protektion Sanenoris waren von sehr großer Bedeutung, denn sie ermöglichten es Jocho, die Aufgabe zu erfüllen, die er selbst sich auferlegt hatte, und das seltene Lehrwerk *Kokin-denju* zu besorgen und Mitsushige zu bringen. Im *Kokin-denju* wird das *Kokin-shu* erklärt, eine aus dem 10. Jahrhundert stammende Zusammenstellung von Gedichten. Mitsushige begeisterte sich sehr stark für die Dichtkunst und es war sein großer Wunsch, das *Kokin-denju* studieren zu können.

3 Über Kyoto, Osaka und Edo.

4 Jocho spielt hier auf seinen Wunsch an, seine Loyalität durch rituellen Selbstmord (Junshi oder Obara) unter Beweis stellen zu dürfen. Doch der-

gisch, wenn der Herrscher eines Reichs stirbt und keiner seiner Gefolgsleute ihm folgen will. Ich weiß das, denn als Fürst Mitsushige starb, war niemand willens, dieses persönliche Opfer zu erbringen. Man muss nur sein Leben um seines Herrn willen aufgeben, mehr wird nicht verlangt. Die Welt ist voller feiger, rückgratloser Männer, die einzig an ihr eigenes Vorankommen denken und daran, ihre eigenen gierigen Wünsche zu befriedigen. Aus diesem Grund war mein Herz viele Jahre lang voller Verzweiflung, nachdem mein Fürst seinen letzten Atemzug getan hatte.

13. Wenn es darum geht, welche Gegenstände [eines verstorbenen Herrschers] bewahrt werden sollten und welche verbrannt werden sollten, gilt es, sich an gewisse Abläufe zu halten. Ich gehe hier nur auf die zentralen Punkte ein, Einzelheiten werden mündlich mitgeteilt. Die Welt hat sich verändert und diese Auf-

artige Handlungen hatte Nabeshima Mitsushige 1661 verboten. Die Bakufu (Shogunat) verbot Junshi 1663 landesweit. In der frühen Moderne – zu einer Zeit also, als es keine Kriege mehr gab, in denen Samurai ihre Tapferkeit und ihre Männlichkeit unter Beweis stellen konnten – kam es vergleichsweise häufig vor, dass sich Gefolgsmänner selbst verbrannten, um ihrem Herrn in den Tod zu folgen. Das galt als Beweis dafür, was für ein herausragender und getreuer Gefolgsmann man war. Im Nabeshima-Reich gab es eine lange Geschichte derartiger persönlicher Opfer. Als 1618 der Reichsgründer Naoshige starb, begingen 13 Gefolgsmänner Selbstmord. Als 1687 sein Sohn Katsushige starb, folgten 36 seiner Gefolgsmänner ihm in den Tod. Jocho hatte den starken Wunsch, sich auf ähnliche Weise wie seine Vorgänger zum Märtyrer zu machen und den ultimativen Beweis seiner Loyalität zu erbringen. Stattdessen war er gezwungen, sich weihen zu lassen als Alternative zum Junshi. Indem er seinen Wunsch zum Ausdruck gebracht hatte, hatte Jocho seiner Meinung nach seinen Fürsten vor der Peinlichkeit bewahrt, dass niemand sonst bereit war, in Einklang mit den alten Gebräuchen an seiner Seite zu sterben.

gabe kommt nicht länger offiziellen Bediensteten zu. Einige Teile des Nachlasses können entsorgt werden, einige sollten behalten werden. Hast du einen Gegenstand weggepackt, hol dir von einem Ältesten eine Bestätigung, damit die Leute nicht argwöhnen, dass du es dir genommen hast. Geh sicher, dass nicht bereits eine Entscheidung getroffen wurde. Stelle Fragen, um eine Übereinkunft zu gewährleisten. Überprüfe das Inventar.[1]

14. Es zeugt von großem Mitgefühl und ist eine wichtige Handlung, wenn du anderen deine Meinung in der Absicht mitteilst, ihnen beim Abstellen ihrer Fehler zu helfen. Außerdem ist es die Pflicht eines Gefolgsmanns. Entscheidend ist dabei allerdings die Art und Weise, in der diese Meinung präsentiert wird. Es fällt uns leicht, bei anderen gute und schlechte Dinge auszumachen, und jeder ist rasch mit Kritik zur Hand. In vielen Fällen halten sich die Menschen für rücksichtsvoll, wenn sie auf Fehler hinweisen, die normalerweise ein unangenehmes oder schwieriges Thema darstellen. Wird ihr Rat nicht in der Absicht aufgenommen, in der er gegeben wurde, wird der Rat Gebende zu dem Glauben verleitet, es ließe sich kaum noch etwas tun. Eine derartige Haltung ist wenig hilfreich. Es ist dasselbe, als würde man jemanden beschämen oder herabsetzen, nur um sich etwas von der Seele zu reden.

Möchtest du jemandem deine Meinung anbieten, versichere dich zunächst, dass der Empfänger tatsächlich in der entsprechenden geistigen Haltung dafür ist, Ratschläge entgegenzunehmen. Strebe danach, ein Kamerad zu werden, dem die anderen vertrauen, und sei dir gewiss, dass er deinen Worten Glauben

[1] Die Liste der skizzierten Anweisungen im japanischen Original ist vage und offen für Interpretationen. Möglicherweise handelt es sich um Anweisungen Tsunashiges, was das Eigentum Mitsushiges anbelangt.

schenken wird. Sprich zunächst Themen an, die ihn interessieren, und überlege dir unterschiedliche Ansätze, deine Gedanken zu vermitteln. Lege einen passenden Zeitpunkt fest und überlege dir im Vorfeld, ob du deine Gedanken schriftlich vermitteln oder mit ihm auf dem Heimweg darüber reden solltest. Gehe auf deine eigenen Fehler ein und versuche, indirekt sein Verständnis wachzurufen. Oder stelle deine Ansichten, während du seine besseren Eigenschaften preist, in einer Art und Weise dar, die ihn dazu bringt, deinen Rat gerne anzunehmen und seine eigenen Defizite abzustellen – so wie ein Mann mit trockener Kehle nach der Wasserflasche greift, um seinen Durst zu stillen.

Es ist sehr schwierig, dieses Ziel zu erreichen. Hat sich eine schlechte Angewohnheit über viele Jahre hinweg festgesetzt, lässt sie sich nicht so einfach aus der Welt schaffen. Auch damit habe ich eigene Erfahrungen gemacht. Wer gesellig ist und mit seinen Begleitern gegenseitig daran arbeitet, Schwachstellen zu korrigieren, um seinem Herrn von größerem Nutzen zu sein, der leistet wahrlich mitfühlenden Dienst. Aber vergiss nicht: Wie kannst du erwarten, dass jemand zu einer besseren Person wird, wenn du ihn nur erniedrigst?

15. Darüber, seine Meinung jemandem mündlich mitteilen. Es gab einen Ronin, der seinen Herrn verabscheute. Nachdem er fünf, sechs Jahre fortgewesen war, kehrte ein gewisser Ronin, der sich seiner Fehlschritte schmerzlich bewusst war, in den Dienst zurück. Zunächst lehnte er das Angebot, wieder in Diensten zu treten, ab, aber nachdem er eine zweite Einladung erhielt, legte er einen Eid ab. Nachdem er das erste Mal abgelehnt hatte, hätte er endgültig zurücktreten müssen. Alternativ hätte er sich den Kopf rasieren und Mönch werden können.

Ebenso sollte ein Ronin, der seine Fehler nicht einräumt und seinen Herrn neidet, nicht in den Dienst zurückkehren dürfen. Beklagt er weiter die »mitleidlose« Behandlung, die ihm zuteilgeworden sei, oder verspürt er weiterhin »Feindseligkeit«, wird der Himmel ihn nur umso mehr ablehnen. Jemand sagte einmal: »Es ist eine himmlische Rüge. Gesteh einfach ein, dass der Fehler einzig bei dir liegt, und bereue, ansonsten wirst du nie wieder den Dienst aufnehmen können.«

16. Nachdem er Sawabe Heizaemon bei dessen Seppuku als Sekundant [= Kaishaku] gedient hatte, erhielt ich (Jocho) ein Lobschreiben vom Clanältesten Nakano Kazuma aus Edo.[1] Darin erklärte er in sehr wohl formulierten Worten, dass der Ruf der Familie wiederhergestellt sei. Gleichzeitig hielt ich es für übertrieben, ein derartiges Schreiben aufzusetzen, nur weil ich bei Sawabes Selbstmord assistiert hatte. Nach weiterem Überlegen wurde mir klar, dass es ziemlich taktvoll gewesen war. Wenn junge Krieger ihre Pflichten gut erfüllen, ist es wichtig, sie zu preisen und sie auf diese Weise zu motivieren, auch wenn die Leistung nur eine Kleinigkeit war. Deshalb schrieb er den Brief. Vor nicht allzu langer Zeit erhielt ich zudem ein Lobschreiben von Nakano Shogen.[2] Ich habe beide Schreiben sicher verwahrt. Yamamoto Gorozaemon schenkte mir Sattel und Steigbügel.

1 Sawanabe Heizaemon war Jochos Neffe. Er beging 1682 wegen eines Fehltritts Seppuku. Yamamoto Gorozaemon war ebenfalls ein Neffe Jochos.

2 Nakano Shogen war Jochos Onkel (Enkel des älteren Bruders von Jochos Vater). Er war ein ranghoher Berater [= Toshiyori-yaku] des Reichs und beging 1689 Seppuku.

17. Es ist unhöflich, in Anwesenheit anderer zu gähnen. Überkommt dich plötzlich der Drang zu gähnen, streiche dir aufwärts über die Stirn, um ihn zu unterdrücken. Reicht das nicht aus, verschließe deine Lippen mit der Spitze deiner Zunge und bedecke deinen auseinanderklaffenden Mund mit der Hand oder deinem Ärmel, um ihn auf diese Weise vor anderen zu verbergen. Auch Nieser sollte man unterdrücken. Niesen und Gähnen lassen dich ausgesprochen albern aussehen. Es gibt viele andere Punkte der Etikette, die du zu jedem Zeitpunkt berücksichtigen solltest.

18. Meister Jocho dachte über die Aufgaben für den kommenden Tag nach und schrieb sie nieder. Wenn du organisiert bist, bleibst du den anderen einen Schritt voraus. Bist du am nächsten Tag mit jemandem verabredet, nimm am Vorabend eine sorgfältige Einschätzung vor, denk über angemessene Begrüßungen nach, über mögliche Gesprächsthemen und über Fragen der Etikette. Als wir gemeinsam reisten, gab er mir folgenden Rat: Gehst du jemanden besuchen, ist es angeraten, die Dinge vorher einmal durchzudenken. Auf diese Weise sorgst du dafür, dass sich die Harmonie durchsetzt. Gleichzeitig ist es eine Protokollfrage. Lädt sich ein Mann von hohem Rang ein, ist es nicht gut, im Vorfeld zu nervös zu sein, denn dann wirst du anfangs nicht imstande sein, angemessen Konversation zu betreiben. Stattdessen solltest du echte Dankbarkeit verspüren für die Gelegenheit, diese Person zu treffen, und mit Gefühlen freudiger Erwartung aufbrechen.

Grundsätzlich ist es am besten, jemanden überraschend aufzusuchen, sofern es keinen geschäftlichen Grund dafür gibt. Bist du allerdings eingeladen, solltest du dich so benehmen, dass dich dein Gastgeber als »angenehmen Besucher« erachtet. Anderenfalls hast du keinen Platz dort als Gast. In jedem Fall ist es wichtig, dass du dich im Vorfeld gut organisierst. Ganz besonders wichtig ist das bei einer Feier, auf der auch getrunken wird. Der rechte Zeitpunkt, sich zu verabschieden, ist schwer auszumachen. Dein Besuch sollte nicht zur Belastung werden, aber ebenso solltest du sorgfältig darauf achten, nicht den Eindruck zu erwecken, dass du in Eile bist. Gewöhnlich ist es nicht ratsam, sich allzu sehr zurückzuhalten, wenn Happen herumgereicht werden. Lehne einmal, zweimal höflich ab und kapituliere dann vor der Großzügigkeit deines Gastgebers. Das gilt genauso, wenn du zufällig jemanden auf der Straße triffst und er dich zu sich nach Hause einlädt.

19. Die »Vier Eide«[1] haben im Kern die folgende Bedeutung: »Ich werde auf dem Weg des Kriegers niemals hinter anderen zurückfallen« bedeutet, dass du gewappnet sein musst, allen deinen Edelmut unter Beweis zu stellen, und dass du stets bereit sein musst, dein Leben für deine Sache zu opfern. Ausführlicher ist das im *Gukenshu* festgehalten.[2] Beim zweiten Eid – »Ich werde jederzeit bereit sein, meinem Herrn zu dienen« – geht es darum, danach zu streben, Karo[3] zu werden und damit eine Position zu erreichen, die es dir erlaubt, um des Clans willen beim Fürsten

[1] Siehe Buch 1-4.

[2] Das *Gukenshu* war ein Buch mit Geboten, das Jocho 1708 seinem Adoptivsohn Gon'nojo gab.

[3] Anm. d. Übers.: Bei Wikipedia heißt es: Karo, wörtlich etwa »Hausältester«, war der höchste Rang unter den Samurai in der Verwaltung eines Han und im Beraterstab des Daimyo. Die europäische Entsprechung ist ein Vogt.

vorstellig zu werden. Die »Pflichten des Sohns« [= Ko] sind mit der »Loyalität« verknüpft. Sie sind eins. »Ich werde voller Barmherzigkeit zum Wohle anderer dienen« bedeutet, andere Männer dazu zu ermutigen, vorbildliche Dienste zu leisten.

20. Als sie über die für eine Hochzeit benötigten Utensilien sprachen, merkte eine Person an: »Auf dieser Liste stehen kein Koto und keine Shamisen,[1] aber wir werden sie brauchen.« Eine andere Person erklärte daraufhin kurz und knapp: »Wir brauchen sie überhaupt nicht.« Diese Person tätigte ihre Äußerung in dem vollen Bewusstsein, welche weiteren Personen anwesend waren, widersprach sich am folgenden Tag aber selbst, als sie erklärte, die beiden Instrumente seien für eine Hochzeit doch unerlässlich und dass von jeder Art zwei Exemplare zu besorgen seien, und zwar von allerhöchster Qualität. Als ich die Geschichte hörte, dachte ich: »Was für ein ehrwürdiger Mensch [weil er einräumte, sich geirrt zu haben].« Doch Meister Jocho erklärte: »Es ist falsch, so zu denken. Er handelte nur deshalb so, weil er seine Autorität unterstreichen wollte. Derartiges Verhalten trifft man häufig bei Außenstehenden zweifelhafter Loyalität an, die in unserem Reich beschäftigt sind. Zunächst einmal ist es grob, sich gegenüber einer Person in ranghöherer Position derart zu verhalten, und es gereicht seinem Fürsten keinesfalls zur Ehre. Selbst wenn du einen Gegenstand für völlig überflüssig hältst: Beschreitest du den Weg des Kriegers, schreiben dir die Benimmregeln vor, dass du zunächst einmal die Meinung der anderen Person anerkennst und einfließen lässt, dass man später noch einmal darüber sprechen kann. Auf diese Weise entsteht für niemanden eine peinliche Situation. Außerdem waren die fraglichen Gegenstände

[1] Traditionelle Saiteninstrumente.

tatsächlich erforderlich, also stellte er am nächsten Tag den Antrag, sie auf die Liste setzen zu lassen. Das war ein durchtriebenes und unhöfliches Verhalten, mit dem er seinen Kameraden öffentlich bloßstellte. Darüber hinaus war es sehr achtlos.«

21. Zwischen Männern, die vorbereitet sind, und solchen, die es nicht sind, gibt es Unterschiede, was die militärische Taktik und Strategie [= Gungaku] angeht. Ist ein Krieger vorbereitet, kann er dank seiner Lebenserfahrung nicht nur rasch und auf anerkennenswerte Weise Probleme lösen, er kann dank seines Verständnisses möglicher Maßnahmen auch angemessen auf alle denkbaren Szenarien reagieren. Er ist stets bereit. Dem unvorbereiteten Krieger mangelt es an Voraussicht und selbst wenn es ihm gelingt, ein Problem zu lösen, hat das eher mit Glück zu tun als mit guter Planung. Ein Krieger, der die Dinge nicht im Voraus durchdenkt, wird schlecht ausgerüstet sein.

22. Meister Jocho sagte: »Es wäre wunderbar, wären zur Hundertjahrfeier von Fürst Nippos[1] Tod alle Ronin anwesend. Ich bin überzeugt, dass es ihm gefallen würde, obwohl es vermutlich nicht realistisch wäre, da der Clan umsichtig sein muss, was seine Ausgaben angeht. In den vergangenen Jahren hat man Ronin vernachlässigt, ebenso die Nachkommen von Samurai aus unserem Clan, die Seppuku begangen haben. Reservekrieger aus den unteren Rängen [= Teakiyari] und Ronin werden kaum für eine Beförderung vorgesehen. Ich habe allerdings gehört, dass ein Teakiyari aufgrund mangelnder Kenntnisse der Geschichte des Nabeshima-Clans in den mittleren Rang eines Monokashira befördert wurde.

[1] Nabeshima Naoshige.

23. Bei gesellschaftlichen Veranstaltungen solltest du stets darauf bedacht sein, dich anständig zu benehmen. Beobachtet man Feierlichkeiten sorgfältig, zeigt sich, dass die Mehrheit der Männer entschlossen ist, sich völlig zu betrinken. Alkohol zu sich zu nehmen ist angenehm, sofern man den Genuss zum rechten Zeitpunkt einstellt. Sich rücksichtslos aufzuführen, wirkt vulgär und sagt etwas über den Charakter und das (fehlende) Maß an Kultiviertheit aus. Beim Trinken sollte sich ein Krieger bewusst sein, dass er unter ständiger Beobachtung steht. Führe dich in der Öffentlichkeit angemessen auf.

24. Eine bestimmte Person regte an, die Ausgaben im Reich aufzugliedern, aber das ist nicht immer klug. Ein altes Sprichwort besagt: ›Fische vermeiden Gewässer mit klarem Wasser.‹[1] Fische überleben und gedeihen, indem sie sich im Wasser unter Gräsern und im Schatten von Dingen verstecken. Blickt man über das gelegentliche Versäumnis hinweg, können die unteren Klassen mit Seelenfrieden leben. Das ist auch relevant bei Fragen des Verhaltens.«

25. Ein Bürgerlicher wollte im Hauptverwaltungsamt eine Eingabe vornehmen, doch ein gewisser Beamter wies ihn ab. Es kam zum Streit. Eine andere Person griff ein und sagte: »Nimm die Petition erst einmal an. Gelangst du später zu der Meinung, sie habe keine Gültigkeit, kannst du sie zurückgeben.« Ein weiterer Beamter kommentierte zynisch: »Wie kannst du Angelegenheiten erledigen, ohne Eingaben anzunehmen?« Meister Jocho sagte, seiner

[1] Das ist ein Auszug aus den *Schulgesprächen* von Konfuzius. »Fische vermeiden Ströme mit klarem Wasser. Einem Mann, der zu klarblickend ist, werden die Menschen nicht folgen.«

Meinung nach habe sich Herr Soundso gebessert, sei aber scheinbar immer noch reizbar. Man könne im Alltag einen familiären Umgang an den Tag legen, müsse sich bei offiziellen Angelegenheiten aber strikt an die Regeln der Höflichkeit halten. So schreibt es das Protokoll des Samurai vor. Einen Besucher auf diese Weise in seiner Ehre zu beleidigen, geziemt sich nicht und läuft dem Kodex des Kriegers zuwider.

26. Ein gewisser ranghoher Beamter fragte einen Samurai, ob er dessen Residenz kaufen könne. Dieser stimmte zu, aber gerade als er sich auf den Umzug vorbereitete, ließ man ihn überraschend wissen, dass sein Haus nicht länger benötigt werde. Dieser Sinneswandel verärgerte den Samurai und er beklagte sich darüber. Der ranghohe Beamte, der die Übereinkunft aufgekündigt hatte, entschuldigte sich und bot finanzielle Entschädigung an. Der Kläger willigte ein. Wir haben es hier mit einer wahrlich lächerlichen Angelegenheit zu tun. Grundsätzlich kann man sagen, dass sich niemand gerne hinters Licht führen und übervorteilen lässt, aber in diesem Fall liegen die Dinge völlig anders. Es hatte auch nichts damit zu tun, dass jemand mundtot gemacht werden sollte, denn der andere Mann war von hohem Rang. In dieser Angelegenheit ging es um »Gewinn und Verlust« – eine Grundlage, die für sich genommen bereits verwerflich ist. Darüber hinaus ist es ungebührlich, Frechheiten gegenüber einer Person zu äußern, die im Rang über einem steht. Eine Entschädigung zu erpressen, stellt in Wahrheit einen Verlust dar, wird die Angelegenheit doch dauerhafte Folgen haben, was den Ruf des Samurai anbelangt. Allgemein gesprochen steckt hinter derartigen Petitionen die Gier, einen Gewinn einzustreichen. Ist ein Mann von vornherein bereit, einen Verlust hinzunehmen, kann er nicht besiegt werden. Auf diese Weise verliert man nicht, wenn man geduldig ist [= Kannin]. Dieser Mann war nicht klug genug, das zu erkennen.

27. Ishii Mataemon war einst ein Krieger von lobenswerten Fähigkeiten, doch nachdem er erkrankte, wurde er auch etwas irrational. Einmal sprach man darüber, wie die Entourage Seiner Hoheit zu organisieren sei, und ein Mann fragte Mataemon nach der Position des für Poesie zuständigen Schreibers. Er erwiderte: »Seit meiner Krankheit kann ich mich nicht einmal daran erinnern, was in der Gegenwart geschieht. Und selbst wenn ich mich erinnerte – wie kann ich dir davon erzählen, könnte es doch eine Angelegenheit sein, in der mein Herr mich zum Stillschweigen verpflichtet hat? Wie auch immer: Ich kann nicht über etwas sprechen, an das ich keine Erinnerung habe.«

28. Als Feuer im Haus eines Gefolgsmanns ausbrach, eilte Inspektor Yamamoto Gorozaemon in seiner Rolle als diensthabender Offizier an den Ort des Geschehens, um die Brandbekämpfung zu überwachen. Die Torwächter schlossen die Tore und sagten: »Es ist nicht dieses Haus, das brennt.« Gorozaemon regte sich furchtbar auf und bedrohte sie: »Verfolgt ihr die Absicht, einem Mann, der im Auftrag Seiner Hoheit hier ist, den Zugang zu verwehren, werde ich gezwungen sein, euch alle zu erschlagen.« Als er sein Schwert zog, öffneten sie das Tor und er erkannte, dass nur einige wenige Männer des Gefolgsmanns versuchten, das Feuer zu löschen.

29. Als ich Yasaburo bat, einen Buchstaben zu malen, betonte ich die Bedeutung von »Entschlossenheit«: »Schreibe jeden Buchstaben ohne die Furcht, das Papier mit deinem Pinsel zu durchstoßen. Über die Vorzüge des Buchstabens mag ein Experte in Kalligrafie urteilen – sei nicht entmutigt, nur weil es nicht gut geht.«

30. Als Fürst Mitsushige noch ein Junge war und in Anwesenheit des Priesters Kaion Osho versuchte, ein Buch zu lesen, rief er: »Gefolgsleute, kommt und hört zu. Es fällt schwer zu rezitieren, ist kein Publikum zugegen.« Kaion war beeindruckt und erklärte den Kindern in seiner Obhut: »Ihr alle solltet bei allem einen derartigen Eifer an den Tag legen.«

31. Die Morgenandacht beginnst du am besten mit einer Ehrenbekundung gegenüber deinem Herrn, deinen Eltern, der Gottheit deines Clans [= Ujigami][1] und dem Schutz Buddhas. Dass du deinem Herrn Vorrang einräumst, wird deine Eltern freuen, und die Götter werden gewiss auf dein Flehen antworten. Samurai dürfen an nichts anderes denken als daran, ihrem Herrn zu dienen. So lange dieser Wunsch dich voll und ganz erfüllt, wirst du seiner immer bewusst sein (wie auch seiner Bedürfnisse). Eine Frau sollte ihrem Ehemann als ihrem Herrn auf dieselbe Weise gehorchen.

32. Die Konventionen lehren uns, dass das Kanji-Symbol für »Protokolle der Höflichkeit«[2] als *Date* gelesen werden sollte, »Eleganz«. Etikette ohne Eleganz ist minderwertig.

[1] Ursprünglich bezog sich Ujigami auf einen zum Gott gewordenen Vorfahren, den die Nachkommen an einem örtlichen Familienschrein verehren. In der Tokugawa-Zeit allerdings stand der Begriff für eine örtliche Gottheit, die sämtliche Einwohner einer speziellen Region schützte.

[2] 時宜 = »Jigi« oder »verbeugen«.

33. Es begab sich im Frühling des dritten Jahrs von Shotoku [= 1713]. Man kam zusammen, um über die Regenzeremonie am Kinryu-Schrein zu sprechen. Im Hauptsitz der Verwaltung äußerte man folgende Meinung: »Die jährliche Veranstaltung ist eine enorme Belastung für alle Beteiligten. Die Feierlichkeiten sollten dieses Jahr begeistert begangen werden, aber wenn die gewünschte Wirkung nicht eintritt, sollten sie anschließend eingestellt werden.« Viele Orchester, Tanztruppen und Kyogen-Darsteller[1] aus 33 Dörfern wurden eingeladen, sich zu beteiligen. In seiner Wirksamkeit ist das Regenritual am Kinryu-Schrein immer wunderbar, doch nicht bei dieser Gelegenheit. An jenem Tag schlugen die Trommler ihre Trommeln nicht so, wie man es sie gelehrt hatte, und die Lehrer rissen ihnen die Trommelstöcke aus den Händen und verursachten einen Aufruhr. Es gab Schwertkämpfe und Schlägereien in den unteren Bereichen des Schreins, einige Menschen kamen ums Leben. Auch Zuschauer gerieten in gewaltsame Auseinandersetzungen und trugen Verletzungen davon.

Gleichzeitig wurden in den unteren Klassen Gerüchte laut, dass die Unruhen mit dem Zorn der Götter zu tun hätten, verursacht durch die diabolische Unaufrichtigkeit, die die Verwalter an den Tag gelegt hatten. Sanjonishi Dainagon Sanenori[2] erklärte einmal: »Geschieht während eines Rituals vor den Göttern ein Ereignis, das Unglück bringt, ist das ein Omen für ein Unglück.« Tatsächlich wurden in jenem Jahr einige Beamte im Hauptsitz des Reichs für ihre Täuschereien geköpft und viele starben bei dem Tsunami, der Terai traf. Das hing gewiss damit zusammen,

[1] Anm. d. Übers.: Eine traditionelle Form des japanischen Theaters.

[2] Siehe Buch 1-12.

dass der untere Bezirk des Kinryu-Schreins in der Nähe der Meeresküste lag. Außerdem war da noch der Vorfall, bei dem Hara Jurozaemon im Palast einen Kameraden tötete.[1] Derartige Unglücksfälle unterstreichen sicherlich die Worte Sanenoris.

34. Ein bestimmter Priester verfügt über Talente, wie sie in jüngerer Vergangenheit selten geworden sind. Er ist ausgesprochen tolerant und führt einen großen Tempel außerordentlich gut. Neulich erklärte er: »Da ich zu krank bin, werde ich die Aufgabe, diesen großen Tempel zu führen, gewiss nicht erfüllen können. Ich tue, was ich kann, um meiner Verantwortung gerecht zu werden, doch wenn ich nicht ganz auf der Höhe bin, übertrage ich alle Pflichten meinem Stellvertreter und versuche, einer Katastrophe zu entgehen.« Zwei Generationen zuvor war der Priester an jenem Tempel zu streng gewesen und niemand war willens, ihm zu folgen. Der vorige Priester überließ alles seinen Untergebenen und benahm sich recht faul. Seit der jetzige Priester sein Amt übernommen hat, gab es wenige Beschwerden und seine Gefolgsleute sind gehorsam. Er achtet auf das große Ganze wie auch auf die kleineren Einzelheiten und er lässt das Personal in Ruhe seine Aufgaben erledigen. Stellt man ihm eine Frage, erklärt er mit einer Klarheit, die keinen Raum für Missverständnisse lässt. Deshalb hat er den Ruf, den Tempel erfolgreich zu leiten.

Es gab einmal einen anderen [Zen-]Mönch, der große Autorität ausstrahlte, während er oberflächliche Ideen von sich gab. Der Priester bestellte einen Mann ein und sagte: »Du stellst korrektes buddhistisches Gesetz falsch dar. Ich muss dich jetzt zu

[1] Hara Jurozaemon tötete Sagara Gentazaemon in der zweiten Zitadelle und wurde deshalb 1713 enthauptet.

Tode prügeln.« Nach der Prügel, die er erhielt, war der arme Kerl verkrüppelt. Doch der Priester verfügte über viele gute Eigenschaften. Er nutzte Krankheit als Vorwand [zu gewährleisten, dass sein Tempel durch das Delegieren von Aufgaben effizient geführt wird].

35. Gefolgsleute heutzutage scheinen ihren Blick sehr niedrig zu richten. Ihre Augen ähneln denen von Halunken, die von Habgier und Gerissenheit getrieben sind. Selbst wenn ein Samurai über Feuer zu verfügen scheint, ist das nur vorgetäuscht. Wirft sich ein Samurai nicht seinem Herrn in absoluter Dienstbeflissenheit zu Füßen, ist er kein echter Gefolgsmann. Er muss sich für bereits tot halten, für einen Geist, und aus tiefstem Herzen stets auf das Wohlergehen seines Herrn achten und über sinnvolle Lösung für die Beseitigung von Problemen innerhalb des Reichs nachdenken. Das gilt für den Samurai in hohem Rang genauso wie für den Samurai niederen Rangs. Er darf in seiner Entschlossenheit nicht zaudern, selbst wenn er damit dem Geheiß der Götter oder Buddhas zuwiderläuft.

36. Einmal habe ich gehört, wie der Arzt Matsugumasaki-no-Kyoan[1] sagte: »In der Medizin fallen die Behandlungen von Männern und Frauen unterschiedlich aus, und zwar entsprechend positiver und negativer Energie (Yin und Yang). Der Pulsschlag eines Mannes unterscheidet sich von dem einer Frau. Dennoch ist in den vergangenen fünf Jahrzehnten der Unterschied zwischen dem Pulsschlag der Geschlechter ununterscheidbar geworden. Seit ich dies bemerkt habe, passte ich meine Behandlung

[1] Der Leibarzt Nabeshima Motoshiges.

von Augenkrankheiten bei Männern daran an, wie ich Frauen behandele. Männliche Patienten reagieren nur wenig auf traditionelle Behandlungsmethoden für Männer. Ich bin zu der Erkenntnis gelangt, dass vielen von ihnen die männliche Essenz fehlt und dass sie als Zeichen dafür, dass die Zeiten schlimmer werden, sehr feminin geworden sind. Das ist eine Beobachtung, die ich aus medizinischer Behandlung gezogen habe, die ich aber für mich behalte.«

Ich hörte die Worte und mir wurde klar, wie wahr sie doch waren. So viele Männer scheinen heutzutage den Pulsschlag einer Frau zu haben. Nur wenige kann man für echte Männer halten. Das bedeutet, ein Mann kann andere schon mit einer kleinen Anstrengung übertreffen.

Dass der männliche Mut geschwunden ist, lässt sich schon daran erkennen, dass nur wenige Männer die Nerven aufbringen, einen Kriminellen, dem die Hände auf den Rücken gebunden sind, zu köpfen. Geht es darum, für einen Mann, der Seppuku begehen wird, als Kaishaku zu agieren, gilt heutzutage als bedacht oder sorgsam, wer dieses Ansinnen ablehnt. Vor vier, fünf Jahrzehnten galt Matanuki[1] als Beweis der Männlichkeit, damals traute sich kein Mann, anderen einen Oberschenkel ohne Narben zu zeigen, also brachte er sich selbst Schnitte bei. Derartiges Handeln unterstrich seine Kühnheit und seine Virilität. Die Arbeit eines Manns war in der Tat blutig. Heutzutage dagegen

[1] Es herrscht Unklarheit, was genau damit gemeint ist. Es könnte bedeuten, dass man sich selbst Narben beibrachte, die wie Narben als Folge einer Geschlechtskrankheit ähneln, was als Beleg für sexuelle Erfahrung und damit als Zeichen der Reife erachtet wurde. Oder es könnte bedeuten, dass sich junge Krieger insgeheim getroffen haben, um sich gegenseitig in der Leistengegend Schnittwunden beizubringen und auf diese Weise ihren Mut zu messen.

werden derartige Handlungen als närrisch verurteilt und man klärt seine Angelegenheiten mit schneller Zunge, während man schwierige Aufgaben gleich ganz vermeidet. Das ist ein Thema, das sich junge Krieger sehr gründlich durch den Kopf gehen lassen sollten.

37. Manche Gefolgsleute dienen noch mit 60 oder 70 Jahren. Ich dagegen ließ mich weihen, als ich gerade erst 42 Jahre alt war, insofern muss sich meine Laufbahn als Gefolgsmann rückblickend als kurz bezeichnen lassen. Ich blicke von einem Gefühl der Dankbarkeit erfüllt zurück. Als mein Herr starb, beschloss ich, auf meine eigene Weise ebenfalls zu sterben, deshalb wurde ich Mönch. Ich bin überzeugt, dass ich von allen möglichen Formen von Problemen geplagt worden wäre, hätte ich weiter als Gefolgsmann gedient. Stattdessen waren die vergangenen 14 Jahre eine Zeit der Ruhe und der Friedlichkeit und einer gewaltigen Zufriedenheit. Mehr noch: Da mich andere als etwas Besseres erachteten, wurde mir eine sehr höfliche Behandlung zuteil. Wenn ich in mich hineinblicke und sehe, was ich tatsächlich erreicht habe, verspüre ich Schuldgefühle und frage mich, ob ich nicht für die Freundlichkeit, die mir unverdientermaßen zuteilgeworden ist, auf irgendeine Weise bestraft werden sollte.

38. Einmal sollte ein Mann seinen Herrn begleiten, als dieser zum Neuen Jahr Besuche abstatten wollte. »Dieses Mal bin ich vorbereitet. Wir gehen aufs Land, insofern ist damit zu rechnen, dass uns Getränke angeboten werden, aber ich werde versuchen, abzulehnen. Sage ich, dass ich nicht mehr trinke, werden die Menschen glauben, dass ich schlecht mit Alkohol umgehen kann. Stattdessen werde ich erklären, dass ich ihn nicht vertrage, und den Becher zwei- oder dreimal leeren. Auf diese Weise werden die Menschen nicht so sehr daran interessiert sein, mich zum Trinken zu bewegen. Und wenn ich mich verbeuge, werde ich mich so tief verbeugen, dass mir der Rücken schmerzt, und ich werde nicht sprechen, bis man mich dazu auffordert.«

Das ist eine löbliche Einstellung. Wer über derartige Dinge im Vorfeld nachdenkt, legt den Grundstein für Vortrefflichkeit. Meister Jocho kommentierte: »Hierbei handelt es sich in der Tat um gute Vorbereitung. Handele auf eine Weise, die die Menschen vermuten lässt, du seist durch Krankheit geschwächt und du seist im Vergleich zu früheren Zeiten deutlich ruhiger geworden. Deine ersten Worte sind ganz besonders wichtig [und es kommt darauf an, wie du die Dinge formulierst].«

39. Der Priester Tannen[1] sagte einst zu mir: »Ich kann es nicht hinnehmen, dass alle Priester zum Erreichen des Zustands der Erleuchtung die komplizierte Munen-Mushin-Doktrin[2] lehren. Ein Geist, der frei von Gedanken ist [= Munen], ist ein Geist, der erfüllt ist von korrekten Gedanken [= Shonen].« Das ist zweifelsohne ein wichtiger Punkt. Weiter informierte mich der Adlige Sanenori[3]: »Wer den Weg geht [= Michi], hält seinen Geist vollständig frei von bösen Verunreinigungen, und sei es nur für einen einzigen Atemzug. Es ist nicht so, als wäre da kein Nen [= Gedanke]. Vielmehr geht es darum, korrekte Gedanken zu haben, ohne dass sich böse Gedanken festsetzen können. Wenn

[1] Tannen war der Abt des Kodenji-Tempels, der unter dem Schutz des Nabeshima-Clans stand. Tannen unterwies Jocho zudem im Buddhismus.

[2] Ein Geist, der frei von störenden Gedanken ist, ein »leerer Geist«.

[3] Sanjonishi Sanemori, siehe 1-15.

das gelingt, ist der Weg eins – doch niemand ist imstande, das Licht zu erkennen und diese Logik ohne Weiteres zu begreifen. Es erfordert viele Jahre gründlichen Übens, ein derartiges Maß an vollkommener Reinheit zu erreichen.«

40. Es gibt nichts Tiefgreifenderes als den letzten Teil eines gewissen Gedichts, in dem die Frage gestellt wird: »Wie wirst du antworten, wenn dein eigenes Herz Fragen stellt?« Diese Empfindung könnte es sogar mit einer Sutra Buddhas aufnehmen und vielen ist sie bekannt. Es ist noch nicht lange her, dass gebildete Leute vornehm taten und Weisheit vortäuschten – ein Handeln, das sie zu etwas Geringerem als gewöhnliche Menschen macht. Gewöhnliche Menschen sind wenigstens geradeheraus. Stellt man diese Frage, kann man vor der Wahrheit nicht davonlaufen. Sie ist ein alles durchdringender »Richter« des eigenen Geistes. Handele also nicht schändlich, auf dass du dich beim kritischen Blick auf dich selbst nicht für schuldig befinden musst.

41. Da ist dieser tattrige Gefolgsmann, der wohl etwas senil geworden ist.[1] Man bittet ihn häufig, hier und da Vorträge zu halten, und es heißt, er sei ein leidenschaftlicher Redner. In den vergangenen Jahren war er damit beschäftigt, andere bei ihren Pflichten zu unterstützen, und durch seinen Diensteifer war er dem Clan sehr nützlich. Doch wenn die Menschen älter werden und ihnen der Verstand ausgeht, neigen sie dazu, ganz besessen von Dingen zu werden, mit denen sie vertraut sind. Dieser Mann also ist »dienstsenil«. Seine Absichten mögen gut sein,

[1] Die Rede ist hier möglicherweise von Ishida Ittei, einem angesehenen Konfuzius-Lehrer aus dem Nabeshima-Reich.

aber ein derartiger Verfall der geistigen Fähigkeiten birgt auch Gefahren. Wenn er davon absieht, auszugehen, wird man einen alten Mann in diesem Zustand als würdig erachten und das ist ein deutlich erstrebenswerterer Schlusspunkt seines Lebens.

42. Das chinesische Zeichen »Gen« kann auch als »Maboroshi« gelesen werden.[1] In Indien werden Hexenmeister als Genshutsushi [= Illusionisten] bezeichnet. In dieser Welt sind alle wie eine Puppe[, die von anderen kontrolliert wird]. Insofern ist das Zeichen »Gen« zutreffend.

43. Es wurde eine Verlobung arrangiert und aus dem Gefolge der Braut meldete jemand Widerstand an.[2] Junge Männer sollten über die folgenden Informationen sehr ausführlich nachdenken. Die Ablehnung des Gefolgsmanns war gewiss berechtigt und einige nahmen sie als Beleg dafür, dass es sich um einen hingebungsvollen Gefolgsmann handelte. Tatsächlich können wir davon ausgehen, dass der Gefolgsmann den Zwang verspürte, sein Missfallen zum Ausdruck zu bringen, und dass er als Konsequenz gerne Seppuku begangen hätte. Doch höre mir jetzt genau zu: Was er tat, war nutzlos. Hältst du sein Handeln für heldenhaft, so irrst du voll und ganz. Es gelang ihm nicht, seinen

[1] 幻 = Vision, Illusion oder Traum.

[2] Mine, die Tochter von Nabeshima Tsunashige, sollte Uesugi Yoshinori heiraten, um die Verbindung zwischen den Clans zu festigen. Der Mann aus dem Gefolge sprach sich gegen die Hochzeit aus, weil sich der Uesugi-Clan bei der Reaktion auf die gefeierte Erstürmung des Kira-Anwesens durch die 47 Ronin angeblich unehrenhaft verhalten hatte. Yoshinori war der Enkel von Kira Kozukenosuke (1641–1702), dem berühmten Antihelden des Vorfalls. Mine starb 1712, ein Jahr nach dem Vorfall, im Alter von 14 Jahren.

Fürsten zu überzeugen, und weil er gezwungen war, sein Amt niederzulegen, konnte er nicht länger seinen Pflichten bei der Erziehung der Prinzessin nachkommen. Selbst als sie kurz darauf krank wurde und starb, konnte er nicht an ihrer Seite sein – ein ausgesprochen tragisches Schicksal für einen getreuen Diener.

Männer mit dem Hang zur Ungeduld begehen oftmals ähnliche Fehlurteile. Grundsätzlich lässt sich sagen: Ein Mann, dessen Rang nicht ausreicht, seinem Fürsten gegenüber seine Meinung offen zu bekunden, der es aber dennoch tut, verhält sich illoyal. Ein Mann von reinem Herzen wird seine Ideen einem Vorgesetzten mitteilen, der einen entsprechenden Rang hält. Dieser Vorgesetzte wird die Idee dann dem Fürsten vortragen, als handele es sich um seine eigene Einschätzung. Auf diese Weise werden die Gedanken nicht auf taube Ohren stoßen. Das ist wahre Loyalität. Zögert der erste Ranghöhere, den du ins Vertrauen gezogen hast, kann er sich mit anderen in geeigneten Positionen beraten oder einen anderen Ansatz ersinnen, ohne sein loyales Handeln zu enthüllen. Spricht er mit anderen über die Idee und es erweist sich als fruchtlos, so lässt sich das nicht ändern. Lasse die Angelegenheit eine Weile ruhen und hoffe darauf, dass du zu einem späteren Zeitpunkt erneut an einer Lösung arbeiten kannst.

Ziele erreichst du normalerweise durch Hartnäckigkeit. Es gibt Männer, die gerne als Helden tituliert werden möchten, aber da sie einzig an ihre eigene Ehre und ihren eigenen Ruf denken, sind sie unweigerlich zum Scheitern verurteilt. Vorhaltungen sind für sie ein verdienstvoller Teil des Dienstes, doch es macht sie anfällig für Verurteilungen und schließlich den Untergang. Dafür gibt es zahlreiche Beispiele. Sie scheitern, weil ihre Absichten nicht in Aufrichtigkeit wurzeln. Wenn ein Krieger Körper und Geist aufgibt und einzig daran denkt, wie er seinem Herrn das Los erleichtern kann, wird er stets richtig handeln und keine Fehler begehen.

44. Es ist schwierig, Dingen abzuschwören, die den moralischen Grundsätzen [= Gi] zuwiderlaufen, und seine Rechtschaffenheit zu bewahren. Viele furchtbare Fehler werden aus dem Glauben heraus begangen, der oberste Grundsatz laute, immer und überall die moralischen Ideale zu wahren. Über dem Reich der moralischen Grundsätze steht die [göttliche] Wahrheit des Wegs [= Michi]. Dieses Konzept ist außerordentlich schwierig zu begreifen und das gelingt nur außerordentlichen Männern. Von dieser höchsten Ebene der Weisheit aus betrachtet, ist Rechtschaffenheit oder Gerechtigkeit nur eine triviale Tugend. Ohne ein gründliches Studium ist ein derartiges Konzept nicht wirklich zu durchdringen.

Doch es gibt einen Weg, zumindest teilweise Zugang zu dieser höheren Weisheit zu erlangen, und zwar durch den Dialog mit anderen. Selbst ein Mann, dem dieser geistige Zustand nicht bewusst ist, ist doch imstande, andere objektiv zu beobachten. Es ist, als sehe man einer Partie Go[1] zu und berechne die nächsten acht Züge. Wenn du begierig bist, deine eigenen Schwachstellen kennenzulernen, gibt es dafür keinen besseren Weg, als dich mit anderen zu unterhalten. Höre anderen Männern zu, lies Bücher und erweitere deinen gesunden Menschenverstand um die Weisheit der Altvorderen.

[1] Ein traditionelles Brettspiel, das auch als »japanisches Schach« bezeichnet wird.

45. In seinen späten Jahren sprach ein Schwertmeister wie folgt: »Es sind mehrere Phasen nötig, willst du dein Leben lang üben. Ungeübte Männer auf dem niedrigsten Niveau werden zu Beginn ihrer Ausbildung nur wenig Fortschritt erzielen und ihre Unbeholfenheit ist für sie und andere offenkundig. Männer auf dieser Ebene sind von keinerlei Nutzen. Auf der mittleren Ebene sind sie noch immer unbrauchbar, aber sie wissen um ihre Schwächen und können Defekte bei anderen ausmachen. Männer auf der oberen Ebene verfügen über nützliche Fähigkeiten, sind stolz auf das Ausmaß ihrer Fähigkeiten und fühlen mit jenen mit, die die Fähigkeit nicht besitzen. Dieses Niveau ist von Wert.

Männer jedoch, die in der Schwertkunst eine noch höhere Ebene erreicht haben, werden so tun, als seien sie völlig unbedarft, und dennoch werden die Männer um sie herum spüren, dass sie über beispiellose Fähigkeiten verfügen. Für die meisten Männer stellt dies wohl den Gipfel der Verwirklichung dar. Dahinter beginnt das ultimative Reich und es lässt sich mit Worten nicht beschreiben. Dem Meister wird deutlich, dass dieses Reich grenzenlos ist und seine Fähigkeiten niemals perfekt sein werden. Der Meister, dem seine Unzulänglichkeiten vollständig bewusst sind, wird durch diese Erkenntnis weder überheblich noch geringschätzig. Er reist einfach weiter auf dem Pfad.«

Einst sagte Fürst Yagyu[1]: »Ich weiß nicht, wie ich andere besiegen soll. Ich kenne nur den Weg, wie ich mich selbst besiege. Heute muss ich besser sein als gestern und morgen besser als

[1] Yagyu Munenori (1571–1646) zählte in der frühen Tokugawa-Zeit zu den einflussreichsten Schwertkämpfern, und zwar kraft illustrer Schüler wie Hidetada Tokugawa (1579–1632) und Iemitsu Tokugawa (1604-1651), dem zweiten und dritten Shogun, sowie vieler Fürsten, darunter auch jener aus dem Nabeshima-Clan.

heute. Das Streben nach Perfektion ist eine lebenslange Aufgabe, die kein Ende kennt.«

46. In *O-Kabegaki*[1] (»Wandschriften«), seinem Buch der Grundsätze, schrieb Fürst Naoshige: »Überlege leicht, wenn du gewichtige Angelegenheiten zu entscheiden hast.« Ishida Ittei ergänzte dieses Axiom: »Sei gründlich, wenn du über Angelegenheiten geringer Bedeutung zu entscheiden hast.« Wichtige Themen gibt es nur wenige und diese kannst du im Verlauf der täglichen Angelegenheiten sorgfältig studieren.

Daraus leite ich ab, dass es sich empfiehlt, sich rechtzeitig im Vorfeld für ernste Angelegenheiten zu wappnen, damit sie möglichst rasch behandelt werden können. Ohne vorangegangene Planungen fällt eine rasche Entscheidung schwer und es ist fraglich, ob angemessene Handlungen ergriffen werden können. In diesem Sinn ist denn auch der Lehrsatz von Fürst Naoshige zu verstehen: »Überlege leicht, wenn du gewichtige Angelegenheiten zu entscheiden hast.« – Befasse dich rechtzeitig im Vorfeld mit Themen von zentraler Bedeutung.

47. Fürst Taku von Mimasaka, Ishida Ittei und ihre Mitstudenten besuchten einst am Soryuji-Tempel den Priester Konan Osho, um mit ihm über das Lernen zu diskutieren. Der Priester erklärte: »Es ist lobenswert, dass ihr gebildete Männer seid. Doch kennt ihr den Weg nicht, stellt euch das auf eine Stufe unterhalb gewöhnlicher Menschen.« Ittei erwiderte: »Gewiss gibt es keinen anderen Weg als den der Weisen.«

[1] Der Begründer des Nabeshima-Reichs Naoshige schrieb dieses Regelbuch, das 21 Grundsätze enthält.

Konan sagte: »Jemand, der kenntnisreich ist, aber den Weg nicht kennt, ist genauso fehlerbehaftet wie ein Mann, der in Richtung Osten reisen soll, sich in Wahrheit aber westwärts bewegt. Je mehr du weißt, desto weiter entfernst du dich vom Weg. Lernst du durch Vorträge und Bücher die Lehren der weisen Männer Chinas kennen, erweitert dies dein Wissen, aber du könntest einem Irrglauben erliegen und glauben, dass du dieselbe Weisheit teilst, und du könntest insgeheim auf gewöhnliche Menschen herabschauen, als seien sie nichts weiter als Insekten. Das ist der Beweis dafür, dass du weit vom rechten Weg abgekommen bist.

Den Weg zu kennen, bedeutet, die eigenen Fehler zu kennen. Durch endlose Selbstprüfung deine Unzulänglichkeiten auszumachen und sie abzustellen, indem du dein Leben lang Körper und Geist [= Shugyo] trainierst – das ist der Weg. Das Schriftzeichen für Weiser (聖,Sei) kann auch als ›Hi-jiri‹ gelesen werden. Das liegt daran, dass weise Männer ihre Fehler (Hi) ›kennen‹ (Jiri). Buddha lehrte, dass man den Weg durch Chihibensha meistern kann – indem man um seine Fehler weiß und sie rasch ablegt. Überprüfe dein eigenes Herz aufmerksam und du wirst feststellen, wie viele schlechte Gedanken dein Geist jeden Tag heraufbeschwört. Du solltest niemals mit dir selbst zufrieden sein.«

Auf diesem Weg sei Erlösung zu erreichen, lautete Itteis Ratschlag. Und dennoch ist die Art und Weise, wie ein Samurai mit dem Leben umgehen sollte, wieder eine andere. Wenn du nicht – eher verwegen – daran glaubst, dass du der tapferste Krieger in ganz Japan bist, dann wird es schwierig sein, wahren Heldenmut an den Tag zu legen. Wie groß der Mut einer Person ist, zeigt sich daran, mit welchem Selbstbewusstsein sie auftritt.

48. Im Buch *Bushido Koshasho*[1] heißt es an einer Stelle: »Einige geschätzte und kampferfahrene Krieger haben Ruhm für verdienstvolle Taten erhalten, die sie nicht begangen haben.« Schriftlich festgehalten könnte eine derartige Beobachtung in ferner Zukunft falsch ausgelegt werden. Missverständnisse lassen sich vermeiden, indem man den Text einfach um ein »können auch« ergänzt, sodass es heißt: »Einige geschätzte und kampferfahrene Krieger können auch für Taten auf dem Schlachtfeld Ruhm erhalten, die sie nicht begangen haben.« Und Shida Kichinosuke[2] sagte: »In Fällen, in denen man eine Wahl zwischen Leben und Tod treffen muss, ist es besser zu leben.« Dieser Kommentar war von Shida als Spaß gemeint, denn er war in Wahrheit ein heldenhafter Kerl. Dennoch trage ich Sorge, dass junge Samurai seine Äußerung nicht richtig [nämlich als Witzelei] verstehen und etwas durch und durch Beschämendes äußern könnten. Shida sagte später auch: »Fragst du dich, ob du etwas essen solltest oder nicht, dann iss nicht. Fragst du dich, ob du leben oder sterben solltest, ist es besser zu sterben.«

49. Ein Nabeshima-Gefolgsmann hatte einige Jahre lang Dienst in Osaka getan und kehrte nun nach Hause zurück. Er meldete sich in der Verwaltung des Reichs und sprach in dem Kamigata-Dialekt, den er sich während seiner Zeit in der Hauptstadt angeeignet hatte. Die Verwalter ärgerten sich über seine Art zu sprechen und verspotteten ihn. Wird ein Gefolgsmann nach Edo oder in die Region Kamigata entsandt, ist es wichtig, dass er

[1] Eine 1649 von Ogasawara Sakuun Katsuzo verfasste Abhandlung, die auch unter dem Namen *Toryu Gunpo Kosha-sho* bekannt ist.

[2] Ein ehemaliger Page Fürst Ryuzoji Masaies, der von 1587 bis 1590 als Vorgänger Nabeshima Naoshiges über Saga herrschte.

versucht, seine Heimatsprache stärker zu betonen, als er es in der Heimat tun würde.

Wenn jemand über einen längeren Zeitraum hinweg in großen Städten stationiert ist, ist es aus meiner Sicht natürlich, dass der Geist der Umgebung abfärbt und dass man beginnt, auf die Gepflogenheiten seiner Geburtsstätte als ländlich herabzuschauen. Es ist dümmlich und absurd, in neidvolle Lobbekundungen über die Lebensweise an anderen Orten zu verfallen, sobald man etwas hört, das nur wenig Sinn ergibt. Dass die eigene Heimat provinziell und simpel ist, ist exakt der Grund dafür, weshalb man sie wertschätzen sollte. Die Bräuche anderer Regionen zu kopieren, ist eine Form oberflächlicher Imitation, der es an Authentizität mangelt.

Ein Mann sagte dem Priester Shungaku[1] einmal, ihm missfalle die Buddhismusschule Hokke-shu, denn sie sei zu aufsässig. Shungaku wies die Äußerung zurück und erklärte: »Genau diese ›Aufsässigkeit‹ unserer Lehren erlaubt es der Sekte, ihre Identität zu bewahren. Wäre sie nicht störrisch wie ein Maultier, wäre sie nicht anders als die anderen Sekten.« Eine vernünftige Erwiderung.

50. Es wurde ein Treffen anberaumt, auf dem über die Beförderung eines Gefolgsmanns gesprochen werden sollte. Weil der Mann früher Alkoholprobleme gehabt hatte, stand die Beförderung kurz davor, abgelehnt zu werden. Da eilte eines der Ratsmitglieder dem Clanmitglied zu Hilfe und erklärte: »Wenn wir Männern, die in der Vergangenheit Fehler begangen haben,

[1] Shungaku Meiki war ein Zen-Mönch der Rinzai-Schule und leitete den Tempel Manjuji in Saga. Als man ihn 1867 wegen des Vorwurfs, Christ zu sein, unter Arrest stellte, wurde Jocho für den Wachdienst eingeteilt.

die Möglichkeit einer Beförderung verwehren, dann wird dies herausragende Männer an ihrem Fortkommen hindern. Jeder Mann, der sich eines Ausrutschers schuldig macht, wird über seine Fehler nachdenken, als Resultat vernünftiger sein und sich zu einem nützlichen Diener entwickeln. Ich empfehle, ihn zu befördern.« Ein anderes Ratsmitglied fragte nach: »Bist du bereit, die Verantwortung für diesen Mann zu übernehmen, falls er im Rang aufsteigt?« Er erwiderte: »Mit Freuden werde ich sein Bürge sein.« Dann fragten ihn andere: »Auf welcher Grundlage bürgst du für ihn?« »Ich unterstütze ihn, weil er in der Vergangenheit bereits Fehler begangen hat. Mir bereitet ein Mann mit einer makellosen Vergangenheit eher Sorgen.« Dank dieser Befürwortung wurde der Gefolgsmann befördert.

51. Nakano Kazuma[1] ordnete an, dass Bestrafungen eine Stufe leichter auszufallen hätten, als es das Verbrechen eigentlich erfordern würde. Damals gab es ein Geheimversteck an Weisheit, über das ausschließlich Kazuma verfügte. Obwohl bei derartigen Beratungen stets mehrere Männer anwesend waren, sprach niemand, bis Kazuma seine Meinung kundgetan hatte. Deshalb trug er auch die Spitznamen »Fürst Deckelöffner« oder »Fürst 25. Tag«.[2]

[1] Als er 23 Jahre alt war, wurde Jocho ein Mitglied von Nakano Kazumas Toshiaki-Einheit.

[2] Das bezog sich offenbar auf die Sitte, zu Beginn einer Veranstaltung den Deckel von einem Sake-Fass zu entfernen beziehungsweise nach 25 Tagen Fermentierung Fässer zu öffnen, die die Bohnenpaste Miso enthielten. Anders gesagt: Er war derjenige, der die Beratungen eröffnete.

52. Wenn du die Einstellung deines Fürsten dahingehend beeinflusst, dass ihm keinerlei Fehler unterlaufen, zeugt das von großer Loyalität. Allgemein gesprochen ist es am besten, ihm, solange er noch jung ist, das überlieferte Wissen des Clans näher zu bringen sowie ihm ein Gefühl für die Mühen und Plagen zu vermitteln, die seine Vorfahren durchlebten. Bildung in derartigen Angelegenheiten ist sehr wichtig.

53. In früheren Zeiten trugen Krieger ihre Schwerter häufig im Otoshi-Zashi-Stil, aufwärts und dicht am Körper. Die Waffe wurde vertikal in die Schärpe eingeführt. Heutzutage verschwenden nur wenige Krieger viele Gedanken daran, wie sie ihre Schwerter tragen. In der Schwertschule Yagyu-ryu lehrt man, dass das Schwert horizontal herausragen soll. Neuerdings tun das Samurai, aber nicht, weil sie den Yagyu-Stil gelernt hätten oder weil sie besonders gründlich über dieses Thema nachgedacht hätten, sondern schlichtweg aus dem Grund, dass sie diese Schule nachahmen. Die Fürsten Naoshige und Katsushige befolgten den Otoshi-Zashi-Stil. Otoshi-Zashi bevorzugten jene, die über Fähigkeiten beim Führen eines Schwerts verfügten, was dafür spricht, wie praktisch dieser Stil ist. Ragt das Schwert nach vorne hinaus, könnte ein Gegner es in einem Augenblick, in dem man am wenigsten damit rechnet, am Griff packen. Wie ich gehört habe, ließ sich Fürst Mitsushige in dieser Angelegenheit von Fürst Katsushige beraten.

54. Als die gnädigen Herren Mitsushige und Tsunashige in Edo wohnten, kam Fürst Mitsushige am ersten Tag des neuen Jahrs in der Residenz mit seinen Gefolgsleuten zusammen. Der junge Herr Tsunashige befand sich in einem Hinterzimmer in der Nähe des Eingangs, als Fürst Mitsushige fragte: »Wo ist Shinano [= Tsunashige]?« Einer der Pagen erwiderte daraufhin: »Der junge Fürst ist von uns gegangen.« Gibt man nicht acht, kann es zu derart heiklen Fehlern im Sprachgebrauch kommen.[1]

55. Ein Samurai entehrte sich, als er sich bei einem Streit nicht zur Wehr setzte. Zur Vergeltung gehört es, sich frenetisch auf seinen Widersacher zu stürzen, sogar auf die Gefahr hin, erschlagen zu werden. Auf diese Weise getötet zu werden, birgt keinerlei Schande. Denkst du erst darüber nach, wie du gewinnen könntest, verpasst du möglicherweise die beste Gelegenheit zu handeln. Einige Männer schieben angesichts einer zahlenmäßigen Unterlegenheit einen Angriff auf, warten auf Verstärkung oder blasen den Angriff gleich völlig ab. Selbst wenn tausende Feinde auf ihn warten, muss ein Krieger über den Wagemut verfügen, zum Angriff überzugehen und einen nach dem anderen zu erschlagen. Das kann zu unerwarteten Erfolgen führen.

Die Ronin des Asano-Clans haben Schuld auf sich geladen, weil sie [nach dem nächtlichen Überfall auf das Anwesen von Fürst Kira] nicht sofort Seppuku im Sengakuji-Tempel begangen haben.[2] Vor allem dauerte es viel zu lange, bis sie den Tod ihres Herrn durch den Feind gerächt hatten. Was, wenn ihr [vorgesehenes Opfer] Fürst Kira in der Zwischenzeit an einer Krankheit verstorben wäre? Das wäre eine Schmach gewesen. Krieger der

[1] Das verwendete Verb (o-kakure) diente auch als Euphemismus, um den Tod eines Vorgesetzten zu umschreiben.

[2] Im Sengakuji-Tempel befand sich die Grabstätte von Fürst Asano. Nach dem Angriff auf das Anwesen von Fürst Kira liefen die 47 Gefolgsleute Asanos zum Tempel, um ihrem toten Herrn zu erzählen, dass sie erfolgreich Rache genommen hatten.

Region Kamigata sind klug und raffiniert, wenn es darum geht, Wege zu finden, wie man ein Lob einheimst. Anders als unsere Männer, die im Nagasaki-Streit[1] gefochten haben, können sie die Fesseln rationalen Denkens nicht ablegen.

Die Racheaktion der Soga-Brüder war zudem in der Vorbereitung ganz besonders lang. Schade, dass Juro Sukenari bei der Jagd sein Ziel nicht erreichte, da er ums Leben kam, dafür waren die Worte seines Bruders Goro [nach der Tötung Kudo Suketsunes] großartig.[2]

Normalerweise würde ich derartige Kritik nicht äußern, aber in diesem Fall mache ich eine Ausnahme, da es um den Weg des Kriegers geht. Befasst du dich nicht im Vorfeld mit derartigen Angelegenheiten, wirst du, wenn die Zeit gekommen ist, keine an-

[1] Gemeint ist ein Vorfall aus dem Jahr 1699. Involviert waren Samurai des Fukabori-Nabeshima-Haushalts sowie der Diener eines Beamten aus Nagasaki. Der Diener war erniedrigt worden und rächte sich, indem er am Abend gemeinsam mit Kumpanen das Anwesen der Fukabori-Nabeshimas angriff und zwei Nabeshima-Samurai verprügelte. Diese wiederum nahmen Vergeltung, indem sie am nächsten Morgen den Beamten und seine Diener töteten. Dann begingen sie Seppuku.

[2] Das bezieht sich auf die *Soga Monogatari* (»Die Geschichte der Soga-Brüder«). In dieser bekannten mittelalterlichen Erzählung geht es um Rache. Kudo Suketsune wurde von seinem Onkel Ito Sukechika das Erbe verwehrt, woraufhin er wutentbrannt Rache nahm und Sukechikas Sohn erschlug. 1193, 18 Jahre nach dem Mord, töteten die beiden Söhne Sukechikas Suketsune bei einer Jagd in der Nähe des Fuji. Der ältere Sohn Soga Juro Sukenari kam ums Leben, aber der jüngere Sohn Soga Goro Tokimune wurde festgenommen und dem Shogun Minamoto-no-Yoritomo vorgeführt. Yoritomo war beeindruckt von der Treue, die der Sohn an den Tag gelegt hatte. Er wäre bereit gewesen, ihn zu begnadigen, doch Suketsunes Sohn bestand auf der Hinrichtung. Zehn Männer, die ihnen halfen, erhielten den Befehl, sich das Leben zu nehmen. Neun weitere Männer, die später auftauchten, schickte man ins Exil.

gemessenen Entscheidungen treffen können. Aus diesem Grund wirst du entehrt sein. Eine gute Vorbereitung auf einen derartigen Augenblick besteht darin, sich Schilderungen anderer anzuhören und darüber zu lesen. Folgst du dem Pfad des Kriegers, musst du jederzeit bereit sein und dir diese Dinge Tag und Nacht vor Augen führen, denn niemand kann vorhersagen, was genau geschehen wird und wann genau es geschehen wird. Du musst zu jeder Tages- und Nachtzeit auf alle Möglichkeiten eingestellt sein. Über Sieg oder Niederlage entscheidet letztlich der Zufall. Etwas Anderes ist es zu vermeiden, Schande über sich zu bringen. Sei schlicht bereit zu sterben. Greife einfach an, selbst wenn du keinerlei Erfolgsaussichten siehst. Dafür benötigst du keine überlegene Weisheit oder Tapferkeit. Ein heldenhafter Krieger [= Kusemono] befasst sich nicht mit Sieg oder Niederlage. Er steigert sich ohne zu zögern in eine Todesraserei hinein [= Shini-Gurui]. In diesem Moment begreift er, in diesem Moment erwacht er aus dem Traum.

56. Eine Sache gibt es, die einem Dienenden schadet, und das ist das Streben nach Reichtum und Ehre. So lange du einen bescheidenen Lebenswandel führst, wirst du makellos bleiben. Ich kenne einen Mann, der ausgesprochen klug ist, aber sein pedantisches Wesen verleitete ihn stets dazu, auf schlampig ausgeführte Arbeiten hinzuweisen.

Das gehört sich nicht für einen erstklassigen Vasallen. Wenn dir nicht von vornherein bewusst ist, dass du es in dieser Welt an jeder Ecke mit Unfähigkeit zu tun haben wirst, entwickelst du einen verbitterten Gesichtsausdruck, woraufhin andere dich meiden werden. Wenn andere dich nicht anerkennen und dir vertrauen, wirst du deinen wahren Wert nicht unter Beweis stellen können, ganz unabhängig davon, was für eine herausragende Persönlichkeit du tatsächlich sein magst. Wisse, dass auch dies ein Flecken auf deiner Ehre darstellt und in den Ruin führen kann.

57. Ein Mann sagte einmal: »Dieser Kerl ist ein Wichtigtuer. Er hat vor diesem und jenem geprahlt ...« Es war unangebracht von ihm, so daherzureden. Das tat er einzig aus dem Wunsch heraus, als verlässlicher Held angesehen zu werden, aber es mindert seinen Wert. Er wirkt unreif. Einen Samurai respektiert man an allererster Stelle für sein tadelloses Betragen. Wer über andere in einer derart ungeschliffenen Art herzieht, den hält man für einen Mann geringeren Rangs, etwa einen Speerträger [= Yarimochi] oder einen Fußsoldaten [= Chugen]. Viele Menschen leben in Häusern oder besitzen Gegenstände, die ihrem Status nicht entsprechen. Es ist jedoch keine schlechte Sache, qualitativ hochwertigere Fächer, Seidenpapiere, Schreibpapiere, Bettwäsche und so weiter zu verwenden.«

58. Ein Mann ärgerte sich einmal über die vermeintliche Unfähigkeit seines Adoptivsohns. Hinzu kam, dass der Adoptivvater als Folge einer langen Krankheit sehr launisch geworden war, also machte er es sich zur Angewohnheit, den jungen Mann zu quälen. Der Adoptivsohn ertrug dies nicht länger und stand kurz davor, in das Haus seiner Geburt zurückzukehren. Weil das Problem sie belastete, suchte die Adoptivmutter mich auf und bat um Rat. Sie sagte: »Dieser Zustand beunruhigt mich sehr und obwohl mein Gemahl unter seiner Krankheit gewiss leidet, möchte ich dich bitten, ihm zu empfehlen, mehr Toleranz an den Tag zu legen.« Ich wies ihre Bitte zurück, woraufhin sie zu weinen begann und auf ihrer Bitte bestand. Da ich nicht länger imstande war, sie abzuweisen, lenkte ich schließlich ein und sagte: »Es ist nicht der Adoptivvater, dem ich Ratschläge geben sollte, zumal er krank ist. Schick mir doch bitte deinen Adoptivsohn.« Sie wirkte etwas verwirrt, während sie nach Hause zurückkehrte. Der Sohn erschien und ich sagte: »Ist es nicht ein großes Glück, als menschliches Wesen in die Welt geboren zu werden? Darüber hinaus gibt es keine größere Ehre als die, ein Samurai des Nabeshima-Clans zu sein. Vergleichst du deine Umstände mit den Bauern und Stadtmenschen, solltest du keinerlei Zweifel mehr hegen, wie gut es das Schicksal mit dir gemeint hat. Es ist befriedigend, als der älteste Sohn geboren zu werden, den das Schicksal dazu auserkoren hat, die Führung deiner Geburtsfamilie zu erben. Es ist wie eine Udumbara-Blume,[1] wenn du nicht der Erstgeborene bist, aber das Glück hast, adoptiert zu werden, die Führung eines anderen Hauses übernehmen zu dürfen und deinem Herrn als Gefolgsmann dienen zu dürfen. Dies ist eine ausgesprochen glückliche Fügung. Wer sich von derart gesegneten Umständen abwendet und sein Amt niederlegt, begeht einen Akt offenkundiger Treulosigkeit. Von seinen (Adoptiv)Eltern nicht gemocht zu werden, ist respektlos. Es ist sogar katastrophal. Männer ohne Loyalität und die Hingabe des Kinds haben keinen Platz in der Welt. Denk sorgfältig darüber nach, wenn du nach Hause zurückkehrst.

Um deiner pflichtgemäßen Aufgabe nachkommen zu können und die Treue des Kindes an den Tag zu legen, musst du

[1] Die Udumbara-Blume (japanisch Udonge) ist im Buddhismus von großer Symbolkraft. Angeblich blüht sie nur alle 3000 Jahre. Mit dem Verweis will Jocho unterstreichen, wie gut es das Schicksal mit dem Adoptivsohn gemeint hat.

nur eines tun – dein Vater muss dich lieben. Dennoch wirst du vermutlich denken, dass er, wie sehr du dich auch darum bemühst, wohlwollend betrachtet zu werden, immer noch wütend und unnachgiebig sein wird. Also werde ich dir sagen, wie du ihn dir wohlgesonnener machen kannst. Du solltest so fest du nur kannst zu den Ujigami[1] beten, bis du blutige Tränen vergießt und dein Vater dein Flehen hört. Er wird Gefallen finden an deinem Antlitz und anderen Dingen an dir. Das ist nicht für deinen eigenen Nutzen, sondern zur Aufrechterhaltung der Tugenden Loyalität und Hingabe gegenüber den Eltern. Eure Herzen werden sich vor zielgerichteter Absicht [= Ichinen] verbinden. Geh jetzt, ich bin sicher, dass dein Vater dich in einem neuen Licht sehen wird. Es ist eine wundersame Sache, wie Himmel, Erde und Mensch eins sind. Das gilt umso mehr, als dein Vater von Krankheit geplagt wird und ihm höchstwahrscheinlich nur noch wenig Zeit bleibt. Dir verbleibt nur noch ein flüchtiger Augenblick, treu zu sein, es wird also nicht schwierig werden, diese Aufgabe uneingeschränkt zu erledigen.«

So sehr bewegte den jungen Mann dieser glänzende Ratschlag, dass er mit Tränen in den Augen nach Hause ging. Später hörte ich, dass sein Adoptivvater zu ihm, als der junge Mann nach Hause kam, sagte: »Es scheint mir, als seiest du gut beraten worden. Gesegnet seist du! Dein Verhalten ist deutlich verbessert.« Es scheint, dass seine Reizbarkeit sich gelegt hatte. Tatsächlich existiert eine wunderbare Wahrheit, die der menschliche Intellekt nicht einfach ermessen kann. Der erhaltene Ratschlag erlaubte es dem Sohn, loyal und ein guter Sohn zu sein, und er suchte mich noch einmal auf, um seine Dankbarkeit zu bekun-

1 Die Gottheiten der Familie oder des Clans.

den. Bete also darum, den wahren Weg zu erkennen, und deine Träume werden stets wahr werden. Himmel und Erde sind von derartigen Empfindungen durchdrungen und miteinander verbunden. Je stärker du mit blutigen Tränen betest, desto eher wird es den Göttern gefallen, deine Wünsche zu erfüllen.«

59. Fokussiere dich nicht auf einen einzelnen Zielpunkt, das wäre unklug. Gelangt ein Mann zu der Einschätzung, er habe in seinem Studium ein ausreichendes Niveau erreicht, wird er annehmen, er habe seine Ausbildung abgeschlossen, doch das ist ein Irrtum. Zuerst eignet man sich die Grundlagen an, dann verfeinert man seine Kenntnisse und seine Fähigkeiten – das Studium des eigenen Pfads ist eine lebenslange Aufgabe, die kein Ende findet. Stelle alles kritisch auf den Prüfstand, ohne dabei zufrieden über das bisher Erreichte zu sein, und verbringe dein ganzes Leben damit, diesen Pfad zu beschreiten und dich zu fragen: »Wie kann ich die Wahrheit des Wegs entdecken?« Gib dein Streben niemals auf. Praktiziere so weiter und du wirst den Weg enthüllen.

60. Die folgenden Artikel sind einige Lehren von Yamamoto Jin'uemon:[1]

(1) Kannst du in eine Richtung sehen, kannst du in acht Richtungen sehen.[2]
(2) Ein Mann, der falsch lächelt, ist ein Feigling, eine Frau, die falsch lächelt, ist lustvoll.

[1] Jochos Vater.

[2] Bedeutung: So lange du sorgfältig beobachtest, wirst du imstande sein, alle Dinge wahrzunehmen.

(3) Unabhängig davon, ob du in offizieller Funktion sprichst oder einfach nur mit jemandem plauderst, du solltest ihm immer in die Augen schauen. Eine Verbeugung zu Beginn ist ausreichend. Es ist gefährlich, den Kopf gerade herab tief zu neigen.[1]

(4) Es ist sorglos, die Hände in deinen Hakama zu stecken.[2]

(5) Wann immer ich eine Geschichte las, die in Kana[3] geschrieben war, oder auch andere Bücher [in chinesischer Schrift], verbrannte mein Vater sie. Er sagte: »Bücher und dergleichen lesen Höflinge. Mitglieder des Nakano-Clans dagegen haben die Pflicht, mit hölzernen Schwertern an ihren militärischen Fähigkeiten zu arbeiten.«[4]

(6) Gehört ein Mann keiner Kumi [= Militäreinheit] an und besitzt er kein Pferd, ist er kein Samurai.

(7) Ein heldenhafter Krieger [= Kusemono] ist jemand, auf den man sich verlassen kann.

(8) Erhebe dich jeden Morgen um vier Uhr, reinige dich mit Wasser, rasiere deine Stirn [= Sakayaki], nimm

[1] Dieser Lehrsatz zeigt, in welch unsicherer Welt die Samurai lebten und dass sie zu jeder Zeit wachsam zu sein hatten.

[2] Hakamas sind die traditionellen Hosenröcke der Samurai. Wer seine Hände in die Schlitze an der Seite des Hakamas steckte, würde bei plötzlichen Angriffen möglicherweise nicht rasch genug reagieren können.

[3] Bei den Kana handelt es sich um eine auf chinesischen Zeichen [= Kanji] basierende Silbenschrift, die in Japan entwickelt wurde. Bei den Zeichen handelte es sich nicht um Symbole für einzelne Worte, sondern um Laute und Lautkombinationen.

[4] Jochos Vater war im Nakano-Clan geboren, wurde aber später von der Yamamoto-Familie adoptiert.

bei Sonnenaufgang dein Morgenmahl zu dir und gehe bei Sonnenuntergang zu Bett.

(9) Auch wenn er nicht gegessen hat, sollte ein Samurai einen Zahnstocher verwenden. Innen das Fell eines Hundes, außen das Fell eines Tigers.[1]

61. Was antwortest du, wenn dich jemand fragt, was das wichtigste Ziel ist, das man in seiner Ausbildung anstreben sollte? Lass mich versuchen, dir eine Antwort zu geben: »Reiner Wille [= Shonen] in jedem Augenblick.« Viele haben diese Haltung vernachlässigt. Ist ein Mensch reinen Herzens, wird sich in seinem Gesicht ein lebhafter Ausdruck zeigen. Ist jemand in seinen Unternehmungen völlig aufrichtig, wird sich in seinem Herzen etwas Besonderes manifestieren. Gegen seinen Herrn gerichtet, handelt es sich um Loyalität [= Chu], gegenüber seinen Eltern um die Frömmigkeit des Sohns [= Ko], im Krieg um Heldenmut [= Yu]. Das lässt sich auf alle Dinge übertragen. Diese besondere »Sache« ist nur sehr schwer zu finden und es ist noch schwieriger, sie nicht wieder zu verlieren, nachdem man sie einmal hatte. Die einzige Möglichkeit besteht darin, sich mit ganzen Herzen in den Augenblick zu stürzen, ins Hier und Jetzt.

62. Yori-oya [= Hauptmänner einer Militäreinheit] und Kumiko [= Mitglieder der Einheit] waren in früheren Zeiten so eng miteinander verbunden, dass nichts zwischen sie kommen konnte. Zu Zeiten von Fürst Mitsushige war in der Elite-Einheit

[1] Bedeutung: Auch wenn ein Krieger innerlich wie ein Hund leidet, wird man ihm äußerlich seinen Schmerz niemals ansehen. Anders gesagt: Sein Auftreten sollte Wachsamkeit und Geschmack ausstrahlen, gleichzeitig muss er im Herzen genügsam und zäh sein.

der Garde einmal die Stelle eines gepanzerten Kriegers zu besetzen [= O-umamawari].[1] Nachdem er die Angelegenheit gründlich durchdacht hatte, kam der Karo [= oberste Gefolgsmann] zu der Erkenntnis, dass Mawatari Gendayu perfekt für eine Beförderung auf diese Stelle geeignet wäre, denn er war deutlich kompetenter als die anderen jungen Krieger.

Gendayus pensionierter Vater Mawatari Ichinojo hörte von dieser Entscheidung und eilte früh am Morgen zum Yori-oya Nakano Kazuma[2] und sagte: »Bei allem Respekt, diese Entscheidung steht völlig außer Frage. Abgesehen von mir, besteht die Einheit ausschließlich aus Männern aus deiner Familie. Ich habe mich nie von meiner Absicht abbringen lassen, ein besserer Gefolgsmann als alle anderen zu sein, und ich habe meinen Sohn angewiesen, aufmerksam zu sein und alle anderen in deinem Dienst stehenden Männer zu übertreffen. Trotz unserer intensiven Anstrengungen hast du beschlossen, meinen Sohn aus deiner Einheit zu entfernen, wodurch wir uns entehrt fühlen. Was für eine grausame Wendung! Es ist ein Fleck auf dem Ruf meines Sohns und erniedrigt mich in meiner Pensionierung dermaßen, dass wir unser Antlitz nicht mehr zeigen können. Deshalb haben wir beschlossen, Seppuku zu begehen.«

Kazuma sagte: »Du hast die Situation völlig falsch verstanden. Für deinen Sohn Gendayu ist es eine große Ehre, zur berittenen Elite-Einheit der Garde befördert zu werden. Er wurde ausgewählt, weil der oberste Gefolgsmann erkannt hat, dass er es mit einem vielversprechenden jungen Krieger zu tun hat. Ihr solltet beide

1 Zu diesem Rang gehörte das Tragen eines Horos, eines Tuchs, das den Rücken abdeckte und in der Schlacht vor Pfeilen schützen sollte.

2 Kazuma war auch Jochos Yori-oya.

überglücklich sein.« Ichinojo jedoch argumentierte weiter: »Während der Überlegungen hättest du dich für meinen Sohn starkmachen und die obersten Gefolgsleute informieren sollen, dass er genauso wichtig wie die Mitglieder deiner Familie sei und du ihn nicht verlieren willst. Du hast meinen Sohn freigegeben, weil du ihn offenkundig nicht als zentralen Teil deiner Kompanie erachtest. Ich verabscheue, wie du dich von ihm abgewendet hast.«

Ichinojos Kummer schien aufrichtig zu sein. Kazuma erklärte: »Herrje. Du argumentierst gut. Ich werde die obersten Gefolgsleute unverzüglich in Kenntnis setzen, dass wir die Beförderung ablehnen.« Ichinojo verabschiedete sich und erklärte: »Ich wäre ohne dein Verständnis nicht heimgekehrt.« Kazuma ging noch am selben Tag in die Burg und legte den obersten Gefolgsleuten die heikle Entwicklung dar: »Man weiß halt nie genau, wann jemanden der Lebenswille verlässt. Mir wurde heute Vormittag ein tödlicher Schlag versetzt. Es ist alles ziemlich verwickelt, aber ich möchte darum bitten, dass Gendayu die neue Position nicht antreten muss.« Das Resultat war, dass die Beförderung einer anderen Person zugesprochen wurde.

63. Bis vor 50, 60 Jahren pflegten sich die Samurai jeden Morgen gründlich, indem sie an der frischen Luft badeten, ihre Stirn rasierten [= Sakayaki], sich Duftöl ins Haar rieben, ihre Fingernägel schnitten, mit Bimsstein feilten und dann mit Sauerklee polierten. Das militärische Gerät wurde selbstverständlich in Schuss gehalten, von Staub befreit und eingeölt, damit es nicht rostete. Es mag eitel erscheinen, dermaßen viel Aufmerksamkeit auf das eigene Erscheinungsbild zu verwenden, aber dass der Samurai seine Vorbereitungen dermaßen gründlich trifft, liegt daran, dass er entschlossen ist, jeden Moment in den Tod zu gehen.

Wird er erschlagen, während er einen ungepflegten Eindruck macht, zeigt dies, dass er zu wenig Gedanken auf sein Schicksal verwendet hat. Sein Gegner wird ihn als unsauber verachten. Deshalb sollten Jung und Alt stets Aufmerksamkeit auf Fragen der persönlichen Hygiene verwenden.

Es mag lästig und zeitaufwändig wirken, dennoch ist es genau die Art von Sorgfalt, die ein Samurai in seinem täglichen Leben an den Tag legen sollte. Es ist ja nicht so, dass ihn andere Arbeiten zu sehr beanspruchen. Ein Krieger wird niemals Schande über sich bringen, wenn er auf diese Weise seine Entschlossenheit zeigt, im nächsten Moment im Kampf zu fallen, wenn er beharrlich seinen Pflichten nachkommt und seinen Kriegergeist stählt, als sei er bereits aus dem Leben geschieden. Heutzutage denken Krieger nicht einmal in ihren Träumen über derartige Einzelheiten nach, stattdessen verbringen sie ihre Zeit damit, ihre eigenen Wünsche zu befriedigen. Kommt die Zeit, wird ein derartiger Krieger Schande über sich bringen, aber sein dekadentes Verhalten wird ihm nicht auffallen. Während er in einem Sumpf der Vulgarität versinkt, macht er ordinär einfach das, was ihm beliebt. Das ist ein diabolischer Zustand. Wie kann ein Krieger sich zu einem derart schändlichen Verhalten herablassen, wenn er doch fest entschlossen ist zu sterben? Dieser Frage sollte mit ernstem Eifer nachgegangen werden.

In den vergangenen 30 Jahren haben die Menschen sich verändert. Kommen junge Samurai zusammen, verlieren sie sich in unnützem Gerede über Geld, über Gewinne und Verluste, über die finanziellen Probleme ihres Haushalts und über den Geschmack in der Mode. Sie halten unnütze Reden über den Beischlaf. Wie ich höre, haben sie keinen anderen Grund für ihre Treffen als den, sich über derartige Gesprächsthemen auszutauschen. Die Gepflogenheiten der Krieger verkommen unwiederbringlich. In den alten Zeiten hegten nicht einmal Samurai mit 20 oder 30 Jahren derart verabscheuungswürdige Gedanken, und sie sprachen auch niemals über derlei Dinge. Selbst wenn ein älterer Mann einen fragwürdigen Kommentar von sich gab, beklagte er kurz darauf seinen Fehltritt.

Dass es so weit kommen konnte, liegt nur daran, dass die Gesellschaft geschmacklos geworden ist und die Menschen an nichts anderes denken als an finanzielle Angelegenheiten. Würden sich die Menschen Extravaganzen versagen, die ihnen in ihrer Position nicht zustehen, kämen sie auch zurecht. Mehr noch: Es ist verblüffend, wie junge Männer für sparsames Verhalten gelobt werden. Sind Männer zu knauserig, mangelt es ihnen häufig an Pflichtgefühl [= Giri]. Männer, denen es an Giri mangelt, sind schmutzige Feiglinge.

64. Ishida Ittei sagte: »Auch wenn jemand nicht besonders talentiert im Umgang mit dem Pinsel ist, wird seine Fähigkeit, Schriftzeichen zu zeichnen, besser werden, wenn er sich daran macht, ein gutes Vorbild zu kopieren.« Gleiches gilt für einen Mann, der dient. Auch er kann sich am Vorbild eines außergewöhnlichen Gefolgsmanns orientieren und dessen Methoden nachahmen. Heutzutage gibt es nur wenige Beispiele, die es nachzuahmen lohnt, insofern solltest du Aspekte mehrerer Vorbilder auswählen und dir dein eigenes Idealbild erstellen. Dem einen eiferst du nach, was seine Schicklichkeit und seinen Anstand anbelangt, dem anderen bei seinem Mut, einem bei seinem Umgang mit Wörtern, einem bei seinem moralisch einwandfreien Verhalten, einem bei seinem Gefühl für Giri und Aufrichtigkeit und einem, weil er nicht zögert, sondern entscheidungsfreudig ist. Wenn du dir von unterschiedlichen Menschen jeweils eine gute Suche aussuchst und sie zusammenfügst, wirst du das Idealmaß eines Gefolgsmanns erschaffen können.«[1]

In der Kunstwelt oder der Medizin wird ein Zögling oftmals nicht die herausragenden Qualitäten seines Herrn, sondern dessen Defekte imitieren. Das ist nutzlos. Es gibt Männer, die sehr höflich, dabei aber unaufrichtig sind. Wer sich andere zum Vorbild nimmt und dabei keine Vorsicht walten lässt, läuft Gefahr, dessen unaufrichtige Charakterzüge zu übernehmen, anstatt dessen verdienstvolle Eigenschaften. So lange du dich ausschließlich auf die guten Züge eines Menschen konzentrierst, kann jeder ein gutes Vorbild sein, von dem man lernen kann.«

65. Hast du wichtige Dokumente, Briefe und Notizen zu überbringen, solltest du sie unterwegs stets in der Hand halten. Lege Sie nicht einmal für einen Augenblick weg und übergib sie persönlich dem vorgesehenen Empfänger.

66. Ein Mann, der dient, sollte in seiner Wachsamkeit niemals erlahmen. Er sollte stets dasselbe Maß an Aufmerksamkeit aufbringen, wie er es täte, wäre sein Herrscher anwesend oder er befände sich in der Öffentlichkeit. Sieht man, wie er sich während einer Pause zwischen den Aufgaben entspannt, wird es wirken, als lasse sich dieser Gefolgsmann ständig gehen. Es ist wichtig, stets auf der Hut zu sein.

67. Es gibt Zeiten, da ist es nicht die beste Entscheidung, zu abrupt zu handeln. Als Beispiel nannte Jocho die Verlagerung des

[1] Siehe auch Buch 2-47.

Wohnorts.[1] Bringst du Geduld auf, eröffnen sich dir gute Möglichkeiten. Es erfordert einzig Langmut und wenn der rechte Augenblick gekommen ist, handelst du rasch und ohne zu erlahmen. Bist du zu spät dran und grübelst zu viel, könntest du komplett scheitern. Manchmal jedoch ist es auch besser, sofort zu handeln. Gelegentlich kann es von größerem Vorteil sein, dass du dir die Zeit nimmst, die du brauchst, auch wenn du damit andere gegen dich aufbringst und von ihnen als Spielverderber abgetan wirst. In solchen Augenblicken kommt es sehr darauf an, was du sagst. In jedem Fall ist es unerlässlich, dass du deine Arbeit aufmerksam und geduldig fortführst.

68. Viele Männer erliegen dem Alkohol, eine beklagenswerte Tatsache. Achte gut darauf, wie viel du zu dir nehmen kannst, ohne betrunken zu werden, und überschreite deine Grenzen nicht. Trotzdem wirst du gelegentlich berauscht sein. Sei beim Zechen ständig auf der Hut vor unerwarteten Ereignissen. Zu trinken ist eine gemeinschaftliche Aktivität, achte also sehr sorgfältig darauf, welches Bild du in der Öffentlichkeit abgibst.

69. Wer sich an Dingen versucht, die ihm gemäß seines gesellschaftlichen Status nicht zustehen, wird unabhängig von seinem Rang irgendwann verkommene Handlungen begehen. Bei Dienstboten kann das so weit gehen, dass sie sich aus dem Staub machen, insofern ist es anzuraten, immer ein Auge auf sie zu haben.

[1] Das bezieht sich darauf, dass Jocho 1713 aus seiner Einsiedelei in Kurotsuchibaru nach Daishoguma umzog. Das alte Gebäude sollte in ein Mausoleum umgewandelt werden, in dem man dem Geist Mitsushiges huldigen wollte.

70. Viele Menschen glauben irrtümlich, dass sie herausragende Samurai seien, nur weil sie sich mit großer Hingabe den Kampfkünsten widmen und weil sie viele Schüler um sich geschart haben. Es ist schade, dass solche Männer knochenzermürbende Anstrengungen unternehmen, doch letzten Endes nicht mehr sind als »Kampfkünstler«. Eine Kunst sollte so weit erlernt werden, dass man über Kompetenz verfügt. Grundsätzlich gesprochen fehlt es einer Person, die in vielen Dingen talentiert ist, an Raffinesse, und sie verfügt nur über oberflächliches Wissen, was wichtige Aspekte ihrer Pflichten anbelangt.

71. Wenn dein Fürst dir Aufgaben aufträgt und du als Reaktion in Schweigen verfällst, wirst du verdutzt wirken. Dabei spielt es keine Rolle, ob dieses Verhalten zweckmäßig oder problematisch ist. Bereite dich jeweils im Vorfeld vor, damit du gewiss sein kannst, eine passende Antwort parat zu haben. Überträgt man dir eine Pflicht und du bist davon so begeistert, dass du großen Stolz verspürst, dann wird dein Gesicht dieses Gefühl vermitteln. Ich habe das bei früheren Gelegenheiten viele Male beobachten können und es ist nicht ziemlich. In dem Wissen um deine Defizite solltest du dir sagen: »Mir wurde diese Verantwortung übertragen, auch wenn ich nicht sonderlich talentiert bin. Wie kann ich meinem Herrn auf eine Weise dienen, die dieser Position angemessen ist? Das ist ein ziemliches Dilemma und macht mich sehr besorgt.« Natürlich sprichst du diese Worte nicht laut aus, aber deine Beklommenheit wird offensichtlich sein und man wird dich als Mann von bescheidenem Wesen erachten. Umgekehrt gilt, dass ein Mann, der leicht erregbar ist, häufig unvernünftig handelt. Er wird unerfahren wirken und schließlich beim Erfüllen seiner Aufgaben versagen.

72. Der Priester Konan Osho hatte Recht mit seiner Warnung: Wissen anzusammeln ist eine gute Sache, kann in vielen Fällen aber auch Gefahren bergen.[1] Ein Mann, der etwas Verdienstvolles geleistet hat und daran arbeitet, seine eigenen Defizite zu erkennen, wird sich zu einem fähigen Bediensteten entwickeln. Und dennoch ist eine derartige geistige Haltung nur schwer zu erreichen. Viele, die es versuchen, lassen sich vom Motiv, persönlich wachsen zu wollen, vom Weg abbringen. Wieder und wieder sind sie erfüllt von einer hohen Meinung über sich selbst und verlieren sich in Haarspaltereien.

73. Besuchst du einen Bekannten, der in einem Dilemma steckt und den du zu beruhigen suchst, wähle deine Worte sorgfältig. Ein einziges Wort kann die wahren Gedanken eines Mannes enthüllen. Für einen Samurai ist es nicht würdevoll, mutlos und niedergeschlagen zu sein, egal aus welchem Grund. Ein Krieger muss temperamentvoll sein und bereit, nach dem Sieg zu greifen, ansonsten kann er seinen Pflichten nicht nachkommen. Deshalb ist es von großer Bedeutung, seinen Geist durch ein Wort der Ermutigung aufzurichten.[2]

74. Als Kaiser Go-Daigo aus dem Exil auf den Oki-Inseln zurückkehrte, gingen Akamatsu Enshin und Kusunoki Masashige ihn begrüßen. Ihnen wurde für ihre Mühen gedankt. Enshin blieb daraufhin still und warf sich auf den Boden, aber Masashige ging höflich auf die freundlichen Worte des Kaisers ein.

[1] Siehe Buch 1-47.

[2] Siehe Buch 2-57.

Seine Reaktion war sehr angemessen und man sollte sie im Originaltext lesen.[1]

75. Einmal jagte ein Mann einen Dienstboten, der sich aus dem Staub gemacht hatte. Dabei kam er an einer Sänfte vorbei, deren Tür verschlossen war. Er eilte zu der Sänfte, öffnete die Tür und fragte: »Bist du nicht der-und-der?« Es erwies sich als Verwechslung, also überspielte der Verfolger seinen Fehler, indem er sagte: »Ich warte schon so lange auf meinen Freund, bitte entschuldigt meine unhöfliche Störung.« Die Sänfte setzte daraufhin ihre Reise fort.

76. Bei einer wichtigen Beratung äußerte ein Mann die Absicht, den Leiter der Einheit [= Kumi-Gashira] zu töten, sollte man ihn nicht anhören. Man einigte sich auf seinen Vorschlag, aber die Leichtigkeit, mit der seine Idee akzeptiert worden war, brachte ihn dazu zu sagen: »Diese Entscheidung wurde dermaßen überhastet gefällt, dass es scheint, als ob nur wenige entschlossene Männer dem Fürsten dienen. Es mangelt an Verlässlichkeit.«

77. Gelegentlich schauen Menschen beim Verwaltungsamt zu geschäftigen Zeiten herein und verfallen gedankenlos in Geplauder, ohne zu registrieren, wie betriebsam die Atmosphäre ist.

[1] Der »Originaltext«, von dem hier die Rede ist, ist die als Taiheiki bekannte Kriegsgeschichte. Darin geht es darum, wie Kaiser Go-Daigo 1333 von den Oki-Inseln floh. Das Kamakura-Shogunat hatte ihn auf die Insel verbannt, weil es die Thronfolge in seinem direkten Familienstammbaum halten wollte. Der folgende Bürgerkrieg führte zum Ende des Kamakura-Shogunats, als die beiden Generäle Ashikaga Takauji und Nitta Yoshida zum rebellierenden Kaiser überliefen.

Verwaltungsbeamte neigen dazu, wütend zu werden und rüde mit Plaudertaschen umzuspringen, aber auch das ist nicht gut. Im Einklang mit dem Samurai-Protokoll sollte ein Beamter ruhig bleiben und dem Mann den ihm zustehenden Respekt entgegenbringen. Voller Verachtung zu reagieren, ist die Art vulgäre Einstellung, wie man sie von rangniedrigen Dienern wie Chugen erwartet.

78. Hin und wieder wirst du dir bei anderen Menschen Dinge borgen wollen. Fragst du allerdings zu oft, kommt das Betteln gleich. Wenn du auch, ohne andere Menschen um einen Gefallen bitten zu müssen, zurechtkommst, dann ist es besser, nicht zu fragen.

79. Ein Sturzregen lehrt uns etwas: Überrascht dich ein Platzregen, wirst du klatschnass, auch wenn du auf deinem Weg dahineilst und versuchst, dich unter Felsüberhängen trocken zu halten. Bist du von vornherein darauf eingestellt, nass zu werden, ist das Ergebnis dasselbe, aber es ist keine Härte. Diese Haltung lässt sich auf alles übertragen.

80. Alle künstlerischen Aktivitäten lassen sich für irgendetwas nutzen und sie sind gut, wenn du sie in der Absicht erlernst, als Samurai und im Dienst an deinem Herrn voranzukommen. Leider jedoch verlieren sich zu viele einfach in der Kunst selbst. In diesem Sinne kann das Lernen ganz besonders gefährlich sein.

81. Im Königreich Tang [= China] lebte ein Mann, der Bilder von Drachen bewunderte. Er hatte Drachenmotive auf seiner Kleidung, seinen Utensilien und anderen Dingen. So tiefgreifend war seine Liebe, dass der Drachengott sie spürte und einen echten Drachen vor dem Fenster des Mannes erscheinen ließ. Der Mann war dermaßen überrascht, dass er in Ohnmacht fiel. Einige Leute spucken gerne große Töne, aber auf eine Weise, die nicht zu ihren Worten passt.

82. Ein ehrenhafter Speerträger lag auf seinem Sterbebett. Er rief seinen besten Schüler zu sich und sagte ihm: »Ich habe dich bereits das geheime Wissen der Schule gelehrt, insofern habe ich nichts, was ich dir noch vermachen kann. Ist es dein Wunsch, deine eigenen Schüler anzunehmen, musst du jeden Tag fleißig mit dem Bambusschwert [= Shinai] üben. Denk daran, dass die Raffinessen, mit denen du ein Duell gewinnst, sich nicht einfach durch das Geheimwissen verstehen lassen.« Ein Meister des Kettengedichts [= Renga] riet seinen Schülern: »Am Tag vor einem Treffen beruhigt euren Geist und studiert Gedichtbände.« Sie betonten, wie wichtig es ist, sich dem Training hinzugeben. Ein Samurai sollte sich kopfüber in die Ausbildung für seine beruflichen Pflichten stürzen.

83. Grundsätzlich ist der Mittelweg der beste Weg, aber das gilt für einen Samurai nicht in kriegerischen Belangen. Der Samurai muss danach streben, besser als andere zu sein. Beim Bogenschießen wird gelehrt, dass die linke und die rechte Hand auf gleicher Höhe zu halten sind, wenn man den Bogen über der Brust spannt. Da der Mensch dazu neigt, den rechten Arm höher zu halten als den linken, solltest du bewusst darauf achten, den rechten niedriger zu halten als er vermeintlich ist. Auf diese Weise werden beide Hände gleich hoch sein. Ein alter Kämpfer sagte mir, wenn ein Samurai Tag und Nacht übe, die

Leistungen ehrwürdiger Kämpfer zu übertreffen und auf dem Schlachtfeld die Köpfe berühmter Feinde für sich zu beanspruchen, wird der Mut in ihm anschwellen. Er wird niemals den Mut verlieren und kann auf diese Weise unbezwingbare Tapferkeit unter Beweis stellen. Ein Krieger sollte stets diese Haltung einnehmen.

84. Als er alt war, sagte Tetsuzan[1] einmal: »Ich dachte immer, dass es beim Toride[2] anders als beim Sumo zulässig ist, am Boden gehalten zu werden, so lange man sich aus dem Griff befreien kann und letztlich gewinnt. Jetzt wird mir klar: Sollte jemand den Kampf unterbrechen, bevor er seinen Abschluss gefunden hat, und man war zu diesem Zeitpunkt niedergedrückt, dann würde der Kampf als Niederlage gewertet. Der einzige Weg, letztlich den Sieg davonzutragen, ist es, von Anfang an zu gewinnen.«

85. In Kriegerfamilien gibt es eine besondere Methode, Kinder großzuziehen. Die Kinder müssen bereits in frühen Jahren lernen, tapfer zu sein, sich, auch nicht zum Spaß, bedrohen oder auf irgendeine Weise aufs Kreuz legen zu lassen. Wird feiges Verhalten im Knabenalter gelernt, entwickelt es sich zu einem lebenslangen Makel. Eltern sollten ihren Kindern keine Angst vor Donnerschlag oder Dunkelheit einbläuen oder sie mit bestimmten Worten in Angst versetzen. Wird ein Junge, wenn er noch klein ist, zu heftig gescholten, neigt er dazu, ängstlich zu werden. Die Eltern müssen Sorge tragen, dass ihr

[1] Daiki Kenzaemon.

[2] Ein anderer Name für Jiu-Jitsu.

Kind keine schlechten Angewohnheiten entwickelt. Hat sich eine Angewohnheit erst einmal festgesetzt, lässt sie sich nicht mehr einfach korrigieren. Bringe dem Jungen schrittweise bei, wie er richtig kommuniziert, wie er sich richtig benimmt und so weiter. Achte darauf, dass er keine gierigen Neigungen entwickelt. Ziehst du einen normalen Jungen mit diesen und weiteren Überlegungen im Hinterkopf ordentlich auf, wird er zu einem anständigen Mann heranwachsen.

Stehen die Eltern nicht auf gutem Fuß zueinander, ist es nur natürlich, dass das Kind, was die Ergebenheit gegenüber den Eltern anbelangt, Defizite aufweist. Selbst Vögel und wilde Tiere beeinflusst das, was sie in ihren prägenden Jahren sehen und hören. Mehr noch: Die Beziehung zwischen Vater und Sohn kann zerbrechen, sollte die Mutter sich töricht verhalten. Verwöhnt die Mutter den Jungen und stellt sich auf seine Seite, wenn sein Vater ihn schilt, dann wird sich das Verhältnis zum Vater verschlechtern. Frauen haben die oberflächliche Neigung, sich auf die Seite ihrer Kinder zu stellen, da sie voraussehen, dass sie sich später nur auf sie werden verlassen können.

86. Ein Samurai, dem es an unerschütterlicher Entschlossenheit mangelt, kann von anderen zu Fall gebracht werden. Bringst du bei einer Versammlung nicht die angemessene Aufmerksamkeit auf, wirst du möglicherweise ziellos jemandem zuhören und bei seinen Worten nicken, auch wenn du eine andere Ansicht vertrittst. Andere werden dies als Zeichen deiner Zustimmung werten. Deshalb ist es wichtig, bei Treffen jederzeit achtsam zu sein. Mehr noch: Hüte dich davor, manipuliert zu werden. Stimmst du dem Gesagten nicht zu, dann mache deine Meinung deutlich. Schnell ist selbst bei trivialen Themen ein furchtbarer Fehler gemacht, sei also wachsam. Es empfiehlt sich, nicht zu traulich mit einer Person zu werden, deren Bedenken fragwürdig sind, denn zu leicht wird man in die ruchlosen Pläne dieser Person hineingezogen. Nicht betrogen zu werden, bedarf jahrelanger Erfahrung.

87. Ein Mann hatte seinem Fürst jahrelang treu gedient und war nun der Meinung, eine großzügige Belohnung verdient zu haben. Als das sehnlich erwartete Schreiben vom Fürsten eintraf, beglückwünschten seine Freunde den Mann, doch ihm stand eine Enttäuschung bevor. Zur allgemeinen Überraschung erhöhte man ihm einzig sein Gehalt um einen geringen Betrag. Seine Freunde jubelten weiter, als handele es sich um eine willkommene Belohnung, doch der Mann blickte überraschend geknickt drein. Voller Leid klagte er: »Ich fühle mich so beschämt und es fällt mir schwer, mich euch allen zu stellen. Ich schätze, ich war letztlich für meinen Fürsten doch nur von geringer Bedeutung. Ich werde mich aus dem Dienst verabschieden und als Einsiedler leben.« Seine engen Freunde trösteten ihn und überredeten ihn, sich nicht zur Ruhe zu setzen.

Doch seine Haltung zeigt deutlich, dass sein Herz nicht voll und ganz am Dienst hing. Seine Hauptmotivation bestand darin, den eigenen Ruhm zu mehren. Egal, ob du eine Belohnung erhältst, ob du vom Rang eines Samurai in den Rang eines Fußsoldaten [= Ashigaru] herabgestuft wirst oder ob du wegen eines Verbrechens, das du nicht begangen hast, den Befehl erhältst, Seppuku zu begehen – es versteht sich von allein, dass ein erblicher Gefolgsmann sein Schicksal akzeptiert, ohne mit der Wimper zu zucken. Wenn er sagt, er sei zu beschämt, um seinen Freunden unter die Augen zu treten, dann zeigt dies, dass es sich um einen Egoisten handelt, dem es einzig um sein eigenes Ansehen geht. Alle Krieger sollten dies im Hinterkopf behalten, auch wenn aufgeblasene Halunken es nicht begreifen werden.

88. Sagt man: »Es ist hilfreich, die Künste zu beherrschen«, dann gilt dies ausschließlich für Samurai anderer Provinzen. Für einen Nabeshima-Samurai kann es sogar ruinös sein, es in einer Kunst zu etwas zu bringen. Ein Spezialist für eine bestimmte Kunst ist ein »Künstler«. Er ist kein Samurai. Du solltest danach streben, dass man von dir als »diesem Samurai« spricht. Erst wenn du einräumst, dass selbst ein Funken an künstlerischem Talent schädlich ist, werden deine Talente tatsächlich [bei der Erfüllung deiner Pflichten] von Nutzen sein. Halte dir das stets vor Augen.[1]

89. Machst du dich zurecht, achte darauf, dich im Spiegel zu betrachten. Das ist ein Geheimtipp. Menschen geben ein nachlässiges Erscheinungsbild ab, weil sie sich nicht im Spiegel kontrollieren. Wenn du übst, öffentlich zu sprechen, korrigiere daheim deine Aussprache. Betreibst du Schreibübungen, erstelle einen Entwurf, auch wenn es sich um ein Schreiben von einer einzigen Zeile Länge handelt. Für jede dieser Fähigkeiten sind Gelassenheit und Hingabe vonnöten. Ryozan[2] sagte, den Menschen aus Kamigata sage man beim Schreiben, sie sollten sich vorstellen,

[1] Siehe Buch 1-70.

[2] Ein Priester, der Jocho in Poesie unterrichtete.

dass der Empfänger ihr Schreiben als Schriftrolle an die Wand hängen werde.[1]

90. Man sagt: »Begehst du einen Fehler, zögere niemals, ihn zu korrigieren.« Ein Fehlverhalten kann sich rasch aus der Welt schaffen lassen, zögerst du nicht, das Problem anzugehen. Schlimmer wirkt es, versuchst du, den Fehler zu vertuschen. Dein Leid wird dann nur umso größer sein. Äußerst du »verbotene Wörter«, die andere aufbringen, erkläre deinen Fehltritt. Man wird dir deine Profanität verzeihen und es wird keine Notwendigkeit dafür geben, dass du dich bußfertig fühlst. Besteht jemand darauf, dir Vorhaltungen zu machen, lenke nicht ein. Sei bereit, dein Leben aufs Spiel zu setzen, und weise deine Ankläger zurück, indem du entschieden erklärst: »Es war ein Fehler, diese Worte zu äußern, deshalb hatte ich das Gefühl, mich erklären zu müssen. Stellt dich meine Entschuldigung nicht zufrieden, dann kann ich kaum noch etwas tun, das dich überzeugt. Möglicherweise hast du dem, was ich gesagt habe, nicht zugehört. Uns allen unterlaufen gelegentlich Versprecher.« Eine derartige Situation kann sich sehr ernst entwickeln, also sprich niemals über andere oder gib sorglos Geheimnisse preis. Ebenso solltest du beim Plaudern darauf achten, wo du dich befindest und in welcher Gesellschaft.

91. Schriftzeichen sind korrekt und sauber zu pinseln, aber wenn du dich ausschließlich darauf konzentrierst, wird deine Handschrift zu starr erscheinen, es wird ihr etwas fehlen. Klasse

[1] Siehe Buch 1-107 und Buch 2-43.

ist eine Qualität, die über herkömmliche Maßstäbe für gute Form hinausgeht. Das lässt sich von allen Dingen sagen.[1]

92. Ein Mann sagte einmal: »Die Menschen glauben, es gebe nichts Schlimmeres, als ein Ronin zu sein, und dass man am Boden zerstört sei und alle Anreize verliere, wenn man aus dem Dienst entlassen wird. Als ich ein Ronin war, fand ich das alles nicht so betrüblich. Es war anders, als ich es erwartet hatte, und um ehrlich zu sein, würde es mir nichts ausmachen, wieder ein Ronin zu sein.«[2] Das war wohlgesprochen. Wer darauf vorbereitet ist, jederzeit in den Tod zu gehen, der nimmt das Ende seines Lebens mit Gleichmut auf. Unglücke werden üblicherweise nicht so gravierend, wie man sie sich im Vorfeld ausmalt, insofern ist es närrisch, Angst vor noch nicht erlittenen Beschwerlichkeiten zu verspüren. Akzeptiere einfach, dass das schlimmste denkbare Schicksal für einen dienenden Mann darin besteht, zum Ronin

[1] Zunächst einmal muss der Kalligrafie-Student die Grundformen beherrschen, eine Phase, die als Shin (真 = Essenz) bekannt ist. Ist dem Schüler die Grundform in Fleisch und Blut übergegangen, kann man den individuellen Stil hinzufügen (Gyo, 行). Nach weiterem intensivem Üben entwickelt der Schüler einen individuellen Kursivstil, der im finalen Stadium als »Grasschrift« (草, So) bezeichnet wird. Bei diesem Stil werden die Schriftzeichen verkürzt und verbunden, was in einer kurvenförmigen, hochgradig künstlerischen Form des Schreibens resultiert.

[2] Es gab viele Situationen, in denen ein Samurai zum Ronin werden konnte, sei es aus eigenem Willen, weil er wegen einer Übertretung aus dem Dienst entlassen wurde, weil sein Fürst gestorben war oder aus anderen Gründen heraus. Das Nabeshima-Reich war in dieser Hinsicht insofern besonders, weil für einen Krieger die Möglichkeit bestand, zu einem späteren Zeitpunkt wieder in den Dienst aufgenommen zu werden. Insofern handelte es sich eher um eine Art Hausarrest.

zu werden oder Tod durch Seppuku zu erleiden. Dann wird dich nichts beunruhigen.

93. Gehst du deinen Pflichten nach und verspürst dabei Angst vor dem Scheitern, bist du ein Feigling. Es wird immer Zeiten geben, in denen einem Gefolgsmann Fehler unterlaufen. Dennoch ist es schändlich, wenn dir in privaten Belangen, die außerhalb deiner offiziellen Verantwortung liegen, Fehltritte unterlaufen. Frage dich: »Wie kann ich angesichts meiner Defizite bestmöglich dienen?«

94. Das Sprichwort besagt: »Erst in der Krankheit erkennst du die Herzen anderer.« Menschen, die dir gegenüber normalerweise freundlich sind, wenden sich ab, wenn dich eine Krankheit niederwirft oder wenn du harte Zeiten durchlebst. Das sind keine netten Menschen. Gegenüber einem Mann, der leidet, solltest du rücksichtsvoll auftreten und den armen Kerl besuchen oder ihm Geschenke zukommen lassen, damit sich seine Stimmung hebt. Weise niemals einen Menschen ab, der dir in der Vergangenheit einen Gefallen getan hat. Auf diese Weise kannst du ermessen, aus welchem Holz ein Mann geschnitzt ist. Viele Menschen suchen Trost, wenn sie in Not sind, verschwenden im Anschluss aber keinen Gedanken mehr an ihre Wohltäter.

95. Was einem Mann im Verlauf seines Lebens an Unbeständigkeiten zustößt, lässt sich nicht darauf zurückführen, wie gut oder böse sein Auftreten ist. Dass sich das Los ändert, gehört zum Lauf der Natur, über Gut und Böse hingegen befindet das weltliche Urteil des Menschen. Und dennoch ist es für moralische Lehren eine nützliche Vorstellung, »Gutes« zu tun bringe Fürsorge, während »Schlechtes« zu tun in den Untergang führe.

96. Beging ein Diener einen Fehler, behielt ihn der ehemalige Yamamoto Jin'uemon[1] den Rest des Jahres in seinem Dienst, ohne ein Wort zu sagen. Dann ließ er ihn, ohne ein großes Aufhebens darum zu machen, gehen.

97. Als Nabeshima Jiro'emon Seppuku beging, verursachte der vierstufige Prozess, in dessen Verlauf über die Sträflichkeit des Übeltäters entschieden wurde, Meinungsverschiedenheiten.[2] Wenn man über eine Bestrafung nachdenkt, dabei aber nicht darauf achtet, wie die Menschen die Straftat sehen, kann dies dazu führen, dass die Ehre des Herrschers leidet. Unabhängig davon, dass Seine Hoheit eine Züchtigung einforderte, wäre es in diesem Fall besser gewesen, das Vergehen zu ignorieren, denn es ist seine Reputation, die Schaden nimmt. Dann wäre es, als das Verbrechen offiziell untersucht wurde, vernünftig gewesen, die vom Schuldigen gelieferte Ausrede zu akzeptieren. Als sich dann der Rat traf, um über das Fehlvergehen zu beraten, hätte jemand erwähnen müssen, dass sein Ahn zum Ruhm des Clans wiederholt erstaunlichen Heldenmut an den Tag gelegt hat. Das gilt insbesondere für seinen Großvater Nabeshima Daizen Masayuki, der während des Shimabara-Aufstands Amakusa Shiro besiegte und dessen Wim-

[1] Jochos Vater. Im Text ist von ihm als Yamamoto Zen-Jin'uemon Shigezumi die Rede. »Zen« wird als »ehemaliger« oder »Senior« übersetzt. Jocho erbte in seiner Jugend den Namen seines Vaters.

[2] Nabeshima Jiro'emon beging 1693 Seppuku, weil er das Verbrechen begangen hatte, in Anwesenheit seines Fürsten zu urinieren.

pel eroberte.[1] Im selben Atemzug hätte empfohlen werden sollen, den Übeltäter nicht zu bestrafen. Zunächst hätten all diese Möglichkeiten ausgeschöpft werden sollen. Wäre das Vergehen dann noch immer als unverzeihlich angesehen worden, hätte man sich auf eine Bestrafung verständigen sollen.

98. Als Moro'oka Hiko'uemon einbestellt wurde, forderte man ihn auf, vor den Göttern zu schwören, dass seine Aussage wahrheitsgemäß war.[2] Er erwiderte: »Das Wort eines Samurais ist härter als Metall. Habe ich etwas beschlossen, vermögen es nicht einmal mehr die Götter zu ändern.« Daraufhin musste er keinen Eid unterzeichnen. Er war 26 Jahre alt, als sich dies zutrug. [Diese spezielle Befragung bezog sich auf den Grenzstreit rund um den Berggipfel des Benzai.[3]]

99. Über das Sekundieren [= Kaishaku] beim Seppuku von Nakano Shogen:[4] Die Inspektoren [= O-metsuke] waren Nabeshima

[1] Der Shimabara-Aufstand war eine Rebellion von Bauern, die am 11. Dezember 1637 losbrach, weil das Volk sich zu stark besteuert fühlte. Vom Reich Shimabara (das heutige Nagasaki) breitete sich der Aufstand auf die Amakusa-Inseln aus (Präfektur Kumamoto). Das Shogunat Tokugawa vermutete, dass das Christentum die Menschen dazu verleitet hatte, sich zu erheben. Der Aufstand erwies sich als wichtiger Grund für die Entscheidung, sämtliche nicht autorisierten Kontakte zum Westen zu unterbinden. Der Aufstand endete am 12. April 1638 damit, dass ein gewaltiges Heer, das das Shogunat aus diversen Landesteilen zusammengezogen hatte, 37 000 Männer, Frauen und Kinder abschlachtete, die Amakusa Shiro (1621? –1638) gefolgt waren.

[2] Hikoemon war ab 1685 ein Ronin, wurde aber kurz darauf wieder in den Dienst aufgenommen. Siehe Buch 2-26.

[3] Ein Grenzstreit mit dem Fukuoka-Reich (1692/93).

[4] Yamamoto Jocho diente Shogen als Sekundant [= Kaishaku], indem er ihn enthauptete, während er Seppuku beging. Die beiden waren miteinander verwandt.

Judayu und Ishii Saburodayu. Nachdem er mit den Worten »Es wurde bezeugt« die Tat bestätigt hatte, errichtete Saburodayu einen Wandschirm [= Byobu] um den Leichnam.[1]

100. Über die Abläufe bei Yamamura Mikis Seppuku, Einzelheiten zu den Umständen sowohl von Miki als auch Yasuke,[2] was Nakano Kazuma gesagt wurde, als sein Besitz inspiziert wurde, das Eintreffen des Zeugen und die Begrüßung, die Erkrankung von Mikis und die Einbestellung eines Arztes sowie die Frage nach den letzten Worten Yamamura Mikis.[3]

101. Bei Gefolgsleuten, die aus unterschiedlichen Provinzen in Dienst gestellt werden, lohnt es sich, wachsam zu bleiben. Oftmals neigen sie dazu, ihre Fähigkeit, hervorragende Dienste zu leisten, zur Schau zu stellen und für den Nutzen ihrer Nachkommen Dinge zu tun, die ihren Ruf aufbessern. Ihre Kinder erben zumeist diese Charaktereigenschaft. Vererbbare Gefolgsleute hingegen sind empfänglich dafür, selbstlos ihrem Fürsten zu die-

[1] In Sagara Torus moderner, auf dem Nakano-Buch basierenden Wiedergabe gibt es einen zusätzlichen Spruch: »Als sich Hikoemon in Anwesenheit seines Fürsten befand, hat er Fragen zu Nakano Shogen beantwortet, heißt es.« In der Kohaku-Version, auf der diese Übersetzung basiert, steht dies nicht. Derartige Diskrepanzen sind nicht ungewöhnlich, was die vielen im Umlauf befindlichen Hagakure-Varianten anbelangt. Ab diesem Punkt unterscheidet sich die Nummerierung der Hagakure-Texte, auf die ich in dieser Übersetzung zurückgreife, um eine Nummer, aber ich habe mich dagegen entschieden, den Spruch in den Haupttext zu übernehmen.

[2] Yasuke war Mitsushiges Sohn. Yamamura Miki war der Hüter eines Schreins.

[3] Dieser Abschnitt ist schwer zu verstehen, aber es scheint sich um eine Zusammenfassung der wichtigsten Punkte zu handeln, die Jocho möglicherweise mit Tashiro Tsuramato erörterte, als es um Ereignisse ging, die 1690 zum Tod von Yamamura Miki führten.

nen, und sie sind jederzeit bereit, die Schuld für seine Fehler auf sich zu nehmen. Beispielhaft sei ein bestimmter Gefolgsmann[1] genannt, der bei seinem Fürsten Protest einlegte, als es zwischen den drei Familienzweigen zu Streitigkeiten kam.[2] Dergestalt ist die Einstellung eines vererbbaren Gefolgsmanns.[3]

102. Ishida Ittei sagte: »Wenn du dir etwas nur stark genug wünschst, dann wird es irgendwann eintreten. Wir hatten in unserer Region keinerlei Matsutake-Pilze. Die Menschen, die

1 Nakano Shogen.

2 Bei dem Vorfall ging es um einen Konflikt zwischen den drei Subdomänen innerhalb des Saga-Reichs. Die Subdomäne Ogi (73 000 Koku) wurde 1617 von Katsushiges ältestem Sohn Nabeshima Motoshige (1602–1654) begründet. Die Subdomäne Hasunoike (52 000 Koku) wurde 1639 von Katsushiges Sohn Nabeshima Naozumi (1616–1669) begründet. Die Subdomäne Kashima (20 000 Koku) gründete Katsushiges Sohn Nabeshima Naomoto (1622–1709) 1642. Alle drei Familienzweige regierten autonom innerhalb des Reichs Saga und es wurde erwartet, dass der Leiter eines Nabeshima-Familienzweigs als Daimyo in Edo residierte, wie es das Sankin-Kotai-System vorsah. Um 1678 übergab einer der Unterzweige der Bakufu ein nicht autorisiertes Geschenk. Das sah der Hauptstamm des Nabeshima-Clans als Beschneidung seiner Autorität. Bis dahin waren die drei Zweige durch die Verbindung väterlicherseits ganz klar als Unterzweige eingestuft worden, doch als Mitsushige zum Fürsten des Reichs Saga aufstieg, beschloss man, die Position innerhalb der Hierarchie neu zu bestimmen. Der Streit endete um 1683 damit, dass ein Memorandum aufgesetzt wurde, indem offiziell die Positionen und Erwartungen der drei Zweige im Saga-Reich offiziell festgehalten wurden.

3 »Vererbbar« [= Fudai] unterscheidet diejenigen Gefolgsleute, die in eine Samurai-Familie des Nabeshima-Reichs hineingeboren wurden, von Außenstehenden mit Wurzeln in anderen Regionen. Im *Hagakure* werden häufig derartige Unterscheidungen getroffen. Es zeigt ein elitäres Denken gegenüber ersteren und einen Argwohn gegenüber Außenstehenden im Dienste des Fürsten.

in der Region Kamigata Matsutake verkostet hatten, wünschten sich, dass sie auch in den nördlichen Bergen unseres Reichs wachsen mögen, und jetzt wachsen sie in Kitayama im Überfluss und man muss sie sich nur nehmen. Fortan wünsche ich, dass in unseren Bergen Zypressen wachsen. Das steht auf meiner Liste der Vorhersagen aus dem einfachen Grund, dass die Menschen es sich wünschen. Wünsche dir Dinge für die kommende Zeit und sie werden wahr werden.«

103. Für einen General ist es von allerhöchster Bedeutung, den Charakter eines Mannes anhand seines Gesichtsausdrucks beurteilen zu können. Es heißt, auf der Schriftrolle, die Kusunoki Masashige in Minatogawa Masatsura übergab, sei außer Bildern von Augen nichts zu sehen gewesen.[1] Es gibt eine geheime Methode, die Haltung eines Mannes [durch seine Augen und seine Miene] zu deuten.

104. Trägt sich etwas Außerordentliches zu, ist es närrisch, dies als »mysteriös« zu bezeichnen und zu behaupten, es künde von künftigen Katastrophen. Mondfinsternisse, Sonnenfinsternisse, Kometen, Bannerwolken, fallende Sterne, Schnee im sechsten Monat und Blitzschlag im zwölften Monat sind Phänomene, die alle 50 oder 100 Jahre auftreten. Sie sind die Folge davon, dass sich das Gleichgewicht zwischen Yin und Yang verlagert. Würde die Sonne nicht jeden Tag im Osten aufgehen und im Westen unter-

[1] Kusunoki Masashige war ein Kriegsfürst aus der Provinz Kawachi, die heute Teil der Präfektur Osaka ist. Während der Kemmu-Restauration (1333-1336) unterstützte er Kaiser Go-Daigo, später beging er Selbstmord. Im Frühjahr 1336 besiegte ihn Ashikaga Takauji am Ufer des Flusses Minatogawa.

gehen, würde man auch dies als Mysterium erachten. Es ist genau dasselbe. Wann immer seltsame Phänomene auftreten, scheinen schlechte Dinge zu passieren, aber das liegt nur daran, dass die Menschen ungewöhnliche Ereignisse wie Bannerwolken für ein schlechtes Omen halten. In ihrem Herz warten sie darauf, dass ein Unglück eintritt, und genau das verheißt die Katastrophe. Es gibt mündlich überlieferte Lehren, wie man mit mysteriösen Ereignissen umzugehen hat.

105. Wie Choryo[1] die Abhandlung Kosekikos[2] über Militärstrategie[3] erhält oder wie Yoshitsune die Lehren der Tengu[4] [über den Schwertkampf] zuteilwird – diese Geschichten wurden erfunden, um die Entstehung einer neuen Kampfkunstschule rechtfertigen zu können.

106. Nahe Bedienstete von Fürst Mitsushige wurden in Nagasaki[5] auf zwei Garnisonen aufgeteilt. Meister Jocho sah anhand der Dokumente, dass sein Name in der zweiten Gruppe aufgeführt war (die später in Marsch gesetzt werden sollte). Er sagte dem Beamten: »Ich kann dieser Anordnung nicht Folge leisten, wenn sie dafür sorgt, dass ich meinem Fürsten in der Schlacht nicht nahe bin. Seid mein Zeuge, während ich gegenüber dem Kriegsgott [= Yumiya Hachiman] einen Eid ablege, dass es mir

1 Zhang Liang.

2 Huang Shigong.

3 *Die drei Strategien* (*San Lu*, 三略)

4 Anm. d. Übers.: japanische Fabelwesen.

5 Das Shogunat beauftragte 1642 das Reich Nabeshima damit, den Hafen Nagasaki zu verwalten. Der hier erwähnte Vorfall trug sich 1683 zu, als Jocho 25 Jahre alt war.

unmöglich ist, diesem Befehl mein Siegel der Zustimmung zu geben. Ich vermute, diese Anweisung wurde erstellt, weil ich ein Schreiber bin. Hältst du mich für unverschämt und beschließt, mich von meinem Posten zu entfernen, dann sei es so. Sollte beschlossen werden, dass ich Seppuku begehen sollte, dann werde ich dem bereitwillig nachkommen.« Dann ging er. Seine Haltung wurde später einer Überprüfung unterzogen und man nahm Änderungen an den Aufgaben vor. Er sagte mir, ein junger Krieger solle starrsinnig sein. Denke gründlich darüber nach.

107. Wenn du lernst, wie du dich zurechtzumachen hast, kontrolliere dein Erscheinungsbild ständig im Spiegel. Mir wurde im Alter von 13 Jahren erlaubt, meine Stirnlocken wachsen zu lassen. Fast ein Jahr lang erschien ich nicht zu meinen Pflichten, erst dann war mein Haar lang genug, um den Ansprüchen dieser Frisur Genüge zu tun. Familienmitglieder erklärten: »Er sieht übermäßig gebildet aus, insofern wird er eines Tages voraussichtlich einen Fehler begehen. Vor allem der Fürst verabscheut Männer, die aussehen, als seien sie zu klug.« Also beschloss ich, die Art und Weise zu verändern, wie mein Gesicht aussah. Ich kontrollierte mein Gesicht sehr gründlich im Spiegel und versuchte, es zu korrigieren. Als ich ein Jahr später meine Pflichten wieder aufnahm, sagten alle, ich wirke schwächlich und kränklich. Ich halte die umfangreichen Anstrengungen, die ich unternommen habe, für die Grundlage meines Dienstes. Mit einem Gesicht, das zu scharfsichtig ist, wird einem nie jemand das Vertrauen schenken. Ohne Gelassenheit und Entschlossenheit wird es wirken, als fehle dir Würde. Im Idealfall ist jemand andächtig, gewählt und gelassen.

108. Hast du es mit einem Notfall zu tun, doch es fehlt dir die Zeit, dich mit anderen zu beraten, so gelangst du zu einer Lösung, indem du deine Lage einfach im Einklang mit den »Vier Eiden« abgleichst. Mehr wird nicht nötig sein.

109. Nimmt der O-metsuke[1] [= Inspektor] keine breite Betrachtungsweise ein, kann sich das als kontraproduktiv erweisen. Die Position wurde erschaffen, um zu gewährleisten, dass das Reich effizient regiert wird. Dem Fürsten ist es unmöglich, sämtliche Vorgänge in seinem Reich im Blick zu behalten. Dem O-metsuke kommt die Aufgabe zu, zum Benehmen des Fürsten, zu rechtem und falschem Gebaren ranghöherer Gefolgsmänner, zur Angemessenheit der Rechtsverfahren, zu Gerüchten innerhalb der Gemeinschaft und zu Freud und Leid der unteren Klassen akkurate Informationen zu sammeln und dazu beizutragen, dass die Verwaltungsabläufe des Reichs verbessert werden.

Das ursprüngliche Ziel dieses Postens besteht darin, bei jenen, die einflussreiche Ämter besetzen, Dienstvergehen zu untersuchen. Leider scheinen O-metsuke sehr versessen darauf, Unfug nachzugehen, den die unteren Klassen angerichtet haben, und dem Fürsten von trivialen Vorfällen zu berichten. Für das Reich ist das schädlicher. Es gibt einige wenige Bürgerliche, die sich Missetaten hingeben, aber das wird keinerlei negative Folgen für das Reich haben. Hinzukommt: Wer die Aufgabe hat, kriminelle Angelegenheiten zu untersuchen, ist dazu verpflichtet, sich die Verteidigung der Angeklagten anzuhören, damit er ihnen gege-

[1] Vom Rang her unterstand der O-metsuke direkt dem Karo [= Vogt], aber er agierte als unabhängige Autorität, die über die Vorgänge im Reich berichtete.

benenfalls helfen und sie unterstützen kann. Letztlich ist auch dies von Vorteil für den Herrscher.

110. Es gibt unterschiedliche Wege, den eigenen Fürsten zu mahnen. Hast du eine von Herzen kommende Rüge vorzubringen, tue dies dergestalt, dass andere davon nichts merken. Trage deine Gedanken wohldurchdacht vor, denn du willst deinem Herrn helfen, seine Schwachstellen auszumerzen, und nicht seinen Zorn auf dich ziehen. Das zeigte sich in der Loyalität von Hosokawa Yoriyuki.[1] Einmal wollte der Fürst während einer Reise einen Umweg einschlagen. Als er dies vernahm, erklärte ein Älterer: »Ich werde mein Leben opfern und versuchen, ihn davon abzubringen. Wir liegen bereits hinter unserem Zeitplan, insofern ist eine weitere Ablenkung nicht zulässig.« Dann wandte er sich an die anderen und sagte: »Ich sage euch allen Lebewohl.« Er bereitete sich auf seinen bevorstehenden Tod vor, indem er kalt badete, dann legte er einen Shiro-Katabira[2] an und ersuchte um eine Audienz beim Herrscher. Kurz darauf kehrte er mit einem gewichtigen Gesichtsausdruck zurück und verkündete: »Ich freue mich mitteilen zu können, dass unser Herrscher auf meine Argumente eingegangen ist. Weiter bin ich überglücklich, euch alle wiedersehen zu dürfen.« Diese Vorstellung diente einfach dazu, die Schwäche des Fürsten aufzudecken und den eigenen Sinn für Loyalität und Heldenmut zu

[1] Hosokawa Yoriyuki (1329–1392) war ein gefeierter Berater Ashikaga Yoshimitsus (1358–1394), dem dritten Shogun der Muromachi-Bakufu (1333–1573).

[2] Ein leichtes weißes Gewand aus Leinen, das zeigen soll, dass er bereit ist zu sterben, sofern sein Herrscher ihn dazu auffordert.

unterstreichen. Männer, die von außerhalb des Reichs stammen, treten oftmals derart prätentiös auf.

111. Ein Mann, der berechnend vorgeht, ist ein Feigling. Er wägt alles unter dem Gesichtspunkt von Gewinn und Verlust ab und sein Geist verlässt diese Spur niemals. Für ihn ist der Tod ein Verlust und das Leben ein Gewinn. Er fürchtet sich vor dem Tod und das macht ihn zu einer Schande. Hinzukommt, dass gebildete Männer ihre Feigheit und ihre Habgier hinter ihrem Witz und ihrer Zungenfertigkeit verbergen. Ihr Tarnumhang verleitet andere dazu, sie zu überschätzen.

112. Seit verkündet wurde, dass Oibara[1] nicht länger im Einklang mit dem Gesetz steht, gab es keinerlei Gefolgsleute mehr, die bereit waren, als Märtyrer ihr Leben für ihren Herrn zu geben. Und seit verkündet wurde, dass selbst ein Kleinkind den Haushalt erben kann, entfiel auch der letzte Anreiz (dem Fürsten) zu dienen. Es werden keine jungen Pagen mehr ernannt und die Samurai sind lasch geworden in ihren Gebräuchen. Die übermäßig mitfühlenden Maßnahmen meines Herrn haben seinen Gefolgsleuten letztlich mehr Schaden zugefügt als Gutes gebracht. Es ist

[1] Junshi, die Selbstverbrennung, die dazu dient, seinem Herrn in den Tod zu folgen, war auch als Oibara (»Entleibung, um zu folgen«) oder Tomoabara (»Entleibung, um zu begleiten«) bekannt. In den frühen Jahren der Tokugawa-Zeit wurde die Kritik an dieser Praktik immer lauter, bis Shogun Ietsuna 1663 Junshi mündlich verbot. Zuvor hatte Nabeshima Mitsushige am siebenten Tag des siebenten Monats im Jahr 1661 Junshi für das Reich Nabeshima verboten. Formell für unrechtmäßig erklärt wurde diese Praktik endgültig, als unter dem fünften Shogun Tsunayoshi (1680–1709) das *Buke Shohatto* (»Gesetze für Kriegersippen«) um eine Klausel ergänzt wurde, die ein landesweites Verbot enthielt.

nicht zu spät, junge Pagen wieder in Dienst zu stellen. Im Alter von 15 oder 16 Jahren haben junge Männer bereits [mit ihrem Erwachsenwerden] das Haar auf ihrer Stirn entfernt, doch mangelt es ihnen an Besonnenheit, da sie sich in überflüssigen Diskussionen über Trinken und Essen verlieren und Dinge sagen und tun, über die sie vorher besser nachgedacht hätten. Ihr Geist ist erfüllt von frivolem Zeitvertreib und deshalb sind sie keine guten Gefolgsleute. Wer Erfahrungen als Page gesammelt hat, wird mit einer breiten Spanne von Aufgaben vertraut sein, da er sie bereits in jungen Jahren beobachten konnte. Solche Männer werden nützliche Gefolgsleute sein. Soejima Hachi'uemon war 42 Jahre alt und Nabeshima Kanbei 40, als sie erwachsen wurden.[1]

113. »Bushido bedeutet, in eine Todesraserei zu verfallen [= Shini-Gurui]. Selbst Dutzende Männer können einen Mann in Raserei, der bereits entschlossen ist zu sterben, nicht töten.« So sprach Fürst Naoshige. Große Taten lassen sich nicht in einem alltäglichen geistigen Zustand vollbringen. Werde einfach verrückt und sehne dich verzweifelt nach dem Tod. Wenn du auf dem Weg des Kriegers zu sehr über die Dinge nachdenkst, wirst du hinter anderen zurückfallen. Verschwende keine Gedanken an Loyalität oder das Ehren deiner Eltern, sondern verfalle einfach in eine Raserei, um in Shido[2] zu sterben. Loyalität und das Ehren deiner

1 Bei der Mannbarkeitszeremonie Genpuku nahmen Knaben Kleidung und Haarschnitt von Erwachsenen an und erhielten einen Erwachsenen-Namen. Üblicherweise fand diese Zeremonie je nach Familie im Alter von 10 bis 16 Jahren statt. In diesem Fall sehen wir, dass es auch Ausnahmen von der Regel gab. Offensichtlich handelte es sich um bevorzugte Diener des Fürsten.

2 Shido war in der Tokugawa-Ära ein üblicher Begriff für eine vor allem von der neokonfuzianischen Gedankenschule beeinflusste Kriegermoral.

Eltern werden sich im Laufe der Todesraserei ganz von allein einstellen.

114. Shida Kichinosuke sagte: »Wenn es deinem Ruf keinen Schaden bereitet, ob du lebst oder stirbst, dann solltest du sterben.« Das ist ein Widerspruch in sich. Er sagte: »Fragst du dich, ob du gehen oder nicht gehen solltest, geh nicht.« Und: »Fragst du dich, ob du essen solltest oder nicht, ist es besser, nicht zu essen. Fragst du dich, ob du sterben solltest oder nicht, ist es besser zu sterben.«[1]

115. Im Fall einer Katastrophe oder in einem Notfall reicht es nicht aus, Ruhe zu bewahren. Im Angesicht einer Widrigkeit stürme mit Mut und unter Jubel voran. So steigst du auf eine höhere Stufe auf. Das ist, als würdest du sagen: »Je mehr Wasser da ist, desto höher steigt das Boot.« Muraoka sprach davon, bevor er seinen Namen (durch eine Beförderung) änderte.[2]

116. Ittei sagte: »Es ist rückgratlos, einen Meister zu beobachten oder ihm zuzuhören und dann zu denken, es nicht besser zu können. Auch ein Meister ist nur ein menschliches Wesen, ganz genau wie du. Wägst du ab, in welcher Hinsicht du unterlegen bist, und entscheidest du dich dafür, diese Kunst zu studieren, dann bist auch du bereit, sie zu meistern. Als Konfuzius im Alter von 15 beschloss zu studieren, war er ein Weiser. Er wurde nicht erst durch seine späteren Studien zum Weisen.« Im Buddhis-

[1] Siehe Buch 1-48.

[2] Muraoka Gohei Kiyosada war ein Toshiyori-yaku (Älterer) im Nabeshima-Reich.

mus gibt es einen Lehrsatz, der besagt: »Hast du eine spirituelle Erweckung [die dich zum Studium des Buddhismus verleitet], dann liegt dies daran, dass korrekte buddhistische Lehren deinen Geist bereits durchdrungen und deine Entscheidung, Mönch zu werden, beeinflusst haben.«

117. Ein Samurai sollte sorgfältig auf alles achten und er sollte den Gedanken hassen, hinter seine Rivalen zurückzufallen, und sei es auch nur ein wenig. Gib besonders acht auf deine Wortwahl, damit du nicht baren Unsinn von dir gibst, Aussagen wie »Ich bin ein Feigling«, »Wenn es unschön wird, nehme ich die Beine in die Hand«, »Ich habe Angst« oder »Das tut weh«. Unter keinerlei Umständen sollten derartige sprachlichen Verwirrungen über deine Lippen kommen, sei es als Witz, im Schlaf oder wenn du im Verlauf einer Krankheit unzusammenhängend delirierst. Aufmerksame Männer in Hörweite werden direkt in den Kern deines Wesens schauen. Sei auf der Hut!

118. Ist die Zeit gekommen, ruft man zuerst diejenigen Samurai, die über einen starken Kriegergeist und eine felsenfeste Entschlossenheit verfügen. Ihre Qualitäten zeigen sich in der tagtäglichen Haltung und in sämtlichen ihrer Äußerungen. Sie eröffnen ihnen unterschiedliche Möglichkeiten. Entscheidend ist vor allem, welche Worte bei jedweder Gelegenheit gesprochen werden. Es gibt keinerlei Grund dafür, alles zu enthüllen, was in deinem Kopf vor sich geht. Deine Qualitäten werden durch deine tagtäglichen Handlungen zutage treten.

119. Als ich zum Gefolgsmann ausgebildet wurde, saß ich weder drinnen noch draußen mit gekreuzten Beinen. Auch habe ich nie den Mund geöffnet. Musste ich sprechen, bemühte ich mich, meine Gedanken in einem Wort anstelle von zehn zum Ausdruck zu bringen. Krieger wie Yamasaki Kurando waren von ähnlicher Art.[1]

120. Es heißt, wenn einem der Kopf abgeschlagen wird, kann man noch eine letzte Sache tun. Das wissen wir durch die Taten von Nitta Yoshisada[2] und Ono Doken.[3] Warum solltest du schlechter sein als sie? Mitani Jokyu[4] sagte: »Selbst nachdem ich an Krankheit gestorben bin, werde ich noch zwei oder drei Tage weiterleben.«

121. Eine alte Redewendung besagt: »Denke und entscheide innerhalb von sieben Atemzügen.« Fürst Takanobu[5] sagte: »Die Urteilskraft schwindet bei allzu langem Abwägen.« Fürst Naoshige[6] sagte: »In sieben von zehn Fällen wenden sich Dinge, die in einem gemütlichen Tempo entschieden werden, zum Schlechten.

[1] Yamasaki Kurando war ein Toshiyori-yaku [= Älterer] im Nabeshima-Reich.

[2] Nitta Yoshisada (1301–1338) war ein bekannter Krieger zum Ende der Kamakura-Zeit (1185–1333) und zu Beginn der Muromachi-Ära (1333–1568). Angeblich schlug er sich selbst den Kopf ab, begrub ihn und verbeugte sich dann über seinem eigenen Grab, bevor er schließlich starb.

[3] Ono Doken Harutane (?–1615) war der jüngste von drei Brüdern (Harunaga, Harufusa und Harutane) und diente als oberster Gefolgsmann in der Entourage von Toyotomi Hideyoshi. Er wurde auf dem Scheiterhaufen verbrannt, doch irgendwann gelang es ihm, »zurück ins Leben zu kommen« und als letzten Akt des Widerstands den Inspektor zu töten.

[4] Ein Gefolgsmann von Nabeshima Mitsushige. Er wurde 1700 Mönch, als Mitsushige starb.

[5] Ryuzoji Takanobu regierte Saga, bevor der Nabeshima-Clan an die Macht kam.

[6] Sagas erster Nabeshima-Daimyo.

Militärische Belange sind zügig umzusetzen.« Zu einer Entscheidung zu gelangen ist auch schwierig, wenn das Herz haltlos ist. Mit einem gelassenen, gekräftigten und würdevollem geistigen Zustand können Entscheidungen innerhalb von sieben Atemzügen getroffen werden. Innerhalb dieses Zeitraums ist der Geist standhaft und klar.

122. Ein Mann, der wegen Belanglosigkeiten streitet, wird arrogant und findet Gefallen daran, wenn man ihn als »merkwürdig« beschreibt. Er wird prahlen, dass er mit einer Persönlichkeit geboren wurde, die zur zeitgenössischen Gesellschaft nicht gut passt, und er wird überzeugt sein, dass niemand über ihm steht. Ihm ist die göttliche Vergeltung gewiss. Es ist gleich, über welche Fähigkeiten ein Mann verfügt; solange ihn die anderen ablehnen, wird er von wenig Nutzen sein. Menschen weisen jene nicht zurück, die begierig sind, zu helfen und gut zu dienen, und die gegenüber ihren Mitmenschen bereitwillig Demut an den Tag legen.

123. Stehst du im Rang nicht hoch genug, um bei deinem Herrn Protest einzulegen, wende dich an einen ranghohen Beamten mit der Bitte, den Fehler korrigieren zu lassen. Das spricht für enorme Loyalität und erfordert, dass du ein gutes Verhältnis zu denjenigen aufrecht erhältst, die im Rang über dir stehen. Handelst du einzig zu deinem eigenen Vorteil, ist es nur ein Akt der Schmeichelei. Handelst du dagegen in der Absicht, den Clan zu unterstützen, ist es kein Katzbuckeln. Das ist erreichbar, sollte es das sein, was du dir wünschst.

124. Andere darin anzuleiten, bessere Gefolgsleute zu werden, ist ein Akt der Loyalität. Jene, die Willen zu lernen an den Tag legen, sollten also Instruktionen erhalten. Nichts bereitet mehr Freude, als Wissen weiterzugeben und durch den Dienst anderer indirekt von Nutzen sein zu können.

125. Zerbrechen Beziehungen zwischen ehemaligen und herrschenden Fürsten, zwischen Vätern und Söhnen, zwischen älteren und jüngeren Brüdern, so liegt dies an der Habsucht. Dass es [in diesem Clan] so etwas wie böses Blut zwischen dem Fürsten und seinen Anhängern nicht gibt, belegt dies.

126. Ist ein Mann in zu jungen Jahren erfolgreich, wird er nicht lange von Nutzen sein. Er mag von Geburt an begnadet sein, aber jungen Männern fehlt es an Reife, was Veranlagung und Fähigkeiten anbelangt, und andere werden ihnen nicht das Vertrauen schenken. Erfolg sicherst du dir am besten ab einem Alter von etwa 50 Jahren. Es ist günstig, wenn die Menschen glauben, dass du mit deinem Erfolg spät dran bist. Und selbst wenn sich sein Haus aufgrund irgendeines Fehltritts auf dem absteigenden Ast befindet, kann ein Mann mithilfe von Willenskraft rasch alle Rückschläge überwinden, denn ihr Auslöser waren keine selbstsüchtigen Wünsche.

127. Wirst du aus dem Dienst entlassen, ist es lächerlich, ein Gefühl der Niedergeschlagenheit zu verspüren. Zu Zeiten Fürst Katsushiges sagte man üblicherweise: »Ein guter Diener bist du erst, wenn du sieben Mal zum Ronin gemacht wurdest. Sieben Mal sollst du fallen, aber acht Mal sollst du dich erheben [= Nana-korobi-yaoki].« Ein Mann vom Kaliber eines Naridomi Hyogo war sieben Mal ein Ronin.[1] Betrachte dich als ein Spielzeug, das sich

[1] Naridomi Hyogo war im Nabeshima-Reich bekannt für seine Leistungen

selbst aufrichtet, als Stehaufmännchen. Möglicherweise wird dich der Herr aus dem Dienst entlassen, um dich zu testen.

128. Ob eine Krankheit schlimmer wird, hängt von deiner geistigen Haltung ab. Ich wurde geboren, als mein Vater 70 Jahre alt war, und ich war ein Schatten von einem Kind und verfügte nur über eine sehr schwache Konstitution. Da ich den sehr großen Wunsch hegte, meinem Fürsten bis in mein hohes Alter zu dienen, unternahm ich jede Anstrengung, stark zu werden und meine Gesundheit zu bewahren. Ich wurde nie krank. Ich entschied mich für Abstinenz und erhielt eine Moxibustion.[1] Dank meiner Erfahrungen gibt es einige Dinge, von denen ich überzeugt bin. Es heißt, eine Mamushi[2] wird auch dann in ihre ursprüngliche Form zurückkehren, wenn man sie sieben Mal verbrannt hat. Meine größte Hoffnung ist es, dass ich, sollte ich nach meinem Ableben sieben Mal wiedergeboren werden, jedes Mal als Samurai des Nabeshima-Clans wiedergeboren werde und meine Aufgabe als getreuer und wertvoller Diener erfülle. Das wünsche ich mir von ganzem Herzen.

129. Fürst Naoshige sagte, Samurai, die vom Ehrgeiz erfüllt sind, [herausragende Dienste zu leisten,] pflegen ein gutes Verhältnis zu ihren Kameraden. Ich habe mich immer wohlerzogen gegenüber allen Menschen verhalten, vom Samurai bis zum nie-

in der Landerschließung und bei der Flutkontrolle.

1 Eine traditionelle Behandlungsmethode der ostasiatischen Medizin. Auf speziellen Stellen des Körpers wird Beifuß aufgetragen und angezündet, um den Energiefluss anzuregen und auf diese Weise körperliche Unregelmäßigkeiten zu korrigieren.

2 Eine kleine Giftschlange, die in Japan weitverbreitet ist.

dersten Ashigaru. Auf diese Weise entsteht das Fundament, auf dessen Grundlage man um Hilfe bitten kann, sollte die Notwendigkeit dazu entstehen. Ich bräuchte nur zu sagen: »Es ist zum Wohle unseres Herren, also schart euch bitte um mich.« Meine Verbündeten würden gewiss ohne zu zögern ihre Unterstützung erklären. Das bedeutet, dass der Herrscher über zahlreiche würdige Gefolgsleute verfügt und dass dies zum Wohlergehen des Clans beiträgt.

130. Den folgenden Vers findet man in dem Buch *Yoshitsune Gunka:*[1] »Ein General muss gut mit seinen Männern kommunizieren. In normalen Zeiten, aber umso mehr in Zeiten der Not. Sagt ein Hauptmann zu seinen Untergebenen ›Ihr habt euch sehr gut geschlagen, aber werfen wir uns noch einmal in den Kampf, denn ihr seid stark!‹, dann werden sie bereit sein, Kopf und Kragen für die Sache zu riskieren. Für einen Anführer ist es wichtig, seinen Männern einen aufbauenden Spruch mitzugeben.«

131. Yamamoto Jin'uemon sagte häufig: »Für einen Samurai ist es von zentraler Bedeutung, Männer unter sich zu haben, die über Talent verfügen. Egal, wie bestrebt du bist, deinem Herrn zu dienen, du kannst einen Krieg dennoch nicht allein austragen. Brauchst du Geld, kannst du es dir leihen, aber gute Gefolgsleute scharst du nicht aus dem Stand um dich. Um diejenigen, über die du verfügst, musst du dich gut kümmern. Willst du gute Männer dazugewinnen, solltest du nicht nur dir zu essen geben, sondern deinen Reis mit ihnen teilen. Sie werden dir freudig folgen.

[1] Eine Sammlung von Militärgedichten, hier wird aus dem ersten Vers zitiert. Als Verfasser gilt Minamoto-no-Yoshitsune.

Es war eine allgemein anerkannte Tatsache, dass niemand, der über mein Gehalt verfügte, Gefolgsleute besaß, die es mit dem Kaliber meiner Männer aufnehmen konnten. Man war eifersüchtig auf die Untergebenen, die ich befehligte. Von den Dienern, die ich heranzog, dienten viele später dem Fürsten oder erhielten den Rang eines Teakiyari.«[1] Als Jin'uemon zum Kumi-gashira [= Hauptmann] befördert wurde und seine eigene Einheit erhielt, wies sein Herrscher ihn an: »Such dir alle Männer für deine Einheit aus, Jin'uemon.« Zusätzlicher Reiz wurde bereitgestellt, um ihre Gehälter bezahlen zu können. Für die Kumi wählte Jin'uemon ausschließlich seine Gefolgsleute. Als Fürst Katsushige beim Mondfest betete, beschloss er, Diener damit zu beauftragen, (heiliges) Salzwasser aus dem Schrein in Terai zu holen. Er sagte: »Schickt Männer von Jin'uemons Einheit. Sie werden das Wasser aus der größten Tiefe ziehen.« Er diente mit äußerster Aufrichtigkeit und erfreute sich an dem Vertrauen, das sein Fürst ihm entgegenbrachte.

132. Jin'uemon sagte: »Außerordentliche Krieger [= Kusemono] sind verlässliche Männer. Verlässliche Männer sind außerordentliche Krieger. Das weiß ich aus umfassender eigener Erfahrung. Bei verlässlichen Männern kann man gewiss sein, dass sie sich fernhalten, wenn die Dinge gut laufen, dass sie aber unweigerlich an deine Seite eilen werden, wenn du sie benötigst. Ein Mann mit dieser Haltung ist ganz bestimmt ein Kusemono.«[2]

[1] Eine Position zwischen den Kriegern unteren [= Kachi] und mittleren [= Hirashi] Rangs.

[2] Siehe Buch 1-60.

133. Der Sohn eines Manns sollte [nach einer Phase als Ronin] wieder in den Dienst seines Herrn treten. Bevor der Samurai zur Befragung durch den Fürsten ging, riet sein Vater ihm: »Wenn du dich vor ihm verneigst, denke bei dir: ›Wie privilegiert ich doch bin. Ich war aus seinem Blick verschwunden, ist es also göttlicher Segen, wieder in seinen Dienst zu treten? Es gibt nichts Schicksalhafteres als diese Möglichkeit. Da mir diese Möglichkeit gegeben wurde, werde ich mich mit ganzem Körper und mit meinem Leben in den Dienst stürzen.‹ Deine Einstellung wird ihn beeindrucken und du wirst ihm gut dienen können.« Der Vater fügte hinzu: »Wenn du vor den Fürsten gerufen wirst, unterlasse es, dir Dinge im Palast anzusehen, sei entschlossen, nicht zu sprechen, beweg dich nicht fort von dem Platz, auf den man dich setzen heißt, und selbst wenn man dich anspricht, antworte besser in einem Wort als in zehn. Auf diese Weise wird man dich für einen Mann von unerschütterlichem Charakter halten. Solltest du dich umsehen und ohne Unterbrechung plaudern, werden deine inneren Gedanken zutage treten und du wirst wirken wie ein Narr. Das macht einen unbeirrbaren Geist aus. Je vertrauter du mit der Umgebung wirst, desto mehr solltest du dies beachten.«

134. Verfügt ein Mann über wenig Weisheit, wird er die Zeiten kritisieren. Damit beschwört er Unheil herauf, denn er gräbt sich selbst eine Grube. Ein Mann, der vorsichtig mit seinen Worten umgeht, wird in Zeiten des Wohlergehens nützlich sein und er wird es in schlechten Zeiten vermeiden, das Gesetz zu brechen.

135. Schriftliche Schwüre gegenüber den Gottheiten [= Jinmon] verfügen über geheimnisvolle Kräfte.[1]

136. »Sollte ich meinem Herrn meine Meinung darlegen, würde ihn das bloß widerspenstig machen und mehr Schaden anrichten, also ist es besser, sich nicht einzumischen. Selbst wenn es unvernünftig ist, lässt man die Angelegenheit besser unberührt.« Wer solche Dinge sagt, sucht nur nach einer Entschuldigung. Dein Herrscher wird deinen Einwurf möglicherweise zur Kenntnis nehmen, wenn du ihn auf die Gefahr hin, dein Leben zu verlieren, vorträgst. Zorn verspürt der Fürst, weil Meinungen nur halbherzig vorgetragen werden. Und so viele Möchtegern-Bittsteller ahnen seinen Zorn, brechen mitten im Satz ab und ziehen sich zurück. Einmal legte Sagara Kyuma eine starke Meinung dar, die seinen Herrscher aufbrachte, also wurde er angewiesen, Seppuku zu begehen. Ikuno Oribe[2] und Yamasaki Kurando setzten ihn vom Befehl des Fürsten in Kenntnis, woraufhin Kyuma erklärte: »Seppuku ist meine Absicht. Doch es gibt noch eine Sache, die ich sagen muss: Die Angelegenheit wird nicht aus der Welt sein, selbst nach meinem Tod nicht. Ihr beide seid gute Freunde, deshalb flehe ich euch an, diese Botschaft für mich zu überbringen.« Beide informierten den Fürsten von Kyumas Worten. Ich habe gehört, dass dies den Herrscher nur noch mehr aufbrachte, aber überraschenderweise befahl er, Kyumas bevorstehenden Seppuku auszusetzen. Er erkannte an, was Kyuma gesagt hatte, und begnadigte ihn.

Als Nakano Kazuma dem Ältestenrat [= Toshiyori] des Clans

[1] Siehe Buch 1-98.

[2] Ein oberster Gefolgsmann [= Karo].

angehörte, wurden Hamuro Seizaemon[1], Osumi Godayu, Ezoe Jinbei, Ishii Genzaemon und Ishii Hachirozaemon als Bestrafung für ihren Ungehorsam angewiesen, Seppuku zu begehen.[2] Kazuma ging zu Fürst Tsunashige und flehte: »Bitte begnadige diese Männer.« Fürst Tsunashige war aufgebracht und erwiderte: »Dass sie angewiesen wurden, Seppuku zu begehen, ist das Ergebnis einer Untersuchung. Welchen Grund hast du, eine derartige Bitte vorzutragen?« Kazuma erwiderte: »Es gibt keinen Grund, Hoheit.« Als Fürst Tsunashige ihn dafür schalt, so unverschämt zu sein, »grundlos« eine derartige Bitte vorzutragen, zog sich Kazuma zurück. Dann trat er erneut vor und sagte: »Mein Fürst, ich beschwöre euch, diese Männer zu begnadigen.« Er wurde erneut zurechtgewiesen, woraufhin er sich zurückzog und dann noch einmal vor den Herrscher trat. Sieben Mal trug Kazuma seine Bitte vor. Fürst Tsunashige sagte: »Ohne vernünftigen Grund bestehst du darauf, mir sieben Mal dieses Gesuch vorzutragen. Aufgrund deiner Hartnäckigkeit habe ich das Gefühl, deinem Antrag stattgeben zu müssen.« Daraufhin änderte er seine Meinung und das Leben der Männer wurde verschont. Ich war Zeuge vieler derartiger Vorfälle.

137. Um deine Kameraden zu übertrumpfen, fragst du sie am besten nach ihrer Meinung zu deinen eigenen Ideen. Die meisten Männer verlassen sich zum Erledigen ihrer Angelegenheiten ausschließlich auf ihre eigene Meinung. Das verhindert, dass sie auf eine höhere Ebene aufsteigen. Der beste Weg, voranzukommen,

[1] Hamuro Seizaemon hatte einen hohen Rang inne, er war Chakuza und stand somit nur eine Stufe unter dem Karo.

[2] Siehe Buch 1-168.

besteht darin, sich mit Fachleuten zu beraten. Eine bestimmte Person kam zu mir und bat mich um Rat, was das Verfassen eines offiziellen Dokuments anbelangte. Diese Person ist besser als ich darin, derartige Dokumente zu erstellen, aber sie unterstrich ihre Überlegenheit, indem sie sich bereit zeigte, Hilfe einzuholen.

138. Ein Training, das irgendwann abgeschlossen ist, ergibt keinen Sinn.[1] In dem Augenblick, wo du der Meinung bist, fertig zu sein, bist du bereits vom Pfad abgewichen. Führe dir vor Augen, dass nichts, was du tust, perfekt ist. Erst wenn du den letzten Atemzug getan hast und tot bist, wirst du als jemand gelten, der den Weg vollendet hat. Es ist schwierig, zu Lebzeiten Reinheit ohne Exzess zu erreichen und sich unbeirrbar auf eine einzige Sache zu konzentrieren. Ist die Reinheit deines Trainings verwässert, darf man nicht vom rechten Weg sprechen. Strebe danach, als einziges Ziel den Weg des Dienens und das Samuraitums zu verfolgen.

139. Zwei Wege zu verfolgen, führt in den Ruin. Der Krieger muss sich einzig im Bushido üben, dem Weg des Samurai, und nach nichts anderem streben. Das Schriftzeichen für alle Wege ist identisch - 道. Dennoch lässt sich der Weg des Kriegers nicht meistern, während man gleichzeitig in die Lehren des Shinto[2] und Buddhas eintaucht. Hast du dies erkannt, wird das [ausschließlich aus Referenzgründen erfolgende] Erlernen anderer Wege dein Streben im Bushido verbessern.

[1] Das hier wiederholt verwendete Wort für Training ist Shugyo (修行).

[2] In einigen Varianten ist statt von Shinto (神道, Weg der Kami, der Gottheiten) die Rede von Judo (儒道, dem Weg des Konfuzius)

140. Man sagt: »Beim Erstellen eines Gedichts ist die Methode sehr wichtig, durch die Verse durch passende Wortenden miteinander verknüpft werden.« Genauso gilt, dass jedes einzelne Wort von Herzen kommen sollte.

141. Jedes Wort, das ein Samurai von sich gibt, ist von großer Konsequenz. Ein einziges Wort enthüllt seinen Mut. In Friedenszeiten sind es die Worte eines Mannes, die seinen Heldenmut ausdrücken. In unruhigen Zeiten vermitteln Worte entweder Stärke oder Feigheit. Das Wort eines Samurais ist eine Blume seines Herzens. Das Gewicht der Worte lässt sich in Worten nicht ausdrücken.

142. Ein Samurai sollte nichts sagen oder tun, das auch nur im geringsten Maße mutlos ist. Vergiss das niemals! Selbst etwas vermeintlich völlig Bedeutungsloses kann aufdecken, wie es um die Tiefe deines Herzens bestellt ist.

143. Nichts ist unmöglich. Mit zielstrebiger Entschlossenheit [= Ichinen] fügen sich Himmel und Erde deinem Willen. Es gibt nichts, was sich nicht erreichen lässt. Es ist die Kraftlosigkeit eines Mannes, die ihn daran hindert, zu einer Entscheidung zu gelangen. »Mühelos Himmel und Erde zu bewegen«[1] lässt sich durch schiere und von absoluter Zielstrebigkeit begleitete Entschlossenheit erreichen.[2]

[1] Ein Zitat aus einem Gedicht im *Kokin-wakashu* (»Sammlung alter und moderner Gedichte«), einer Anthologie aus dem Jahr 905.

[2] Siehe Buch 1-58.

144. Mein Vater Jin'uemon sagte stets: »Du wirst dir schon nicht den Rücken brechen, wenn du dich zu tief verbeugst. Die Höflichkeitsformel, mit der du ein Schreiben abschließt, sollte nicht abgekürzt werden.«[1] Heutzutage verbeugen sich die Menschen nicht tief genug, was sie nachlässig erscheinen lässt. Auch ihre Haltung ist schlecht. Es ist am besten, stets Respekt zu zeigen. Musst du bei einer Versammlung längere Zeit sitzen, verbeuge dich höflich zu Beginn und dann noch einmal zum Abschluss. Dazwischen verhalte dich, wie es der Anlass erfordert. Passt du deine Höflichkeit an die der anderen Anwesenden an, wird sie häufig unterdurchschnittlich sein. Heutzutage sind die Menschen unhöflich und unruhig.

145. Ein weiterer Grundsatz, den Jin'uemon ständig wiederholte, lautete: »Selbst wenn ein Samurai nichts gegessen hat, sollte er einen Zahnstocher verwenden [als habe er bereits zu Abend gespiesen]. Innen das Fell eines Hundes, außen das Fell eines Tigers.« In seiner äußeren Erscheinung sollte ein Samurai Geschmack zeigen, aber nach innen sollte er genügsam sein. Die meisten Krieger machen es falsch herum.[2]

146. Werden Krieger als sehr versiert in den Künsten gepriesen, kommen sie unvorsichtig daher. Sich in einer Kunst einen Namen zu machen, setzt voraus, dass man sich sehr stark mit dieser Aktivität befasst und sämtliche anderen Dinge zurückstellt. Ein derartiger Samurai verfügt im Dienst über keinerlei Wert.[3]

[1] Siehe Buch 11-42.

[2] Siehe Buch 1-60.

[3] Siehe Buch 1-70.

147. Ein Weiser oder ein kluger Fürst wird stets auf Tadel seiner Gefolgsleute eingehen. In solchen Fällen unternimmt ein Gefolgsmann allergrößte Anstrengungen, den Herrscher in einer Spanne von Themen zu beraten und dabei nicht an Wertschätzung zu verlieren. Das trägt zur Stabilität des Clans bei. Ein wertvoller Samurai ist ein Samurai, der mit Gleichrangigen leutselig umgeht und der zu unterschiedlichen Themen den Rat anderer Männer einholt. Denkt ein Krieger über seine Fehler nach und verfolgt er seine lebenslange Ausbildung mit aller Kraft, wird er für den Clan von hohem Wert sein.

148. Lege in alles, was du bis zum Alter von 40 Jahren unternimmst, deine ganze Energie. Bei einem Samurai, der auf die 50 zugeht, ist es vorzuziehen, dass er besonnener auftritt.

149. Wenn du dich mit jemandem unterhältst, achte darauf, dich voll und ganz auf denjenigen einzulassen. Deine Äußerungen mögen noch so inspirierend sein, sie werden ihre Wirkung verfehlen, wenn die andere Person dir nicht folgt.

150. Stell dich gut mit den Bediensteten aus dem engen Umfeld des Fürsten. Tust du es nur zu deiner eigenen Befriedigung, ist es unterwürfig, aber wenn es dir darum geht zu dienen, eröffnet es dir einen Kanal, über den du deinem Herrn nützliche Ratschläge zukommen lassen kannst. Mangelt es dem Diener an loyalem Bewusstsein, sind die Aussichten trübe. Unternimm alles, was du unternimmst, in bester Absicht für den Fürsten.[1]

[1] Siehe Buch 1-124.

151. Äußert jemand seine Meinung, höre aufmerksam und bereitwillig zu, selbst wenn die Äußerung scheinbar bedeutungslos ist. Ansonsten werden die Menschen aufhören, dir zu erzählen, was sie gehört oder beobachtet haben. Mach dich bei deinen Kameraden beliebt, damit sie ohne zu zögern ihre Einschätzungen mit dir teilen. Dies wird deiner Sache hilfreich sein.

152. Ermahnst du deinen Fürsten, ist es von großer Bedeutung, auf welche Weise du das tust und wie es um den Zeitpunkt bestellt ist. Geht es dir einzig darum, bei ihm Zerknirschtheit hervorzurufen, wird er deine Kritik höchstwahrscheinlich komplett ignorieren und sie richtet möglicherweise mehr Schaden an, als dass sie Nutzen bringt.

Sage ihm: »Es ist akzeptabel, sich der Belustigung hinzugeben, wenn die Gefolgsleute gute Dienste leisten und die Bürgerlichen in Frieden leben können. Alle werden willens sein, ihren Pflichten gründlich nachzukommen, und das Reich wird friedlich regiert. Ich hoffe, meine Bitte erscheint dir nicht allzu lästig.« Der Fürst sollte mit Milde auf deine Petition reagieren.

Werden Ermahnungen und Meinungen nicht sorgfältig in einem Geist der Übereinstimmung kommuniziert, werden sie nichts bewirken. An unsensibel vorgetragenen Protesten wird der Herrscher Anstoß nehmen und selbst einfache Probleme werden sich auf diese Weise nicht aus der Welt schaffen lassen.

153. Heutzutage gibt es viele Menschen, die gerne moralische Lehren verbreiten, aber nur wenige Menschen, die bereit sind, zuzuhören. Und es sind derer noch weniger, die sich tatsächlich an die Vorgaben halten. Niemand wagt es, einem Mann von über 30 moralische Vorhaltungen zu machen. Ohne Rat tut er schlichtweg das, was ihm behagt, betreibt seine närrischen Mätzchen und verschwendet sein Leben in einer Abwärtsspirale der Ruchlosigkeit. Suche die Gesellschaft weiser Männer und lasse sie dich Moralität lehren.

154. Legt ein Samurai keinen großen Wert auf seinen Ruf, ist er häufig ein Abweichler, arrogant und zu nichts zu gebrauchen. Er ist weniger wert als ein Samurai, dem es nach Ruhm gelüstet, insofern ist er völlig unbrauchbar.

155. Ein bekannter Spruch besagt: »Großes Talent benötigt zum Reifen Zeit.« [= Daiki-bansei] Um ein Unterfangen von Bedeutung abzuschließen, bedarf es 20 oder 30 Jahre Zeit. Dasselbe gilt beim Dienen: Ist ein Mann voller Hast damit beschäftigt, etwas Verdienstvolles zu leisten, wird er von Angelegenheiten sprechen, die ihn nichts angehen. Man mag ihn als vielversprechenden jungen Mann bezeichnen, doch er wird hochnäsig und unhöflich werden und in einer Art auftreten, als habe er bereits Großes erreicht. Während er sich in einen frivolen Kuppler verwandelt, werden andere hinter seinem Rücken voller Verachtung auf ihn zeigen. Ein Mann muss hart üben und sich die Unterstützung seiner Vorgesetzten erarbeiten, ansonsten wird seine Existenz überflüssig sein.

156. Du solltest stets ein gutes Verständnis davon besitzen, von welcher Bedeutung deine Position ist. Unabhängig davon, welche Pflichten man dir aufträgt, stelle dir jeden Tag vor, es sei dein letzter Arbeitstag. Erledigst du deine Pflichten mit zielstrebiger Hingabe, wirst du niemals versagen. Stelle dir vor, dass du direkt unter dem wachsamen Auge des Herrschers arbeitest. Es heißt:

»Mache durch deinen offiziellen Rang deine größten Bestrebungen wahr.« Zunächst jedoch sichere dir diese Position.

157. Erbt jemand einen Posten [= Fudai] und lehnt dieses Amt ab, weil es ihm nicht gefällt, oder zieht er sich aus irgendeinem anderen Grund aus dem Dienst zurück, so ist das eine Beleidigung gegenüber seinem Herrscher. Es kommt Verrat gleich. Hegen Samurai anderer Provinzen einen Groll, treten sie zurück und legen dies als Frage des Stolzes aus. Amtierenden Fudai-Samurai[1] [des Nabeshima-Clans] obliegt es, jedwede Aufgabe zu erfüllen, die ihnen ihr Fürst aufgetragen hat, gleichgültig ob ihnen die Aufgabe gefällt oder nicht. Passt dir an einem Auftrag etwas nicht, mache dich für eine Veränderung stark [anstatt den Dienst zu quittieren].

158. Im *Kusunoki Masashige Hyogo-ki* heißt es: »Selbst wenn Kapitulation als Trick eingesetzt wird oder für den Herrscher von Vorteil ist, handelt es sich für einen Samurai um eine unverzeihliche Handlung.« Ein getreuer Gefolgsmann muss diese Haltung verinnerlichen.

159. Ein Gefolgsmann sollte es lieben, seinem Herrn zu dienen. Wer vor einer wichtigen Aufgabe zurückscheut und sich wegen der Gefahren abwendet, ist ein ängstlicher Feigling. Ereilt dich bei deinem Auftrag der Tod, obwohl du dein Bestes gegeben hast, dann wird dies als ehrenvoller Tod gepriesen werden.

[1] Fudai bezeichnet einen Samurai, der in eine Familie hineingeboren wurde, die dem Clan bereits seit Generationen dient.

160. Ein Samurai, der sich diejenigen Pflichten herauspickt, die ihm gefallen, oder der die Stimmung seines Fürsten oder Hauptmann so nutzt, dass sie förderlich für seine eigenen Interessen ist, wird nach einem einzigen Fehler die Rechnung für sein Verhalten bezahlen, auch wenn seine Pläne zehn Mal zuvor aufgegangen waren. Der Grund dafür ist der, dass es ihm an unerschütterlicher Loyalität mangelt und er einzig von selbstsüchtigen und bösen Wünschen getrieben ist.

161. Sei ausreichend darauf vorbereitet, dass deine Rolle im Bushido es erfordern könnte, bei einem Mitglied deiner Familie oder deiner Einheit als Kaishaku zu fungieren, oder dass du einen Gesetzlosen zu verhaften hast. Man wird deine herausragende Haltung und Entschlossenheit wahrnehmen. Was militärische Angelegenheiten angeht, so übe mit aller dir zur Verfügung stehenden Kraft, damit niemals andere an dir vorbeiziehen. Denke im Stillen: »Mein Heldenmut ist unübertroffen.«

162. Ein alter Kämpfer sagte: »Wenn du in der Schlacht uneingeschränkt entschlossen bist, dich nicht von anderen übertreffen zu lassen, und es dein Ziel ist, die feindlichen Linien zu attackieren, dann wirst du nicht zurückfallen, dein Geist wird unerschrocken sein und du wirst Furchtlosigkeit an den Tag legen. Und solltest du im Getümmel des Kampfes fallen, achte darauf, dass dein Leichnam in Richtung Feind stürzt.«

163. Handeln Menschen in Einklang mit dem göttlichen Gebot [= Tendo] und überlassen ihm das Resultat, wird Gelassenheit vorherrschen. Sind eure Herzen nicht eins, könnt ihr nicht getreu dienen, seien eure bisherigen Leistungen noch so beeindruckend. Wer sich nicht gut mit seinen Kameraden stellt, Treffen vermeidet und gereizte Äußerungen von sich gibt, legt Zeichen einer engstirnigen Torheit an den Tag. Vergiss nicht, was geschehen könnte, sollte eine Katastrophe über dich hereinbrechen. Tritt also anderen, wann immer ihr euch seht, uneingeschränkt höflich gegenüber, magst du die Person auch für noch so lästig erachten. In dieser Welt ist nichts von Dauer und niemand kann mit Gewissheit sagen, was als Nächstes geschehen wird. Es wäre eine Schande zu sterben, während Menschen dir gegenüber böses Blut verspüren.

Doch wie sehr man dir auch einbläut, dich mit anderen zu vertragen, so geziemt es sich doch nicht, zu lügen und zu leicht durchschaubaren Schmeicheleien zu greifen, hinter denen einzig Eigeninteresse steht. Für freundschaftliche Beziehungen ist es wichtig, die Kameraden an die erste Stelle zu stellen und jedwede Feindseligkeiten zu vermeiden. Handele stets freundlich und bescheiden, während du das Wohl aller im Blick behältst. Alle Treffen werden sein, als würdest du jemanden zum ersten Mal kennenlernen, und es wird leichtfallen, das harmonische Verhältnis aufrecht zu erhalten. Das gilt ganz genauso für Ehepaare. Bleibst du genauso umsichtig, wie du es warst, als ihr euch kennengelernt habt, wird es für dich keinen Grund für einen Streit geben.

164. Versuche, die Dinge von einer höheren Warte aus als die anderen zu betrachten. Betrachtet man die Dinge von derselben Ebene aus, werden Meinungsverschiedenheiten ausbrechen und es wird keinerlei Klarheit herrschen. Einem Mann strich man einst das Gehalt und die Menschen tuschelten deswegen hinter seinem Rücken. Er wies sie zurecht, indem er erklärte: »Es war keine große Sache, die dazu führte, also bin ich aufgebracht, weil ich so sehr vom Unglück verfolgt bin.« Und weiter sprach er: »Hinter der Geselligkeit meines Herrn steckt eine falsche Freundlichkeit mit der Absicht, die Menschen zu manipulieren, deshalb bin ich auch nicht sonderlich dankbar für seine Gunst.« Man sagte ihm: »Wenn das so ist, bist du als Gefolgsmann nicht geeignet. Männer, die vom Grund ihres Herzens auf von dem Wunsch erfüllt sind, ihrem Herrn zu dienen, sind selbst dann zufrieden, wenn sie von ihm hintergangen werden.«

165. Ein gewisser Priester ist sehr fähig und kann mit unterschiedlichen Problemen großartig umgehen.[1] Es gibt keine Mönche in Japan, die ihm das Wasser reichen könnten. Das liegt nicht daran, dass er so brillant ist. Es gibt schlichtweg keine Mönche, die die Grundlagen eines Themas dermaßen gut durchdringen können wie er.

166. Es gibt leider keine löblichen Männer. Nur wenige schenken den nützlichen Geschichten, die von den großen Männern früherer Zeiten weitergegeben werden, Aufmerksamkeit, noch weniger unterziehen sich einem strengen Üben, das sie besser macht. Ich habe kürzlich hier und dort mit mehreren Personen gesprochen. Sie halten mit ihrer Meinung hinter den Berg, weil sie fürchten, zur Zielscheibe des Spotts zu werden, würden sie sagen, was ihnen tatsächlich durch den Kopf geht.

[1] Siehe Buch 1-34.

167. Es scheint, als würde die wahre Neigung der Älteren dann zutage treten, wenn sie senil werden. Solange sie noch über Vitalität verfügen, können sie ihr Verhalten im Zaum halten, doch schwindet ihre Energie, tritt ihr wahres Wesen zutage und sie erniedrigen sich selbst. Das zeigt sich auf vielerlei Art und Weise. Niemand, der jenseits der 60 Jahre ist, ist frei von Senilität. Zu glauben, man sei nicht senil, ist ein guter Hinweis darauf, dass man es tatsächlich ist.

Ittei wurde im hohen Alter recht streitsüchtig. Er reiste hierhin und dorthin, fest entschlossen, den Clan ganz allein auf seinen Schultern zu tragen. In diesem altersschwachen Zustand suchte er bekannte Familien auf und versuchte, sie für seine Sache zu gewinnen. Viele täuschten aus Gründen der Höflichkeit Interesse an Itteis Wutreden vor, aber rückblickend war es eindeutig, dass er den Verstand verlor. Er lieferte mir eine hilfreiche Lektion. Da ich mich abgenutzt fühlte, beschloss ich, den Tempel nach dem 13. Jahrestag des Hinscheidens von Fürst Mitsushige nicht mehr aufzusuchen. Ich sehe davon ab, überhaupt noch auszugehen. Man muss ein klares Bild davon haben, was vor einem liegt.

168. Selbst wenn eine Idee großartig erscheint, entstehen dadurch – wie bei allem Neuen – unerwartete Verpflichtungen. Vor ihrer Abreise nach Edo erörterten einmal einige Diener und hohe Berater den Vorschlag, einige der rangniedrigen Krieger der Teakiyari-Reserve mitzunehmen, die von den Leibwächtern [= Umamawari] beschäftigt wurden. Für die Darstellung zum Gedenken an die Ernennung des neuen Shoguns[1] würde man

[1] 1681 wurde Tsunayoshi der fünfte Tokugawa-Shogun.

mehr Männer mit Erfahrungen im No[1] benötigen. Außerdem würde der Fürst auf diese Weise Gelegenheit erhalten, die Männer besser kennenzulernen. Und so wurde es beschlossen. Einige wenige erfahrene Gefolgsleute sprachen sich jedoch vehement gegen die Idee aus und sagten voraus, dass schlimme Dinge geschehen würden. Schon bald kam es zum Streit. Fünf Kammerdiener [= O-heyatsuki] wurden ihres Postens enthoben, darunter Hamuro[2] und Osumi. Zwanzig Inspektoren [= Kiwameyaku][3] wurden ernannt und beauftragt, die Teakiyari zu begleiten und dem Fürsten täglich Bericht zu erstatten. Dermaßen viele entsetzliche Dinge trugen sich zu, dass sie mit dem Berichten kaum hinterherkamen.

169. Hast du einen guten Überblick über die Lage, sind die »Zweige und Blätter« [= die Einzelheiten] von geringer Bedeutung und kleinere Schwierigkeiten werden nicht so stark ins Gewicht fallen. Dennoch solltest du Zweige und Blätter keinesfalls ganz aus den Augen lassen, denn schon ein kleines Detail kann zu dauerhafter Frustration führen.

170. Der Priester im Tempel Ryutaiji sagte: »In der Region Kamigata erklärte ein Wahrsager einst, für einen Mann sei es vergebens, vor dem Alter von 40 Jahren Erfolg anzustreben und sei er auch ein Priester. Er wird vermutlich im Anschluss Fehler begehen. Konfuzius war nicht der einzige Mann, der mit 40

[1] Anm. d. Übers.: No ist ein traditionelles japanisches Tanztheater, bei dem ausschließlich Männer auftreten.

[2] Siehe Buch 1-136.

[3] Siehe Buch 1-109.

von den ›Fesseln der Verwirrung‹ befreit wurde. Im Alter von 40 Jahren haben weise Männer genauso wie närrische Männer ausreichend Lebenserfahrung aufgehäuft, um sich nicht länger verwirren zu lassen. Haben sie die 40 Jahre erreicht, kennen alle Männer ihre Grenzen und können abschätzen, wie realistisch ihre Ziele sind.«

171. Im Krieg ist es eine größere Heldenleistung, für seinen Fürsten im Kampf zu fallen, als einem Gegner den Kopf abzuschlagen. Versinnbildlicht wurde dies durch die Taten des Sato Tsugunobu.[1]

172. In jungen Jahren führte ich Tagebuch und nannte es »Ein Verzeichnis der Reue«.[2] In dem Tagebuch hielt ich alle Fehler des Tages fest. Kein Tag verging, an dem mir nicht 20 oder 30 Entgleisungen unterliefen. Meine unaufhörlichen Patzer führten dazu, dass ich mit dem Niederschreiben nicht mehr hinterherkam, also hörte ich irgendwann auf. Wenn ich heutzutage, bevor ich mich zur Ruhe lege, über den Tag nachdenke, so ist darunter nicht einer, an dem mir nicht in Worten oder Taten Versehen unterliefen. Tatsächlich scheint ein perfekter Tag ein Ding der Unmöglichkeit zu sein. Männer, die sich im Vertrauen auf ihre Talente durch das Leben schlängeln, werden dies nicht begreifen.

[1] Sato Tsugunobu war ein Gefolgsmann von Minamoto-no-Yoshitsune. Angeblich opferte er sich bei der Schlacht von Yashima 1185, indem er als menschlicher Schutzschild fungierte und die Pfeile abfing, die für seinen Fürsten gedacht waren.

[2] Zannen-ki.

173. Shikibu sagte: »Lies ein Buch aus deinem Inneren heraus. Liest du es nur mit deinem Mund, wird deine Stimme brechen.«[1]

174. Während Zeiten des Glücks sind Betrügereien und Hochmut gefährlich. Man muss seine Anstrengungen, sich ein Gefühl von Bescheidenheit zu bewahren, verdoppeln. Wer schwelgt, wenn die Zeiten gut sind, wird verkümmern, wenden sich die Umstände gegen ihn.

175. Ein altes Sprichwort besagt: »Suchst du nach einem treuen Gefolgsmann, schaue in das Haus eines getreuen Sohns.« Er verkörpert die Tugend der gläubigen Hingabe. Viele zeigen erst dann Reue, nachdem ihre Eltern nicht mehr sind. Krieger strengen sich an, ihrem Herrn gut zu dienen, aber nur wenige erfüllen ihre Pflicht gegenüber ihren Eltern.

Fälle wahrer Loyalität und Frömmigkeit gegenüber den Eltern gibt es auch unter einem unvernünftigen Meister oder irrationalen Eltern. Selbst ein Fremder wird ihnen gegenüber respektvoll auftreten, sind sie nachsichtig. Man sagt: »Im Raureif zeigt sich das Grün des Nadelbaums.« Mönch Gensei suchte heimlich im Morgengrauen einen Fischhändler auf und versteckte den Fisch unter seinem Gewand, während er zu seiner Mutter eilte.[2] Er war ein wunderbar ergebener Sohn.

[1] Es ist nicht klar, von wem hier die Rede ist, aber möglicherweise handelt es sich um Nakano Shikibu. Siehe Buch 1-180.

[2] Gensei (1623–1668) war ein Mönch aus Kyoto. Er gehörte der Nichiren-Sekte an und war als Künstler sehr berühmt. Die Kindespflicht, um die es in dieser Anekdote geht, lässt sich an den Umständen ermessen, die er auf sich nimmt, um seiner Mutter Leckerbissen zu beschaffen – und dass, obwohl es den Idealen der streng vegetarisch lebenden Sekte zuwiderlief und Gensei selber weder Fisch noch Fleisch zu sich nehmen durfte.

176. Ittei sagte: »Praktizierst du Kalligrafie, mach Papier, Pinsel und Tinte eins.« Dabei neigen sie dazu, separat zu sein.

177. Seine Hoheit [= Mitsushige] nahm eine Schriftrolle aus einer Hülle. Als er den Deckel anhob, breitete sich der Geruch getrockneter Nelken aus.

178. »Toleranz« ist ein anderes Wort für »großes Mitgefühl«. In einem heiligen Vers heißt es: »Mit dem Auge des Mitgefühls betrachtet lässt sich niemand verachten. Ein Sünder verdient umso mehr Mitleid.« Der Breite und Tiefe des Mitgefühls sind keinerlei Grenzen gesetzt, sie ist allgegenwärtig. Dass die Menschen bis zum heutigen Tage die Weisen der drei uralten Königreiche[1] verehren, liegt an der enormen Größe und dem Ausmaß ihres Mitgefühls. Wir müssen unser Bestes zum Wohle unserer Eltern, Nachbarn und Nachkömmlinge versuchen. Das ist »großes Mitgefühl«.

Basieren Weisheit und Mut auf Mitgefühl, handelt es sich um wahre Tugenden.

Bestrafung ist ein Akt des Mitgefühls, ebenso das Dienen. Ein mitfühlender Geist wird anderen auf rechtschaffene und grenzenlose Weise zur Seite stehen. Alles, was aus persönlichem Profitdenken heraus unternommen wird, ist trivial und kleingeistig und wird Böswilligkeit nach sich ziehen.

Ich bin seit Langem gewahr, was Heldenmut und Weisheit darstellen, doch die Bedeutung von Mitgefühl hat sich mir erst vor kurzem erschlossen. Es war Fürst Tokugawa Ieyasu, der sagte: »Liebe ich meine Gefolgsmänner und das Volk wie meine Kin-

[1] Japan, China und Indien.

der, werden sie wiederum mich als ihren Vater lieben. Ein friedliches Reich basiert ausschließlich auf Mitgefühl.«

Ähnlich gilt, dass Kumi-gashira [= Hauptmänner einer Einheit] auch Yorioya [= Eltern] genannt werden und die Mitglieder ihrer Einheit Kumiko [= Kinder]. Das Band, das sie miteinander verbindet, beruht auf demselben Mitgefühl, das Eltern und Kind vereint.

Fürst Naoshige lehrte: »Ein Mann, der danach strebt, andere reuig zu machen, wird im selben Maß erhalten, wie er austeilt.«[1] Dieser Grundsatz unterstreicht die Bedeutung des Mitgefühls. Weiter sagte er: »Es gibt Vernunft, die über die Logik hinausgeht.« Auch dies entspricht dem Mitgefühl. Voller Leidenschaft verkündete er, wir alle sollten den grenzenlosen Tiefsinn genießen, den diese Worte darstellen.

179. Der Priester Tannen sagte: »Ist ein Gefolgsmann zu clever, wird er es niemals zu etwas bringen. Aber genauso gilt, dass dumme Leute keine Chance auf Erfolg haben.«

180. Shikibu hatte eine Meinung [was Shudo beziehungsweise gleichgeschlechtliche Beziehungen anging]:[2] »Eine Shudo-Bezie-

[1] Hier handelt es sich um eine der Maximen aus dem *Naoshige O-kabegaki*, einer Sammlung von Lehren Nabeshima Naoshiges. Siehe Buch 1-46.

[2] Männliche Homosexualität hat in Japan eine lange und gut dokumentierte Geschichte, wurde jedoch zum Tabu, als nach der Meiji-Restauration 1868 westliche Moralvorstellungen im Land Einzug hielten. In buddhistischen Kreisen wie auch am Hofe war Homosexualität bereits in der Heian-Ära weit verbreitet. Auch während der Kamakura-Ära (1185–1333) und der Muromachi-Zeit (1333–1568) war sie bei den Kriegern akzeptiert. In der Tokugawa-Zeit spielte Shudo (»Der Weg der Jungen«) in der Kultur der militärischen und religiösen Eliten eine wichtige Rolle. Shudo in

hung in der Jugend führt wahrscheinlich zu einem Leben voller Schande. Es ist Sorgfalt erforderlich. Niemand klärt die jungen Männer bezüglich der Gefahren des Shudos auf. Ich werde dir das erforderliche Grundwissen erläutern. ›Eine Frau dient nicht zwei Ehemännern.‹ Sei zu deinem Lebzeiten nur einem einzigen Mann treu. Anderenfalls bist du genauso wie eine männliche Prostituierte und gleichst einer Hure. Für einen Samurai ist das ein abscheuliches Verhalten.«

In Ihara Saikakus bekannten Werken[1] heißt es: »Ein junger Mann, der vor seiner Mannbarkeitszeremonie [= Genpuku] ohne einen älteren männlichen Liebhaber ist, ist wie eine Frau ohne Ehemann.« Einige Männer werden versuchen, dich zu etwas zu zwingen. Willst du dir die liebevollen Absichten eines älteren Mannes sichern, solltest du zunächst fünf Jahre lang die Verbindung prüfen und sehen, ob es ihm wirklich ernst ist. Erst dann solltest du in eine Shudo-Beziehung einwilligen.

Ein Mann im Griff der Lüsternheit ist unfähig, sich zu binden, und wird dich voraussichtlich verlassen. Das Band ist ein Band der völligen Hingabe und des gegenseitigen Opfers, deshalb ist es von allergrößter Bedeutung, den Charakter des anderen zu kennen. Scheint irgendetwas nicht zu passen, bleibe standhaft und

der Form, wie es hier im *Hagakure* erklärt wird, kommt der Päderastie (nicht der Pädophilie) gleich, es handelt sich also um eine außerfamiliäre Beziehung zwischen einem Mann und einem geschlechtsreifen Jungen. Shudo galt damals als Form von reiner Liebe, in der Ideale von Loyalität und Hingabe geübt wurden. Herrscher betrieben häufig Päderastie mit jungen Pagen oder angehenden Gefolgsmännern, aber sämtliche Kriegerränge praktizierten Shudo.

1 *Koshoku Ishidai Otoko* (*Das Leben eines verliebten Manns*, 1682) und *Nanshoku Okagami* (*Der große Spiegel der männlichen Liebe*, 1687) von Ihara Saikaku (1642–1693).

sage ihm, es gebe Komplikationen und es sei deshalb unumgänglich, dass du zögerst, dich sofort einzulassen. Beschwert sich der Mann und fragt, was du mit »Komplikationen« meinst, sage ihm, solange du lebst, könntest du dies nicht aussprechen. Beharrt er weiter, werde wütend. Lässt er dann noch immer nicht ab, erschlage ihn mit deinem Schwert. Der ältere Mann in der Beziehung muss sich der Hingabe seines jüngeren Geliebten sicher sein, bevor er voranschreitet. Hat er sich für fünf Jahre der Beziehung hingegeben, werden seine liebevollen Sehnsüchte nicht unbeantwortet bleiben. Sei unter keinen Umständen doppelzüngig. Nur dann kann ein Samurai als Anhänger des Bushido bezeichnet werden.

181. Hoshino Ryotetsu ist Sagas Experte für Shudo. Er hat viele Anhänger um sich geschart, aber sein Wissen streute er dennoch individuell. Edayoshi Saburozaemon erlernte die Grundtheorie des Shudo. Als Edayoshi mit seinem Fürst nach Edo aufbrach, fragte Ryotetsu ihn als jüngeren Mann nach seiner Sicht des Shudo. Edayoshi erwiderte: »Der ältere Partner sollte geliebt werden und nicht geliebt werden.« Ryotetsu war angetan: »Ja! Es hat so lange gedauert, dieses Verständnis in dir zu wecken.«

Einige Jahre später fragte jemand Edayoshi, was er mit dieser Äußerung hatte sagen wollen. Er erklärte: »Zentraler Punkt des Shudo ist es, sich darauf vorzubereiten, zum Wohle deines Geliebten dein Leben zu verwirken. Ansonsten läufst du Gefahr, erniedrigt zu werden. Andererseits bedeutet dies, dass du nicht imstande wärst, dein Leben im Dienste deines Herrn zu opfern. Durch diesen Widerspruch wurde mir deutlich, dass du beim Shudo deinen Partner lieben solltest, ihn aber zur selben Zeit auch nicht lieben solltest.«

182. Meister Nakashima Sanza diente Fürst Ryuzoji Masaie als Page. Er starb auf einem Boot und sein Grab findet man im Kamoin-Tempel in Takao im Reich Saga. Er ist der Vorfahr von Nakashima Jingozaemon. Ein gewisser Mann war verliebt in Sanza, beklagte sich jedoch darüber, dass das Gefühl nicht auf Gegenseitigkeit beruhe, also schrieb er ein Gedicht: »Nach der siebten Stunde [= vier Uhr nachmittags] hungert man nach dem jungen Meister wie nach dem Abendmahl.« Es heißt, Sanza habe es sogar in der Anwesenheit seines Fürsten zu Gehör gebracht. Sanza wird als der schönste Knabe beschrieben, der je gelebt hat. Selbst Fürst Katsushige sei ganz vernarrt in ihn gewesen, heißt es. Als Fürst Katsushige einmal in der Burg war, ging Sanza an ihm vorbei und sein Bein berührte dabei das Knie Katsushiges. Sanza drehte sofort um, legte seine Hand auf das Knie des Fürsten und entschuldigte sich vielmals.

Eines Abends erschien Sanza im Haus des Hyakutake Jirobei in Tsujinodo und erklärte, er müsse ihn sprechen. Erstaunt lief Jirobei aus dem Haus, um ihn zu sehen. Jirobei sagte: »Ich habe Angst, mit dir gesehen zu werden. Du bist der geliebte Diener Seiner Hoheit. Du musst sofort gehen.« Sanza erklärte: »Ich war gezwungen, drei Männer mit meinem Schwert zu erschlagen. Ich habe daran gedacht, sofort Seppuku zu begehen, aber ich zögere, für meine Sünden zu büßen, ohne zunächst mein Handeln zu erläutern. Ich weiß, wir stehen uns nicht nahe, aber ich halte dich für zuverlässig und bitte dich um deine Gesellschaft, bis die Zeit gekommen ist.«

Als er diese Bitte hörte, entschied sich Jirobei: »Ich bin hoch erfreut, dass du mich für einen vertrauenswürdigen Samurai hältst. Du kannst dich auf mich verlassen. Brechen wir ohne weitere Umstände auf, denn wir haben keinerlei Zeit zu verschwenden.« Er begleitete Sanza in der Kleidung, die er gerade trug. Er führte Sanza an der Hand, gelegentlich trug er ihn auch auf dem Rücken. Zunächst eilte er in Richtung Chikuzen, dann nach Todoki. Bei Anbruch des Morgens erreichten sie die Berge, wo sie sich auch verbargen. Sanza sagte: »Ich muss gestehen: Was ich zu dir gesagt habe, war eine Lüge. Ich habe deinen Charakter auf die Probe gestellt.« Mit diesem Geständnis schlossen sie den Pakt von Liebenden.

Zwei Jahre lang hatte Jirobei zuvor jeden Tag auf der Brücke gewartet, während Sanza in der Burg ein und aus ging.

183. Ittei sagte: »Sollte ich in einem Wort beschreiben, was es heißt, als Samurai ›gut‹ zu sein, dann ist es, Leidensfähigkeit. Leiden nicht auszuhalten, ist eine Sünde.«

184. Ein Mann von Format sollte sich beim Reden kurz halten. Als Nabeshima Ichium bei einer Arbeit Meister Nichimon[1] aufsuchte, gab dieser nur einen Satz von sich: »Bestell Tango-no-Kami [= Nabeshima Mitsushige] Grüße.«

185. Ein Mann von weniger als 40 Jahren sollte seinen Pflichten nicht so sehr mit Weisheit und Diskretion nachgehen als vielmehr mit Beharrlichkeit. Abhängig von seinem Stand kann ein Mann von unter 40, dem es an starkem Geist bricht, durchaus unbeobachtet bleiben.

[1] Es ist nicht klar, wer Nichimon war. Möglicherweise handelte es sich um einen buddhistischen Priester.

186. Hauptmänner einer Einheit sollten gegenüber ihren Männern Güte an den Tag legen. Nakano Kazuma hielt einen wichtigen Posten und hatte wenig Zeit für Höflichkeitsbesuche bei seinen Untergebenen. Doch wenn einer von ihnen erkrankte oder in Schwierigkeiten jedweder Art geriet, suchte er sie stets auf, war er auf dem Heimweg von der Burg. Aus diesem Grund hielten seine Männer ihn in Ehren.

187. Ein gewisser Mann, der nach Edo reiste, sandte aus seinen Unterkünften ausführliche Schreiben. Die meisten Menschen übersehen, wenn sie sehr beschäftigt sind, derartige Angelegenheiten, insofern übertrifft er sie, was seine Aufmerksamkeit anbelangt.

188. Wie ein alter Gefolgsmann sagte: »Ein Samurai sollte starrsinnig im Übermaß sein. Alles, was du gemäßigt tust, wird deine Ziele nicht erreichen. Hast du das Gefühl, du würdest mehr als erforderlich tun, dann ist es gerade recht.«

189. Hast du entschieden, einen Mann zu erschlagen, zögere nicht damit. Vermeide es, die Tat unter dem vorgeschobenen Argument, ein überstürztes Vorgehen werde vermutlich in einem Fehlschlag enden, aufzuschieben und auf andere Optionen zu warten. Du wirst die Gelegenheit verpassen und deine Mission nicht erfüllen. Beschreitest du den Weg des Kriegers, sei bereit, dich, ohne einen weiteren Gedanken zu verschwenden, kopfüber ins Getümmel zu stürzen.

Ein Mann ging in Kawakami zu einer Sutra-Lesung im Jissoin-Tempel. Während der Fahrt im Boot betrank sich sein Page und begann einen Streit mit dem Fährmann. Als der Page das

Ufer hinaufkletterte und sein Schwert zog, schlug ihm der Fährmann mit einem Ruder auf den Kopf und weitere Fährmänner sammelten sich mit Rudern in der Hand. Sein Meister unterdessen ging vorbei, als sei nichts geschehen. Ein anderer Page lief daraufhin zu den Schiffern und entschuldigte sich für das Verhalten seines Kameraden. Er drängte ihn weg vom Schauplatz und versuchte, ihn zu beruhigen. Am selben Abend habe man dem betrunkenen Pagen das Schwert weggenommen, heißt es.[1]

Zunächst einmal lag der Meister verkehrt, weil er den Pagen nicht schalt und weil er nicht versuchte, die Schiffer zu beruhigen. Zwar war das kampflustige Verhalten des betrunkenen Pagen der Auslöser für den ganzen Vorfall gewesen, aber eine Entschuldigung war unnötig, da der Fährmann, ein Bürgerlicher, einen Samurai auf den Kopf geschlagen hatte.[2] Der Meister hätte sich an den Fährmann wenden sollen, als sei er bereit, Wiedergutmachung zu leisten. Dann hätte er den Fährmann erschlagen sollen und seinen Pagen gleich dazu. Der Meister handelte hier auf bedauerliche Weise fahrlässig.

190. Das Maß an Entschlossenheit alter Krieger ist unergründlich. Man verkündete: »Männer im Alter von 13 und 60 Jahren müssen an die Front.« Aus diesem Grund verbargen ältere Männer ihr wahres Alter [damit auch sie in den Krieg ziehen konnten].

[1] Anders formuliert: Der Page verlor seinen Status und wurde aus dem Dienst entlassen.

[2] Es galt als extrem schwere Beleidigung, einem Samurai auf den Kopf zu schlagen.

191. Eine gewisse Person schrieb in ihrer Biografie: »Wer im engsten Umfeld des Herrn dient, muss auf sein Verhalten achten, denn die Menschen neigen dazu, den Charakter eines Herrn am Verhalten seiner Berater zu messen. Außerdem sollten Warnungen an den Herrn ohne Verzögerung ausgesprochen werden. Schiebst du es auf, weil er schlechter Laune zu sein scheint, könnte er nur aufgrund deines Zögerns ungewollt einen Fehler begehen.«

»Außerdem ist es schändlich, schlecht über einen Straftäter zu sprechen. Wenn du einen Sinn hinter seinem Handeln erkennst und ihn schrittweise in ein rechtes Licht rückst, wird sein Wiedereintritt umso rascher vonstattengehen. Lässt du einen Mann unbeachtet, der vom Schicksal gesegnet ist, wird das keine Probleme heraufbeschwören. Bei einem Freund jedoch, der schwere Zeiten durchlebt, solltest du alles in deinen Kräften Stehende unternehmen, damit er wieder auf die Beine kommt. So schreibt es der Moralkodex [= Giri] der Samurai vor.«

192. Seit er ein offizielles Amt angetreten hat, weigert sich ein gewisser Mann nicht nur, Geschenke anzunehmen, ihn treibt auch die Sorge um, dass seine Bediensteten Geschenke heimlich verbergen könnten. Deshalb holt er sich von den Absendern gelegentlich eine schriftliche Bestätigung ein, dass die Geschenke tatsächlich zurückgegeben wurden. Er weist alle Menschen ab, die sich bei ihm einschmeicheln wollen und die um seine Vermittlung oder spezielle Vergünstigungen bitten. Das hat ihm den Ruf eingebracht, der aufrechteste Verwalter in Saga zu sein, und er leuchtet in seiner Pflichterfüllung wie die Strahlen der Sonne. Tatsächlich ist er meiner Meinung nach ziemlich infantil. Natürlich ist es so besser, als wäre er gierig, aber was ihn antreibt, ist nicht von reiner Absicht inspiriert. Er handelt ausschließlich so, um seinen Ruf aufzupolieren. Nur wenige Menschen sind heutzutage noch derart prinzipientreu, was ihn zum Gesprächsthema in der ganzen Stadt hat werden lassen. Mit ein wenig Anstrengung ist es einfach, berühmt zu werden, aber nicht, um alle Anwandlungen von Geiz abzustreifen und unauffällig zu bleiben.

193. Wann immer deine Ehre als Samurai auf dem Spiel steht, solltest du dich dafür entscheiden, ohne zögern und kühn vorzugehen, ansonsten wirst du das Problem nicht beseitigen. Berätst du dich mit anderen, sind sie möglicherweise oberflächlich oder antworten dir nicht ganz offen. Es reicht, wenn du dich auf dein eigenes gutes Urteilsvermögen verlässt. In jedem Fall solltest du dich dem Wahnsinn überlassen und dich voll und ganz für die Aufgabe aufopfern. Mehr wird nicht verlangt. Wenn du versuchst, mit geschicktem Manövrieren Probleme zu lösen, werden sich Zweifel festsetzen und deinen Verstand lähmen. Du wirst kläglich scheitern. Häufig ist es auch so, dass deine Partner zwar deine besten Interessen verfolgen möchten, aber deinen Erfolg unbeabsichtigt verhindern. So war es bei mir, als ich darum bat, mich zum Mönch weihen lassen zu dürfen.[1]

194. Als ich im Frühjahr des neuen Jahrs[2] meinen Adoptivsohn Gon'nojo besuchen ging, sagte er mir: »Ich befinde mich seit Ende letzten Jahres im Sabbatjahr und da ich bis zum achten Monat Freizeit habe, plane ich, Schriftzeichen aus den Sutras

[1] Siehe Buch 1-9.

[2] Möglicherweise handelt es sich um das Jahr 1715. Im selben Jahr erlag Gon'nojo im Herbst 38-jährig einer Krankheit. Er starb in Edo.

auf Steine zu malen.«[1] Ich ließ ihn wissen, was ich davon hielt: »Nein, jetzt ist der Augenblick, an dem du am wenigsten freie Zeit hast. Es kann für dich nicht lohnenswert sein, im neunten Monat zu deinen Pflichten zurückzukehren. Was ist befriedigender, als wenn du früher als erwartet zu deinen Pflichten zurückgerufen wirst? Aus diesem Grund solltest du nun geschäftiger denn je sein. Deine Ziele werden sich erfüllen, wenn du entschlossen bist, während deiner freien Zeit zum Dienst einbestellt zu werden, und wenn du dir ohne Unterlass die Finger wund arbeitest.«

Ich spreche aus eigener Erfahrung. Als ich 12 war, erlaubte man mir, meine Stirnlocken wachsen zu lassen, um [als Zeichen meiner Reife] meine Haare in einem Knoten tragen zu können. Ich zog mich daraufhin in meine Räume zurück und nahm nicht am Leben teil, bevor ich 14 war. Als ich 14 wurde, erwachte in mir der Wunsch zu dienen, als ich die Rückkehr von Fürst Mitsushige und Tsunashige aus Edo beobachtete.[2] Ich betete am Schrein von Kosenomiya darum, dass ich ab dem ersten Tag des fünften Monats in jenem Jahr meinen Dienst würde antreten können. Am allerletzten Tag des vierten Monats geschah etwas Wundersames:

[1] Derartige Steine wurden im Boden vergraben, wo sie Glück bringen und die Geister der Urahnen besänftigen sollten.

[2] Das Tokugawa-Shogunat führte ein Sankin-Kotai genanntes System ein, wonach Daimyo-Fürsten, Familienmitglieder und ein Gefolge von Dienstboten im jährlichen Wechsel in Edo zu leben und dem Shogun aufzuwarten hatten. Das System war dazu gedacht, die Kontrolle über die mehr als 260 Provinzherrscher zu bewahren, die es über ganz Japan verstreut gab. Sie mussten ihre Zeit zu gleichen Teilen zwischen der Hauptstadt und ihrem Reich aufteilen, es handelte sich praktisch um eine Art »Geiselhaft«. Jocho bezieht sich hier auf die Rückkehr seines Herrschers von den Verpflichtungen, die ihm im Rahmen des Sankin-Kotai auferlegt waren.

Ich erhielt die Anweisung, am ersten Tag des darauffolgenden Monats meinen Dienst anzutreten.

Später wurde es mein stärkster Wunsch, dem jungen Prinzen zu dienen, und ich wartete aufmerksam Tag und Nacht auf die rechte Gelegenheit, meine Bitte vortragen zu dürfen. Eines Abends verkündete man: »Meister Tsunashige ist hier und wünscht, alle Pagen in seinen Gemächern zu sehen.«[1] Ich ging unmittelbar hin und der junge Prinz erklärte wiederholt: »Du bist so rasch gekommen, sonst keiner. Vielen Dank, dass du gekommen bist.« Bis zum heutigen Tag kann ich mein Gefühl der Dankbarkeit ob seiner freundlichen Worte nicht vergessen. Wünscht man sich etwas stark genug, wird es auch eintreten. Zu unserer großen Verblüffung und Freude geschah es, dass Gon'nojo vor dem geplanten Termin zurück in den Dienst gerufen wurde.

Von jungen Jahren an war ich nicht mehr als ein ganz gewöhnlicher Diener und es gab Zeiten, da neidete ich meinen Kameraden ihre Erfolge. Dennoch gelangte ich zu dem Glauben, dass niemand den Herrn mehr verehrte als ich. Diese eine Sache gab mir Trost und ich konnte meinen geringen Rang und meine durchschnittlichen Fähigkeiten vergessen und mich ganz darauf konzentrieren, ihm zu dienen. Wie ich es vorausgesehen hatte, war ich, nachdem Fürst Mitsushige gestorben war, der Einzige, der die Ehre seines guten Namen bewahrte.[2]

1 Nabeshima Tsunashige. Jocho war zu diesem Zeitpunkt 20 Jahre alt.

2 Jocho bezieht sich darauf, dass er sich von der irdischen Welt verabschiedete, sich zum Mönch weihen ließ und Laienpriester wurde. Eigentlich hatte er sich selbst verbrennen wollen, doch dagegen war ein Gesetz erlassen worden.

195. »Es ist schlecht, wenn ein Gefolgsmann zu scharfsichtig ist«, lautet eine berühmte Äußerung Yamasaki Kurandos.[1] Es ist nicht wünschenswert, dass sich jemand damit befasst, ob jemand loyal oder illoyal ist, ob er gerecht oder ungerecht ist, als Gefolgsmann geeignet oder ungeeignet ist und ob er Angelegenheiten vom Standpunkt des Rechts und Unrechts, des Guten und des Bösen aus betrachtet. Es reicht vollkommen aus, wenn du dich einfach am Dienst erfreust und deinen Herrn über alles stellst. So wird man zu einem erstklassigen Gefolgsmann.

Dienst du mit zu viel Leidenschaft oder verehrst du deinen Herrn exzessiv, kann das Fehler nach sich ziehen, aber es wird dich das Ziel, das du im Herzen trägst, erfolgreich erreichen lassen. Es heißt, in jeglichem Zusammenhang sei Exzessives schädlich, aber das gilt ganz gewiss nicht für das Dienen. In diesem Fall gilt: Ist ein Fehler auf ein zu stark ausgeprägtes Pflichtbewusstsein zurückzuführen, so ist dies unbedingt ehrenvoll.

Es ist schade, dass sich Männer, die sich ausschließlich von der Vernunft führen lassen, oftmals in Kleinigkeiten verlieren und letztlich ihr Leben verschwenden. Die Lebenszeit ist unter dem Strich nur ein Augenblick, der an einem vorbeihuscht. Am besten wirft man sich voller Inbrunst hinein. Es hilft nicht, sich von diesem und jedem ablenken zu lassen.[2] Für einen Gefolgsmann ist es unumgänglich, dass er überflüssige Bedenken ablegt und einfach voller Hingabe seinem Herrn dient. Es ist unverzeihlich, eitle Haarspaltereien in Fragen der Loyalität [= Chu] und Moralität [= Gi] zu betreiben.

1 Einem Clanältesten [= Toshiyori]. Siehe Buch 2-61.

2 Siehe Buch 1-139.

196. Fürst Naoshige erklärte: »Ob ein Vorfahr gute oder schlechte Dinge getan hat, wird davon bestimmt, wie sich seine Nachfahren benehmen.«[1] Nachkommen sollten sich so aufführen, dass die guten Taten und nicht die schlechten Taten eines Vorfahren in den Vordergrund treten. Auf diese Weise ehrt man seine Vorväter.

197. Es ist sehr oberflächlich, dass über Bewerber für eine Adoption [durch Eheschließung] aufgrund des Vermögens entschieden wird und nicht aufgrund des Familien-Stammbaums. Wer sich mit der Behauptung rechtfertigt »Zugegeben, es mag unangemessen sein, aber es lässt sich nicht ändern, da man irgendwie zurechtkommen muss«, der versündigt sich. Derartige Entschuldigungen zeigen, dass man seine Skrupel abgelegt hat.

198. Ein gewisser Samurai sagte: »Was für eine Schande, dass dieser und jener in so jungen Jahren gestorben ist.« Daraufhin erwiderte ich: »Es ist in der Tat eine Schande [denn er war ein hochgeschätzter Mann].« Er klagte: »Das Ende der Welt steht bevor und die angemessene Wertschätzung gesellschaftlicher Rechtschaffenheit [= Giri] ist auf der Strecke geblieben.« Ich tröstete ihn, indem ich sagte: »Wenn es nicht noch schlimmer kommen kann, wenden die Dinge sich zum Besseren. Fraglos werden sich die Zustände mit der Zeit bessern.« Es ist wichtig, auf diese Weise deinem Gegenüber in deinen Erwiderungen einen Schritt voraus zu sein.

[1] Diese Aussage findet sich in Naoshiges *Naoshige-ko O-kabegaki.*

Zur Zeit von Nakano Shogens Seppuku[1] sammelten sich Mitglieder der Einheit in der Residenz von Fürst Oki Zen-Hyobu[2] und sprachen schlecht über Shogen. Hyobu, der Hauptmann der Einheit, schalt seine Männer: »Niemand sollte schlecht über die Toten reden, umso weniger, wenn der Mann für eine Straftat zum Tode verurteilt wurde. Wir sind Krieger wie er, also sind wir verpflichtet, nach mitfühlenden Dingen zu suchen, die wir über ihn sagen können. In 20 Jahren wird Shogen möglicherweise als jemand gefeiert, der große Loyalität an den Tag gelegt hat.« Das waren angemessene Worte eines altgedienten Veteranen.

199. Furukawa Rokurozaemon[3] sagte: »Es gibt keinen Fürsten, der sich nicht vollkommene Untergebene wünscht. Selbst Krieger von bescheidenem Ansehen, wie ich es einer bin, sehnen sich nach guten Dienern, für Männer von Status muss das umso mehr gelten. Ein Samurai, der danach strebt, von Nutzen zu sein, wird also rasch Anstellung bei einem Fürsten finden, da ihre Ziele kompatibel sind. Wünscht sich ein Mann etwas über einen langen Zeitraum hinweg, wird er sich darauf stürzen, bietet man ihm die Erfüllung seines Wunsches auf einem silbernen Tablett. Ich habe miterlebt, wie Männer ihr Leben verschwendeten, weil sie die vor ihnen liegenden Möglichkeiten nicht erkannten und

[1] Siehe Buch 1-16.

[2] Oki Hyobu Norikiyo (1568–1651) war im Nabeshima-Reich ein hoher Berater [= Toshiyori] und wurde für seine Taten während der Shimabara-Rebellion berühmt (siehe Buch 1-97). Die Vorsilbe »Zen-« (»ehemaliger«) spricht dafür, dass sein Sohn seine Stellung und seinen Namen geerbt hatte.

[3] Ein Inspektor [= O-metsuke] im Nabeshima-Clan.

sich dann später im Leben über verpasste Möglichkeiten beklagten. Junge Männer sollten stets die Augen offenhalten.«

Diese Aussage löste einen Nachhall bei mir aus und ich erinnere mich gut an sie. Grundsätzlich besagt sie: »Lass die Einzelheiten außer Acht und strebe einfach danach, deinem Herrn uneingeschränkt zu dienen.« Samurai mangelt es nicht notwendigerweise an diesem Geist, doch wenn sie angesichts unterschiedlicher Hürden ins Straucheln geraten, werden sie am Ende ihres Lebens wenig Zählbares vorweisen können.

Einige zurückhaltende Männer setzen sich selbst herab und denken: »Ich kann meinem Herrn doch gewiss auf keine Weise von Nutzen sein.« Dabei sind grobschlächtige Männer, die vom starken Wunsch zu dienen beseelt sind, letztlich von deutlich mehr Wert. Andersherum gilt, dass es sich beim Dienen als Hindernis erweisen kann, über Verständnis und Talent zu verfügen.

Rangniedrige Samurai vom Land neigen dazu, die Vogte [= Karo] und Ältesten [= Toshiyori] sehr hoch zu schätzen. Respektvoll halten sie Abstand in dem Glauben, es handele sich um herausragende Männer, die über mysteriöse Kräfte verfügen, welche das Verständnis ganz gewöhnlicher Menschen übersteigen. Haben sie sich jedoch mit ihnen angefreundet, stellen sie fest, dass es sich um ganz gewöhnliche Menschen handelt, die sich einzig durch das Ausmaß an Hingabe gegenüber ihren Pflichten und ihrem Herrn unterscheiden.

Um ein guter Diener zu sein, bedarf es keiner speziellen Weisheit. Selbst einfache Menschen wie wir können danach streben, »dem Fürsten, dem Clan und den im Reich lebenden Bauern von Wert zu sein«. Die Herausforderung besteht darin, gründlich darüber nachzudenken, was es bedeutet, wertvolle Dienste zu leisten.

200. Egal was auch geschieht: Werde niemals aufgeblasen, darfst du eine Phase des Glücks genießen. Du wirst in großer Gefahr schweben, legst du nicht doppelt so viel Umsicht wie gewöhnlich an den Tag.

201. Es ist gut, prächtige Rüstungen und Waffen zur Schau zu stellen, aber alles, was gebraucht wird, ist, ausreichend Rüstungen und Waffen zur Hand zu haben. Ein gutes Beispiel ist die [bescheidene] Rüstung Fukahori Inosukes.[1] Um ihre militärische Schlagkraft zu bewahren, müssen Männer von hohem Rang, die über viele Vasallen verfügen, Mittel beiseitelegen. Okabe Kunai[2] bereitete so viele Säcke vor, wie er Männer in seiner Einheit hatte. Er schrieb ihre Namen auf die Säcke und legte in jeden davon einen ausreichenden Betrag als Kriegskasse. Diese Art von Vorbereitung spricht für ein hohes Maß an Umsicht.

Niedere Ränge können sich darauf verlassen, dass der Hauptmann ihrer Einheit ihnen hilft, sollten sie, wenn die Pflicht ruft, nicht über ausreichend Mittel verfügen. Aus diesem Grund ist es unerlässlich, getreu zu seinem Hauptmann zu stehen.

Männer, die dem Fürsten dienen und ständig an seiner Seite sind, müssen sich mit dem Organisieren von Mitteln für den Krieg nicht abmühen. Ein gewisser Krieger begleitete Fürst Taku Zusho zur Sommerbelagerung der Burg von Osaka[3] und führte

[1] Ein ranghoher Berater [= Toshiyori] Nabeshima Shigemasas.

[2] Ein bekannter Hauptmann und Ältester.

[3] Beim Winter-Feldzug von 1614 versuchten die Streitkräfte Tokugawa Ieyasus zum ersten Mal, Toyotomi Hideyoshis Sohn Hideyori zu eliminieren. Die Burg Osaka wurde am 3. Juni 1615 während des Sommer-Feldzugs erobert. Damit war die letzte ernsthafte Hürde auf dem Weg zur Herrschaft Tokugawas aus dem Weg geräumt.

dabei 12 Monme verarbeitetes Silber mit.[1] Du brauchst nichts weiter zu tun, als dich sofort auf den Weg zu deinem Zielort zu machen. Ich halte derartige [großzügige] Unterstützung nicht für notwendig.

202. Studiert man Ereignisse, die sich in der Vergangenheit zugetragen haben, tauchen häufig abweichende Theorien auf und einige Tatsachen lassen sich nicht mehr klären. Bestimmte Einzelheiten sollte man insofern schlichtweg als unerklärlich hinnehmen. Fürst Sanjo-nishi Sanenori[2] sagte einst: »Es gibt Dinge, die man erst mit der Zeit versteht. Dann gibt es Dinge, die man mit einiger Mühe versteht. Und dann gibt es Dinge, die man niemals im Geringsten verstehen wird. Das ist in der Tat seltsam.« Seine Beobachtung ist sehr tiefschürfend. Anzunehmen, dass der menschliche Geist alles in unserer geheimnisvollen Welt erfassen und begreifen kann, ist töricht. Dinge allerdings, die sich vergleichsweise einfach erfassen lassen, sind ausnahmslos oberflächlich.

1 Ein Monme = 3,75 Gramm. Der Rückschluss hier: Es handelte sich um eine beträchtliche Summe.

2 Siehe Buch 1-33.

Buch 2

1. Ich fragte: »Was ist für einen Mann, der im Dienst steht, nicht erlaubt?« Daraufhin erwiderte man mir: »Zu viel trinken, Prahlen und Extravaganzen. In Zeiten des Unglücks gibt es wenig Grund zur Sorge, doch sei achtsam, wenn du auf einer Welle des Wohlstands reitest. Schau dich um. Wenn sie ihren Erfolg genießen, werden die Menschen arrogant und hochnäsig. Das ist ausgesprochen unziemlich. Einem Mann, der keine Not erlitten hat, wird es im Kern an Widerstandsfähigkeit mangeln. Am besten ist es, wenn man sich bereits in jungen Jahren mit Widrigkeiten auseinandersetzen muss. Ein Mann, der sich in Zeiten der Belastung als weich und schwächlich erweist, ist von geringem Nutzen.«

2. Ich fragte: »Was besagen die Lehren der Schule Kakuzoryu?« Daraufhin erwiderte man mir: »[Nabeshima] Kiun[1] hatte einen Sandalenträger namens Kakuzo, einen Mann von beträchtlicher Gewandtheit. Er war ein fähiger Schüler des Schwertkampfs und Kiun lehrte ihn Grifftechniken [= Torite]. Nachdem er die Technik gemeistert hatte, nannte er seine Kunst den ›Kakuzo-Stil‹ und unterwies andere darin. Das Kata dieser Schule wird noch heute praktiziert. Der als Kumiuchi oder Yawara[2] bezeichnete Stil ist kein sonderlich berühmter Kampfstil wie der vom Shogunat autorisierte. Mein Stil gehört auch keiner be-

[1] Ein Gefolgsmann Nabeshima Motoshiges, Sohn von Katsushige, dem ersten Fürsten der Nabeshima-Dynastie.

[2] Eine Bezeichnung für Jiu-Jitsu oder die Kunst des unbewaffneten Kampfes. Torite oder Toride sind andere Namen für waffenlose Kampfkünste.

sonders raffinierten Schule an, aber in seiner Einfachheit ist er ebenso effektiv wie der des Sandalenträgers Kakuzu, insofern nenne ich ihn ›meinen Kakuzo-ryo‹.« Er [Jocho] sagte zudem: »Bei einer Versammlung erklärte ich kürzlich, dass die höchste Form der Hingabe die ›geheime Liebe‹ [= Shinobu-koi] ist.[1] Erklärt man seine Liebe, verwässert dies das Gefühl. Die ursprüngliche Absicht der Liebe besteht darin, sie mit sich ins Grab zu nehmen. Es gibt ein Gedicht, das lautet: ›Siehe, wenn ich tot bin/ die in mir brennende Liebe für dich/aufsteigen im Rauch meines Körpers.‹«[2] Als ich erklärte, dies sei analog zur allerhöchsten Form der Liebe, stimmten mir alle zu und wir nannten uns daraufhin die ›Rauch-Brüder‹.«

3. Zu seinem Lebensabend hin behandelte Fürst Taku Mimasaka[3] seine Männer oftmals gleichgültig und irrational. Auf die Frage, warum sich sein Verhalten so schlagartig geändert habe, erwiderte er: »Ich tue das um meines Sohnes Nagato willen, damit er sein Kissen aufschütteln und bequem ruhen kann, wenn ich nicht mehr bin.« Benimmt sich der Meister also grausam, bevor er in Ruhestand geht, obwohl er zuvor doch ein gutes Herz an den Tag gelegt hatte, hilft das seinem Nachfolger, starke Bande der Loyalität in seinen Männern aufzubauen, denn sie werden begierig darauf warten, dass er das Ruder übernimmt. Ich habe gehört, dass es sich hier um eine geheime Unterredung gehandelt habe.

[1] Siehe Buch 2-34. Dies bezieht sich auf die Liebe zwischen Männern.

[2] Eine Anspielung auf die posthume Einäscherung.

[3] Ein Vogt von Nabeshima Katsushige.

4. Begegnet dir ein anderer Mann, so verschaffe dir rasch einen Eindruck von seinem Charakter und begrüße ihn entsprechend. Hast du es mit einem Mann zu tun, der streitsüchtig ist und keine Kompromisse eingeht, nimmst du am besten eine freundschaftliche Haltung ein, ohne Ärger heraufzubeschwören. Gewinn ihn mit Vernunft für dich und bemühe dich, keine Gefühle der Antipathie zu erzeugen. Es ist alles eine Frage von Einstellung und Wortlaut. Das habe ich von jemandem gehört, der mit einem Mönch sprach.

5. Der Priester Ryoi Osho[1] setzte sich im Daijoji-Tempel in der Provinz Kaga zur Ruhe. Zuvor hatte er in der Einsiedelei Sojuan in Kitayama gelebt. Als in Sojuan Reinigungsdienste durchzuführen waren, kümmerte sich Gyojaku Osho[2] um den oberen Raum in der Meditationshalle. Außerdem brachte Setsumon Osho, der sich mittlerweile im Tempel Ten'yuji zur Ruhe gesetzt hat, Kaion Osho einen Yukata.[3] Er weigerte sich, ihn zu akzeptieren, denn er sei zu tadellos und stehe ihm nicht. Er wolle stattdessen Setsumons alte Kleider tragen. Die obere Halle hatte man neu errichtet, bevor Suigan Osho[4] nach Sojuan zog. Ryoi tünchte die Wände persönlich, damit Suigan einen einzugsbereiten Raum vorfände. Ein derartiges Unterfangen findet Buddhas Wohlgefallen. Die Einsiedelei in Kitayama Kurotsuchibaru, in der Ryoi lebte, nach-

1 Ryoi war der 11. Priester am Kodenji-Tempel und leitete Jocho an, als dieser sein Gelübde als buddhistischer Mönch ablegte. Nach Mitsushiges Tod lebten sie beide in der Einsiedelei Soanji. Ryoi wurde 1709 Abt des Daijoji-Tempels, 1714 zog er zurück in den Sojuan-Tempel.

2 Gyojaku wurde Nachfolger Ryois als Abt des Kodenji-Tempels.

3 Ein nicht gefütterter Sommer-Kimono aus Baumwolle.

4 Der 16. Priester des Kodenji-Tempels.

dem er sich zur Ruhe gesetzt hatte, hieß Choyoken. Nachdem am 19. Tag des vierten Monats im zweiten Jahr von Shotoku [= 1712] eine Nachfolgeregelung vereinbart worden war, wurde er in Sojuan umbenannt.[1]

6. »Träume spiegeln auf prophetische Weise das eigene Wesen wider. Manchmal träume ich davon, erschlagen zu werden oder Seppuku zu begehen. Wenn ich in meinen Träumen erlebe, wie es ist, getötet zu werden, wird mein Herz immer tapferer.« Sein Traum am 27. Tag des fünften Monats [= 1713] zählt dazu.

7. Ein Krieger muss an allererster Stelle mit Leib und Seele seinem Herrn verpflichtet sein, das ist die Essenz des Samuraitums. Darüber hinaus muss er die Tugenden der Weisheit [= Chi], des Mitgefühls [= Jin] und des Muts [= Yu] verinnerlichen. Es mag unmöglich erscheinen, diese drei Tugenden zu verkörpern, doch es ist wirklich einfach. Um an Weisheit zu gewinnen, bedarf es nicht mehr, als anderen zuzuhören. Daraus entspricht unermessliches Wissen. Beim Mitgefühl geht es um das Wohlergehen anderer. Es geht darum zu beschließen, dass man Gutes für andere Menschen tut und sich nicht von selbstsüchtigen Motiven leiten lässt. Mut gewinnt man, indem man »die Zähne zusammenbeißt«. Das soll heißen, dass man buchstäblich die Zähne zusammenbeißt und ohne Rücksicht auf mögliche Folgen voranstürmt. Es gibt keine höhere geistige Haltung als diese.

An äußeren Angelegenheiten bedürfen der Aufmerksamkeit: Das eigene Erscheinungsbild, die Art und Weise zu reden und die Handschrift. Dabei handelt es sich um Routinedinge, die sich

[1] Siehe Buch 2-55 und 2-87.

durch tägliches Üben verbessern lassen. Vor allem solltest du versuchen, ein Gefühl der ruhigen inneren Stärke zu erzeugen. Sind diese Dinge erst einmal erreicht, studiere die Überlieferungen des Nabeshima-Reichs. Anschließend findest du möglicherweise Gefallen daran, als Ablenkung und Zeitvertreib die Künste zu erlernen. Alles in allem ist loyaler Dienst eine ziemlich unkomplizierte Angelegenheit. Bei den Männern, die man heutzutage als außergewöhnliche Gefolgsleute erachtet, handelt es sich um Männer, die auf diese drei externen Aspekte achten.

8. Ein bestimmter Mönch sagte: »Versuchst du, einen Fluss zu überqueren, ohne vorher zu überprüfen, wie tief der Fluss ist, wirst du davongespült und ertrinken, bevor du das gegenüberliegende Ufer erreicht hast. Das bedeutet, deinen Auftrag wirst du nicht erfüllen können. Ebenso ineffektiv wirst du sein, wenn du wahllos dienst, ohne dir bewusst zu machen, dass sich die Zeiten ändern oder die Vorlieben deines Herrschers. Das könnte deinen Untergang bedeuten. Nur aus dem Grund zu handeln, dass man sich bei seinem Herrn einschmeicheln will, ist verabscheuenswert. Am besten gehst du vor, indem du einen Schritt zurücktrittst, die Tiefen und Untiefen unterschiedlicher Angelegenheiten auslotest und vermeidest, bei deinem Herrn Gefühle der Entrüstung heraufzubeschwören.«

9. Der inzwischen verstorbene Jin'uemon war sehr gut darin, Strohsandalen herzustellen. Als er Hauptmann einer Einheit war, fragte er stets: »Kannst du Strohsandalen herstellen? Wenn nicht, ist das so, als würdest du keine Füße haben.« War er weiter als einen Ri [= 3,93 Kilometer] mit seinen Männern unterwegs, gab er ihnen in einem Sack Essen mit, damit sie, egal wo sie sich gerade aufhielten, direkt in den Kampf ziehen konnten. Verfügt jeder Mann zu Beginn über einen Sho [= 1,8 Liter] Proviant, wird der Rest später besorgt werden können. Deshalb hatte er einen Vorrat an hellgelben Baumwollsäcken anlegen lassen.

Als Toyotomi Hideyoshi [während des Korea-Feldzugs] nach Hizen-Nagoya kam, zog er die nördliche Takagi-Jodo-Straße mit seinen Langschwertern und Kurzschwertern in zinnoberroten Scheiden entlang und trug dabei Strohsandalen mit halber Sohle [= Ashinaka].[1] Als Tokugawa Ieyasu Toyotomi Hideyoshi seine Kavallerie präsentierte, brachte Naruse Shokichi[2] einige scharlachrote Sandalen an Ieyasus Schwertscheide an. Bereitest du dich auf eine Schlacht vor, sind Ersatzsandalen zwingend erforderlich. Für die Wachdienste in Nagasaki würden, um alle Ränge bedienen zu können, Zehntausende Strohsandalen benötigt. Die Vorräte an tragefertigen Sandalen wären erschöpft. Deshalb ist es so empfehlenswert zu lernen, wie du sie selbst herstellen kannst. Da Strohsandalen beim Gehen durch Wiesen, auf Bergpfaden oder beim Durchwaten von Flüssen dazu neigen, wegzurutschen, ist es ratsam, auf derartigem Terrain Ashinaka zu tragen.

10. Halte stets ein paar Beutel Nelken bereit, dann wird dich raues Wetter nicht in Mitleidenschaft ziehen und du wirst dich nicht erkälten. Einmal ritt der inzwischen verstorbene Kazuma[3] mitten

[1] Das bezieht sich darauf, dass Toyotomi Hideyoshi 1592 und 1597 in Korea einfiel. In Hizen-Nagoya errichtete er eine Festung. Es handelt sich hier um einen Ort in Saga, nicht um die Stadt Nagoya, die heute in der Präfektur Aichi liegt.

[2] Der Fürst der Festung Inayama im Reich Owari im Nordwesten der heutigen Präfektur Aichi. Er war ein Vasall Tokugawa Ieyasus.

[3] Siehe Buch 1-51.

während eines Kälteeinbruchs zurück ins Reich, aber trotz seines hohen Alters litt seine Gesundheit nicht im mindesten [denn er wusste um die heilende Wirkung von Nelken]. Das hat er mich gelehrt. Stürzt man vom Pferd, lassen sich Blutungen vermeiden, indem man einen Extrakt aus den Äpfeln eines grauen Pferds trinkt.

11. Ein Ja-Sager wird sich zurückziehen, wenn etwas geschieht. Du benötigst Willensstärke.

12. Selbst wenn dein Fürst reserviert und mittelmäßig ist, solltest du ihn mit Lob überschütten und dafür sorgen, dass er seinen Pflichten nachkommen kann, ohne Fehltritte zu begehen. Das wird helfen, sein Selbstvertrauen zu kultivieren. Sollte er ein unnachgiebiger oder intelligenter Anführer sein, ist es ein Zeichen »großer Loyalität«, ihm so weit ein Dorn im Auge zu sein, dass er genügend Respekt für dich aufbringt, dass er, bevor er seine Pläne in die Tat umsetzt, denkt: »Was würde mein nervtötender Gefolgsmann davon halten?« Ohne derartige Gefolgsleute wird der Fürst seinen Männern keine Aufmerksamkeit schenken und dem Glauben erliegen, sein Reich sei voller Kuppler, die ihn umschmeicheln, um Gefallen von ihm zu erhalten. Das wird ihn hochnäsig machen.

Unabhängig von seinem Rang bedeutet es nichts Gutes, wenn ein Mann arrogant wird, hat er in der Vergangenheit auch noch so viele ruhmreiche Taten vollbracht. Niemand wird mehr darauf achten. Männer wie Kyuma[1] und Kichiuemon[2] schenkten diesem

[1] Sagara Kyuma.

[2] Harada Kichiuemon war ein gefeierter Gefolgsmann der ersten drei Fürsten.

Punkt Beachtung und ihr Herr wusste es zu schätzen. Es heißt, Kichiuemon habe seinen Fürsten [= Tsunashige] in verschiedenen Belangen beraten, als er krank war und auch dann noch, nachdem er sich aus dem Dienst verabschiedet hatte. Er war ihm ewig dafür dankbar.

Einige Samurai verfolgen keine derart hohen Ziele. Sie neigen zu der Ansicht, es sei unmöglich, eine Position zu erreichen, die es ihnen erlaubt, Ratschläge zu erteilen. Aus eigener Erfahrung kann ich sagen, dass es durchaus erreichbar ist, nach einem Jahrzehnt knochenzermürbend harter Arbeit von seinem Herrn ins Vertrauen gezogen zu werden. Wer sich nicht Nobukata[1] und Takatomo[2] zum Vorbild erwählt und danach strebt, zum am höchsten geschätzten Diener des gesamten Reichs aufzusteigen, der ist demütig. Ein Gefolgsmann wird jedoch nicht dienen können, hat er sich von seinem Herrscher entfremdet. Dieser Punkt ist wichtig, doch viele begreifen das nicht. Sorge dafür, dass er Stück für Stück Notiz von dir nimmt.

13. Wenn es brennt und du auf deinen Posten eilst, dann geht es nicht nur darum, das Feuer zu löschen. Feinde oder Verschwörer könnten Brandstiftung begehen, um für Verwirrung zu sorgen und Konflikte anzufachen, insofern ist Wachsamkeit gefragt, um derartige Vorfälle zu verhindern. Aus diesem Grund ist es auch nachlässig, sich im Brandfall nicht zu beeilen. Vergiss das nicht!

[1] Itagaki Nobukata (1489–1548) war ein Gefolgsmann des Takeda-Clans und diente sowohl Nobutora als auch Shingen. Er wurde einer von Shingens berühmten »24 Generalen«.

[2] Akimoto Takatomo (1682–1699) war ein »Junior-Ältester« [= Waka-Doshiyori] Tokugawa Tsunayoshis, dem fünften Tokugawa-Shogun.

Aus demselben Grund sind während eines Brands die Tore stets zu bewachen.

Eine gute Vorsichtsmaßnahme für Notfälle ist es zudem, bei buddhistischen Trauerfeiern Wachposten abzustellen. Wie es im Sprichwort heißt: »Es gibt in der Welt mehr Schlechtes als Gutes« [= Sunzen-Shakuma] und das Böse wird sich stets bei einem buddhistischen Gottesdienst manifestieren. Sollte etwas Unerwartetes losbrechen, ein Kampf oder ein Streit, ersticke es ohne zu zögern im Keim, damit es den Gottesdienst nicht stört. Aus diesem Grund sollten Wächter abgestellt werden. Die Menschen wissen das, denken aber am Tag selbst nicht daran und reagieren zu langsam. Fürst Suke'uemon riet dringend dazu, dass wir tatsächliche Vorfälle untersuchen und lernen, wie wir damit umzugehen haben.[1]

14. Wenn du deinen Fürsten schiltst oder ihm Ratschläge gibst, nachdem bereits etwas Bedauerliches geschehen ist, so ist das bedeutungslos und führt vermutlich nur zu schädlichen Gerüchten. Es ist so, als würde man seine Medizin nehmen, nachdem man bereits krank geworden ist. Kümmerst du dich im Vorfeld pfleglich um dich, wirst du keine ernsthaften Erkrankungen erleiden und musst dich nicht behandeln lassen, nachdem du dir eine Krankheit zugezogen hast. Berate deinen Fürsten also, bevor ihm schlechte Einfälle in den Sinn kommen. Das hat dieselbe Wirkung, als würdest du Vorsichtsmaßnahmen gegen eine Krankheit ergreifen.

[1] Tokunaga Suke'uemon war Tashiro Tsuramotos Onkel mütterlicherseits.

15. Personen, die wie vielversprechende Diener wirken, wird man zweifelsohne einen Termin einräumen und sie werden dienen können, wie es ihr Wunsch ist. Das liegt daran, dass Personen in hohen Ämtern Zeit mit der Suche nach treuen Dienern verbringen, die sie einstellen können, um ihren Wünschen gerecht zu werden. Ein Beispiel: Ein Meister mit einer Vorliebe für No wird nach einem Mann Ausschau halten, der über entsprechende Fähigkeiten verfügt, und er wird jemanden einstellen, der versiert im Umgang mit musikalischen Instrumenten wie Flöten oder Trommeln ist, auch wenn es sich um einen Bauern oder einen Bürger aus der Stadt handelt.

Mehr noch als derartige »No-Schauspieler« benötigt ein Fürst, der sein Reich auf bessere Füße stellen will, effektive Gefolgsmänner. Männer mit den Fähigkeiten, die dem Fürsten am Herzen liegen, werden aus den Löchern gekrochen kommen und um Anstellung bitten. Insofern obliegt es dem Fürsten, ein Auge offen für die Männer zu haben, die getreu sind und dem Reich insgesamt dienen können. Die Geschichte lehrt uns, dass Männer, die aus Familien mit hohem Status stammen, sich nicht allesamt als nützlich erweisen. In jeder Generation gibt es fähige Krieger bescheidener Herkunft, die erfolgreich sind und ihren Herren gute Dienste leisten.

16. Ein gewisser Gefolgsmann stellte fest, dass sein Fürst [= Mitsushige] die buddhistischen Totentäfelchen seiner Familie von der Sakyamuni-Halle an einen anderen Ort hatte verlegen lassen. Der Gefolgsmann fragte daraufhin mich: »Soll ich ihn zurechtweisen?« Ich sagte ihm, er solle nichts dergleichen tun. »Es wäre vertretbar, da es niemandem sonst außer dir aufgefallen ist. Aber es gibt keinerlei Notwendigkeit, ihn zu ermahnen. Gelingt es dir, ihn davon zu überzeugen, die Tafeln zurückzuholen, und die Leute erfahren davon, wird dein Ansehen in die Höhe schnellen. Weist er deinen Ratschlag zurück, werden sie über sein unangemessenes Handeln tratschen und dein Ansehen wird weiter steigen. Ein Gefolgsmann sollte stellvertretend für die Fehler seines Herren büßen. Bleibt das Thema unerwähnt, wird es anderen nicht auffallen und nichtsnutzige Zungen werden nicht darüber tuscheln. Es wird sich zu einem späteren Zeitpunkt eine Gelegenheit eröffnen, bei der du ihn drängen kannst, die Tafeln an ihren angestammten Ort zurückzubringen, ohne dabei für Unruhe zu sorgen. Die Nachricht vom Fehltritt des Fürsten wird sich rasch verbreiten. Legst du Geduld an den Tag, wird sich dir der rechte Zeitpunkt für einen Ratschlag eröffnen.«

Häufig erfährt die Welt über Fehler und Missetaten eines Fürsten durch seinen inneren Zirkel. Verunglimpfe deinen Herren niemals öffentlich. Manche halten es irrtümlicherweise für akzeptabel, Übertretungen des Fürsten mit ihrem innersten Kreis von Verwandten zu bereden, mit ihren Eltern, Kindern, Brüdern und engen Freunden. Doch diese schädlichen Informationen werden früher oder später andere Bewohner des Reiches erreichen, angrenzende Provinzen und schließlich das gesamte Land.

Zudem wird der Ruf eines Meisters in der Gemeinde leiden, behandelt er seine Bediensteten und andere Menschen in seinem engsten Umfeld nicht respektvoll. Verhalte dich im Umgang mit deiner unmittelbaren Familie ganz besonders umsichtig.

17. Wichtig ist es nur, im Hier und Jetzt über unerbittliche Entschlossenheit [= Ichinen] zu verfügen. Das Leben ist eine ständige Aneinanderreihung von »ein Wille zur Zeit« in jedem einzelnen Augenblick. Begreift ein Mann diese Wahrheit, muss er sich nicht länger beeilen, andere Dinge zu tun oder danach zu suchen. Lebe einfach mit unerbittlicher Entschlossenheit in der Gegenwart. Die Menschen vergessen diese wichtige Wahrheit und suchen wieder und wieder nach anderen zu erreichenden Dingen.

Die Entschlossenheit, den eingeschlagenen Kurs unbeirrbar fortzusetzen, erlangst du erst nach jahrelangem hingebungsvollen Training. Erreichst du diese geistige Haltung nur ein einziges Mal, wird sie dich stets begleiten, selbst wenn du dir ihrer nicht Tag für Tag bewusst bist. Bist du in deinen Absichten unerschütterlich und weißt, dass »Hier und Jetzt« der Zeitpunkt ist, an dem du handeln musst, wird dein Leben einfach und klar sein. Die Tugend der Loyalität entspringt dieser geistigen Haltung.

18. Aktuelle Entwicklungen lassen sich im Fluss der Zeit nicht aufhalten. Die Welt verfällt, denn wir nähern uns dem Ende der Zeiten. Das Jahr besteht nicht ausschließlich aus den beiden angenehmen Jahreszeiten Frühjahr und Sommer. Dasselbe lässt sich über jeden einzelnen Tag sagen. Insofern ist es nutzlos, sich nach der »guten alten Zeit« von vor 100 Jahren zurückzusehnen. Viel vernünftiger ist es, sich an die Gegenwart anzupassen und sie zum Besseren zu wenden. Blicken Männer nostalgisch auf frühere Zeiten zurück, sind sie bei ihrem Blick auf die Zukunft fehlgeleitet, da sie blind für die Realitäten der Gegenwart sind. Andersherum gilt, dass, wer einzig in der Gegenwart lebt und dabei die Gebräuche und Traditionen früherer Zeiten verabscheut, nicht zu unterscheiden vermag zwischen zentralen Grundsätzen und unbedeutenden Einzelheiten.

19. Verfügt ein Gefolgsmann über die Bereitschaft zu dienen und bereitet er sich in dieser Richtung vor, dann kann es passieren, dass er zu sehr von sich selbst eingenommen wird und die Grundsätze des Dienens vergisst. Ein Gefolgsmann muss einzig begierig seinen Meister betreuen, ohne sich Fragen nach dem Warum zu stellen, und er muss sich am Alltag des Dienens erfreuen.

20. Es ist am besten, zum Ausgangspunkt zurückzukehren und entsprechend zu dienen. Diese Herangehensweise ist jedoch nutzlos, stehst du ganz am Anfang und hast die Grundlagen noch nicht verinnerlicht. Entwickle Pläne und übe für das Dienen. Hast du ein gewisses Maß erreicht, wirf all deine Strategien über Bord und halte dich getreu an die absoluten Grundsätze.[1]

21. Gehst du deinen Pflichten nach, brauchst du nicht mehr als einen reinen Geist zu bewahren und wachsam zu bleiben. Lebe einfach jeden Augenblick mit zielgerichtetem Sinn.

22. Es gibt eine besondere Methode, Lesezeichen herzustellen. Schneide Papierstreifen in der Form eines Schwertes zurecht, trage eine dünne Schicht Klebstoff am Rand auf und befestige sie auf der Rückseite der Seite. Falte beide Kanten von jeder Seite zusammen, wenn du eine Beileidsbekundung oder eine andere mitfühlende Botschaft beilegst. Bei normalen Schreiben wird jede Kante von links umgeknickt.

23. »Seit Urväterzeit waren Männer, die als tapfere Krieger gefeiert wurden, üblicherweise unkeusch. Als Raubeine waren sie temperamentvoll und kühn.« Da ich mir der Bedeutung die-

[1] In den Koyama- und Yamamoto-Versionen des *Hagakure* sind diese beiden Abschnitte (19 und 20) zu einem zusammengefasst.

ser Worte unsicher war, bat ich Jocho um weitere Erläuterung: »Da sie temperamentvoll waren, waren sie gewöhnlich zu allem bereit. Krieger sind nicht mehr so temperamentvoll, wie sie es einst waren, und sie sind auch bei Weitem nicht so unbändig. Es gibt weniger Eifer, aber man muss auch sagen, dass die Männer nun bessere Etikette an den Tag legen. Mut dagegen ist ein anderes Thema. Die heutigen Krieger sind nicht so lebhaft, ja, man könnte sie sogar als sanftmütig beschreiben, aber das soll nicht heißen, dass sie sich in Erfüllung ihrer Pflichten nicht in denselben Todesrausch hineinsteigern können.[1] Diese geistige Haltung hat nichts mit Übermut zu tun.«

24. Ich merkte an: »Beim Dienst für seinen Herrn gilt es, unterschiedliche Dinge zu bedenken, aber ohne Vorbereitung lassen sich die Pflichten nicht gewissenhaft erfüllen.« Daraufhin erwiderte Jocho: »Das ist nicht zutreffend. Gehe deinen Pflichten einfach mit dem Maß an Urteilsvermögen nach, mit dem du von Geburt an ausgestattet bist. Halte dich schlicht an die Regeln, die Fürst Katsushige formulierte.[2] So einfach ist das. Wenn du zum Nutzen anderer Gefolgsleute und der unter dir stehenden Menschen arbeitest, zählt das als wertvoller Dienst. Manche Verwalter entwickeln unüberlegt neue Strategien, die dem Fürsten zugutekommen, verschwenden dabei aber keinerlei Gedanken an die Nöte der unteren Ränge. Das schmeckt nach Illoyalität, denn alle Mitglieder des Clans gehören zum Fürsten. Vom Fürsten wird

[1] Shini-Gurui.

[2] Ein Verweis auf *Torinoko-cho*, eine von Nabeshima Katsushige erstellte Regelsammlung.

nichts weiter verlangt als Mitgefühl für seine Männer. Manchmal kann sogar eine Kreuzigung ein Akt des Mitgefühls sein.«

25. Gon'nojo kam und fragte nach den Vorbereitungen für den Wachdienst in der Garnison Nagasaki. Jocho erwiderte: »Ich habe in unmittelbarer Nähe meines Fürsten gedient, insofern unterscheidet sich meine Situation von deiner. Damals fragten sich alle, was es vor dem Aufbrechen vorzubereiten gelte. Ich nahm nichts mit außer meinem Kissen, da ich wusste, das Einzige, was ich tun musste, war, meinen Herrn zu begleiten. Man würde mich mit Rüstung und Waffen, Geld und Vorräten versorgen. Mir wurde erlaubt, mich im Lager zu bedienen. Wann immer ich etwas benötigte, bat ich Seine Hoheit darum und nie konnten Beamte daran Anstoß nehmen. Das war meine Art der Vorbereitung. Außerdem schrieb ich Anweisungen für die Kulis und die Zugpferde und so weiter nieder, aber mein eigentlicher Platz war an der Seite meines Herrn.«

26. Während meiner Dienstzeit versetzten mich finanzielle Schwierigkeiten oder dergleichen nie auch nur im Geringsten in Unruhe. Benötigte ich Nahrungsmittel, konnte ich mich an den Stab des Fürsten wenden oder sogar an den Fürsten persönlich und ihn um Unterstützung bitten, ganz so, wie Ezoe Hyobuzaemon es getan hatte.[1]

In einem Jahr kam ich aus Kyoto zurück und musste im Rahmen eines Auftrags wieder dorthin aufbrechen. Ich wandte mich mit der Bitte um Unterstützung an die Ratgeber des Fürsten.

[1] Ezoe Hyobuzaemon war einer von 13 loyalen Gefolgsleuten, die Seppuku begingen, nachdem Nabeshima Naoshige 1618 gestorben war.

»Aufgrund der Länge meines Aufenthalts in Kyoto ist mein Haushaltsbudget stark unter Druck geraten.[1] Hört meine bescheidene Bitte, mir in dieser Angelegenheit euer Wohlwollen zu schenken. Es würde nicht gut aussehen, müsste ich vor meiner Abreise Geld borgen. Nicht aus Genusssucht bitte ich um diesen Gefallen, sondern weil es die Erfüllung meiner Pflichten in Kyoto erforderlich macht.« Der Rat legte meine Bitte dem Fürsten vor, der so freundlich war, mir etwas Geld zukommen zu lassen.

Ein anderes Mal fühlte ich mich nicht gut und der Arzt verschrieb mir Ginseng. Etwas derart Kostspieliges konnte ich mir nicht leisten, doch als er von meiner Notlage hörte, sagte Mo-ro'oka Hikouemon:[2] »Du bist ein derart gewissenhafter Diener, du sollst so viel Ginseng erhalten, wie du benötigst, um dich zu erholen.« Gibt sich ein Gefolgsmann seinem Herrn mit ganzem Herzen hin, muss er sich von derartigen Angelegenheiten nicht stören lassen. Schwierig werden die Dinge, wenn man sich isoliert.

27. Uchide Shoemon sagte: »Fürst Naoshige verfügte über außergewöhnliches Können als militärischer Stratege. Nie erläuterte er seinen Männern im Voraus etwas, aber wenn an der Front Entscheidungen getroffen werden mussten, war er präzise und fällte makellose Urteile.« Als er auf dem Sterbebett lag, fragten ihn seine ranghöchsten Gefolgsleute nach seiner Taktik, aber er gab seine Geheimnisse niemals preis.

[1] Das war 1698 und 1699. Jocho wurde mehrere Male nach Kyoto entsandt.

[2] Siehe Buch 1-98.

28. Bei einer bestimmten Schlacht wurden die Truppen des Fürsten Tokugawa Ieyasu überwältigt. Anschließend waren die Menschen voll des Lobs davon, wie sich seine Männer geschlagen hatten: »Ieyasu ist ein wahrlich mutiger General. Nicht einer seiner Krieger wurde von hinten erschlagen. Sie alle fielen mit dem Gesicht zum Feind.« Die Haltung eines Kriegers kann sich auch nach seinem Tod noch zeigen, achte also darauf, keine Schande über deinen Namen zu bringen.[1]

29. Jemand sagte: »Was für eine glückliche Fügung, dass es keine Kriege mehr gibt.« Für einen Samurai ist das eine leichtsinnige Äußerung! Das Leben ist kurz. Es ist die Berufung eines Kriegers, wenigstens ein einziges Mal eine Schlacht zu erleben. Auf seinem Futon zu sterben ist eine unerträgliche Verschwendung und keineswegs das Ende, das sich ein Samurai erhoffen sollte. Die Vorväter waren ganz besonders aufgebracht, sollte sie das unglückliche Schicksal ereilen, auf ihrer Schlafmatte aus dem Leben zu scheiden. Ich finde, es gibt kein besseres Ende als im Kampf zu fallen.

Achte darauf, derartigen Äußerungen entgegenzutreten. Du magst es für unnütz halten, denn möglicherweise handelt es sich bei dem Sprecher um einen überheblichen alten Mann, der sich »wichtigmachen« möchte. Hört jedoch ein nachdenklicher Mann dieses Gespräch mit an, wird er glauben, dass du diese Ansicht teilst. Insofern ist es am besten, darauf zu antworten, aber auf eine Weise, die keinen Anstoß erregt. Du könntest zum Beispiel die vorherrschende Stimmung erfassen und dann sagen: »Das ist nicht notwendigerweise wahr. Der Grund

[1] Siehe Buch 1-162.

dafür, dass es den Menschen heute an Geist mangelt, ist der, dass im gesamten Reich Friede herrscht. Sie wären gewiss beherzter, sollte es die Lage erfordern. Ich gehe nicht davon aus, dass die Männer früherer Tage sich von den heutigen Kriegern unterscheiden. Und selbst wenn sie es getan haben sollten – das war damals. Die Samurai von heute sind einfach im Einklang mit dem Zustand der Welt und im Vergleich zu früher ist heute alles Mittelmaß. Das bedeutet jedoch nicht, dass sie minderwertig sind.« Bring deine Meinung zum Ausdruck, das ist sehr wichtig, will man Missverständnisse vermeiden.

30. »Das Ende ist wichtig«, verkündete Yasuda Ukyo bezüglich der Haltung eines Mannes, während er Sake-Schalen wegräumte. Dasselbe lässt sich über das Leben eines Mannes sagen. Wenn deine Gäste dich verlassen, dann tun sie dies hoffentlich zögerlich. Ansonsten wäre das ein Zeichen von Desinteresse und alle guten Erinnerungen, die im Verlaufe des Tages und der Nacht durch die Gespräche geschmiedet wurden, würden verblassen. Beim Umgang mit Gästen ist es wichtig, dass ihr eurer Gesellschaft nicht leid werdet. Verhalte dich, als hättet ihr euch seit einer Weile nicht mehr gesehen. Mit ein wenig Achtsamkeit sollte das keine Schwierigkeit darstellen.

31. Meister Jocho sagte: »Es ist egal, was du unternimmst, es kommt darauf an, dass du es aufrichtig tust. Und dennoch verändert sich deine Haltung beim Dienen abhängig von den Umständen. So macht es einen Unterschied, ob du in der Nähe deines Herrn dienst oder nicht, ob dein sozialer Rang hoch oder gering ist, ob du aus einer seit langem dienenden Familie stammst oder erst seit kurzem dem Stab angehörst, und so weiter.«

»Für jene, die dem Herrn direkt dienen, gibt es nichts Anstößigeres, als wenn jemand zu aufdringlich ist. Der Herr wird dies nicht mit Wohlwollen aufnehmen. Lege vor deinem Herrn Zurückhaltung an den Tag. Am besten ist es, wenn er dich für etwas ungeeignet hält, sich aber mit dir begnügt, weil niemand sonst diese Rolle ausfüllen kann.« Natürlich solltest du dich bemühen, deinen Vorgesetzten wie auch deinen Kameraden bei der Erfüllung ihrer Pflichten zu helfen. Kommt es aufgrund von Krankheit, Komplikationen oder einer Neuverteilung der Aufgaben zu Personalmangel, solltest du hart daran arbeiten, die Löcher zu stopfen. Für Männer, die den Weg des Dienens befolgen, ist das die richtige Haltung.

Beruht dein Handeln auf Loyalität, wirst du es begreifen. Wer zu früh im Leben zu Erfolg kommt, wird nicht durchhalten. Es gibt, auch aus der weit zurückliegenden Vergangenheit, zahlreiche derartige Fälle. Ich habe in meiner Kindheit begonnen, meinem Herrn zu dienen, aber ich habe niemals etwas Eindringliches gesagt [was mir in meiner Position nicht zugestanden hätte]. Dafür gibt es einen guten Grund.«

32. Es heißt, der Leib empfängt das Leben aus der Leere. Shikisokuzeku [= »Gestalt ist Leere«] bedeutet »Existenz, wo es nichts gibt«. Dass alle Dinge der Leere entspringen besagt Kusokuzeshiki [= »Leere ist Gestalt«]. Ich habe gelernt, diese Phrasen nicht getrennt voneinander zu denken.[1]

[1] Diese Sätze stammen aus dem Herzsutra der buddhistischen Mahayana-Sutras.

33. Sei stolz und behaupte, der Beste im Land zu sein, geht es um Mut und Shudo [= Liebe zwischen Männern]. Wenn du dich jeden Tag im Weg übst, finde deine Fehler und lerne, sie loszuwerden. Schüttelst du nicht ab, was dich einschränkt, wirst du niemals vorankommen.

34. Die höchste Form der Liebe ist die »heimliche Liebe« [= Shinobu-koi]. »Siehe, wenn ich tot bin/die in mir brennende Liebe für dich/aufsteigen im Rauch meines Körpers.«[1] Liebe, die noch zu Lebzeiten gestanden wird, ist gekünstelt, hingegen kennt die mit ins Grab genommene Liebe keinerlei Grenzen. Aber was, wenn das Objekt der Begierde dich fragt: »Kann es sein, dass du Gefühle für mich hast?« Dann antworte ohne zu zögern: »Nichts läge mir ferner als das!« Zu sterben, ohne seine Liebe je einzugestehen, ist die höchste Liebe. Ist die Liebe denn nicht eine Qual? Als ich kürzlich über diese Angelegenheit sprach, stimmten mir meine Kameraden zu und unsere Bruderschaft wurde als »Rauch-Brüder« bekannt. Dieser [Geist von Shinobu-Koi] sollte bei sämtlichen Dingen unsere Haltung bestimmen. Das gilt insbesondere bei der Lehnstreue zwischen Herrscher und Vasall.

Wenn du abseits des Blicks anderer dienst, solltest du mit derselben Umsicht agieren, als stündest du mitten in der Öffentlichkeit. Bist du allein und es gelingt dir nicht, anstößige Gedanken oder Ideen zu unterdrücken, dann werden andere denken, es fehle dir an Grazilität. Ist die Besonnenheit nur vorgetäuscht, wird sie früher oder später deine Mängel zutage treten lassen.

[1] Siehe Buch 2-2.

35. Shoan gefällt Renga,[1] Soho mag Haikai.[2] Das zeigt einen unterschiedlichen Charakter. Ich bin der Meinung, wir müssen selbst in der Art unseres Zeitvertreibs die Ziele hoch stecken. Meister Jocho sagte, er ziehe Kyoka Renga vor.[3] [= Persönliche Anmerkung: Koshiore (= »Mein bescheidenes Gedicht«) ist ein Ausdruck, den Samurai nicht verwenden sollten.][4]

36. Es ist in der Tat interessant, dass Fürst Kenshin sagte: »Über das Gewinnen denke ich niemals nach. Alles, woran ich denke, ist, nicht die Gelegenheit zu verpassen.«[5] Das ist sehr scharfsinnig. Ein Gefolgsmann sollte sich verdeutlichen, dass er seine Argumente nicht mehr wirksam artikulieren kann, hat er seine Gelegenheit erst einmal verpasst. Insofern darf sich ein Samurai niemals, bei keiner Handlung, die er begeht, und bei keiner Begrüßung, die er vornimmt, der Dürftigkeit schuldig machen.

1 Renga ist eine japanische Form von gemeinsam erstelltem Kettengedicht. Es umfasst mindestens zwei Strophen, aber normalerweise sind es deutlich mehr.

2 Launige oder vulgäre Renga-Gedichte.

3 Kyoka ist eine Form »launiges Tanka«. Tanka ist ein Genre klassischer japanischer Gedichte und besteht aus fünf Abschnitten, die üblicherweise dem Muster 5-7-5-7-7 folgen.

4 Dieser Kommentar stammt von Tashiro Tsuramoto. Koshiore war ein Begriff, der damals häufig vorangestellt wurde, wenn man seine Poesie vorstellte, und der Bescheidenheit ausdrücken sollte. Der Rückschluss ist der, dass Krieger in derartigen Fällen keine Bescheidenheit an den Tag zu legen haben.

5 Uesugi Kenshin (1530–1578) war ein Kriegsfürst, der während der Zeit der Streitenden Reiche die Provinz Echigo regierte. Er wurde für seine Fähigkeiten als Stratege und Verwalter sehr geschätzt. Legendär wurde seine Rivalität mit Takeda Shingen und obwohl die beiden Todfeinde waren, brachten sie einander doch ein sehr hohes Maß an Respekt entgegen.

37. Es ist alles andere als klug, seinen Zustand *nach* einer Erkrankung zu behandeln. So wie buddhistische Mönche periphere Dinge argumentieren, scheint es, dass Ärzte nicht ausreichend betonen, wie wichtig Präventivmaßnahmen vor Ausbruch der Krankheit sind. Ich spreche aus Erfahrung. Um meine Gesundheit und mein Wohlergehen zu bewahren, übertrieb ich es nicht beim Essen und Trinken oder gab mich dem Geschlechtsverkehr hin. Jeden Tag betrieb ich Moxibustion. Als ich geboren wurde, war mein Vater fortgeschrittenen Alters[1] und man stellte bei mir einen »Mangel an Wasser« fest.[2] In meiner Jugend sagten die Ärzte: »Aufgrund seiner schwachen Verfassung wird er nicht älter als 20 werden.« Ich dachte: »Es ist ein Segen, auf diese Welt gekommen zu sein, insofern wäre es doch eine Schande, wenn ich sterben sollte, ohne meinem Herrn ordentlich gedient zu haben. Ich muss versuchen, ein langes, gesundes Leben zu leben.« Sieben Jahre lang enthielt ich mich des Geschlechtsverkehrs, ich wurde nicht krank und bin immer noch sehr lebendig. Ich habe zuvor niemals wirklich Medizin benötigt und wiewohl es Zeiten gab, in denen ich mich nicht gut fühlte, konnte ich das dennoch durchstehen.

Obwohl sie mit angeschlagener Gesundheit zur Welt kommen, sind die Menschen heutzutage zu unzüchtig und sterben einen frühen Tod. Es ist diabolisch. Ich würde den Ärzten raten, Menschen, die kränkeln, aufzutragen, für sechs Monate, ein Jahr oder zwei ihre sexuellen Wünsche zu unterdrücken. Sie werden sich erholen, ohne dass eine besondere Behandlung erforderlich wird. Die meisten jungen Männer verfügen über nur wenig Wil-

1 Jochos Vater war 70 Jahre alt, als Jocho zur Welt kam.

2 Ein Ausdruck, der besagen soll, dass die Lebenserwartung nicht hoch ist.

lenskraft. Es ist jämmerlich, dass es ihnen an Willensstärke mangelt, [zur Steigerung ihres Wohlergehens] ihre fleischlichen Gelüste in den Griff zu bekommen.

38. Sprichst du vor Adligen oder Ratsmitgliedern über Dinge wie Literatur, moralische Werte oder alte Gebräuche, achte sorgfältig darauf, nicht wahllos daherzureden. Es ist unangenehm, derartigem Geschwafel zuhören zu müssen.

39. Wollen die Menschen aus der Region Kamigata die Kirschblüte genießen, führen sie Picknick-Körbe mit mehreren Schichten mit. Die Körbe werden nur an einem einzigen Tag verwendet und nachdem sie ihren Zweck erfüllt haben, treten die Menschen einfach darauf und lassen sie liegen. Das ist tatsächlich eine kapitale Vorstellung. Für alle Dinge ist das Ende wichtig.

40. Geht es um seine Tapferkeit, sollte ein Krieger sich nicht unbescheiden geben und bereit sein, in Todesraserei [= Shini-Gurui] zu verfallen, droht ihm der Tod. Seine Haltung, seine Sprache und sein tagtägliches Verhalten sollten in jeglicher Hinsicht rein, präzise und umsichtig sein. Er sollte mit den Aufgaben, die ihm übertragen wurden, zufrieden sein und er sollte sich von anderen Rat einholen, wie er seinen Aufgaben am besten gerecht wird. Geht es um wichtige Angelegenheiten, sollte er mit Männern sprechen, die nicht direkt involviert sind. Ein Leben des Dienens macht es erforderlich, zum Wohle anderer zu arbeiten. Verfange dich nicht in finanziellen Problemen.

41. Meister Jocho wurde gefragt: »Manchen Menschen scheint es völlig egal zu sein, dass ihr Kamerad vor ihnen befördert wird, sie machen einfach ganz normal weiter. Andere wiederum empfinden die Situation möglicherweise als enttäuschend. Sie äußern ihre Gefühle und verlassen grollend den Dienst. Wie denkst du darüber?« Er erwiderte einfach: »Das hängt voll und ganz vom Zeitpunkt und den Umständen ab.«

42. Der Volksmund besagt: »Je mehr Wasser da ist, desto höher steigt das Boot.«[1] Ein kompetenter Mann nimmt gerne die Herausforderung an, sich wachsenden Schwierigkeiten zu stellen, dasselbe gilt für einen Mann, der sich in eine Beschäftigung vertieft, an der er Gefallen findet. Zwischen diesen Männern und jenen, die das Gefühl haben zu ertrinken, wenn es hart auf hart kommt, gibt es einen gewaltigen Unterschied.

43. Der Mönch Ryozan Osho[2] sagte: »Die Kamigata-Region hat mich eine gute Lektion gelehrt. Was auch immer du auf Papier festhältst, wird in der Welt bleiben. Insofern solltest du vorsichtig schreiben, selbst wenn es sich nur um einen Brief handelt. Stell dir vor, dass der Empfänger dein Schreiben an der Wand aufhängt. Viele Menschen schreiben ›schamlos‹.«[3]

44. Ein Mann, der in Diensten steht, übertrifft seine Kameraden durch überlegenes Auftreten, seine Ausdrucksweise und

1 Siehe Buch 1-115.

2 Der Jocho in Waka-Poesie unterrichtete.

3 Dieser Satz enthält ein Wortspiel. *Haji wo kaku* kann »das Schriftzeichen für Schande schreiben« bedeuten oder »Schande bringen«.

seine Handschrift.[1] Ein korrektes Auftreten bildet die Grundlage für die Eleganz. Manieren machen uns zu Menschen und ein tadelloses Verhalten sorgt für einen beeindruckenden Auftritt. Heutzutage werden nur diejenigen Erfolg finden, die im Lesen und Schreiben vollendet sind, aber sie vergessen dabei gerne die grundlegenden Dinge, was ihre Manieren anbelangt.

45. Während wir auf dem Pfad wandelten, verkündete Meister Jocho: »Sind Männer nicht wie von Meisterhand kontrollierte Marionetten? Es ist hervorragende Handwerkskunst, die es uns erlaubt, zu gehen, zu springen, zu stolzieren und zu sprechen – und das alles auch ohne Fäden. Möglicherweise sind wir Gäste auf den Bon-Festspielen im kommenden Jahr.[2] Wir vergessen, in welch vergänglicher Welt wir leben.«

46. Eine Lehre von Fürst Yagyu[3] besagt: »Begegnest du auf der Straße einem Ochsen, geziemt es sich nicht, Furcht zu zeigen. Aus ihrer normalen Haltung heraus spießen Ochsen keine Menschen mit ihren Hörnern auf. Sie richten ihre Hörner auf das Ziel und kommen dann näher, um zuzustoßen. Solange er keine Kampfhaltung einnimmt, musst du beim Passieren eines Ochsen keine Furcht verspüren.« Samurai sollten auch derartige Kleinigkeiten im Kopf behalten.

[1] Siehe Buch 2-7.

[2] Das Bon-Fest ist eine Tradition der japanischen Buddhisten. Es dient dazu, die Geister der verstorbenen Ahnen zu ehren und sie friedlich zu stimmen. Die Schlussfolgerung hier lautet: Menschen können jederzeit sterben.

[3] Yagyu Munenori. Siehe Buch 1-45.

Ich[1] habe viele Male mit angesehen, wie Pferde auf den Hinterhufen hochgestiegen sind, aber sie springen nicht wirklich. Sie ziehen ihre Vorderbeine an, strecken sie aus, stampfen aber nur auf dem Boden. So lange du auf Abstand bleibst, werden sie dich nicht treten. Und selbst wenn das Pferd seinen Schritt in deine Richtung verändert, wird es dich nicht treten.

47. Meister Jocho sagte: »Männer, die in Diensten stehen, benötigen gute Vorbilder, doch leider scheint es in jüngerer Vergangenheit kaum noch würdige Vorbilder zu geben. Geht es um Manieren und Sprache, sind Männer wie Ishii Kurouemon exemplarisch.[2] Muraoka Gohei[3] ist ein Vorbild an Aufrichtigkeit und Loyalität. Und wenn es darum geht, wer als Muster für eine eloquente Ausdrucksweise gelten kann, fällt mir niemand ein, der Harada Kichiuemon übertrifft.[4] Doch es gibt keine weiteren, die als Vorbild vorangehen können. Kombiniere die Attribute verschiedener Männer und dennoch werden sie es vermutlich nicht mit einem erstklassigen Mann früherer Zeiten aufnehmen können. Natürlich werden auch in der Vergangenheit perfekte Gefolgsmänner die Ausnahme gewesen sein. Mit ein wenig Anstrengung können junge Männer problemlos andere in den Schatten stellen, aber dennoch vernachlässigen sie ihre Pflichten.«

[1] Möglicherweise die Meinung von Tashiro Tsuramoto, aber das ist nicht eindeutig.

[2] Siehe Buch 1-11.

[3] Clan-Ältester.

[4] In einigen Varianten des *Hagakure* bezieht sich die Eloquenz nicht auf die wörtliche Ausdrucksweise, sondern auf die schriftliche. Siehe Buch 2-12.

48. Meister Jocho sagte seinem Adoptivsohn Gon'nojo: »Jetzt ist der Zeitpunkt gekommen, der richtige Zeitpunkt ist hier und jetzt. Wer die Gegenwart und den entscheidenden Augenblick voneinander trennt, wird, sollte es zu einer Katastrophe kommen, nicht angemessen reagieren. Was, wenn du überraschend zu deinem Fürsten gerufen wirst und deine Gedanken zu einer bestimmten Angelegenheit präsentieren sollst? Wirkst du verloren und ringst um Worte, zeigt dies eindrücklich, dass du nicht begriffen hast, dass ›Hier und Jetzt‹ immer der richtige Zeitpunkt zum Handeln ist.

Damit du den kritischen Augenblick und die Gegenwart als ein und dasselbe betrachtest, bedarf es gründlichen Übens in den freien Stunden. Wird ein Gefolgsmann überraschend einbestellt, muss er fähig sein, seinem Fürsten, dessen Beratern oder Beamten im Palast von Edo, ja möglicherweise dem Shogun höchstselbst Dinge erklären zu können. Das gilt auch, selbst wenn man nur einen geringen Rang bekleidet und die Wahrscheinlichkeit, dass einen der Ruf ereilt, praktisch bei Null liegt. Diese Haltung lässt sich auf sämtliche Dinge übertragen. Alles sollte aus dieser Perspektive betrachtet werden, handelt es sich um das Werfen eines Speers auf dem Schlachtfeld bis hin zu administrativen Aufgaben. Betrachtet man die Dinge in diesem Licht, wird es klar ersichtlich, wie nachlässig und unvorbereitet man für gewöhnlich ist.«

49. Wird in einem Regierungsamt ein Protokollfehler begangen, kann man diesen Fehler auf Ungeschicklichkeit oder fehlende Erfahrung zurückführen. Wie jedoch können jene, die bei jenem schändlichen Vorfall den Erwartungen nicht entsprachen, Entschuldigungen vorbringen?[1] Meister Yoshitada[2] sagte stets: »Ein Samurai muss nichts weiter sein als ein tapferer und vertrauenswürdiger Held.« Er erklärte dies mit dieser Art von Situation im Hinterkopf. Bist du verärgert, wird dich dein Glück als Krieger verlassen. Kannst du aufgrund deines schlechten Rufs nicht dienen, wenn du gebraucht wirst, dann gehörst du nirgendwo hin. Anstatt in Schande zu leben und den Rest deines Lebens Trübsal zu blasen, bist du besser beraten, dir einfach den Bauch aufzuschlitzen. Solltest du nicht bereit sein, dein Leben aufzugeben, und bemängelst du Seppuku als »bedeutungslosen Tod«, dann lebst du vielleicht noch fünf weitere Jahre, höchstens aber noch ein, zwei Jahrzehnte. Und dennoch werden deine Kameraden dich verachten und du wirst dein Leben in Schande verbringen. Diese Ehrlosigkeit wird deinen Tod überdauern und deine Nachkommen werden deinen schändlichen Ruf erben. Aus dem einzigen Grund, dass sie mit dir verwandt sind, werden sie Erniedrigungen ertragen müssen, obwohl sie sich ansonsten nichts vorwerfen lassen müssen. Auch über die Erinnerung an deine Vorfahren wirst du Schande bringen und den Familiennamen unauslöschlich besudeln.

Keinen ernsthaften Lebensinhalt zu haben, müßig vor sich hin zu leben und selbst in seinen Träumen kaum einen Gedanken daran zu verschwenden, was ein Krieger sein sollte, ist ein Verbrechen. Der Mann, der bei diesem Vorfall überraschend nie-

[1] Möglicherweise ist hier die Rede von einem Vorfall, der sich am 14. Tag des siebten Montags im dritten Jahr von Shotoku [= 1713] zutrug. Dabei tötete Hara Jurozaemon Sagara Gentazaemon, während in der Küche Vorbereitungen für die Bon-Feierlichkeiten getroffen wurden. Diese Episode wird in Buch 11-104 geschildert.

[2] Yamamoto Jin'uemon Yoshitada, Jochos Vater.

dergestreckt wurde, besaß keine Fähigkeit oder sein Glück war aufgebraucht. Derjenige, der den tödlichen Schlag versetzte, tat es, weil es keinen anderen Weg gab. Er ist nicht zu kritisieren, da er ebenfalls sein Leben aufs Spiel setzte. Für einen Samurai ist es nicht angemessen, jähzornig zu sein, aber stehen sich zwei Männer im Kampf gegenüber, darf man ihnen nicht vorwerfen, Feiglinge zu sein. Und dennoch: Die Überlebenden des erwähnten Vorfalls haben Schande auf sich geladen. Sie sind es nicht wert, Samurai genannt zu werden.

Verdeutliche dir, dass jetzt die Zeit gekommen ist, entwickle einen Plan, wie du blitzschnell auf jede mögliche Entwicklung reagieren kannst, und präge ihn deinem Herzen ein. Ein Sprichwort besagt: »Merkwürdig, wie viele Menschen sich ziellos ihren Weg durchs Leben bahnen.« Zum Pfad des Kriegers gehört es, Morgen um Morgen den Tod zu üben, sich vorzustellen, wie hier oder dort das eigene Leben endet, und sich die wunderbarsten Wege zu sterben auszumalen. Beschließe unerbittlich, dass dein Herz im Tod liegt. Das ist alles, womit ein Samurai sich befassen muss. Es ist anspruchsvoll, aber absolut erreichbar. Nichts ist unmöglich.

In militärischen Belangen kommt es sehr auf die Kraft und den Zeitpunkt der Worte an. Beim erwähnten Zwischenfall hätte der Schuldige idealerweise durch Verhandlungen überzeugt werden müssen, abzulassen. Hätte sich dies als unmöglich erwiesen, wäre es zulässig gewesen, ihn zu erschlagen. Wäre ihm die Flucht gelungen, hätten ihm die Verfolger zurufen können: »Flucht ist sinnlos, denn wir werden dich schnappen. Nur ein Feigling läuft davon!« Abhängig von den Gegebenheiten kann man sich also darauf verlassen, dass die Macht der Worte jedes Problem löst.

Dem Mann, der den Schuldigen erschlug, gebührt Bewunderung, denn er war »scharfsinnig und verfügte über ein gutes Urteilsvermögen«. In seinem Umgang mit dem Problem zeigte er, dass »jetzt« immer der »entscheidende Zeitpunkt« ist. Dasselbe gilt für die Pflicht des Yokoza-no-yari – des Leibwächters, der rasch seinen Speer ergreift, um in einer Krise seinen Herrn zu schützen. Man muss jederzeit bereit sein, egal für was.

Im Vorfeld von Ausnahmesituationen gilt es, viele Dinge zu bedenken. Kommt es in der Residenz des Fürsten zu einem Gemetzel und der Schuldige lässt sich nicht zügeln, dann muss man ihn erschlagen, bevor er sein Schwert weiter schwingt und sich dabei den Räumen des Fürsten nähert. Natürlich mag man dir bei der folgenden Befragung vorwerfen, du seist ein Komplize oder hegtest einen persönlichen Groll. Dann erkläre einfach: »Ich konnte in jenem Augenblick an nichts Anderes denken als daran, ihn auszuschalten. Mir blieb keine Zeit, über die Konsequenzen nachzudenken.«

50. Solange er sich Tag für Tag vorbereitet, kann ein Mann es weit bringen. Den Beleg dafür liefert etwas, das sich vor Kurzem zugetragen hat. Mitani Yozaemon legte wahren Heldenmut an den Tag, als er seine Befehle ausführte. Der Kriegsgott muss sein Bitten um göttlichen Segen gehört haben.[1]

[1] Das bezieht sich auf die Hinrichtung von 80 Anhängern des christlichen Glaubens, die 1658 im Dorf Omura stattfand. Die Bakufu Tokugawa verfolgte eine Politik der nationalen Isolation und eines der prägnantesten Elemente dieser Politik war die Christenverfolgung. Christen wurden gezwungen, ihrem Glauben abzuschwören, und wer sich weigerte, den folterte man, bis er dem Christentum abschwor, ansonsten richtete man ihn hin. In Buch 6-201 heißt es, Mitani Yozaemon wurde überraschend angewiesen, drei der unglückseligen Gefangenen zu köpfen, und kam dieser Aufgabe mit »beispiellosem Können« nach.

51. Meister Genshin wurde gefragt: »Ich habe gehört, wenn man im Palast [des Shogun] angegriffen wird, sei es von Vorteil, Ruhe zu bewahren, keine Vergeltung zu üben und den Vorfall einfach dem Inspektor [= O-metsuke] zu melden, selbst wenn die Schuld bei einem selbst liegt. Ich frage mich, ob es das wert ist, die Schande zu ertragen und darauf zu bauen, dass man später besser dasteht.« Der Meister erwiderte: »Hier ist Talent im Umgang mit Worten unerlässlich. Du kannst mit dem anderen Kerl zum Inspektor gehen oder du gehst allein und erklärst die Situation. Sage: ›Obwohl die Erniedrigung nur schwer zu ertragen ist, habe ich, da sich der Vorfall im Palast meines Herrn zugetragen hat, seine Gefühle an oberste Stelle gestellt und beschlossen, die Schande [nicht sofort gehandelt zu haben] zu ertragen. Ich hoffe auf dein Verständnis, während ich dir die Einzelheiten der Angelegenheit erläutere.‹ Geschieht daraufhin nichts, kannst du den anderen Mann töten, denn du bist bereits tot.«

52. Ich sagte: »Meine Haltung, was das Kriegertum und das Dienen anbelangt, ist im Wandel begriffen. Selbst wenn ich der Auffassung bin, endlich gelernt zu haben, wie ich als idealer Gefolgsmann zu handeln habe, stelle ich nach einer Weile fest, dass meine Einschätzung in Wirklichkeit gefährlich und mängelbehaftet war. Ich bin gezwungen, eine Neubewertung vorzunehmen. Hätte ich Buch darüber geführt, wie oft sich seit meiner Jugend meine Meinung geändert hat, würde es mehr als 100 oder 200 Einträge aufführen. Es hört niemals auf. Ich wünschte, es wäre mir vergönnt, die höchste Ebene zu begreifen.« Der Meister erwiderte: »Der Prozess, seine eigene Haltung einer Überprüfung zu unterziehen, ist wichtig. Wenn du glaubst, du hättest das Geheimnis enthüllt, ist das bereits ein Fehler. Wisse, dass dein Studium so lange andauern wirst, wie du atmest.«

53. Selbst wenn dein Kopf plötzlich mit dem Schwert abgeschlagen wird, kannst du noch eine Handlung von Bedeutung vollziehen. Ein schönes Beispiel dafür ist der letzte Augenblick im Leben des Nitta Yoshisada.[1] Bist du schwachen Geistes, wirst du zusammenbrechen. Ono Doken vollzog seine letzte verdienstvolle Tat in jüngerer Vergangenheit. Unbeirrbare Entschlossenheit und fester Glauben werden dir helfen, deinen Auftrag selbst im Sterben noch zu erfüllen. Wirst du, um eine tapfere Tat zu vollbringen, wie ein Gespenst oder ein verbitterter Geist, dann wirst du nicht sterben, nur weil man dir den Kopf abgeschlagen hat.[2]

54. Eine Person sagte: »Ich habe mich immer gefragt, warum herausragende Männer weise Äußerungen treffen können, bis mir vor kurzem der Grund dafür in den Sinn kam: Männer geringeren Standes sind zu sehr damit beschäftigt, selbstsüchtig zu sein und unlauteren Gedanken nachzuhängen, deshalb sind ihre Herzen verunreinigt. Es ist ihnen unmöglich, eine kluge Meinung zu äußern, und sie neigen nicht dazu, Gedichte zu verfassen. Vornehme Menschen hohen Rangs sind von Haus aus frei von Verunreinigungen in ihren Herzen und ihre Züchtigkeit erlaubt es ihnen, weise Gedankenmodelle zu formulieren.

[1] Laut Taiheiki gelang Nitta Yoshisada Erstaunliches: Er schlug sich selbst den Kopf ab, vergrub ihn im Boden und starb dann rittlings auf seinem Grab sitzend!

[2] Siehe Buch 1-120.

55. Einzelheiten eines wilden Traums in der Nacht des dritten Tags des achten Monats im dritten Jahr von Shotoku [= 1713].

56. Egal ob Adliger oder Mann von geringem Stand, ob alt oder jung, ob erleuchtet oder gefesselt – sie alle vereint das Schicksal, sterben zu müssen. Früher oder später werden wir alle aus dieser Welt scheiden. Niemand ist sich dessen nicht bewusst. Hier allerdings verlassen sich Menschen auf ihre Trumpfkarte. Sie wissen, dass der Tod unvermeidbar ist, schieben diesen Gedanken aber in dem Glauben beiseite, dass zunächst einmal andere aus dem Leben gerufen werden und ihr eigener Tod noch lange nicht bevorsteht. Ist das nicht Eitelkeit? Es ist bedeutungslos, als ob man in einer Traumwelt ein Spiel spielt. Während sich der Tod an dich anschleicht, bist du schlecht beraten, den Kopf in den Sand zu stecken. Bereite dich vor und öffne dich deinem unmittelbar bevorstehenden Tod.

57. Ist ein Mann vom Elend geplagt und du verhältst dich ihm gegenüber unsensibel und lässt es an Mitgefühl mangeln, indem du mit lahmen Äußerungen wie »Es tut mir ja so leid für dich« herausplatzt, wird er noch verzweifelter werden und keine Vernunft annehmen. Stattdessen ist es besser, ihn aufzumuntern, indem du ihm zwanglos vermittelst, dass die ganze Angelegenheit doch gar nicht so ernst sei. Sage: »Eigentlich ist das doch eher eine glückliche Fügung, alter Knabe. Es hätte viel schlimmer kommen können!« Angesichts derart beruhigender Worte wird der unglückliche Mensch die Dinge anders beurteilen. Wir leben in einer kurzlebigen Welt, insofern müssen Gefühle der Trauer oder Freude nicht lange Besitz von uns ergreifen.

58. Boshafte Menschen stürzen sich auf einen Skandal und verbreiten voller Missgunst sämtliche Einzelheiten. Sie verleumden andere mit Aussagen wie: »Der-und-der hat ein Verbrechen begangen. Er wurde verhört und unter Hausarrest gestellt.« Sie werden dafür sorgen, dass das Gerücht die Runde macht und dass es dem Opfer dieser leidigen Behauptung ebenfalls zu Ohren kommt. Das Opfer wird glauben, dass ein tatsächlicher früherer Fehltritt aufgedeckt wurde, es wird sich in seinem Haus einschließen und Krankheit vortäuschen. Das Klatschmaul wird nicht ablassen, sondern beteuern: »Er würde sich doch nicht in seinem Haus verkriechen, wenn er vor Schuld nicht ganz krank wäre. Man sollte Ermittlungen gegen ihn in die Wege leiten.« Wenn Männer in Machtpositionen Wind von den Gerüchten bekommen, werden sie sich verpflichtet fühlen, Fehltritte aufzudecken. Verliert das Opfer seine geistige Präsenz, weil andere die inszenierte Litanei der Lügen nicht länger in Zweifel ziehen, wird das den Schwindler erfreuen und er sorgt dafür, dass er auf die eine oder andere Weise Nutzen daraus zieht.

Dergleichen Dinge tragen sich immer wieder zu, beispielsweise damals, als eine Statue von Benzaiten nach Saga gebracht wurde,[1] beim »Trinkfeier mit Mutter«-Vorfall[2] und als die bei-

[1] Benzaiten ist der japanische Name für die Hindugöttin Saraswati. Im Shintoismus wird sie als kami Ichikishima-Hime-no-Mikoto verehrt, im Tendai-Buddhismus als Ugaijin. Jocho brachte 1697 eine von einem buddhistischen Geistlichen geschnitzte Benzaiten-Statue zum Sefuri-san nach Saga.

[2] Als Fürst Nabeshima Tsunashige 1706 in Nagasaki war, lud Nabeshima Yugie den hohen Berater [= Toshiyori] Ishii Den'emon und andere zu einem derben Trinkgelage ein, das auch seine Mutter besuchte. Ishii Den'emon verlor seinen Posten und Yugie erhielt Hausarrest. Diese Geschichte wird in Buch 7-23 geschildert.

den Mönche [= Nihoshi] sich weigerten, das Amt des Tonin[1] in Edo anzutreten.[2] Einzelheiten zu jedem Vorfall können mündlich wiedergegeben werden. Auch unter den vielen Gefolgsmännern unseres Clans finden sich einige bösartige Männer dieses Schlags. Diskretion ist ratsam.

59. Als ein junger Mann in Anwesenheit von Meister Jocho gähnte, erklärte man ihm: »Es ist unhöflich zu gähnen. Wenn du dich darauf konzentrierst, lassen sich Gähnen und Niesen immer unterdrücken. Du gähnst oder niest, wenn du nicht wachsam bist und dein Geist abgelenkt ist. Lässt es sich nicht vermeiden, dass du gähnst, halte dir die Hand vor den Mund. Niesen lässt sich unterdrücken, indem du deine Stirn presst.« Es gibt Menschen, die trinken können, aber nur wenige, die gut darin sind zu unterhalten. Beim Trinken ist Achtsamkeit angezeigt, da es vor den Augen anderer geschieht. Männer, die in Diensten stehen, sollten diese kleinen Einzelheiten verinnerlichen und Samurai sollten in jungen Jahren gründlichen Unterricht in sämtlichen Aspekten der Etikette erfahren. Ich habe zum Verhalten 100 Artikel aufgeführt, die Samurai lernen sollten. Diese Dinge bedürfen der Weiteren Erörterung und die Liste sollte um zusätzliche Punkte ergänzt werden.[3]

60. Nabeshima Kaga-no-Kami Naoyoshi[4] sagte angeblich einst: »Wenn es darum geht, den Obi [= Schärpe] zu befestigen oder

1 Ein Tonin war ein in Edo stationierter Verbindungsmann des Clans.

2 Über diesen speziellen Vorfall sind keine weiteren Einzelheiten bekannt.

3 Die Rede ist von Jochos *Soan Zatsudan Oboegaki*. Eine noch existierende Abschrift dieses Dokuments enthält 107 Punkte.

4 Nabeshima Naoyoshi (1622–1689) war der zweite Daimyo von Nabeshimas Unterdomäne Ogi.

den Kamishimo [= zeremonielle Kleidung] anzulegen, folgt man am besten den Gepflogenheiten des Nabeshima-Reichs.« Diese Protokolle legte Fürst Naoyoshi fest. In keinem anderen Reich ist es erforderlich, dass die Samurai nach dem Binden des Knotens die Spitze ihres Obis einstecken. Das ist ein ganz besonders eleganter Stil.«

61. Yamasaki Kurando[1] sagte: »Ein Gefolgsmann, der übermäßig scharfsinnig ist, ist schädlich.« Das ist eine goldene Regel. Der beste Gefolgsmann ist derjenige, der seinen Dienst voller Leidenschaft als wahre Berufung empfindet. Tut er das nicht, wird er möglicherweise eifrig über Recht und Unrecht debattieren und beklagen, wie vergänglich die Welt ist. Er wird das Leben eines Einsiedlers vorziehen und einer Gesellschaft entsagen, die mit ihren geschäftigen Sündenstädten bis ins Mark verdorben ist. Er studiert Buddhas Lehren, um sich von der ewigen Ungewissheit um Leben und Tod zu entfernen. Er spielt mit Künsten wie der Poesie und anderen edelmütigen Zeitvertreiben, weil er all diese Dinge für lobenswert erachtet. Er strebt ein Leben voller Gleichmut und Komfort an. Für einen Einsiedler ist dies akzeptabel, wie auch für jemanden, der das Gelübde abgelegt hat und jenseits der mondänen Welt lebt. Für jemanden allerdings, der die Lasten der Pflicht zu schultern hat, ist dies völlig unangemessen. Entscheidet sich ein Gefolgsmann für diesen Weg, so ist er ein Feigling. Indem er nach einer sorglosen Existenz strebt, drückt er sich vor den schwierigen Pflichten, die es mit sich bringt, wenn man den Weg des Kriegers beschreitet.

[1] Siehe Buch 1-195.

Sieh dir an, wie ungelernte Männer handeln, die einzig danach sinnen, ihren Herren zu dienen. Sieh dir an, wie Männer handeln, während sie sich abmühen, sich um ihre Familie zu kümmern. Es ist wahrlich großartig, wie sie ihr Leben lang ihren alltäglichen Pflichten nachgehen. Ein Gefolgsmann, der darauf besteht, Zen zu praktizieren, der Gedichte schreiben oder modische Gegenstände sammeln will und der sich in exotische Gewänder hüllt, der wird dazu neigen, sein Gehalt zu verschleudern. Früher oder später wird er zerbrechen. Er wird keinem Laien oder Mönch ähneln, keinem Adligen, keinem Einsiedler. Er wird einfach nur einen hässlichen Anblick abgeben. Einige vertreten die Auffassung, Männer sollten sich in ihrer freien Zeit kulturellen Zerstreuungen hingeben dürfen, sofern sie ihre täglichen Pflichten erfüllt haben. Auf diese Weise sollten derartige Aktivitäten nicht der Arbeit in die Quere kommen. Doch ein Gefolgsmann, der sich voll und ganz auf seinen Beruf konzentriert, hat keinen Spielraum, an derartige Dinge zu denken. Verfügt ein Samurai über freie Zeit, arbeitet er ganz offenkundig nicht hart genug.

In dieser Sache kommt den Worten des Veteran Kurando viel Gewicht zu. Als er ein hoher Rat war, fanden viele seiner Kameraden im Palast Gefallen daran, Haiku-Gedichte zu komponieren. Er jedoch beteiligte sich niemals an derartigen Treffen und verabschiedete sich von den anderen Vasallen mit den Worten: »Findet nun, wo ihr eure Pflichten für den heutigen Tag beendet habt, Vergnügen an eurem Haiku.« Nachdem er in den Ruhestand gegangen war, verbrachte er viele vergnügliche Stunden mit Haikus.

62. Ein Gefolgsmann muss nur eine einzige Sache im Sinn behalten. Konzentriert er sich zu sehr auf logisches Denken oder auf die Förderung seiner künstlerischen Talente, wird ihn das ablenken. Es wird ihn eher aufregen. Als Grundlage für seinen Dienst über künstlerisches Talent zu verfügen, ist etwas, das zu einem unteren Rang passt. Kann ein Samurai nicht mit überlegenem Scharfsinn glänzen, kann er kein besonderes künstlerisches Flair oder ein kühnes Wesen vorweisen, erachtet er sich als nutzlos und deswegen dazu bestimmt, in der Provinz zu leben, sollte er sich damit trösten, dass er der einzige wahre und würdige Gefolgsmann seines Fürsten ist. Es ist gleichgültig, ob sein Fürst ihm gegenüber Freundlichkeit an den Tag legt oder keinerlei Rücksicht zeigt und ob er den Mann überhaupt erkennt – für den Gefolgsmann sollte dies nicht den geringsten Unterschied ausmachen. Er wird trotzdem Tag und Nacht das Gefühl haben, bei seinem Fürsten in der Schuld zu stehen, und er wird so hingebungsvoll dienen, dass es ihm die Tränen in die Augen treibt. Das ist leicht zu erreichen. Kein Mensch verfügt nicht aus sich heraus über diese Fähigkeit. Nur die wenigstens sind sich dessen nicht bewusst, dennoch beschließt kaum jemand, im Einklang mit diesem Ideal zu leben. Es ist schlichtweg eine Frage der Einstellung. Entscheidet sich ein Mann für diesen Weg, kann er ein herausragender Gefolgsmann werden.

Diese Empfindung ist vergleichbar mit der Liebe. Je mitleidsloser ein Mann behandelt wird, desto stärker wird seine Liebe. Sieht er dann endlich seinen Liebsten, wird er nicht zögern, sein Leben für ihn zu geben. Heimliche Liebe [= Shinobu-koi] ist tatsächlich ein sehr guter Standard. Am tiefsten ist sie, verschließt man sie ganz fest in seinem Herzen und gibt sie das gesamte Leben über nicht preis, sondern ist entschlossen, sie mit sich ins Grab zu nehmen. Wird ihm klar, dass die Vorspiegelungen seines Geliebten ihn getäuscht haben, verspürt er enorme Freude. Umso mehr verzehrt er sich nach ihm. Das Verhältnis zwischen Meister und Anhänger ist ähnlich. Auf diese Weise lässt sich die wahre Bedeutung des Dienens würdigen. Der Geist, der der Lehnstreue zugrunde liegt, überschreitet Unterscheidungen zwischen Richtig und Falsch. [= Persönliche Anmerkung: Sogi[1] hat über die Ähnlichkeiten geschrieben, die bei der Liebe unter Männern und den Banden der Lehnstreue zwischen Herrscher und Vasall beobachtet werden können.]

63. Stehst du eng an der Seite deines Herrschers, diene zurückhaltend und gewissenhaft. Dienst du ihm viele Jahre lang auf diese Weise, wirst du ihm nützlich sein, bevor es ihm zu gegebener Zeit bewusst wird.

Das ist die ideale Vorgehensweise, denn ein enger Berater ist wie ein Mitglied der Herrscherfamilie. Umgekehrt gilt, dass es sich ein Samurai, der nicht zum engsten Kreis gehört, nicht erlauben kann, auf diese Weise zu dienen, denn dann wird er zurückfallen. Er muss sich ganz besonders anstrengen und sich bemühen, seinen Vorgesetzten aufzufallen.

64. Da es mir an besonderen Fähigkeiten gebrach und ich keine Gelegenheit hatte, mich auf dem Schlachtfeld zu beweisen, war ich kein übermäßig guter Diener. Dennoch hegte ich bereits in jungen Jahren tiefe Gefühle für meinen Fürsten und beschloss für mich einfach, sein »einziger und wichtigster« Gefolgsmann zu sein. Ich war sein kühnster Krieger. Diese Entschlossenheit durchdrang mich bis ins Mark meiner Knochen. Insofern konnte mich kein intelligenter oder kompetenter Mann, und stammte er noch aus der allerbesten Familie, auf die leichte Schulter neh-

[1] Ein Meister des Kettengedichts (1421–1502).

men. Ganz im Gegenteil: Andere Gefolgsleute haben mir dermaßen viel zarte Fürsorge zuteilwerden lassen, dass es etwas verwirrend ist.

Alles, was ich tat, war, meinen Fürsten höher als alles andere zu schätzen. Komme, was da kommen mochte, in meinem Herzen war ich entschlossen, mich in eine Todesraserei [= Shini-Gurui] zu stürzen und für ihn zu sterben. Erst jetzt bin ich bereit zuzugeben, dass mein unerschütterlicher Glaube stark genug war, Himmel und Erde zu bewegen, und dass dies von anderen Mitgliedern des Clans beifällig betrachtet wurde. Dass der Sohn[1] und die hohen Berater meines Fürsten meine Treue anerkannt haben, erfüllt mich zutiefst mit Dankbarkeit.

Für einen Erbvasall ist es eine Selbstverständlichkeit, seinen Herrscher zu verehren. Erhöht der Herrscher das Gehalt oder beschenkt er dich mit Gold und Silber, nimm es mit gebührender Wertschätzung an. Wichtiger noch als eine finanzielle Belohnung ist ein einziges freundliches Wort. Das reicht aus, um dir [im Falle seines Ablebens] den Willen zu entlocken, dich in dein Schwert zu stürzen.

Als die in Edo lebenden Nabeshima-Gefolgsleute der Feuerwache zugeteilt wurden, übertrug man mir die Aufgabe, die Dokumente zu bewahren.[2] Doch als mein Fürst die Dienstliste sah, verfügte er: »Er ist ein junger Mann, er wird [im Falle eines Brandes] an meiner Seite dienen.« Da wusste ich, dass ich mit Freuden mein Leben für ihn geben würde. Als wir gemeinsam in Osaka stationiert waren, gab mir mein Fürst einmal seine Schlaf-

[1] Nabeshima Tsunashige, Mitsushiges Sohn.

[2] Das war 1685. Damals war Jocho 27 Jahre alt.

kleidung und sein Bettzeug.[1] Er sagte: »Es ist mir nicht möglich, für die Unterstützung, die du mir in meinen Zerstreuungen erbracht hast, dein Gehalt zu erhöhen, deshalb möchte ich dich bitten, dies als Zeichen meiner Dankbarkeit anzunehmen. Es ist nicht nötig, dass du dich beim obersten Rat für dieses Geschenk von mir bedankst.« Diese freundlichen Worte erfüllten mich mit Glück und ich dachte: »In den alten Zeiten [bevor Junshi verboten wurde] wäre ich ihm auf diesem Futon und in dieser Kleidung bereitwillig in den Tod gefolgt.«

65. Warst du eine Zeitlang fort und sollst nun wieder deinen früheren Posten übernehmen, ist es besser, ein wenig abgestumpft zu wirken. Eine Haltung der Gelassenheit und Ruhe ist ideal. Je dankbarer du dich gegenüber dem Clan und seinen Gefolgsleuten fühlst, desto tiefer siehst du dich in der Pflicht stehen. Wird dir dies bewusst, wird dir auch bewusst, dass es keine große Zumutung ist, zum Ronin zu werden. Der Pakt der Loyalität zwischen Herr und Diener ist unsere Versicherung. Wanke nicht im Mindesten, selbst wenn Buddha, Konfuzius oder die Sonnengöttin Amaterasu-o-mi-kami erscheint und gegen die Tücken dieser Verbindung predigt. Ein Samurai muss nichts weiter tun, als seinem Herrn sein Leben zu überantworten, selbst dann, wenn er für seine blinde Ergebenheit in die Hölle geschickt wird oder den Zorn der Götter auf sich zieht. Bist du nicht sorgsam, könnte man dir vorwerfen, dass du dich über den göttlichen Auftrag der Gottheiten und Buddhas hinwegsetzt. Aber selbst die Götter und Buddha würden derart unerschütterliche Treue niemals als fehlgeleitet verurteilen.

[1] 1696, als Jocho 38 Jahre alt war.

66. Ich begleitete Meister Jocho, als dieser einen Freund besuchte. Wir plauderten eine Zeitlang und wollten gerade wieder gehen, als der Gastgeber sagte: »Bleibt doch bitte noch ein wenig. Ich hätte eure Gesellschaft gerne bis zum Abend genossen, habe jedoch leider eine ältere Verabredung mit einigen anderen Gästen.« Wir gingen auf der Stelle. Meister Jocho sagte: »Eine derart leere Einladung vermittelt mir das Gefühl, er wolle uns loswerden, weil wir stören.«

67. Es ist praktisch, stets etwas rotes Schminkpuder bei sich zu haben, um seinen Teint in Ordnung zu bringen, während man wieder nüchtern wird oder morgens aus dem Schlaf erwacht. Trage das Puder auf, um deinen Wangen wieder Farbe zu verleihen.

68. Einen Mann, der so klug ist wie Sagara Kyuma, werden wir nie wieder erleben. Ein Blick auf ihn reichte aus, seine Weisheit zu spüren, aber je näher man ihn kennenlernte, desto offensichtlicher wurde es. Prinz Mitsushige ließ sich von der Poesie in den Bann schlagen. Fürst Katsushige, sein Großvater, tadelte ihn wegen dieser Besessenheit und ließ seinen Hohen Rat unter Hausarrest stellen [weil die Ratsmitglieder den Prinzen nicht davon abgebracht hatten].[1] Mitsushiges gesamte Dienerschaft wurde gescholten. Kyuma war damals noch jung und ein Spielkamerad Mitsushiges. Angeblich sagte er: »Niemand kennt Tanshus[2] Charakter besser als ich. Er ist ein außerordentlich kluger junger Herr, aber gleichzeitig launisch und aggressiv. Nichts kann

[1] Baba Ichinosuke und Fukushima Gorozaemon.

[2] Nabeshima Mitsushige.

seine Launen im selben Maße beschwichtigen, wie es die Poesie vermag. Poesie könnte sogar dazu beitragen, die Existenz des Clans um viele weitere Generationen zu verlängern.« Während all seiner Jahre als getreuer Diener vertrat Kyuma diese Auffassung. Später sagte Fürst Katsushige: »Als ich Tango-no-Kamis[1] Dienerschaft tadelte, brachte niemand ein einziges Wort zu seiner Verteidigung vor. Sie sind Narren. Im Hintergrund gab es einen jungen Mann, der allem Anschein nach recht fähig zu sein schien.« [= Hinweis: Diese Schilderung der Ereignisse weicht von anderen Berichten ab, die ich gehört habe, und bedarf der Bestätigung.]

69. Neuen Methoden begegne ich zumeist mit Argwohn, selbst wenn man der Meinung ist, dass sie die Dinge verbessern.[2] Ein Mitglied von Nakano Matabeis ehemaliger Einheit erklärte: »Unser Hauptmann hat sich bemüht, 25 fähige Bogenschützen zu benennen und auszubilden.[3] Und dennoch wurde die Einheit aufgelöst und 10 der 25 besten Bogenschützen wurden in Sawanos Einheit abgestellt.[4] Die zehn Männer, die ausgewählt worden waren, versetzten ihre neuen Vorgesetzten durch ihr Können in Erstaunen. Wir glaubten, unseren Verpflichtungen gegenüber unserem früheren Herrn am besten durch unsere herausragenden Fähigkeiten nachkommen zu können. Und dennoch war der Rest von uns enttäuscht, zu einer

[1] Ein weiterer Name von Nabeshima Mitsushige.

[2] Diese Äußerung bezieht sich auf die 1695 erfolgte Neuordnung von Ashigaru-Einheiten. Ashigaru-Fußsoldaten waren einfache Kämpfer.

[3] Jochos Onkel. Er bildete Bogenschützen aus und befehligte eine Ashigaru-Einheit. Er starb 1695.

[4] Sawano Shin'uemon, Hauptmann einer Einheit Bogenschützen.

Schusswaffen-Division abgestellt worden zu sein. Wir zerbrachen unsere Bogen und schworen, niemals eine Muskete in die Hand zu nehmen. Ein Mann war dafür vorgesehen, eine Ein-Koku-Ashigaru-Einheit zu kommandieren, aber jeder weigerte sich zu gehen.[1] Ich sagte ihnen: »Ich mag unübertroffen sein, was das Bogenschießen anbelangt, aber ich bin zu alt, außerdem wäre es unhöflich, eine direkte Anweisung unseres Herrn zu missachten, also werde ich mich freiwillig melden. Deshalb kann ich nicht länger zu Pfeil und Bogen greifen.« Er schilderte dies voller Trauer und mit Tränen in den Augen. Es ist bedauerlich, dass derartige Dinge von den Personen in Machtpositionen nicht registriert werden und dass infolgedessen das Fußvolk leidet. Glücklicherweise ist der Clan erstklassig, insofern wird unsere unerschütterliche Wertschätzung dazu führen, dass sich die Unzufriedenheit der Männer irgendwann wieder legt. Naoshige erachtete es als von ganz besonderer Bedeutung, dass die Harmonie gewahrt wird.

In einer Umfrage wurde abgefragt, wem Lob für den Sieg bei der Schlacht in Arima gebührt.[2] Für jede Einheit wurde ein Inspektor [= O-metsuke] abgestellt, aber niemand konnte zu einer Einigung gelangen. Wie kann irgendjemand bestimmen, wer mitten im Schlachtgetümmel was getan hat? Handelte es sich bei den Inspektoren nicht um herausragende Krieger, würde ihr Urteil nicht kritiklos hingenommen werden. Als Ishii Yashichizaemon im Versammlungsraum der Residenz von Edo begann,

[1] Möglicherweise ist hier gemeint, dass der Samurai, der die Einheit befehligte, als Lohn ein Koku Reis bekam. Ein Koku Reis oder Getreide entspricht rund 180 Litern, was vermeintlich ausreichen sollte, eine Person ein Jahr lang zu ernähren.

[2] Während des Shimabara-Aufstands (1637/38).

über den Shimabara-Aufstand zu sprechen, war Kadota Ichirozaemon zufällig anwesend und erklärte: »Sollte irgendjemand hier vor mir am Schauplatz des Kampfes eingetroffen sein, dann möge er jetzt sprechen.« Ishii erwiderte: »Vielleicht war dein Angriffspunkt anders als der der anderen.« Auf diese Weise blieben zum Leidwesen vieler zahllose heldenmütige Taten unbeachtet.

70. Eines Tages beschwerte sich ein Mann in einem Rasthaus, dass sein Kogai verschwunden sei.[1] Sein Begleiter versuchte, ihn zu beruhigen, und führte ihn dann weg, damit der Wirt nicht davon erführe. Man fasste den Dieb und bestrafte ihn. Wie schrecklich wäre es gewesen, wäre der Wirt erniedrigt worden, ohne dass man zunächst alle anderen Wege überprüft hatte. Kontrolliere sorgfältig die Beschläge [= Koshirae] an deinem Schwert, wo du sie platzierst und was du tust, solltest du sie verlieren.

71. Bei einigen Gelegenheiten lässt man sich im Überschwang der Gefühle dazu verleiten, ohne Punkt und Komma zu plappern. Während du begeistert vor dich hin schnatterst, wird deiner Umgebung bewusst, dass du flapsig bist und nicht bei der Wahrheit bleibst. Wenn das geschieht, stellst du dich am besten der Wahrheit und beichtest. Dann wird sich auch in deinem Herzen die Wahrhaftigkeit manifestieren. Selbst wenn es sich nur um den Austausch oberflächlicher Grußformeln handelt, empfiehlt es sich, eine Einschätzung der Situation durchzuführen und auf eine Art und Weise zu sprechen, die keinerlei Anstoß erregt. Spottet jemand über den Weg des

[1] Kogai sind kleine Haarnadeln, die in der Scheide japanischer Schwerter befestigt wurden.

Kriegers oder kritisiert den Clan, tritt ihm knapp und frei von Jovialität gegenüber und verweise den Heiden streng auf seinen Platz. Sei jederzeit auf etwas Derartiges vorbereitet.

72. Themen, die eine Beratung erforderlich machen, solltest du zunächst im Vorfeld mit jemanden besprechen, dem du vertraust. Erst dann sollten sich die beteiligten Parteien versammeln und das Thema zur Beratung freigeben. Wenn du im Voraus keinerlei Vorsichtsmaßnahmen ergreifst, wirst du dir möglicherweise die

Geringschätzung anderer zuziehen. Auch bei Problemen, die ein dringendes Handeln erforderlich machen, solltest du dich im Privaten mit Personen beraten, die nicht direkt betroffen sind. Alternativ kannst du auch mit Einsiedlern sprechen, die der gewöhnlichen Welt entsagt haben. Diese Männer werden das Thema unvoreingenommen und objektiv beurteilen. Holst du dir einen Rat von einem Mitstreiter aus deiner Einheit, wird er dein Problem nach seinen eigenen Interessen beurteilen, was zu nichts zu gebrauchen ist. (Die Nishoshi-Affäre wurde mündlich geschildert.)[1]

73. Für Männer, die in den schönen Künsten Herausragendes leisten, ist es normal, andere als Wettbewerber zu erachten, dennoch trat Hyodo Sachu[2] seinen Titel »Meister des Renga« [= Kettengedichts] an Yamaguchi Shochin ab.[3] Das war ein bewundernswerter Akt der Demut.

[1] Siehe Buch 2-58.

[2] Ein Priester aus dem Yoga-Schrein in Saga.

[3] Ein Bürger aus dem Bezirk Rokuzacho in Saga.

74. Der Priester Tannen[1] hängte im Tempel ein Windspiel auf und sagte: »Ich lasse es dort nicht baumeln, um mich am Klang zu erfreuen. Ich hänge es dort hin, um zu wissen, wie stark und aus welcher Richtung der Wind bläst, und auf diese Weise Brände zu verhindern. Wenn man den Auftrag hat, einen großen Tempel zu leiten, ist Feuer die stärkste Gefahr.« Bliesen starke Winde, lief er des Nachts den Bezirk ab. Sein gesamtes Leben lang ließ er seinen schwelenden Hibachi[2] niemals ausgehen und stets standen neben seinem Kissen einsatzbereit eine Laterne und ein Feuerholz. Er sagte: »Während eines Notfalls verfallen die Menschen in Panik und es gibt niemanden, der rasch ein Licht entzünden kann.«

75. Unterscheidest du zwischen öffentlichem Raum und deinen Privatgemäuern oder zwischen dem Schlachtfeld und deiner Reisstrohmatte [= Tatami], wirst du niemals fähig sein, so schnell zu reagieren, wie es eine Krise möglicherweise erfordert. Geh stets mit Argusaugen durch das Leben. Wenn du nicht einmal auf einer Tatami im eigenen Haus Heldenmut unter Beweis stellen kannst, kann man sich im Kampf nicht auf dich verlassen.

76. Inwieweit ein Mann mutig oder ein Feigling ist, lässt sich in gewöhnlichen Zeiten nicht ermessen. Alles wird offenkundig, wenn etwas geschieht. (Zwei Geschichten über Aufträge übermittelte man mündlich.)[3]

[1] Siehe Buch 1-39.

[2] Kohlenbecken.

[3] Möglicherweise ein Verweis auf Jochos Aufenthalte in Kyoto 1686 und 1696.

77. Sieht dein Meister dich nicht, wirst du nicht wirksam dienen können. Deine Einstufung hängt voll und ganz davon ab, wie getreu deine Einstellung ist. War Fürst Mitsushige wütend, überschüttete er das Objekt seiner Wut mit Kritik, doch man hat mich niemals gemaßregelt, während ich ihm aufwartete. Der junge Prinz [Tsunashige] sagte häufig zu mir: »Du siehst wie die Art Mann aus, die eines Tages seinen Herrn im Stich lassen wird.« Ich vermutete, er spreche aus tiefstem Herzen, doch nach dem Tod von Fürst Mitsushige stellte er meinen Ratschlag nicht ein einziges Mal in Frage.

78. Meister Jocho sagte: »Selbst jetzt muss ich weinen, wenn ich darüber nachdenke, wie sehr ich noch immer bereit dazu bin, als Erster zu reagieren und mich als der nützlichste Diener zu erweisen, sollte eine Katastrophe hereinbrechen. Ich habe alles abgestreift und benötige nichts, da ich hier in den Bergen als Einsiedler lebe. Ich erachte mich als bereits gestorben. Und dennoch verspüre ich seit meiner Zeit als junger Mann bis tief im Mark meiner Knochen diesen Eifer zu handeln. Ich mag mich noch so sehr darum bemühen, diesen Gedanken aus meinem Herzen zu tilgen, ich glaube dennoch noch immer, dass ich der Einzige bin, der Rettung bringen kann. Ich muss mich fragen, ob die obersten Gefolgsmänner und anderen Vasallen dem Fürsten genauso tief empfundene Gefühle entgegenbringen wie ich.«

Als er darüber sprach, standen Jocho die Tränen in den Augen und seine Stimme brach. Er brachte kaum die Worte über die Lippen. »Wann immer ich über meine unvergängliche Hingabe nachdenke, breche ich so zusammen wie jetzt. Sei es mitten in der Nacht oder tagsüber, sei es, wenn ich für mich bin oder wenn ich Gäste habe, ich kann es nicht ändern.« Ich habe wiederholt beobachtet, wie Jocho Tränen vergossen hat, während er voller Wehmut über dieses Thema sprach.

79. Als ich Ittei eines Tages traf, sagte ich zu ihm: »Der Clan wird bis zum Ende der Zeit nicht untergehen. Denn wann immer ich sterbe, werde ich wiedergeboren werden, um den Clan ganz allein zu schützen und ihm zu dienen.« Schmunzelnd erwiderte Meister Ittei: »Was für eine kühne Erklärung.« Damals muss ich 24 oder 25 Jahre alt gewesen sein. Ittei sagte Takumoto Osho: »Ich habe gerade einen außergewöhnlichen jungen Mann kennengelernt, auf den der Clan sich gewiss verlassen kann. Er steht nicht im Geringsten hinter den großen Männern von früher zurück.« Diese Anekdote berichtete mir ein gewisser Priester, der Ohrenzeuge des Gesprächs war.

80. Der Priester Tannen predigte: »Versprich dein Herz stets der Gottheit des Clans [= Ujigami]. Das wird dir Glück bringen. Die Ujigami sind wie ein Elternteil von dir.«

81. Der ehemalige [Yamamoto] Jin'uemon sagte stets: »Für die Männer Sagas ist es nicht hinnehmbar, nicht zu unserem Vorfahren Fürst Nippo zu beten.[1] Einige Männer beteten sogar schon um Erfüllung ihrer Träume zu ihm, während er noch lebte. Sie wurden niemals enttäuscht.

82. Obwohl Gottheiten Unreinheit meiden, habe ich dennoch jeden Tag zu ihnen gebetet und sie um ihre Fürsorge im Kampf ersucht, sollte ich blutüberströmt kämpfen und über Reihen Ge-

[1] Ein anderer Name Nabeshima Naoshiges.

fallener schreiten müssen. Sollte ein Gott mich ablehnen, weil ich blutbesudelt dastehe, ließe sich das nicht ändern, dachte ich bei mir, betete aber trotzdem erfüllt von der Hoffnung, dass es Götter geben würde, denen dies nichts ausmacht.

83. In Zeiten des Unglücks oder der Katastrophe ist das rechte Wort zur rechten Zeit sehr wichtig. Auch in Zeiten des Glücks bedarf es eines rechten Worts zur rechten Zeit. Und auch wenn du jemanden auf der Straße grüßt, ist das rechte Wort bedeutsam. Überlege sorgfältig, bevor du sprichst. Ein der Situation entsprechendes Wort kann die Menschen dazu bringen, sich zu wappnen. Ich erinnere mich an derartige Erfahrungen. Behalte das stets im Hinterkopf und sei bereit, das zur jeweiligen Situation angemessene Wort zu äußern. Es ist furchtbar schwierig zu erklären, aber letztlich hängt es von deinem Herzen ab. Ein Mann, dem es in seinem Herzen an Gefühl mangelt, wird das niemals verstehen.

84. Zufällig kam ein Mönch vorbei, als Meister Jocho bei jemandem saß und plauderte. Jocho saß im Ehrensitz, wechselte aber, als er den Mönch begrüßte, auf eine niedrigere Position und sprach dann ganz gewöhnlich weiter. Das stand im Einklang mit der alten Etikette.

85. [= Jochos Adoptivsohn] Gon'nojo wurde zum Hilfskommandanten einer Einheit ernannt, die in der Garnison Nagasaki stationiert werden sollte. Meister Jocho schrieb ihm daraufhin einen Merkzettel mit wichtigen Gedanken. Darunter waren solche Grundsätze wie: »Bereite Pläne für den schnellstmöglichen Abmarsch vor. Zeige den Kulis ihre Unterkünfte. Versammle die

Männer, lade sie zu einem Essen ein und begrüße sie sorgfältig. Ein achtloses Wort wird ihre Einschätzung von dir als ihrem Anführer schmälern.« Außerdem schrieb er: »Ist dein Wille zu dienen aufrichtig, dann wirst du beim nächsten Mal dauerhaft zum Kommandanten ernannt.«[1]

86. Das Leben eines Mannes ist sehr kurz, insofern ist es am besten, dass er tut, was ihm am meisten Freude bereitet. Es wäre vermessen, wenn du dein Leben in dieser Welt zwischen den Träumen damit verbrächtest, Dinge zu tun, an denen du kein Gefallen findest, während du das Leid erträgst. Ich achte sorgfältig darauf, wann ich eine derartige Meinung äußere. Ich behalte diese Ansicht für mich, damit kein junger Samurai sie hört und auf für ihn abträgliche Gedanken kommt. Abgesehen davon schlafe ich gerne. Dementsprechend beabsichtige ich, mich in mein Quartier zurückzuziehen und mehr Zeit mit Schläfchen zu verbringen.

87. Über einen Traum in der 28. Nacht des zwölften Monats im dritten Jahr von Shotoku [= 1713]. Während meine Willenskraft zunimmt, verändert sich der Inhalt meiner Träume schrittweise. Träume spiegeln deinen tatsächlichen geistigen Zustand wider. Träume können dich in deiner Ausbildung leiten.

88. Reue ist, als würde man vergossenes Wasser zurück in den Behälter gießen. Ich bedauere die Person, die mit Verzögerung das Verbrechen eingestand, die Kogai eines anderen geraubt zu

[1] Siehe Buch 2-25.

haben.[1] Hätte er doch nur eher bereut, dann würden sich die Rückstände seines Verbrechens endgültig aufgelöst haben.

89. Wer nur ein geringes Verständnis der Dinge besitzt, geht davon aus, er kenne seine eigenen Stärken und Schwächen. Er identifiziert sich mit Menschen, die sich vermeintlich noch mehr verwirklicht haben, und deshalb glauben, sie wüssten um die »Grenzen« ihres eigenen hochtrabenden Formats. Mit falscher Bescheidenheit verkaufen sie dies als Schwäche. Mit der Zeit metastasiert dies zu Hochmut. Der Priester Kaion Osho hat gesagt, es sei schwierig, ernsthaft die eigenen Tugenden und Fehler wahrzunehmen.[2]

90. Ein schneller Blick auf das Auftreten eines Mannes wird dir zeigen, über wie viel Würde er verfügt. Würde findet sich in Bescheidenheit. Würde findet sich in Besonnenheit. Würde findet sich in Zurückhaltung. Würde findet sich in angemessenem Betragen. Würde findet sich in Anmut. Würde findet sich in knirschenden Zähnen und stechendem Blick. All diese Dinge zeigen sich äußerlich, aber ihre Substanz entspringt der Achtsamkeit und der Reinheit des Geistes.

91. »Gier«, »Wut« und »Torheit« sind treffende Unterteilungen für verkommenes Betragen. Tragen sich in der Welt verhängnisvolle Dinge zu, lassen sie sich stets einer dieser Verderbtheiten zuordnen. Andererseits lassen sich günstige Fügungen den Tugenden »Weisheit«, »Mitgefühl« und »Tapferkeit« zuordnen.

[1] Siehe Buch 2-70.

[2] Siehe Buch 2-5.

92. [Yamamoto] Gorozaemon[1] sagte: »Für Gefolgsleute ändern sich die grundlegenden Bedingungen nicht, aber die Umstände unterliegen abhängig vom Zeitalter einem Wandel. Unter den Fürsten Naoshige und Katsushige waren alle großen und kleinen Dinge gut definiert. Es gab nichts, was sie nicht wussten, insofern gab es keine Fehler, sofern ihre Anweisungen umgesetzt wurden. Gab es etwas, das man nicht verstand, musste man nur fragen und sie lehrten es einen. Sie waren gesellige Meister. Bei einem Herrn, denen es am erforderlichen Wissen gebricht, müssen die Gefolgsleute einfallsreich sein und gründlich planen, um ihm ein effektives Regieren zu erleichtern. Das kann ziemlich beschwerlich sein.«

93. Kazuma[2] [= Toshiaki] sagte einmal: »Einige vertreten die Ansicht, es sei schmutzig, bei einer Teezeremonie alte Utensilien zu verwenden. Neuere seien sauberer. Im Gegensatz dazu gibt es jene, die den Standpunkt einnehmen, man solle ältere Gebrauchsgegenstände verwenden, da diese nicht so protzig seien wie neue. Beide Ansichten sind falsch.«

»Alte Gebrauchsgegenstände wurden in der Vergangenheit vielleicht von Menschen geringeren Standes verwendet, gelangen aber wegen ihrer erstrebenswerten Qualitäten schließlich in den Besitz einer Person von hohem Rang. Diese Eigenschaft gilt es zu schätzen.«

»Dasselbe lässt sich über Gefolgsmänner sagen. Ein Mann aus bescheidener Familie ist in eine bedeutsame Position gelangt. Diese Beförderung wird er sich durch seine Leistungen

[1] Jochos Neffe.

[2] Nakano Kazuma Toshiaki. Siehe Buch 1-51.

verdient haben. Insofern ist es ein schwerer Fehler zu denken: ›Ich bin abgeneigt, mit dieser oder jener Person zu arbeiten, denn sie verfügt nur über einen geringen gesellschaftlichen Rang.‹ Oder: ›Bis vor kurzem war er nur ein einfacher Fußsoldat, insofern ist es verfrüht, ihn zum Hauptmann zu machen.‹ Ein Mann aus bescheidenen Anfängen verkörpert die Qualitäten, die es braucht, um sich eine Position des Respekts zu erarbeiten. Deshalb gebühren ihm mehr Kudos als einem Mann, der seinen Status durch seine Geburt geerbt hat.«

94. Als ich noch ein Kind war, sandte mich mein Vater, der ehemalige Jin'uemon, häufig zu Botengängen zur Brücke in Tojin-machi, damit ich den Wind der Stadt in meinem Gesicht spüre und mich an die Stadtbevölkerung gewöhne. Ab dem Alter von fünf Jahren trug man mir auf, im Namen meines Vaters hierhin und dorthin zu gehen, ab dem Alter von sieben Jahren sandte man mich zu den Ahnengräbern im Tempel. Dabei trug ich Musha-Waraji [= Strohsandalen], um robuster zu werden.

95. Wichtige Aufgaben lassen sich nicht ohne ein gewisses Maß an Mäßigung zwischen dem Herrscher, seinen obersten Gefolgsleuten und seinem Hohen Rat bewältigen. In einem Umfeld, in dem man den Dingen einfach ihren Lauf lässt, ist es unmöglich, ordnungsgemäß zu funktionieren. Ein Gefolgsmann sollte das bedenken.

96. Du solltest keine Ignoranz gegenüber dem Clan, seinen internen Abläufen und den historischen Wurzeln deiner Provinz an den Tag legen. Abhängig von der Situation kann es sich allerdings auch als hinderlich erweisen, über ein zu großes Wissen zu verfügen. Lass dich von deinem Urteilsvermögen leiten. Es kann sich auch als belastend erweisen, allzu viel über die alltäglichen Abläufe zu wissen. Der Disput zwischen Ishii Shingozaemon und Yamamoto kommt zur Sprache.[1] (Einzelheiten werden mündlich erläutert.)

97. Der Mönch Shungaku[2] sagte: »Es steht geschrieben: ›Rufe mit aller Kraft HALT und die Kraft zweier Männer wird in dir aufsteigen.‹ Das ist inspirierend. Etwas, das sich dann nicht beilegen lässt, wird sich vermutlich niemals ändern. Ist es zu schwierig, eine Angelegenheit mit der Kraft eines Mannes beizulegen, lässt es sich mit der Kraft zweier Männer bewältigen. Aufschieben bringt nichts wieder ins Lot. Ein anderer interessanter Grundsatz, den ich gelesen habe, besagte: ›Durchbrich mit einem Schrei und einem Tritt des linken Fußes eine eiserne Wand.‹[3] Zertrampele alle Probleme mit dem ersten Schritt des linken Fußes. In der Geschichte Japans war Hideyoshi der einzige Mann, der über ausreichend Vitalität und Talent verfügte, den Augenblick zu nutzen.«

98. Eine gewisse Person ist im Dienst unverfroren, aufgeweckt und fähig. Vor kurzem habe ich diesem Mann erklärt, dass sein gebildetes Wesen ihm ins Gesicht geschrieben sei und scheinbar keinerlei Grenzen kennt. Als ich ihn fragte, ob er von zehn Dingen drei oder vier verbergen könne, sagte er »Nein«. Er ist imstande, bei offiziellen Geschäften mit der Regierung ein gewis-

[1] Es ist nicht klar, auf welchen Disput hier Bezug genommen wird. Ishii Shingozaemon war Leibdiener von Nabeshima Tsunashige.

[2] Siehe Buch 1-49.

[3] »Linker Fuß« bedeutet hier »schnelles Marschieren«. Die Aussage des Satzes lautet in etwa: »Ergreife die Gelegenheit und handle rasch.«

ses Maß an Schmeicheleien aufzubringen, aber er besitzt nicht die notwendigen Charaktereigenschaften, um wichtige Angelegenheiten zu erledigen, die mit dem Fürst oder der Führung des Clans zu tun haben. Er ähnelt darin Du-weißt-wem. Diese Menschen glauben, es reiche aus, clever und gewitzt zu sein, um sich irgendwie durchzuwuseln.

Doch es gibt nichts Unangenehmeres als Cleverness und Geist. Die Menschen lassen einen derartigen Menschen nicht an sich heran und vermeiden es, intim mit ihm zu werden. Andererseits erwies sich ein begriffsstutzig wirkender Mann aufrichtigen Charakters als herausragender Gefolgsmann.

99. Bettle nicht bei deinem Fürsten, das ist schädlich. Wird jemand befördert, weil er durch seine Heirat mit jemand verwandt ist oder weil der Herrscher Vetternwirtschaft betreibt, wird er niemals offen seine Meinung kundtun können. Auch wenn er jahrelang ergeben Dienst tut, werden seine Kameraden ihn vermutlich abwertend »Liebling Seiner Hoheit« betiteln und all seine Leistungen werden nur wenig wert sein. Es ist einfacher, ohne die Fesseln der Günstlingswirtschaft zu dienen.

100. Plappert jemand ununterbrochen vor sich hin, spricht dies dafür, dass ihn möglicherweise etwas Anderes beschäftigt. Er redet und redet und versucht auf diese Weise, etwas zu verbergen. Hörst du ihm gut zu, werden sich in deinem Geist Zweifel melden.

101. Stimmst du allem zu, was bei einer förmlichen Diskussion oder beim lockeren Geplauder vorgebracht wird, und vertrödelst auf diese Weise einfach deine Zeit, wirst du keinen höheren Sinn finden können. Beschreibt jemand einen Gegenstand als schwarz, dann denke dir: »Er kann nicht schwarz sein, könnte aber weiß sein. Es muss einen Grund dafür geben, dass er weiß ist.« Indem du danach strebst, einer Sache Sinn zu verleihen, arbeitest du daran, eine höhere Stufe der Logik zu erreichen. Ohne Anstrengungen wie diese zu unternehmen, wirst du nicht imstande sein, andere zu übertreffen.

Lässt sich etwas auf der Stelle erwidern, sage es auf eine Weise, die keinen Anstoß erregt. Kannst du deinen Gegenüber nicht darauf ansprechen, unterhalte dich weiter, ohne Zorn zu wecken, und formuliere im Geiste eine logische Antwort. Auf diese Weise entwickelst du eine Logik, die solider ist als die anderer. Punkte einen Mann betreffend, der die Beziehung zu einem anderen abbrach [= mündlich wiedergegeben].[1] Dieser Ansatz unterscheidet sich vom »Mutmaßen«, »Zuvorkommen« oder »Bedenken tragen«.

102. Meister Jocho äußerte einem Samurai gegenüber seine Einschätzung: »Dass du deine Zeitgenossen übertriffst, was moralisches Verhalten und Diskretion anbelangt, ist eine gute Sache, aber du solltest stets danach streben, dich weiter zu verbessern. Es wäre eine Schande, bliebest du, wie du jetzt bist. Deine Neigung für die Künste zeigt allerdings, dass deine Ziele niedriger gesteckt sind, als man es von einem Samurai erwartet. Was ich damit sagen möchte: Egal, in welcher Kunst du dich hervortust, du wirst deinem Herrn dann mit diesem Talent dienen, anstatt als Krieger zu glänzen, wie es Generationen deiner Vorfahren vor dir getan haben. Das bedeutet, dass du letztlich nicht mehr bist

1 Möglicherweise handelt es sich um die Auflösung einer Adoption.

als ein Unterhaltungskünstler. Deshalb sage ich den Menschen auch, dass es für einen Samurai den Untergang bedeutet, sich in den Künsten hervorzutun. Für einen Krieger geringeren Rangs wäre das natürlich nicht sonderlich schlimm. Ich bitte dich dringend, voller Anstrengung auf das Ziel hinzuarbeiten, als wahrer Samurai angesehen zu werden. Giltst du als vollkommener Diener, werden dich die ranghöchsten Gefolgsmänner für Spezialaufträge auserwählen. Sie werden dir sogar deine früheren Fehltritte verzeihen, sofern niemand zur Verfügung steht, der noch geeigneter ist. Wie lässt sich Loyalität besser unter Beweis stellen als dadurch, dass man Vorschläge zur Verwaltung des Reichs beisteuert? Dein fester Wille, unter deinen Gleichgestellten hervorzustechen, wird dich selbst dann nützlich für deinen Herrn machen, wenn die Wahl für eine bestimmte Aufgabe nicht auf dich fällt. Möglicherweise zieht er dich sogar privat zu wichtigen Themen ins Vertrauen. Es zeugt von großer Loyalität, derartige Anforderungen erfüllen und Ratschläge geben zu können. Ein unbeugsamer Gefolgsmann wird nicht aussortiert, selbst wenn er anderen nur ein klein wenig überlegen ist. Vergiss das nicht und stecke deine Ziele höher.«

Der Empfänger dieses Ratschlags wollte wissen: »Kann ich dies durch Üben erreichen?«

Daraufhin erwiderte Meister Jocho: »Es ist einfach. Bleibe in jedem einzelnen Augenblick wachsam, sei stets auf der Hut. Strebe mit reinem und unverfälschtem Geist nach höherer Logik. Es ist einfach und mit Anstrengung absolut erreichbar.«

»Es gibt einen Weg, sich innerhalb von zehn Tagen im ganzen Land einen Namen für Vortrefflichkeit zu machen. Ich habe mich einst mit einem Mönch darüber unterhalten. Die meisten Menschen haben Angst vor dem Mönch. Er genießt einen hohen

Ruf, weil er in der Lage ist, die Wahrheit zu erkennen, und weil er andere mit seinen gewandten logischen Sticheleien aufs Kreuz legt. Geh und suche ihn morgen auf. Sagt er etwas zu dir, widerlege seine Logik geradeheraus und erschüttere ihn mit deiner überlegenen Logik. Die Menschen werden überrascht reagieren und die Kunde von deiner Tat wird sich rasch verbreiten. Niemand wird Notiz von dir nehmen, sofern du nicht eine große Nummer zu Fall bringst.«

Er erwiderte: »Ja, aber dieser Mönch ist in der Tat sehr clever«, woraufhin Jocho sagte: »Wenn du derart schwächliche Dinge sagst, wirst du niemals etwas von Bedeutung tun können. Was ist so Besonderes an dem Mönch? Egal, wie formidabel dein Widersacher auch sein mag, schenke ihm keinen Zentimeter, ansonsten wirst du niemals die Oberhand behalten.«

»Interessant, dass Yoshitsune[1] von ›Kühnheit‹, ›Weisheit‹ und ›Güte‹ sprach. Diese drei Tugenden sind für Männer wichtig, die jünger als 40 Jahre alt sind. Das gilt bis zum heutigen Tage. Wer älter als 40 ist und seinem Fürsten noch nicht aufgefallen ist, der sollte diesen Qualitäten weiterhin Wert beimessen, ansonsten bleibt er bis zum Ende nicht etabliert. Dieser Mönch wurde schlichtweg dadurch berühmt, dass er für diese drei Qualitäten bekannt war.«

»Was deinen Herrscher, die höchsten Gefolgsleute oder Ältesten anbelangt, solltest du von öffentlicher Kritik an ihnen absehen. Selbst wenn ihre Äußerungen von Unvernunft zeugen, be-

1 Minamoto-no-Yoshitsune (1159–1189) spielte eine zentrale Rolle im Gempei-Krieg zwischen den Familien Taira und Minamoto. Yoshitsune – der jüngere Bruder Yoritomos, der die Kamakura-Bakufu begründete – wird in den Legenden als großer Krieger gerühmt und gilt bis heute als Japans größter tragischer Held.

halte deine Einschätzung für dich. Loyales Handeln bedeutet in diesem Fall, es hinzunehmen, auch wenn ihre Logik fehlerhaft ist, und stattdessen ihr Lob zu singen, damit andere ein Gefühl der Verbundenheit verspüren. Es ist unhöflich, in den Köpfen anderer Menschen die Saat des Zweifels zu säen. Die Menschen sind wankelmütig. Äußert eine Person ein Lob, werden andere rasch dasselbe tun. Dasselbe lässt sich über Kritik sagen und wenn jemand in Verruf gerät, sind die Leute schnell dabei, ihre Einschätzung zu dieser Person herunterzuschrauben.«

»Ich habe gehört, dass jemand vorschlug, du solltest zu einem anderen Clan wechseln. Du solltest dich zurückgewiesen fühlen und deinen Vorgesetzten dafür rügen, dass er diese Idee überhaupt vorgeschlagen hat. Mach ihm deutlich, dass er dir in der Vergangenheit zwar seine Gunst gewährt hat, du einem derart grotesken Vorschlag aber niemals deine Zustimmung geben könntest. Gehst du darauf ein, um dir sein gutes Verhältnis zu ihm bewahren, wird man dich als Mann fragwürdigen Charakters brandmarken, dem es an Aufrichtigkeit gebricht. Freunde werden sich gegen dich wenden und mit der Zeit wird dein Ruf irreparablen Schaden nehmen. Und solltest du auch zu Tode hungern, vergiss nicht: Du bist ein Gefolgsmann des Saga-Clans. Beschließe in deinem Innersten, dass du die Treue gegenüber deinem Herrn niemals aufgeben wirst, selbst wenn Buddha und die Gottheiten dir befehlen, es zu tun. Ziehe es vor, in Vergessenheit zugrunde zu gehen.«

103. Siehe stets von leichtfertigen Bemerkungen ab, die Anstoß erregen. Achte ausgesprochen sorgfältig darauf. Reagieren die Menschen verwirrt auf ein Ereignis in der Welt und wissen nicht, was zu tun ist, werden sie reflexhaft über nichts anderes sprechen. Reden ist in derartigen Zeiten nutzlos. Eine unachtsam getroffene Äußerung könnte einen Streit heraufbeschwören. Oder du machst dir Feinde, die indigniert reagieren. In solchen Zeiten ist es am besten, sich nicht herauszuwagen. Bleibe besser zu Hause und verfasse Gedichte.

104. Es ist ausgesprochen unangebracht, abfällig über die Angelegenheiten anderer Menschen zu klatschen. Es ist aber auch nicht immer angemessen, gut über sie zu sprechen. Am besten ist es, sich der eigenen Fähigkeiten bewusst zu sein, sich seiner Ausbildung zu widmen und in seiner Wortwahl Besonnenheit an den Tag zu legen.

105. Ein Mann von vornehmem Charakter verfügt über einen gelassenen Geist und überstürzt nichts. Ein geringerer Mann ist nicht friedfertig, stößt ständig mit allen zusammen und streitet mit ihnen herum.

106. Die Welt zu betrachten, als handele sie sich um einen Traum, ist anspruchsvoll. Aus einem Albtraum versuchst du möglichst schnell zu erwachen und bist erleichtert, dass es sich nur um einen Traum gehandelt hat. Diese Welt, in der wir heute existieren, ist genauso.

107. Um seine Aussage zu unterstreichen und ihr Logik zu verleihen, fügt ein kluger Mann Elemente echter und unaufrichtiger »Weisheit« zusammen und manipuliert auf diese Weise die Wahrheit. Das Ergebnis ist eine »vergiftete Weisheit«. Nichts, dem es an Aufrichtigkeit gebricht, ist von Wert.

108. Es gibt so etwas wie eine ehrenhafte Niederlage, etwa wenn man bei einem Rechtsstreit oder einem Streit rasch unterliegt. Es ist wie beim Sumo-Ringen. Ist man ganz damit beschäftigt, um jeden Preis zu gewinnen, ist es schlimmer, durch Betrug zu gewinnen als [mit Würde] zu verlieren. Insgesamt wird das Ergebnis eine täuschende Niederlage sein. [= Wechsel des Wohnortes. Mündlich übermittelt.][1]

109. Wenn man diskriminiert, Feindseligkeiten in sich trägt und andere dazu bringt, sich entfremdet zu fühlen, mangelt es einem an Mitgefühl. Ist alles von Mitgefühl umgeben, wird der Konflikt sein hässliches Haupt nicht erheben.

110. Ein Mann mit oberflächlichem Wissen wird auftreten, als wisse er alles. Das ist kindisch. Ein gebildeter Mann ist bescheiden und würde niemals auf diese Weise angeben.

111. Meinem Adoptivsohn Gon'nojo sagte ich: »Heutzutage neigen junge Männer dazu, verweichlicht zu sein. Wir leben in einem Zeitalter, in dem Krieger, die zugänglich, gesellig, nicht konfrontativ und sanft sind, als tugendhafte Männer glorifiziert werden. Diese Neigung bedeutet, dass Samurai in ihren Möglichkeiten eingeschränkt und vage sind. Vor allem sind Männer damit beschäftigt, ihre Position und ihr Gehalt zu verteidigen. Aus meiner Sicht siechen sie einfach dahin.«

»Als Adoptivsohn hältst du es möglicherweise für unentschuldbar, das Anwesen zu verschleudern, schließlich hast du es nicht durch deiner eigenen Hände Arbeit erlangt, sondern

[1] Das bezieht sich auf die Episode, die in Buch 1-26 erwähnt wird.

durch die harte Arbeit deines Adoptivvaters. So zu denken, ist heutzutage normal. Dennoch vertrete ich eine völlig andere Ansicht. In all meinen Jahren des Dienstes habe ich niemals über meine eigene Position oder meinen Besitz nachgedacht. Als Vasallen gehören wir dem Herrscher, insofern ist es nicht zu verzeihen, verfällt man in einen Selbsterhaltungsmodus. Solange ich noch am Leben bin, wäre ich mehr als zufrieden, mitanzusehen, wie du in Erfüllung deiner Pflichten hinausgeworfen wirst oder Seppuku begehst. Beide ehrenvollen Schritte stellen den definitiven Abschluss für einen Gefolgsmann dar.«

»Andererseits wäre ich beschämt, solltest du unser Haus durch straffällige Taten ruinieren, indem du beispielsweise [auf dem Weg des Kriegers] zurückfällst, dich eines Benehmens schuldig machst, das eines Gefolgsmanns nicht würdig ist, dich eigensinnigen Gelüsten hingibst oder zur Belästigung für andere wirst. Schwindet unser Vermögen aus irgendeinem anderen Grund, nun, dann sei es so. Wenn du ein derartiges Schicksal akzeptierst, bedeutet dies, dass deine ›Waffenhand‹ sich ungehindert und eifrig bewegt, da dein Herz vor Schneid und dem Wunsch zu dienen überquillt.«

112. Fehlt es einem Mann an dem Willen zu dienen, so ist der Grund dafür in seinem Stolz zu suchen. Er ist überzeugt, im Recht zu sein, und legt alles zu seinen Gunsten aus. Er verfällt in eine unmoralische Lebensweise und hält sich für herausragend. Dergleichen verdient es, ernsthaft verurteilt zu werden. Urteilskraft, Kunstfertigkeit, Status, Wohlstand, Befähigung und Einfallsreichtum sind alles Attribute, bei denen es gerechtfertigt ist, Stolz an den Tag zu legen. Wer dies jedoch für ausreichend hält, wird engstirnig werden, andere niemals um ihre Meinung bitten und sein Leben mit kleinlichen Belanglosigkeiten vergeuden. Tatsächlich scheint Aufgeblasenheit eine unvermeidbare Schlussfolgerung zu sein. Der auf törichteste Weise stolze unserer Clansmänner prahlte sogar mit seiner Dümmlichkeit: »Da ich der Dümmste von allen bin, konnte ich ein recht friedliches Leben leben.«

Der Wille, deinem Herrscher zu dienen, verlangt dir einzig ab, ihm entsprechend deines Status zur Seite zu stehen, fehlgeleiteten Stolz abzustreifen, deine Fehler zu kennen, nach Wegen zu suchen, dich zu bessern, lebenslang nach Verbesserung zu streben und erst dann zufrieden zu sein, wenn du deinen letzten Atemzug tust. Sei dir deiner Unzulänglichkeiten bewusst und arbeite daran, sie aus der Welt zu schaffen. Genau das ist der Weg [des Kriegers].

113. Bevor du einer Person deine Aufwartung machst, empfiehlt es sich, sie im Vorfeld zu kontaktieren. Ohne Vorwarnung könnte es geschehen, dass der Gastgeber etwas prädisponiert ist, was von deiner Seite aus unhöflich wäre. Grundsätzlich gesprochen ist es nicht bedacht, jemanden zu besuchen, sofern man nicht eingeladen wurde. Die Zahl wirklich enger Freunde ist gering. Zeige dich von deiner besten Seite, wirst du zu ihnen nach Hause eingeladen. Die Freude mag dürftig ausfallen, erfolgen deine Besuche zu häufig. Trifft man sich einfach nur zum Spaß, zieht dies oftmals zahlreiche Fauxpas nach sich. Und selbst wenn du gerade sehr beschäftigt bist, kommt dich jemand besuchen, solltest du nicht deine Pflichten als Gastgeber vernachlässigen, indem du den Besucher distanziert behandelst.

114. Der oberste Gefolgsmann von Fürst Ikoma Iki-no-Kami,[1] Maeno Sukezaemon, machte sich eines Verbrechens schuldig. Ikoma Shogen meldete es dem Shogunat und nach dem Kriegsgericht wurde Sukezaemon zum Tode durch Enthaupten verurteilt. Das Reich Fürst Ikomas wurde eingezogen und sein Gehalt auf 10 000 Koku gekürzt.

Als ich den Bericht las, hielt ich Shogens Absichten für loyal, doch sein Handeln führte dazu, dass sein Fürst in den Ruin getrieben wurde. Hätte er das Shogunat nicht von dem Vorfall in Kenntnis gesetzt, hätte sein Fürst mit zwei, drei getreuen Vasallen durchhalten können.[2] Gemeinsam hätten sie Schritte ergreifen können, den Clan vor allem, was da kommen möge, zu schützen. Falls er sich zum Handeln gezwungen sah, hätte er Sukezaemon erschlagen können, nachdem er zuvor den anderen Gefolgsleuten alles offenbart hatte. Auf diese Weise wäre der Name seines Herrn nicht in den Schmutz gezogen worden. Es gibt ein Sprichwort, das besagt: »Man tötet den Ochsen, während man versucht, den Winkel seiner Hörner zu korrigieren.« Dies trifft auf Shogens Handlungen zu.

Mönch Kaion[3] sagte: »Ich habe Fushu[4] gefragt, warum er als einziger Gefolgsmann nicht an der Versammlung teilnehmen wollte, auf der man beim Herrscher protestieren wollte. Daraufhin erwiderte er: ›Es gibt einen rechten Weg, seinem Herrscher Ratschläge zu unterbreiten. Versammeln sich alle Gefolgsleute

[1] Herrscher über das 70 000 Koku umfassende Takamatsu-Reich.

[2] In einigen Versionen des *Hagakure* heißt es an dieser Stelle »zwei oder drei Jahre« und nicht »mit zwei oder drei Vasallen«.

[3] Siehe Buch 2-89.

[4] Siehe Buch 1-7.

für diesen Zweck, kann man auch gleich der ganzen Welt verkünden, dass unser Herr einen Fehler begangen hat. Aller Wahrscheinlichkeit nach werden Menschen des allerhöchsten Rangs [= Fürsten] zu selbstsüchtigen und fehlerbehafteten Männern heranreifen, weil sie stets ihren Willen bekommen haben.‹[1] Und dennoch sind die meisten von ihnen nicht korrupt genug, den Untergang ihres Reichs herbeizuführen. In vielen Fällen gilt: Ist die Dienerschaft bemüht, Einfluss auf die Art und Weise des Fürsten zu nehmen, wird der Rest der Welt der Probleme gewahr und das Reich ist verloren. Die erwähnte Beratung wurde letztlich abgesagt, aber hatte das zur Folge, dass etwas Schlechtes geschehen ist?«

Grundsätzlich möchte ein ehrgeiziger Vasall seinen Herrscher ermahnen, weil es als wertvolle Tat angesehen werden wird oder ihn andere dazu gedrängt haben. Ein loyal vorgetragener Protest sollte höflich und diskret vonstattengehen, auf dass er offen angenommen wird. Weigert dein Herrscher sich, dir zuzuhören, unternimm alles in deiner Macht Stehende, seine Mängel zu verwischen. Stell dich als sein Fürsprecher auf seine Seite und sorge dafür, dass keinerlei Gerüchte entstehen, die seinen Namen beschmutzen. Häufig geschieht es, dass Gefolgsleute, wenn ihr Herrscher ihren Ratschlag nicht annimmt, aufsässig werden und sich von ihm abwenden. Für einen Gefolgsmann gibt es kein heimtückischeres Verhalten als für Unruhe zu sorgen. Möglicherweise liegt es an unseren vom Schicksal gesegneten Ursprüngen, aber selbst wenn sich etwas Abträgliches zuträgt, endet es doch irgendwie immer gut für den Nabeshima-Clan.

[1] In diesem Fall bezieht er sich auf Fürst Mitsushige.

115. Nichts Exzessives ist gut. Selbst buddhistische Gebete, Vorlesungen und Unterweisungen in moralisch richtigem Verhalten können schädlich sein, werden sie zu ausführlich dargelegt.

116. Ein kriecherischer Speichellecker wird sein Wissen mit aller Macht für schändliche Zwecke einsetzen und seinen Fürsten fälschlich dazu verleiten, auf der Erfolgsleiter nach oben zu klettern. Auf den ersten Blick ist es schwierig, bei einem Kuppler, der nur nach der Gunst seines Herrschers strebt, das Wesen und die Natur seines üblen Treibens zu erkennen. Da es schwierig ist, manipulierende Absichten zu erkennen, gelang es selbst dem berüchtigten Oga Yashiro,[1] Fürst Gongen[2] hinters Licht zu führen. Clevere Männer dieses Schlags finden sich häufig unter den neu in Dienst gekommenen Gefolgsmännern oder unter Emporkömmlingen. Unter Erbvasallen und Männern hohen Rangs sind sie selten.

117. Jin'uemon sagte gerne: »Man sollte sich nicht damit abmühen, Töchter zu erziehen. Möglicherweise beflecken sie den Familiennahmen und bringen [nachdem sie verheiratet wurden] Schande über die Eltern. Die älteste Tochter ist etwas Besonderes, aber alle anderen sollten fallengelassen werden.«

118. Wie der Priester Keiho[3] berichtete, sagte Fürst Aki[4] einst: »Tapfere Taten lassen sich nur erreichen, indem man sich in

1 Oga Yashiro (?-1574) ist ein bekannter Verräter. Er ließ den Feind [= Takeda Katsuyori] in Tokugawa Ieyasus Festung in Okazaki.

2 Tokugawa Ieyasu.

3 Ein Priester im Tempel Kodenji.

4 Nabeshima Aki-no-Kami Shigemasa (1571–1645).

einen ›Verrückten‹ verwandelt.« Ich war erstaunt zu hören, wie dicht er mit seiner Auffassung an meiner eigenen lag, und es bestärkte mich in meinem Streben, im Dienst zu einem ›Verrückten‹ [= Kichigai] zu werden.

119. Der ehemalige Nakano Kazuma[1] sagte: »Der Zweck der Teezeremonie bestand ursprünglich darin, die sechs Sinne zu reinigen. Die Augen werden gereinigt, indem sie die Schriftrolle und die Blumenarrangements im Teeraum betrachten, die Nase durch das Riechen des Weihrauchs, die Ohren, indem man zuhört, wie heißes Wasser eingegossen wird, der Mund durch den Geschmack des Tees und Arme und Beine durch die Korrektheit von Etikette und Form. Wurden die fünf Sinne auf diese Weise gereinigt, werden im weiteren Verlauf die Empfindungen des Geistes gereinigt. Ist der Geist von Überflüssigem verstopft, wird die Teezeremonie ihn reinigen. Ich weiche niemals, zu keiner Tageszeit, vom ›Herz des Tees‹ ab, aber nicht, weil es sich einfach um einen Zeitvertreib handelt. Zudem sollten die bei der Zeremonie zum Einsatz kommenden Gegenstände zum eigenen sozialen Rang passen.

Es gibt ein Gedicht über Pflaumenblüten: ›Unter dem tiefen Schnee in dem Dorf, das vor uns liegt, erblühten vergangene Nacht viele Zweige des Pflaumenbaums.‹ Die verschwenderische Phrase ›viele Zweige‹ wurde geändert zu ›ein einziger Zweig‹. Das vermittelt Gleichmut und Kultiviertheit.«[2]

[1] Siehe Buch 2-93.

[2] Während der Zeit der Fünf Dynastien (907-960), einer Zeit großen Aufruhrs in China, zwischen dem Sturz der Tang-Dynastie und der Gründung der Song-Dynastie, las der berühmte Dichter Zheng Gu das Gedicht und erklärte, er halte es ästhetisch für angenehmer, wenn »viele Zweige« in »einen Zweig« abgeändert würde.

120. Hat sich ein Mann – ein Freund oder Verbündeter –, dem gegenüber du dich verpflichtet fühlst, eines Verstoßes schuldig gemacht, solltest du ihn heimlich mahnen, ihn aber öffentlich decken und als Verbündeten loben, wie es ihn unter Tausenden nur ein einziges Mal gebe. Weist du ihn privat zurecht, kann er seine Fehler korrigieren und sich letztlich als würdiger Mann erweisen. Das Lob wird ihn ermutigen, sein Benehmen zu korrigieren, und er wird fortan Fehltritte vermeiden. Deswegen ist es wichtig, innerhalb der Grenzen des Mitgefühls zu bleiben und ihm dabei zu helfen, sein Betragen zu korrigieren.

121. Ein bestimmter Mann sagte: »Es gibt zwei Arten von Willen: inneren und äußeren. Mangelt es einem Mann an einer Art, wird er untauglich sein. Es ist wie bei einer Schwertklinge, die geschliffen und dann in ihrer Scheide verstaut wurde. Immer wieder nimmt man sie heraus, um an einer Augenbraue zu prüfen, wie scharf sie ist. Man wischt sie sauber und verstaut sie dann wieder. Fuchtelt ein Mann ständig mit seinem Schwert herum, werden andere auf Distanz bleiben und er wird sich keine Freunde machen. Steckt das Schwert hingegen ständig in der Scheide, wird es Rost ansetzen und stumpf werden. Analog dazu werden die Menschen einen Mann, der niemals seine Willensstärke unter Beweis stellt, herabsetzen.«

122. Eine Unternehmung lässt sich niemals ausschließlich durch Cleverness durchführen. Du musst imstande sein, die Dinge von einer breiten Perspektive aus betrachten zu können.

Es ist unbedacht, in Fragen von Gut und Böse stürmisch zu Entscheidungen zu gelangen, andererseits sollte man auch nicht zu zögerlich sein. Ein Mann, der eine Angelegenheit nicht prompt und ohne dass seine Entschlossenheit ins Wanken gerät beilegen kann, ist kein wahrer Krieger.

123. In meiner Jugend sagte Ittei zu mir: »Ich setze große Stücke auf dich. Ich hoffe nur, dass du nach meinem Ableben den Clan zufriedenstellend hüten wirst. Es wird schwierig, aber bitte öffne dich der Aufgabe, für das Reich zu sorgen.« Er weinte bei diesen Worten, die mich mitten ins Herz trafen, denn er verdeutlichte mir, wie gewaltig meine Verantwortung war. Ich habe das niemals vergessen, war es doch das erste Mal, dass ich dermaßen beredet angeleitet worden war. Derartige Ratschläge sind in der heutigen Zeit selten. Geben Ältere heutzutage jungen Männern moralische Empfehlungen an die Hand, stehen dabei Belange des »Benehmens« im Mittelpunkt, der »Einstellung« und des »guten Dienens«. Die Betreuung konzentriert sich auf die eigene Verbesserung, aber Itteis Lektion hatte eine völlig andere Bedeutung. Leider sind keine Menschen mehr übrig, die die Dinge mit Worten dergestalt ausdrücken können, wie Ittei es vermochte.

124. Trägt ein Mann böses Blut in sich oder zieht er vor Gericht, hängt es von der Art und Weise der Vermittlung ab, ob sich eine friedliche Lösung finden lässt. Zwei Samurai trafen einst auf einer Brücke zusammen, die nur breit genug für einen von den beiden war. Beide weigerten sich, dem anderen Platz zu machen, und drohten damit, das Schwert eine Lösung finden zu lassen. Da trat ein Verkäufer von Rettichen zwischen die beiden. Er packte jeden von ihnen mit der Stange, die er über seine Schultern trug, hob sie in die Höhe und drehte sie einmal so, dass sie am entgegengelegenen Ende der Brücke zu stehen kamen. Es gibt viele Wege, ein Problem zu lösen, und dies gilt als konstruktiver Dienst an seinem Herrn. Es ist höchst bedauerlich zu sehen, dass kostbare Gefolgsleute sinnlos sterben oder sinnlos Zwietracht säen.

In Kyoto zwang Genzo[1] einmal Ezoe Shobei seine Meinung auf, während sie sich betranken. Wenn er sich dem Alkohol hingab, neigte Genzo dazu, ausfallend zu werden. Am nächsten Morgen griff sich Shobei sein Kurzschwert und versuchte, in Genzos Haus einzudringen und ihn zu töten. Motomura Buemon hörte davon und führte Shobei zurück in seine Unterkunft, nachdem er ihn beruhigt hatte.

Anschließend kam Buemon zu mir und fragte mich: »Was im Namen des Himmels soll ich nun tun?« Dann erschien auch Genzo und fragte: »Ist Shobei hier? Offenbar ist er vorhin in meinem Haus erschienen und hat einen ziemlichen Tumult veranstaltet, aber meine dumme Dienerschaft hat mich davon nicht in Kenntnis gesetzt. Ich habe gerade eben erst von dem ganzen Aufruhr gehört und beschlossen, hierher zu kommen.« Er wollte Shobei aufsuchen, aber ich hielt ihn auf. »Du solltest zurückgehen. Überlass das mir. Als erstes werde ich Shobei fragen, was ihn verdrießt, dann berichte ich dir, was er gesagt hat.« Er tat wie geheißen.

Als Shobei einbestellt wurde, schilderte er seine Sicht der Dinge: »Menschen in Anwesenheit anderer ihre Fehler zu schildern bedeutet nicht, ›seine Meinung zu sagen‹. Ich bin überzeugt, dass er mich zu erniedrigen sucht, weil er mir etwas nachträgt. Ich wollte ihn direkt fragen, warum er mich verabscheut.«

1 Ushijima Genzo Naotaka war ein Beamter für Gedichtbände [= Kashoyaku] und Verwalter in Kyoto. Als Mitsushige starb, ließ er sich gemeinsam mit Jocho zum Mönch weihen und nahm den Namen Itchu an.

Ich antwortete: »Ich verstehe. Eine anständige Erklärung. Doch Genzo trägt dir nichts nach. Er hat die lästige Angewohnheit, ›seine Meinung zu äußern‹, wenn er betrunken ist. Nagayama Rokuro hat die schlechte Angewohnheit, sein Schwert zu ziehen, wenn er zu viel getrunken hat. Gewohnheiten kommen in unterschiedlicher Ausprägung daher. Wo ist die Loyalität, wenn etwas dermaßen Triviales wie ein Ausbruch im Zustand der Trunkenheit dazu führt, dass der Herr zwei seiner kostbaren Gefolgsleute verliert?[1] Du bist ein Mann, der in den Genuss der Freigebigkeit Seiner Hoheit gekommen ist. Schreibt es dir die Pflicht nicht vor, diesen Gefallen zurückzuzahlen? Es besteht keine Notwendigkeit, an Gesicht zu verlieren. Ich werde Genzo fragen, was ihn in seinem Herzen umgetrieben hat, und dich davon in Kenntnis setzen, was er geantwortet hat.« Dann kehrte er in sein Heim zurück, um dort zu warten.

Als ich Genzo erzählte, was Shobei gesagt hatte, erwiderte dieser: »Ich habe keinerlei Erinnerung daran, was sich vergangene Nacht zugetragen hat. Ich hege ihm gegenüber keinerlei Antipathie.« Darauf erwiderte ich: »Ich werde dies Shobei weitergeben. Da er sich dir, seinem Hauptmann, gegenüber dermaßen geringschätzig verhalten hat, bitte ich dich, ihm gegenüber wegen seiner jungen Jahre Milde walten zu lassen. Ich werde ihn ermahnen, künftig mehr Umsicht walten zu lassen.« Ich erzählte Shobei, wie sich die Dinge zugetragen hatten, und dies war das Ende der Angelegenheit.

Nach diesem Aufbrausen entschied Shobei, seine Berufung in die Rechnungsabteilung nicht fortzusetzen. Wir versuchten ihn

1 Hätte Shobei den Vorfall zum Anlass genommen, Genzo zu töten, hätte er der Sitte gemäß zur Wiedergutmachung seiner Verfehlung Seppuku begehen müssen.

davon abzubringen, diesen Weg einzuschlagen, aber er bat Kitajima Jinzaemon darum, dafür zu sorgen, dass er auf einen anderen Posten im Reich versetzt werde. Buemon bekam Wind von dem Antrag und suchte mich erneut mit der Bitte um einen Rat auf. Ich wies ihn an, Jinzaemon zu sagen, er solle den Antrag für den Augenblick beiseitelegen, dann ließ ich Shobei kommen. Als Begründung für seine Entscheidung sagte er: »Ich werde auf keinen Fall mit Genzo zurechtkommen und würde es vorziehen, versetzt zu werden.« Ich versicherte ihm: »Ich bin sicher, ihr beiden werdet gut miteinander auskommen können. Bitte lass dir meine Worte durch den Kopf gehen. Wechselst du auf halbem Weg den Posten, werden Gerüchte laut werden, dass du Genzo seit einem Trinkgelage etwas nachträgst und deswegen versetzt wurdest. Außerdem wird man dich als Trunkenbold brandmarken, sodass du möglicherweise keinen anderen Posten erhalten wirst. Gleichzeitig schadet dies Genzos Ruf. Bitte zügele deine Ungeduld ein wenig länger.«

Ich drang in ihn, sich zu versöhnen: »Du solltest deinen Stolz vergessen und Genzos bester Freund werden.« Shobei erwiderte: »Selbst wenn ich das wollte, würde er sich mir niemals öffnen.« Ich antwortete: »Lass mich dich lehren, sein Herz zu öffnen. Verschwende keine Gedanken auf seine Defizite, sondern schaue in dein eigenes Herz und denke: ›Ich habe mich schlecht benommen. Führe ich mir mein Handeln noch einmal vor Augen, stelle ich fest, dass ich falsch lag. Es war unverzeihlich, wie ich mich gegenüber meinem Vorgesetzten verhalten habe. Solange Genzo dieses Amt innehat, muss ich mir die Finger wund arbeiten.‹ Kannst du auf diese Weise denken, wird er deine Gefühle erkennen und ihr werdet imstande sein, freundschaftliche Beziehungen zu pflegen. Außerdem bist du ein Problem-Trinker. Auch du solltest eine Zeitlang einen Bogen um den Schnaps machen.« Nachdem ihm wiederholt dazu geraten worden war, entsagte er dem Alkohol.

Shobei sprach mit Genzo und erklärte im Anschluss: »Ich bin dir für deine von Herzen kommende Entschuldigung ausgesprochen dankbar und mein eigenes Verhalten ist mir unangenehm. Solange ich dein Vorgesetzter bin, werde ich dich nicht fortschicken.« Tatsächlich wurden die beiden unzertrennlich und als Genzo ein anderer Posten übertragen wurde, schlug er vor, Shobei zu befördern. Das kann geschehen, abhängig davon, wie mit einer Situation umgegangen wird.

Ist jemand trunken oder redet wirr oder sagt etwas Unhöfliches, das sich nicht ignorieren lässt, reagiert man am besten mit einem Scherzwort, das den Umständen angemessen ist. Wie närrisch ist doch ein erboster Mann, der zu aufgebracht ist, um umgehend mit einer passenden Äußerung zu kontern, und stattdessen sein Schwert aus der Scheide zieht, weil er das Gefühl hat, man habe seine Ehre in Frage gestellt.

Schimpft dich jemand einen »Trottel«, begnüge dich damit, den anderen als »Holzkopf« zu bezeichnen und die Angelegenheit damit auf sich beruhen zu lassen. Shobei hätte die Spannung lösen können, indem er gesagt hätte: »Zwar bin ich dir dankbar für deine Kritik, aber ich würde es vorziehen, diese nicht in Hörweite anderer Männer entgegenzunehmen. Es sind so viele Menschen anwesend, dass ich fürchte, deine Worte könnten meine Ehre in den Dreck ziehen. Außerdem: Wenn ich mich von dir schon tadeln lassen muss, darf ich dann anmerken, dass du auch nicht frei von Schuld bist? Wir alle weichen unter dem Einfluss von Alkohol vom Pfad der Vernunft ab, aber ich würde deine Ermahnungen gerne in nüchternem Zustand entgegennehmen. Und jetzt lass uns noch einen trinken.« Es hätte keine Schmach gegeben und niemand hätte wütend werden müssen, hätte er auf diese Weise geantwortet. Hätte Genzo seine Beschimpfungen fortgesetzt, hätte man diese Situation mit angemessenen Erwiderungen beilegen können.

Außerdem sei angemerkt, dass es einem Trunkenbold sehr schwerfallen wird, mit einem todernsten Mann einen Streit anzuzetteln.

Vor einigen Jahren waren zwei Männer in der Burg zum Wachdienst eingeteilt und der eine nannte den anderen provozierend ein »Kreuz«, wie den Gegenstand, auf dem gewöhnliche Verbrecher hingerichtet werden. Das brachte den so Genannten in Rage. Aufgebracht beschloss der Gekränkte, den anderen zu töten. Gorozaemon[1] und Naridomi Kurando hatten Nachtdienst und als sie von dem Vorfall hörten, griffen sie ein und hießen den Störenfried, sich unverzüglich zu entschuldigen.

Hätte der Beleidigte etwas in der Art von »Und Sie, mein Herr, sind nur ein Pfahl, an dem Sünder verbrannt werden« erwidert, wäre nichts weiter geschehen. Verliert jemand vor Verblüffung seine Sprache, ist das ein Zeichen der Schwäche. Achte darauf, wie du etwas sagst und was in diesem Augenblick zum Ausdruck gebracht wird.

125. Als ich hörte, dass man gegen Genzo wegen Überschreitungen ermittelte, ging ich zu einem bestimmten Mann und bat darum, ihn privat sprechen zu dürfen. »In welcher Angelegenheit beabsichtigst du ihn zu verhören? Zum Glück bin ich wieder in Saga, aber ich kann unmöglich nach Kyoto zurückkehren,

[1] Jochos Neffe Yamamoto Tsuneharu.

ohne den Grund zu kennen. Entschuldige meine Forschheit, aber ich muss es wissen. Bitte nenne mir den Grund.« Dem Mann blieb kaum eine Wahl, also sagte er: »Man wirft ihm vor, er habe Utensilien des Fürsten für persönliche Zwecke verwendet. Seine Hoheit wurde informiert, dass er gelegentlich diese Gegenstände mit vor die Tore der Residenz nahm bei Ausflügen, auf denen er in Begleitung von Dienerinnen große Mengen an Reiswein zu sich nahm.«

Ich erwiderte: »Oh, Gott sei Dank. Ich bin sehr erleichtert. Es gibt keinerlei Grund zur Sorge. Da er seit Jahren Verwalter der Residenz in Kyoto ist, mangelt es ihm nicht im Mindesten an notwendigen Utensilien. Das ist dir gewiss aufgefallen, wenn du ihm einen Besuch abgestattet hast. Möglicherweise hat er sich etwas geliehen, um bei öffentlichen Versammlungen von 30 oder 40 Gästen seinen Pflichten nachkommen zu können. Mit Regierungsvertretern und Hofaristokraten umzugehen, Verwalter anderer Residenzen des Reiches zu treffen oder mit Geldverleihern Verhandlungen zu führen, bringt viel Arbeit mit sich. Zu diesem Amt gehört auch der Besuch von Teehäusern und Theatern.«

»Und was die Dienstmädchen anbelangt: Wie du weißt, beschäftigen Männer, die mehrere Jahre in der Residenz von Kyoto stationiert sind, sie zusätzlich zu Ashigaru [= gewöhnlichen Fußsoldaten] und Leibdienern. Dass er viel Sake trinkt, ist kein Geheimnis, aber der Alkoholgenuss hat ihn niemals kampflustig gemacht. Keine dieser Handlungen ist schwerwiegend genug, um eine Bestrafung zu verdienen. Es ist verständlich, dass sich ein unerfahrener Unter-Inspektor [= Kachi-metsuke] getreu an den Buchstaben des Gesetzes hält und meldete, was er für Vergehen hielt, aber der Verwalter einer Residenz kann seine Verpflichtungen nicht erfüllen, räumt man ihm nicht etwas Freiraum ein. Ich bin tatsächlich sehr beruhigt, dass ich das gehört habe.« Dann ging ich.

Man sprach Genzo von allen Vorwürfen frei und er übte weiterhin sein Amt als Verwalter in Kyoto aus. Inwieweit sich eine Angelegenheit als vernünftig darstellen lässt, hängt davon ab, wie man sie formuliert. Wie du angehört wirst, hängt davon ab, wie du das Gespräch einleitest.

126. Einem gewissen Mönch flüsterte ich ins Ohr: »Als du aus dem Tempel verbannt wurdest, habe ich dir bereits geraten, du solltest für eine Weile abtauchen und niemanden wissen lassen, wo du steckst. Wenn du begnadigt wirst und nach Saga zurückkehrst, wird dein Einfluss größer sein als damals, als du Abt warst. Die Menschen würden es nicht gutheißen, dich zum jetzigen Zeitpunkt in Saga zu sehen, und es wird alles völlig vergebens sein, sollte Seine Hoheit Anweisung geben, Ermittlungen gegen dich in die Wege zu leiten. Als Seine Hoheit erfuhr, dass sich ein ›gewisser Mönch‹ nach seiner Verbannung im Tempel von Kodenji versteckte, wurde ich angewiesen, ihm mitzuteilen, er solle sich nie wieder in Saga blicken lassen. Denke sehr sorgfältig darüber nach.« Anschließend verabschiedete ich mich. Er scheint sich überhaupt nicht bewusst zu sein, in welcher Lage er steckte.

127. Einmal reisten fünf, sechs Pagen des Fürsten per Boot.[1] Des Nachts stießen sie mit einem anderen Transportschiff zusammen. Fünf oder sechs Decksleute kamen an Bord und bestanden

[1] Bei Kogosho [= Pagen] handelte es sich um Knaben, die zu jung für Genpuku waren und die dem Fürsten aufwarteten.

darauf, dass sie »in Übereinstimmung mit dem Protokoll ihren Anker abtreten«. Wütend erwiderten die Pagen: »Dieses ›Protokoll‹ ist für Seebären wie euch. Wie könnt ihr es wagen, auch nur darüber nachzudenken, einem Samuraischiff Ausrüstung wegzunehmen? Wir hauen euch alle in Stücke und werfen euch ins Meer.« Nach diesem Ausbruch eilten die Decksleute rasch auf ihr Boot zurück.

Ein Krieger hat zu bestimmten Zeiten auf bestimmte Weise zu agieren. Handelt es sich um eine triviale Angelegenheit, löst man das Problem am besten, indem man mit lauter, kräftiger Stimme brüllt. Überreagierst du und benötigst zu lang, um ein kleines Problem aus der Welt zu schaffen, dann wirst du »den Absprung verpassen« und dich dadurch beim Erledigen deines Auftrags ausbremsen. Dadurch schadest du dir selbst.

128. Ein Mann wandte sich hilfesuchend an mich, nachdem er beim Abstimmen der Bücher eine Diskrepanz festgestellt hatte. Ich formulierte ein Schreiben an den Hauptmann seiner Einheit, darin stand: »Es wäre unglückselig, sollte ein Mann wegen Geldes Seppuku begehen. Du bist sein Vorgesetzter, insofern würde ich gerne vorschlagen, dass du Mittel schickst, die Unterdeckung aus der Welt zu schaffen.« Meine Bitte wurde als akzeptabel erachtet, es traf Geld ein, um die Bücher wieder ins Lot zu bringen, und das Problem war gelöst. Mit Fehltritten kann man umgehen, ohne dass sie ans Licht der Öffentlichkeit gezerrt werden.[1]

[1] Siehe Buch 1-110, Buch 2-16 und Buch 2-114.

129. Shogen[1] sagte immer: »Der Begriff ›Kan‹ [= Beschwerde] hat seine Wurzeln in selbstsüchtigen Wünschen. So etwas wie altruistische Beschwerden kann es nicht geben.« Niemand weiß, ob Shogen bei seinem Herrscher je Beschwerde eingelegt hat. Nicht ein einziges Mal hat er versucht, ihn zu beeinflussen, indem er ihm seinen Willen aufzwang. Stets besprach er sich hinter verschlossenen Türen, um sein Verständnis zu wecken.

Auch Nakano Kazuma Masatoshi[2] hat nie versucht, unter dem Deckmantel des »Dienens« seinen Fürsten mit harschem Tadel zur Rede zu stellen. Stattdessen wartete er einen günstigen Augenblick ab, um fernab der Ohren anderer insgeheim seine Empfehlungen auszusprechen. Seine Ratschläge wurden stets sehr dankbar aufgenommen. Da niemand davon wusste, kamen Missetaten des Fürsten auch niemals ans Tageslicht.

Wer versucht, mithilfe seiner persönlichen Auslegung von Logik seinen Herrscher auf Biegen und Brechen von etwas zu überzeugen, der begeht einen Akt großer Illoyalität, denn die eigentliche Motivation besteht darin, auf Kosten des herrschaftlichen Rufs die eigene Treue zur Schau zu stellen. Werden die Einzelheiten bekannt und der Fürst folgt der Eingabe nicht, ist seine Ehre beschmutzt, während der Name des »getreuen« Gefolgsmanns hingegen allgemein bekannt sein wird. Dieses Ergebnis ist schlimmer, als wenn überhaupt keine Beschwerde eingelegt worden wäre.

Wird hinter verschlossenen Türen ein Ratschlag gegeben und der Herrscher akzeptiert ihn nicht sofort, dann sollte sich

[1] Nakano Shogen Masakane diente unter Nabeshima Mitsushige als hoher Berater.

[2] Er diente unter Nabeshima Katsushige als Minister.

der Gefolgsmann deutlich machen, dass diese Aufgabe zu groß für ihn ist. Er sollte sich bemühen, eventuelle Schäden einzugrenzen, und heimlich andere Wege ersinnen, wie sein Bittgesuch auf offene Ohren stoßen könnte. Nach wiederholten Appellen wird der Fürst letztlich gewiss zuhören. Missachtet er den Ratschlag und beharrt auf seiner Eigensinnigkeit, sollte der Gefolgsmann ihm fortan mit noch größerer Entschlossenheit zur Seite stehen und dafür sorgen, dass die Öffentlichkeit nicht Wind von den Fehlern des Herrschers bekommt.

130. Ein Gefolgsmann muss einen Eid ablegen: »Ich verändere den Geist aller Menschen im Reich dahingehend, dass niemand illoyal oder unmoralisch ist. Ich diene meinem Herrn so gut, dass alle in Frieden leben können.« Das war das Ziel von Yi Yin.[1] Er war ein Vorbild für »große Loyalität« und »großes Mitgefühl«. Andere Menschen auf den rechten Weg zu führen, ist schwieriger, als selbst auf den rechten Weg zu finden. Zunächst einmal musst du dich mit allen gutstellen. Der Schlüssel besteht darin, »insgeheim geliebt zu werden«, indem du zu den Menschen in deinem engeren Umfeld genauso ein gutes Verhältnis pflegst wie zu den Menschen, die dir nicht so vertraut sind. Aus eigener Erfahrung kann ich sagen, dass es leichter fällt, Meinungsäußerungen von Menschen zu akzeptieren, in die du dich einfühlen kannst.

Gibst du eine Empfehlung ab, sollte sie im Einklang mit den Umständen des Mannes stehen und zu seinem Charakter passen. Berücksichtige sein Temperament und beginne mit etwas, das er

[1] Yi Yin diente in der frühen Shang-Dynastie (ca. 1600 bis 1046 vor Christus) als Minister und galt als einer der am meisten verehrten Beamten der damaligen Zeit. Er half Tang, dem ersten König der Shang-Dynastie, König Jie von Xia zu besiegen.

möglicherweise gerne hören wird. Es gibt viele Wege, wie du vermitteln kannst, was du sagen möchtest. Sprichst du in einem anklagenden Ton von den Fehlern eines Mannes, wird er dir höchstwahrscheinlich keine Aufmerksamkeit schenken. Warum sollte er dir mit Dankbarkeit begegnen, wenn du herablassend bist und ihn behandelst, als sei er unvollkommen? Zunächst solltest du deine eigenen Mängel eingestehen und etwas sagen wie: »Mich treibt seit Langem der Wunsch um, mich von meinen Fehlern zu befreien, aber auf mich gestellt bin ich dazu nicht imstande. Ich würde gerne vertraulich deine Meinung hören, denn ich halte dich für einen engen Freund.« Vermutlich wird die Person nun antworten: »Ich empfinde ganz genauso.« In diesem Fall solltest du vorschlagen, dass ihr beide einen »Meinungsaustausch« einleitet. Nachdem ihr euch nun gegenseitig eurer Gefühle versichert habt, lassen sich schlechte Angewohnheiten abstellen.

Ist jemand durch und durch von dem Wunsch erfüllt, Sünden zu bereuen, werden auch die Spuren von Fehltritten, die vor Äonen begangen wurden, verschwinden. Egal, wie schlecht ein Mann auch ist, der Versuch, sich zu bessern, darf niemals abgebrochen werden. Es gibt nichts Schlimmeres als einen unbedachten Kerl. Werden unterschiedliche Taktiken ausprobiert, ist niemand unrettbar verloren. Scheitern ist eine Folge der falschen Herangehensweise oder der eigenen Apathie.

Weil mich der Großvater gebeten hat, habe ich über den Sohn eines Mannes gewacht, der wegen seiner widerlichen Persönlichkeit von den anderen geschnitten und verachtet wird. Anstatt ihn als aussichtslos abzuschreiben, habe ich ständig ein Auge auf das Kind und bete jeden Morgen zu Buddha und den Göttern in der Hoffnung, dass sich seine Situation verbessern möge. Es heißt, aufrichtige Taten werden von den Göttern im Himmel wie auf

Erden gewürdigt, insofern bin ich überzeugt, dass gute Omen kommen werden. Das ist mein lebenslanger Wunsch. Ich bin intim geworden mit Halunken aus dem Clan, die von den meisten anderen Menschen mit Verachtung gestraft werden. Die meisten würden derartigen Tunichtguts niemals Vertrauen schenken, dennoch habe ich mich entschlossen, als ihr Fürsprecher aufzutreten und sie gegenüber anderen zu loben: »Er ist fraglos ein ›Unangepasster‹, aber seine bewundernswerteste Eigenschaft ist die unerschütterliche Hingabe, die er Seiner Hoheit entgegenbringt.« Derartige Worte können im Geist anderer Menschen etwas bewegen. Jeder Mensch verfügt über ausgleichende Qualitäten. Selbst wenn er in vielerlei Hinsicht Fehler hat, ermutige ihn, sich zu bessern und seine positiven Attribute zu mehren, auf dass er wertvoll für den Clan ist.

Mit meinen Kameraden traf ich die folgende Vereinbarung unter Ehrenmännern: »Seine Hoheit wird früher oder später sterben. Wenn dieser Tag kommt, werde ich meinen Kopf mit derselben Entschlossenheit rasieren, mit der ich ihm in den Tod folge [= Oibara], und hoffentlich werde ich seine 50 oder 60 ranghöchsten Leibdiener ermuntern können. Es mag willkürlich erscheinen, von ihnen so oft gescholten zu werden, nur um dann das eigene Leben wegzuwerfen, ist die Zeit gekommen. Aber ist das nicht fester Bestandteil eines wahrlich hingebungsvollen Gefolgsmanns? Ganz zweifellos ist dies eine Möglichkeit, wie ein bescheidener Diener, der unbemerkt hinter den Kulissen vor sich hin werkelt, Männer von höherem Rang übertreffen und seinem Herrn Ehre machen kann. Nehmen wir uns dies zu Herzen und verwandeln wir uns im Dienst zu Märtyrern.«

Jemand sagte zu mir: »Sollte ein gewisser Neuling im Dienste des Fürsten noch einmal schwadronieren und sich selbst rühmen, werden wir ihn von seinem Leid erlösen.« Ich sagte: »Du liegst völlig falsch. Neulinge sind nur hier, um dem Fürsten den Hintern abzuwischen und geringere Aufgaben zu übernehmen. Sie werden schon noch erhalten, was ihnen zusteht, siehst du das denn nicht? Hältst du es wirklich für vernünftig, wenn Männer deiner Statur, Männer, denen es vom Schicksal bestimmt ist, Seiner Hoheit in vier, fünf Jahren große Ehre zu machen, sich mit derart verkommenen Kerlen herumstreiten?« Auf diese Weise konnte ich ein überstürztes Handeln verhindern und sie davon überzeugen, um das Wohl unseren Herrn willens ein gutes Verhältnis zu erhalten. Glücklicherweise befolgte jeder umgängliche Mann meine Worte und ich verbündete mich mit Dutzenden herausragender Männer, von ranghohen Vasallen [= Chakuza] bis hin zu gemeinen Fußsoldaten [= Ashigaru]. Sie alle waren bereit, freudig ihr Leben für den Herrn zu geben, sollte die Notwendigkeit dazu entstehen.

Siehst du einen Mann, der sein Betragen auch nur ein wenig korrigiert hat, fördere ihn, indem du ihn belobigst. Er wird sich daraufhin noch stärker um Besserung bemühen.

131. Alle Männer sind dafür anfällig, aufgrund ihrer Impulsivität bei wichtigen Aufgaben zu versagen. Setze es dir in den Kopf, so lange durchzuhalten, wie es dauert, und deine Arbeit wird zur rechten Zeit erledigt sein, häufig eher, als du denkst. Deine Zeit wird kommen. Denke 15 Jahre im Voraus. Die Welt wird sich dann sehr verändert haben. Vielleicht hat sie sich nicht so sehr verändert, wie es in Büchern wie dem *Miraiki* vorhergesagt wird.[1] Und dennoch werden die zweckdienlichen Männer von heute in 15 Jahren nicht mehr da sein und nur die

[1] Ein Buch voller Prophezeiungen über die Zukunft.

Hälfte der jungen Samurai, die heute bei uns sind, wird dann noch leben.

Während die Welt verfällt, werden auch die Fähigkeiten der Menschen immer schwächer. So wie Silber Gold ersetzt, wenn Letzteres aufgebraucht ist, wird Kupfer eines Tages Silber ersetzen. Der Wert der Männer schwindet mit der Zeit. Zeigt ein junger Samurai heute Hartnäckigkeit und Biss, wird es ihm helfen, die ihm Ebenbürtigen zu übertreffen. Das bedeutet, in gerade einmal 15 Jahren wird er ein fähiger Gefolgsmann sein. 15 Jahre liegt in der Mitte eines Traums. So lange es dir gelingt, dass du dir deine gute Gesundheit bewahrst, wird sich der anhaltende Wunsch erfüllen, als wertvoller Gefolgsmann dienen zu dürfen. Es ist keine leichte Aufgabe, heutzutage so viele herausragende Kameraden auszustechen, aber in 15 Jahren, wenn nur noch so wenige Rivalen übriggeblieben sind, wird es vergleichsweise einfach sein.

132. Beschäftigst du dich damit, die schlechten Angewohnheiten eines anderen zu korrigieren, wird sich sein Verhalten zum Besseren wenden. Es heißt, wenn du hartnäckig wie eine Grabwespe[1] predigst, deinem Vorbild zu folgen, wird selbst bei einem Adoptivkind irgendwann eine Ähnlichkeit zu dir festzustellen sein.

133. Gelangt ein listiger Gefolgsmann zu Macht oder begeht ein Vorgesetzter eine böse Tat, macht sich oftmals unter den niedrigen Rängen der Vasallen eine Verbitterung breit, die damit gar

[1] Jigabachi [= Grabwespen] sind bekannt dafür, Insekten zu lähmen und dann ihre Eier in den gelähmten Opfern abzulegen.

nichts zu tun hat. Sie werden bei der Erfüllung ihrer Pflichten nachlässig und verbringen ihre Zeit mit müßigem Geschwätz. In solchen Zeiten ist es ganz entscheidend, seine Worte wohlüberlegt zu wählen.

Die Aufmerksamkeit des Gefolgsmanns sollte sich auf eine einzige Sache konzentrieren, nämlich auf die Frage: Was wird der Herrscher unternehmen, wenn der Clan der Verwesung erliegt? Gerade in Zeiten des Aufruhrs solltest du alles in deiner Kraft Stehende tun, um dem Herrscher zu helfen. Egal wie viele Speichellecker auf der Bildfläche erscheinen oder wie viele üble Taten die Männer in Autoritätspositionen auch begehen, kein illustrer Clan mit langen Traditionen wird innerhalb eines Zeitraums von zehn Jahren untergehen. Hält die Unbotmäßigkeit 20 Jahre lang an, wird das Maß an Verwundbarkeit sehr hoch sein. Verinnerliche dir das und entwickle Notfallpläne, wie jegliches niederträchtige Verhalten ausgemerzt werden kann. Baue die Organe der Clanführung innerhalb einer Dekade so wieder auf, dass der Fortbestand des Clans gesichert ist. Lässt man einen weiteren Verfall zu, werden selbst diejenigen, die nicht beteiligt sind, ihren Antrieb verlieren und nicht länger Beistand leisten. Wie Wasser aus einem löchrigen Korb wird Geraune über diverse Skandale tropfen und Gräueltaten werden für die ganze Welt ersichtlich sein. Ursprung für die meisten Vergehen ist der innere Kreis und der Clan wird gewiss innerhalb der nächsten zehn Jahre kollabieren.

Am besten tut man daran, nicht über die Fehltritte anderer zu spotten. Wer sich grundlos Feinde macht, wird anfällig für weiteren Schaden. Sogar einen bösen Mann solltest du einladen, dir zu vertrauen, und dich dann an die Aufgabe machen, seinen Charakter zu verbessern.

134. Willensstärke bringt deine Worte und dein Betragen in Einklang mit dem Weg. Andere werden dich als Mann loben, der wahrlich den Weg beschreitet. Wenn du dein eigenes Herz befragst, denke an die letzte Passage eines Gedichts, das da lautet: »Wie wirst du antworten, wenn dein eigenes Herz Fragen stellt?«[1] Das ist die endgültige Lektion für alle Künste und ein schönes Regulativ des eigenen Verhaltens.

135. Wenn du die Geschichten alter Männer hörst, spitze die Ohren an und erweise ihnen aufmerksam Respekt, selbst wenn du die Geschichten bereits kennst. Hast du sie 10-, 20- oder 30-mal gehört, werden sich gewisse Dinge in deinem Herzen festsetzen. Wenn dich die Erleuchtung überkommt, ist das ein ganz besonderer Moment. Es mag sich um das Geplapper alter Männer handeln, aber es enthält die Weisheit von Samurai, die zu ihrer Zeit legendäre Taten vollbracht haben.

136. Abhängig von der Situation wirst du dich, um deinen Pflichten nachgehen zu können, über Befehle deines Herrn hinwegsetzen oder auf die Wohltätigkeit anderer Menschen verzichten müssen. Letzten Endes wirst du niemals vom rechten Weg abkommen, solange es dein einziges Bestreben ist, deinem Herrn zu dienen.

Da war ein Mann, der der Frau seines Herrn aufwartete. Als Ihre Hoheit starb, rasierte er sich nicht den Kopf. Seine Haltung verteidigte er, indem er verkündete: »Mein Herr hat mir gesagt, ich solle das nicht tun.«[2] Dennoch rasierten sich Diener, die ihr

[1] Siehe Buch 1-40.

[2] Mit »den Kopf rasieren« ist hier gemeint, aus dem Dienst auszuscheiden

Vater, Fürst eines anderen Clans, abgestellt hatte und deren Verhältnis zur Verstorbenen nicht so eng wie seines gewesen war, den Kopf. Es hätte nicht dem guten Ton entsprochen, dass nur sie sich weihen ließen, also war der Bedienstete gezwungen, es ihnen gleichzutun.

Obwohl der Herrscher erklärt hatte, dass der Mann seinen Posten nicht verlassen und sich den Kopf rasieren müsse, hätte er ihm den Befehl verweigern müssen. Es war nicht von Belang, was der Herrscher und seine hohen Berater dachten. Als Ihre Hoheit Denkoin[1] starb, folgten ihr sechs männliche und weibliche Bedienstete in den Tod, und noch deutlich eher beschloss Yatsunami Musashi,[2] Oibara zu begehen.[3] Verkünde entschlossen: »Es geht um die Ehre Seiner Hoheit, also werde ich eine derartige Anweisung außer Acht lassen.«

137. Suchen mich Besucher in den stillen Tiefen des Bergs auf, befrage ich sie, was in der Welt geschieht. Sie erzählen mir, dass

und die weltliche Welt zu verlassen, indem man sich zum Mönch weihen lässt und seine Tage damit verbringt, dafür zu beten, dass der Seele der Verstorbenen Ruhe geschenkt wird.

1 Katsushiges Tochter, die Uesugi Sadakatsu (1604–1645) heiratete. Sie starb 1635.

2 Ein ehemaliger Gefolgsmann von Hata Nobutoki, der später Dienst beim Nabeshima-Clan leistete.

3 Das bezieht sich darauf, dass Yatsunami Musashi den Auftrag erhielt, Oyasu, die Adoptivtochter von Ryuzoji Takanobu (1529-1584) zu ihrer arrangierten Hochzeit zu geleiten. Sie war Hata Mikawa-no-Kami aus Karatsu versprochen worden, weil mit der Eheschließung ein förmliches Bündnis besiegelt werden sollte. Unterwegs erkrankte Oyasu jedoch schwer und Musashi gelobte, ihr in den Tod zu folgen, um auf diese Weise den Ruf der Provinz zu schützen, sollte sie unter seiner Obhut sterben. Siehe Buch 8-47.

das Verhältnis zwischen dem Reich Nabeshima und dem Shogunat von Harmonie geprägt ist und dass das Lehen mit Barmherzigkeit geführt wird. Das ist in der Tat eine günstige Fügung und ich bin überzeugt, dass es in ganz Japan nirgendwo einen anderen Clan gibt, der derart großartig ist wie Nabeshima. Es ist ein erhabenes Haus, das sich instinktiv selbst korrigiert, sollte es von einem Schicksalsschlag heimgesucht werden. Dass das Lehen dermaßen hervorragend regiert wird, spricht dafür, dass das Haus unter dem Schutz der Geister unserer Ahnen steht.

138. Ein bestimmter Ronin kam zu mir, um sich zu beschweren, nachdem er aus dem Dienst entlassen worden war. Er sagte: »Es ist ungerecht, dass man mir verbietet, dieses Reich zu verlassen, wenn ich doch keine Mittel habe, mir etwas zu essen zu kaufen. Würde man mir erlauben, mich in einem anderen Reich um Anstellung zu bemühen, könnte ich wenigstens einen Weg finden, irgendwie über die Runden zu kommen. Ohne ein Gehalt, das meine Existenz sichert, bin ich möglicherweise bald gezwungen, Straftaten zu begehen.«

Ich redete vernünftig mit ihm und sagte: »Sei froh, dass man es dir verboten hat, an einen anderen Ort zu gehen. Indem er dich zwingt, die Ronin-Lebensweise zu ertragen, erteilt dir dein Herrscher eine wertvolle Lektion. Dass er zulässt, dass du hier wohnst, anstatt dich ins Exil zu schicken, beweist, dass du noch immer Platz in seinem Herzen hast. In keinem anderen Reich sind die Bande der Lehnstreue dermaßen stark. Dein Herrscher denkt gewiss darüber nach, dich nach einer Phase der Bestrafung wieder in Dienst zu nehmen. Erst wenn sich deine Lage nach mehreren Jahren nicht gebessert haben sollte, kannst du anfangen darüber nachzudenken, ›Straftaten‹ zu begehen. Auf mich hat es den Anschein, als würdest du derartige Dinge nur sagen, weil du etwas entbehren musst und weil du deinem Herrn ordinären Groll entgegenbringst. Mit einer derart abstoßenden Haltung läufst du Gefahr, noch strenger bestraft zu werden.«

Er erwiderte: »Die Gefolgsmänner im Reich Saga schlafen heutzutage bis in den späten Vormittag hinein und täuschen Leiden vor, um ihren Pflichten nicht nachgehen zu müssen. Sie sind übermäßig zügellos.« Daraufhin sagte ich: »Genau das ist die Stärke dieses Reichs. Versucht der Gefolgsmann eines anderen Clans, mit List und Tücke Einfluss zu nehmen, wird er missmutig werden, erhält er nicht die ihm zustehende Anerkennung. Die Loyalität eines derartigen Mannes schwankt zumeist, glaubt er doch, dass es für ihn hier keine Belohnungen zu holen gibt und dass er an anderer Stelle eine höhere Position erhalten würde. Erbvasallen hingegen schwanken nicht. Ohne dass man es uns lehren muss, erwachen wir, wann es uns passt, wohl wissend, dass wir blutsverwandte Mitglieder unseres Reichs sind, eine einzige große Familie, der wir seit dem Tag unserer Geburt angehören und der wir bis zum Tage unseres Todes angehören werden. Wo sonst lässt sich ein derart unbezwingbares Vertrauen finden?«

Er argumentierte: »Wir Krieger des Saga-Reichs prahlen mit unserem unübertroffenen Heldenmut, aber ist dies nicht unsere eigene voreingenommene Sicht, die anderen unbekannt ist? Wird irgendwo sonst darüber geschrieben oder ausschließlich hier?« Ich antwortete: »Der furchtlose Kriegergeist der Nabeshima-Krieger wurde in der Tat für die Nachwelt erfasst. Erinnere dich an die Schlacht von Shimabara, wo man 400 unserer Männer erschlug.[1]

[1] Nicht zu verwechseln mit dem Shimabara-Aufstand von 1637/38, bei dem die Bakufu Nabeshima-Krieger mobilisierte, damit diese den von Christen inspirierten Bauernaufstand niederschlugen. Die »Schlacht von Shi-

Diese Zahl war höher noch als die der Toten bei der Eroberung von Kamakura [= während des Genko-Kriegs], die zum Untergang des Hauses Hojo führte.[1] Zweifelsohne spricht dies für den Kampfgeist der Nabeshima. Darüber hinaus belohnten uns die Fürsten Taiko[2] und Gongen[3] bei zahlreichen Gelegenheiten für unsere Kühnheit. Die Beweise für den Heldenmut Nabeshimas sind unumstößlich.«

Es scheint, dass ein Samurai abstumpft, ist er längere Zeit außer Dienst, und dass er Hass gegen die Person hegt, die sein Leiden verursachte. Er wird abfällig über seinen Herrn reden,

mabara«, von der hier die Rede ist, trug sich 1584 zu. Damals standen die Streitkräfte Saga-Truppen von Shimazu Iehisa aus der Provinz Satsuma gegenüber. Die Saga-Krieger verloren die Schlacht und der Daimyo der Provinz Hizen, Ryuzoji Takanobu (1529–1584), kam bei der Auseinandersetzung ums Leben.

1 Der Genko-Krieg währte von 1331 bis 1333 und führte zum Sturz des Kamakura-Shogunats. Kaiser Go-Daigo war nach seiner Rückkehr aus dem Exil entschlossen, die Macht zurückzuerobern. Es gelang ihm, Ashikaga Takauji für sich zu gewinnen, den Kamakura-General, der eigentlich Befehl hatte, die Rebellion im Keim zu ersticken. Daraufhin erhielt Nitta Yoshisada den Auftrag, Kaiser und General zu bestrafen. Stattdessen zog er jedoch gegen Kamakura, zerstörte die Herrschaft der Hojo und das Kamakura-Shogunat. Go-Daigo läutete die Kemmu-Restauration (1333–1336) ein, die den Auftakt des Muromachi-Shogunats darstellte.

2 Taiko bedeutet wortwörtlich so viel wie »Regent im Ruhestand«. Es war ein gebräuchlicher Spitzname für Toyotomi Hideyoshi (1536–1598). Hideyoshi nahm bei seinen Korea-Feldzügen die Dienste von Nabeshima Naoshige und dessen Son Katsushige in Anspruch.

3 Ein anderer Name für Tokugawa Ieyasu (1542–1616), nachdem er im Toshogu-Schrein in Nikko seine letzte Ruhestätte gefunden hatte. Bei der Schlacht von Sekigahara im Jahr 1600 lief Nabeshima Katsushige zu Ieyasu über und trug damit zu dessen entscheidendem Sieg bei. Das ebnete den Weg für die Errichtung des Tokugawa-Shogunats.

weshalb ihn sein Glück verlassen wird und es unwahrscheinlich ist, dass man ihn wieder in den Dienst aufnimmt.

139. Feiere es, aussortiert zu werden oder deine gesamte Energie umsonst verschwendet zu haben. Nur diejenigen, die harte Zeiten durchlebt haben, werden von Nutzen sein. Samurai, die zuvor noch nie falsch gelegen haben, werden niemals über das gewisse Etwas verfügen.

140. In *Gukenshu*[1] spreche ich davon, dass der höchste Grad des Dienens darin besteht, auf der Position des Karo [= oberster Gefolgsmann] den Herrscher beraten zu können. Solange man dies begreift, ist es verzeihlich, sich mit Belanglosigkeiten herumzuschlagen. Und dennoch scheint niemand zu erfassen, was es bedeutet. Es gibt Schmeichler, die um den Fürsten und hohe Berater herum poussieren, aus raffgierigen Gründen getrieben von dem Wunsch nach Beförderung. Doch ihr Streben ist begrenzt und ihr Ziel lautet nicht, in luftige Höhen aufzusteigen und Vogt zu werden. Einige Männer mit mehr Köpfchen entsagen dem Streben nach Erfolg und werden in ihrem Dienst zurückhaltender. Sie greifen lieber zu Büchern wie *Tsurezuregusa*[2]

[1] Siehe Buch 1-19.

[2] Das Buch, dessen Titel so viel wie »Betrachtungen aus der Stille« bedeutet, entstand vermutlich zwischen 1330 und 1332. Sein Verfasser ist der berühmte Mönch Yoshida (Urabe) Kenko (um 1283– um 1352). Das philosophische Sammelsurium zählt bis heute zu den am meisten bewunderten Beispielen japanischer Prosa. Als junger Mann fungierte Kenko als Verwalter von Horikawa Tomomori, dem Großvater väterlicherseits von Kaiser Go-Nijo, der von 1301 bis 1308 regierte. Er bewahrte sich seine Verbindungen zum Hof des Tennos und wurde gleichzeitig ein namhafter Anhänger der Nijo-Poesieschule, wo er es in den Rang eines der vier

und *Senshusho*.[1] Kenko und Saigyo waren nicht besser als hasenfüßige Feiglinge. Sie verkleideten sich als Schreiberlinge, denn sie hatten Angst, als Samurai zu dienen. Ein Mann, der der Welt entsagt hat, um Mönch zu werden, mag sich in derartigen Büchern verlieren, ebenso alte Männer, die aus dem Dienst ausgeschieden sind. Doch um seinem Herrn ein wertvoller Vasall zu sein, muss sich ihm ein Krieger in seinem Streben nach Ruhm voll und ganz hingeben, selbst dann noch, wenn er in die Abgründe der Hölle gestürzt ist.

141. Da mein Vater bei meiner Geburt bereits 70 Jahre alt war, erklärte er: »Vielleicht hinterlasse ich den Kleinen einfach einem Salzhändler oder jemandem in der Art.« Als Taku Zusho[2] das hörte, schalt er ihn und erklärte: »Fürst Katsushige sagt häufig, dass du, Jin'uemon, ein hingebungsvoller, aber bescheidener Ge-

»Deva-Könige« schaffte. *Tsurezuregusa* allerdings ist mehr Prosa als Poesie und besteht aus 243 Abschnitten unterschiedlicher Länge. Typisch für seine Schriften ist das Thema Mujo, die Vergänglichkeit weltlicher Dinge.

[1] *Senshusho* wurde von Saigyo (1118–1190) verfasst, einem gefeierten Waka-Dichter und buddhistischen Priester. Das Werk besteht aus neun Bänden mit insgesamt 109 Anekdoten und entstand vermutlich 1187. Saigyo kam in einer Samurai-Familie in Kyoto zur Welt, diente in der Wache von Kaiser Toba, der von 1107 bis 1123 regierte und freundete sich später mit Kaiser Sutoku an, der von 1123 bis 1142 regierte. Im Alter von 22 ließ sich Saigyo zum Priester weihen. Er wurde dafür berühmt, dass er viel durch die Provinzen reiste und dabei zahlreiche Gedichte über die Natur verfasste. In erster Linie wohnte er in einem Tempel auf dem Koya und in späteren Jahren genoss er als Mönch und Dichter einen derart hohen Stellenwert, dass viele Adlige, Priester, Militärkommandanten und andere ihn zum Lehrer erwählten. Zu den zentralen Themen seiner Schriften zählt das Konzept des Sabi, die einsame, nüchterne Schönheit der Dinge.

[2] Jochos Großvater.

folgsmann bist und im Schatten deinen Dienst tust. Derart verlässlicher Dienst wird dafür sorgen, dass man sich um deinen Nachwuchs kümmern und er für den Fürst weiter von Nutzen sein wird.« Anschließend verlieh er mir den Namen »Matsukame« und Edayoshi Rizaemon führte für mich die Hakamatsuke-Zeremonie durch.[1]

Im Alter von neun Jahren bestellte man mich ein, auf dass ich Fürst Mitsushige als Page aufwartete. Mein neuer Name lautete »Fukei«. Wenn ich Meister Tsunashige aufwartete, sprang ich auf den Kotatsu,[2] stellte Unfug an und wir trugen einander gegenseitig auf dem Rücken. Jeder erachtete mich als Gossenjungen durch und durch.

Als ich 13 wurde, befahl mir Fürst Mitsushige, meine Stirnlocken wachsen zu lassen.[3] Ich zog mich für ein Jahr in mein Quartier zurück und meldete mich am ersten Tag des fünften Monats unter meinem neuen Namen »Ichiju« zurück zum Dienst. Anschließend half mir Kuranaga Rihei als mein Eboshi-oya[4] bei der Genpuku-Zeremonie, dann ebnete er mir den Weg, als sein stellvertretender Schreiber berufen zu werden. Aufgrund seiner großzügigen Fürbitte verkündete Rihei: »Da du auch Gedichte verfas-

1 Hakamas sind die traditionellen Hosenröcke der Samurai. Die zeremonielle erste Anpassung eines Hakamas findet im Alter von fünf Jahren statt.

2 Ein Kohlenbecken im Fußboden.

3 Die Frisuren änderten sich mit dem Erwachsenwerden. Wenn man die Stirnlocken wachsen ließ, konnte man sie zu einem Haarknoten flechten.

4 Die Person, die bei der Zeremonie zur Mannbarkeitswerdung [= Genpuku] dem jungen Mann einen schwarz lackierten Kopfschmuck [= Eboshi] aufsetzt.

sen kannst, Gon'nojo,[1] hat der junge Fürst Tsunashige gebeten, dass du ihm dienen mögest.« Das bedeutete, ich würde vorübergehend meine Pflichten aufgeben. Später erfuhr ich, dass es seine Absicht gewesen war, dass ich ihm auf diesem Posten nachfolge.

Da ich entlassen worden war, war ich auch nicht eingeladen, Fürst Mitsushige nach Edo zu begleiten. Ich hing in der Luft und war sehr entmutigt, was meine Aussichten anging. Zur damaligen Zeit lebte der Priester Tannen[2] in Matsuse. Er war ein Freund meines verstorbenen Vaters, deshalb bat man ihn, ein Auge auf mich zu haben. Ich besuchte ihn oft und dachte sogar darüber nach, selbst Mönch zu werden.

Yamamoto Gorozaemon[3] erkannte mein Dilemma und führte, wie ich gehört habe, eine private Unterredung mit Nakano Kazuma. Dabei ging es darum, etwas von dem Land zu teilen, das mir mein Vater hinterlassen hatte. Gerade hatte ich dem Kriegsgott Hachiman geschworen, ich würde einen derartigen Almosen niemals akzeptieren, da bestellte man mich überraschend ins Verwaltungsbüro und setzte mich in Kenntnis, dass ich eine zusätzliche Reiszahlung erhalten würde. [= Zwei anderen erging es genauso wie mir.]

Für einen Samurai kommt es nicht in Frage, dass man ihn von oben herab als von niederem Wert ansieht, deshalb dachte ich Tag und Nacht darüber nach, wie ich mich im Dienst hervortun konnte. Jeden Abend suchte ich Gorozaemon auf, um mit ihm zu plaudern. Eines Nachts sagte Gorozaemon: »Ein Alter hat

[1] Gon'nojo war der Name, den Jocho nach seiner Genpuku-Zeremonie erhielt. Jochos Adoptivsohn erhielt später denselben Namen.

[2] Siehe Buch 1-39.

[3] Jochos Neffe, der aber deutlich älter war und ihn unter seine Fittiche nahm.

mir einmal erzählt: ›Ein Mann, der nur nach Ruhm und Macht [= Myori] strebt, ist kein wahrer Gefolgsmann. Andererseits ist derjenige, der es nicht tut, auch kein wahrer Gefolgsmann.‹ Dieser Widerspruch ist es wert, dass man gründlich über ihn nachdenkt.« Nachdem ich mir seinen Rat sehr sorgfältig durch den Kopf gehen ließ, dämmerte mir plötzlich die Antwort.

Mir wurde klar, worin die höchste Verantwortung eines Vasallen besteht: Er muss, wenn es erforderlich ist, zum Erhalt des Reiches Gesuche bei seinem Herrscher einreichen. Das jedoch lässt sich nicht bewerkstelligen, wenn man am unteren Ende der Leiter der Gefolgsleute herumkrebst. Insofern ist es das oberste Gebot des Dienens, dass man sich seinen Weg nach oben bis zum höchsten Gefolgsmann [= Karo] erarbeitet. Mir wurde deutlich, dass ein Gefolgsmann nach Ruhm und Einfluss streben sollte, aber nicht zur persönlichen Befriedigung, sondern zu dem Zweck, einzigartige Dienste leisten zu können. Ich beschloss, die gehobene Position eines obersten Gefolgsmanns zu erreichen. Es heißt stets, wenn ein junger Mann zu rasch in ein zu hohes Amt aufsteigt, wird er häufig die in ihn gesetzten Erwartungen enttäuschen. Also arbeitete ich tagein tagaus hart und vergoss dabei keine purpurroten Tränen, aber gelbe Tränen der Trauer, auf dass man mich, wenn ich über 50 wäre, würdigen würde. Meine Übungen und Abläufe standen im Einklang mit den Grundsätzen des Jiu-Jitsu im Kakuzo-Stil. [1],[2]

1 Anders gesagt: Vereinfacht, aber hochgradig praktisch. Siehe Buch 2-2.

2 In der Yamamoto-Version des *Hagakure* findet sich an dieser Stelle noch zusätzliches Material. Dort heißt es: »Trotz meiner niemals erlahmenden Anstrengungen tat mein Herr seinen letzten Atemzug, bevor ich in diese Position aufsteigen konnte. Nach seinem Tod führten sich Männer, die bereits die allerhöchsten Posten innehatte, niederträchtig auf und brachten

Wie ich bereits in *Gukenshu* geschrieben habe, haben sich die Gefolgsleute, die man nach dem Tod Seiner Hoheit bestrafte, diese göttliche Vergeltung selbst zuzuschreiben, weil sie sich des Narzissmus schuldig gemacht haben. Es mag der Eindruck entstehen, diese Schilderung meines Lebens sei unbescheiden, aber die Fügung hat mich an den Punkt geführt, an dem ich heute stehe, und ich schildere dir mein Leben ganz vorbehaltlos als ein Mönch in müßigem Gespräch.

\- - -

Am nächsten Morgen:[1]

Koste von diesem köchelnden Reisschleim, genieße das warme Gefühl dieser Zuflucht für den Winter. [= Kisui][2]

Im Herd glimmen verwelkte Halme der Prunkwinde, unsere Herzen lassen sich nieder. [= Komaru][3]

Schande über den Fürsten. Anstatt zu sterben, wurde ich also, um seine Ehre zu bewahren, Mönch. Obwohl ich mein Ziel, als oberster Gefolgsmann zu dienen, nicht erreicht habe, kamen die Jahre der ständigen Anstrengung auf dem Weg zu diesem Ziel rückblickend dennoch einer Erfüllung gleich. Es stimmt: Hat ein Mann erst einmal seinen Sinn und Zweck gefunden, wird er früher oder später imstande sein, seine Ziele in die Tat umzusetzen.«

1 Vergleicht man dies mit den beiden Gedichten, die zu Beginn des ersten Buchs erscheinen, hat es den Eindruck, dass mit dem »nächsten Morgen« der sechste Tag des dritten Monats im Jahr 1710 gemeint sei. Das Diktat erfolgte über viele Jahre hinweg, aber Jocho und Tsuramoto wollten beim Leser den Eindruck erwecken, sämtliche Gespräche hätten sich eines Nachts in einer ununterbrochenen Sitzung zugetragen.

2 Das Pseudonym Tashiro Tsuramotos.

3 Das Pseudonym Yamamoto Jochos.

Buch 3 bis 11: Ausgewählte Vignetten

Bezüglich der Lehnstreue

3-1. Fürst Naoshige erklärte einst: »Kein Gefühl ist so profund wie Giri.[1] Es gibt tragische Vorfälle, die bei mir keinerlei Tränen auslösen, beispielsweise der Tod meines Vetters. Doch dann höre ich Geschichten über Männer, die vor 50 oder sogar 100 Jahren lebten, mit denen ich nicht vertraut oder verwandt bin, und aus einem Gefühl des Giri heraus weine ich.«

3-9. Fürst Naoshige ließ einem Neuling in der Dienerschaft eine Vorzugsbehandlung zukommen. Eines Tages beschlossen einige der älteren Gefolgsmänner, ihren Unmut gegenüber Seiner Hoheit kundzutun. »Wir sehen, dass du einen gewissen Bediensteten, der nicht mit uns im Kampf stand, bevorzugst und uns ist nicht klar, wie er in Zeiten kritischer Not von Nutzen sein kann. Bitte sag uns doch, warum behandelst du ihn dermaßen freundlich?«

1 Giri ist ein wichtiges Konzept, das sich auf die »Pflicht« bezieht, in Übereinklang mit bestehenden gesellschaftlichen Protokollen zu handeln. Im Kontext des Samurai bezog sich das Konzept in erster Linie auf ihre Pflicht gegenüber ihrem Lehnsherrn, selbst wenn dies bedeutete, dass sie im beständigen Bestreben, die ihnen erwiesene Gnade zurückzuzahlen, ihr Leben opfern mussten. In diesem Beispiel bezieht sich Naoshige auf das Gefühl der Pflicht gegenüber nicht verwandten Vorfahren, die mit dem Clan verbündet waren und dazu beitrugen, die Kultur und die Gebräuche seines geliebten Reichs zu prägen.

Nachdem er ihnen zugehört hatte, erwiderte Fürst Naoshige: »Was ihr sagt, ist richtig. Er mag auf dem Schlachtfeld nicht von Nutzen sein, aber aus irgendeinem Grund ist er mir ins Auge gesprungen und es behagt mir, ihm Aufgaben niedrigerer Natur aufzutragen. Wie kann ich Männer wie euch, die sich im Dienst bewiesen haben, darum bitten, sich mit dermaßen ermüdenden Aufgaben herumzuplagen? Euch benötige ich am dringendsten, wenn Gefahr droht.«

3-16. Gefangen in bitterer Armut beklagte sich eines Tages die Frau von Saito Yonosuke,[1] sie hätten nicht mehr genügend Reis für das Abendessen. Yonosuke griff sich sein Schwert und verließ das Haus mit den Worten: »Es ärgert mich, dass du dich als Weib eines Samurais über derartige Kleinigkeiten aufregst. Reis gibt es überall. Warte hier.«

Er stieß auf Pferde, die mit Reissäcken beladen waren. Yonosuke fragte die Bauern: »Wohin bringt ihr diese Ladung?« Sie erwiderten: »Zur Küche der Dienerschaft in der Burg.« »Wenn das so ist, führt eure Pferde hier entlang zu meinem Haus. Ich bin Saito Yonosuke und ich soll mir demnächst Reis von den Beamten abholen. Für euch ist es doch gewiss eine ziemliche Plackerei, derart schwere Ladung hierhin und dorthin zu schleppen. Lasst die Fracht unter meiner Obhut und legt eurem Dorfvorsteher meine Empfangsbestätigung vor.«

[1] Saito Yonosuke war ein gefeierter Gefolgsmann Nabeshima Naoshiges und stellte bei den Feldzügen in Korea seine Fähigkeiten als Krieger unter Beweis. Dennoch scheint er in der folgenden Friedenszeit während der Tokugawa-Herrschaft ein recht problematischer Mensch gewesen zu sein. Viele seiner Vorgesetzten störten sich an seiner brüsken Art, was dazu führte, dass er degradiert und sein Lohn gekürzt wurde. Ein gutes Beispiel für seine Impulsivität findet sich in der folgenden Vignette (Buch 3-17).

Seine Rede überzeugte die Bauern nicht und sie versuchten, ihre Reise fortzusetzen. Yonosuke geriet völlig außer sich und zog sein Schwert aus der Scheide. »Ich werde nicht erlauben, dass auch nur ein einziger von euch passiert!« Den Bauern blieb keine andere Wahl, sie mussten im Austausch gegen seine Quittung die Reissäcke in Yonosukes Haus schleppen. Gegenüber seiner Frau frohlockte Yonosuke: »Sieh nur diesen Berg von Reis! Verwende ihn, wie es dir beliebt.«

Als sich die Nachricht von dem Vorfall herumsprach, wurde Yonosuke befragt, woraufhin er bereitwillig seine Schuld eingestand. Nach dem Urteil wurde er zum Tode verurteilt. Wie es der Brauch war, sagte Fürst Katsushige seinem Berater: »Berichte meinem Vater, Fürst Kashu [= Naoshige],[1] von Yonosukes Fehlverhalten.« Der Beamte überbrachte Fürst Naoshige in der dritten Zitadelle [= San-no-maru] die Nachricht.[2]

Der ehemalige Herrscher hörte sich den Bericht an und wandte sich seiner Frau zu, ohne dem Boten eine Antwort zu geben: »Meine Liebe, Yonosuke soll hingerichtet werden. Das sind furchtbare Neuigkeiten. Er hat sein Leben viele Male für mich aufs Spiel gesetzt und das in einer Art und Weise, die ihn wertvoller machte als sämtliche Krieger Japans und Chinas zusammen. Bei der blutigen Verteidigung von Hizen kämpfte er mit Zähnen und Klauen.[3] Es ist dem Dienst tapferer Männer wie ihm zu verdanken, dass wir heute in Frieden als Fürst und Fürstin des Lehens leben können. Er ist ein Mann, wie es keinen zweiten

1 Der erste Daimyo des Nabeshima-Reichs und Katsushiges Vater.

2 Zur Burg von Saga gehörten vier Zitadellen. Sie hießen Ichi-no-maru, Ni-no-maru, San-no-maru und Nishi-no-maru.

3 Hizen lag in der Region der Lehen von Saga, Karatsu, Hirado, Omura und Shimabara. Hier bezieht sich Naoshige ausschließlich auf das Reich Saga.

gibt, und er kann sich zahlloser Heldentaten auf dem Schlachtfeld rühmen. Wenn sich hier jemand einen furchtbaren Fehler hat zuschulden kommen lassen, dann bin ich es. Meine Nachlässigkeit hat dazu geführt, dass ein derart hingebungsvoller Vasall so arg von Not geplagt wurde, dass er nicht einmal etwas zu essen in seiner Schüssel hatte. Wie könnte ich es ertragen, mitanzusehen, dass ein derart unglückseliger Vasall hingerichtet wird?«

Mit Tränen in den Augen betrauerten Fürst und Fürstin Yonosukes Schicksal. Schockiert verfolgte der Beamte, wie sie ihren Schmerz äußerten, dann eilte er zu Fürst Katsushige, um ihn über ihre Bestürzung zu informieren. Fürst Katsushige war bewegt. »Wie mitfühlend meine Eltern doch sind. Ich habe nach Wegen gesucht, meinen Verpflichtungen als Sohn nachkommen zu können, und jetzt erscheint es mir angesichts ihres Respekts für ihn undenkbar, Yonosuke hinzurichten. Kehre in die dritte Zitadelle zurück und teile meinen Eltern mit, dass ich mein Urteil aufgehoben habe.«

Als der alte Fürst Naoshige von der Absicht seines Sohns erfuhr, Yonosuke zu begnadigen, legte er die Hände zusammen und verbeugte sich in Richtung der inneren Zitadelle. »Er mag mein Sohn sein, dennoch stehe ich bei ihm für diesen Akt der Nachsicht tief in seiner Schuld. Das ist in der Tat ein wunderbares Geschenk.«

3-17. Fürst Katsushige leitete die Schießübungen seiner Vasallen. Als Saito Yonosuke an die Markierung trat, zielte er mit seiner Arkebuse hoch und feuerte. Der Mann an der Zielscheibe informierte Fürst Katsushige: »Keine Musketenkugel, Euer Hoheit!« Yonosuke stand aufrecht da und rief für alle hörbar: »Natürlich ist da keine. Ich habe noch nie zuvor eine Musketenkugel in einen Dreckhaufen geschossen. Allerdings habe ich die merkwürdige Angewohnheit, den Torso eines lebenden Feindes niemals zu verfehlen. Dies beweist auch die Tatsache, dass Fürst Higa[1] noch lebt!«

Fürst Katsushige war über diesen Ausbruch aufgebracht und ihm stand der Sinn danach, Yonosuke zurechtzustutzen. Stattdessen kehrte er nach diesem Vorfall, der einem ansonsten guten Tag einen Dämpfer versetzt hatte, wutschäumend in die Burg zurück. Nach seiner Rückkehr suchte Fürst Katsushige seinen Vater, Fürst Naoshige, in der dritten Zitadelle auf und schilderte ihm wütend den Vorfall. »Höre, was geschehen ist … Yonosuke behandelte mich nicht als seinen Fürsten und bemühte sich, mich bloßzustellen. Ich war versucht, ihn an Ort und Stelle zu töten, aber deine lange und von Wertschätzung geprägte Beziehung zu ihm ließ mich innehalten. Ich frage dich nun: Wie soll er für seine Aufsässigkeit bestraft werden?«

Nachdem sich Katsushige endlich beruhigt hatte, erwiderte Fürst Naoshige: »Dein Zorn ist in der Tat verständlich. Deshalb rate ich dir, den Hauptmann seiner Abteilung anzuweisen, unverzüglich Seppuku zu begehen.« Fürst Katsushige war ob dieser Antwort entgeistert: »Nicht der Hauptmann der Abteilung hat sich etwas zuschulden kommen lassen. Es war Yonosuke. Ich frage dich, wie ich Yonosuke bestrafen sollte.« Fürst Naoshige beharrte auf seinem Standpunkt: »Ich habe kürzlich den Hauptleuten erklärt: ›Junge Krieger neigen dazu, sorglos zu werden, und in dieser längeren Phase des Friedens und der Ruhe im Reich zu vergessen, wie man eine Waffe schwingt. Ohne regelmäßiges Training, das ihre militärische Bereitschaft erhöht, werden sie

[1] Nabeshima Naoshige.

nicht imstande sein, ihren Pflichten auf dem Schlachtfeld nachzukommen. Vermeiden wir dieses Problem, indem wir die Männer zunächst auf dem Schießstand unter den Augen von Shinano-no-Kami[1] üben lassen.‹ Meine Absicht war es, diese Übung für junge, unausgebildete Krieger abhalten zu lassen. Darauf zu bestehen, dass ein altes Schlachtross wie Yonosuke gemeinsam mit unerfahrenen Männern schießt, ist beleidigend, dafür sollte man den Hauptmann seiner Abteilung zur Rechenschaft ziehen. Was Yonosuke sagte, traf genau den Punkt! Ich bin Zeuge seiner früheren Leistungen. Der Hauptmann der Abteilung muss unverzüglich zum Tode verurteilt werden.« Fürst Katsushige entschuldigte sich für seine Gedankenlosigkeit und das Problem verschwand.

3-52. Seit seiner Jugend war Saito Sado ein herausragender Kampfkünstler, der zahllose verdienstvolle und mutige Taten vollbrachte. Fürst Naoshige wurde auf ihn aufmerksam und holte ihn in seinen Dienst. Doch obwohl er im Krieg ein furchtloser Recke war, gebrach es ihm an den Fähigkeiten, während Zeiten des Friedens sinnvoll zu dienen. Er war nicht imstande, über die Runden zu kommen, weshalb er und seine Familie kurz vor dem Hungerstod standen. Da es fraglich war, ob Sado bis zum Vorabend des Neujahrstags überleben würde, verkündete er: »Mir bleibt nur noch, mir den Bauch aufzuschlitzen.« Sein Sohn Yonosuke versuchte, ihn davon abzubringen, indem er erklärte: »Lass uns doch zunächst versuchen, eine Alternative zu finden.« Sado sagte: »Es hat wirklich keinen Zweck, noch weiterzumachen und

1 Shinano-na-Kami [wörtlich: »Fürst von Shinano«] war ein Ehrenname für Nabeshima Katsushige.

sich ständig wegen kleiner Dinge den Kopf zu zerbrechen. Unternehmen wir doch etwas schockierend Böses und gehen dann in den Tod.« Sein Sohn willigte ein: »Na schön, dann tun wir das.«

Sie gingen zur Takao-Brücke. Während sie auf eine Gelegenheit warteten, ihren sündigen Schwanengesang zu vollziehen, sahen sie Pferde vorbeiziehen, die mit Säcken voller Reis bepackt waren. Die Konvois mit nur ein, zwei Packpferden ignorierten sie, aber als eine Kolonne mit zehn Tieren die Brücke überquerte, zogen sie ihre Schwerter, verjagten die Männer, die die Pferde trieben, und stahlen ihnen dann die Ladung Reis.

Landauf, landab kursierte die Nachricht von dem bösen Vorfall. Inuzuka Sobei, der für den Reistransport zuständige Inspektor, setzte einen Bericht auf. Das Gericht nahm sich des Themas an und empfahl Fürst Katsushige, Sado und seinen Sohn unverzüglich zum Tode zu verurteilen. Die Richter gingen zur dritten Zitadelle und Fujishima Shoeki übermittelte Fürst Naoshige das Urteil. Er und seine Frau waren beide sehr mitgenommen, als sie das Urteil vernahmen, und wussten nichts zu sagen. Shoeki zog sich zurück und berichtete Fürst Katsushige, wie dessen Eltern reagiert hatten. Der Fürst war erschüttert und beschloss, das Todesurteil aufzuheben. Stattdessen entließ er Sado und Yonosuke aus seinem Dienst. Erneut sandte er die Richter zur dritten Zitadelle, damit sie sein Urteil weitergaben.

Fürst Naoshige rief die Richter vor sich und erklärte: »Es ist, als hätte ich Sado gezwungen, am helllichten Tag Diebstahl zu begehen. Im Kampf sind Sado viele lobenswerte Taten gelungen und er hat sich einen recht großen Namen gemacht. Leider war er in normalen Zeiten nicht im selben Maße fähig, weshalb ich ihm keinen adäquaten Lohn zahlen konnte. Ich muss gestehen, dass ich ihn in diesen Zeiten des Friedens vergessen hatte. Ich kann nur vermuten, dass ihn die blanke Verzweiflung zu dieser gesetzeswidrigen Tat getrieben hat. Ich bin beschämt, aber gleichzeitig dankbar und überglücklich, dass Shinano-no-Kami [= Katsushige] aus Gründen der Pflicht gegenüber seinen Eltern heraus Maßnahmen zur Wahrung des Gesichts ergriffen hat und die beiden Männer wegschickte, anstatt sie zum Tod zu verurteilen. Als ich von ihrer Missetat hörte, war ich wie vom Blitz getroffen und hielt es für mich nicht angebracht, um Milde zu bitten.«

Die Richter empfahlen sich. Shoeki wurde anschließend angewiesen, Sado zehn Koku Reis zu übergeben. Nach dem Tod Fürst Naoshiges baten Sado und sein Sohn darum, sich ihm zu Ehren entleiben zu dürfen. Darauf erwiderte Fürst Katsushige: »Wenn euch der Sinn danach steht, dient mir weiterhin.« Sado bestand darauf, die Erlaubnis zu sterben zu erhalten, und beide begingen Seppuku. Yonosukes zweiter Sohn Gon'uemon machte sich zum Märtyrer, als Fürst Katsushige verschied. Drei Generationen starben mit ihren Fürsten.

4-2. Als Fürst Katsushige sich zur Ruhe setzen wollte, empfahl er, dass Hyakutake Iori, Ikuno Oribe und Iwamura Shin'uemon weiterhin an der Seite seines Enkels Fürst Mitsushige Dienst tun sollten. Offenbar sagte er: »Iori ist ein logischer Mensch. Oribe ist leidenschaftlich und arbeitet gründlich, ohne großes Aufhebens darum zu machen. Shin'uemon ist gewissenhaft und strengt sich an, ohne dabei zu irren. Jeder verfügt über eine Fähigkeit, die erforderlich ist, um im engsten Umfeld eines Daimyos dienen zu können.«[1]

[1] Bei allen genannten Männern handelt es sich um oberste Trabanten.

4-49. Fürst Katsushige sagte gerne: »Es gibt vier Arten von Gefolgsleuten: flink-schwerfällig, schwerfällig-flink, flink-flink und schwerfällig-schwerfällig.« Er erklärte es wie folgt: »Der flinkflinke Gefolgsmann begreift Anweisungen rasch und setzt sie zügig um. Das sind die besten Vasallen, doch es gibt nur sehr wenige von ihnen. Männer wie Fukuchi Kichizaemon gehören zu diesem Kaliber.[1] Die schwerfällig-flinken Gefolgsmänner begreifen nur schwer, können ihre Anweisungen aber rasch umsetzen. Nakano Kazuma ist ein gutes Beispiel. Flink-schwerfällige Gefolgsleute sind gründlich darin, Befehlen zu gehorchen, erledigen ihre Aufgaben aber oftmals nur langsam. Davon gibt es viele. Der Rest fällt komplett in die Kategorie schwerfällig-schwerfällig.«

4-60. Während der Herrschaft von Fürst Katsushige trat jeder Junge mit elf, zwölf Jahren seinen Dienst an, unabhängig davon, ob sein Vater einen hohen oder niedrigen Rang hatte. Sie wurden in allen denkbaren Aufgabenbereichen unterwiesen, was es vielen von ihnen ermöglichte, Anstellung als Diener zu finden. Es heißt, mehr als 70 Bedienstete hätten in seinen Diensten gestanden. Soejima Hachi'uemon behielt seine Stirnlocke und diente als Page, bis er 42 wurde, Nabeshima Kanbei bis zum Alter von 40 Jahren.[2] Als altgediente Diener kannten sie Fürst Katsushige sehr gut, waren sehr vertraut mit den Positionen und Pflichten in Edo und im Reich und waren es gewohnt, die Feudalherren zu bewirten, von denen sie alle kannten. Dem Vorbild Fürst Katsushiges folgend waren sie hochgradig disziplinierte Samurai. Nachdem sie das Genpuku-Ritual durchlaufen und ihre Stirnlocke

[1] Siehe Buch 7-43 weiter unten.

[2] Siehe Buch 1-112.

entfernt hatten [als offizielles Signal für ihre Mannbarkeitswerdung], wurden sie herausragende Samurai. Zur damaligen Zeit durften junge Knaben nach dem Tod des Vaters nicht die Leitung ihrer Familie übernehmen und das Vermögen erben, also arbeiteten sie gewissenhaft daran, es von sich aus in der Welt zu etwas zu bringen.

Eines Tages musste auf dem Weg nach Edo, wo den Verpflichtungen des Sankin-Kotai[1] nachzukommen war, eine Nachricht von Odawara an das Shogunat übermittelt werden. Die ranghohen Bediensteten beabsichtigten, einen Boten aus ihrem Kreis auszuwählen, aber niemand wurde als geeignet erachtet, die Informationen ordnungsgemäß zu übermitteln. Man erwählte Saito Sakutayu aus dem Kreis der Pagen und hielt eine Genpuku-Zeremonie ab, um seine Stirnlocke zu entfernen. Dann stattete man ihn mit einem Rang aus, der der Aufgabe angemessen war, und schickte ihn los.

5-66. Als der Fürst [mit seinem Gefolge] das erste Mal, nachdem er abgedankt hatte, wieder nach Edo reiste, übernachtete er in Osaka. Mawatari Kakubei und Yajima Hikobei wurden für die Nachtwache eingeteilt. Kakubei schlief ein, während Hikobei die Toilette aufsuchte. Seine Hoheit erwachte und rief nach den Wachen, doch er erhielt keine Antwort. Er versuchte aufzustehen, doch aufgrund seiner Rückenschmerzen gelang es ihm nicht, also kroch er in den nächsten Raum. In diesem Augenblick kehrte Hikobei zurück. Seine Hoheit fragte: »Wer ist die andere Wache?« Doch da er seinen Zorn spürte, erwiderte Hikobei nichts. Man sah Kakubei in sitzender Position schlafend, Gesicht und Brust

[1] Siehe Fußnote zu Buch 1-194.

gegen den Boden gepresst. Seine Hoheit entließ Kakubei und Hikobei aus dem Wachdienst und bestellte den Ältestenrat ein. Als sie erschienen, sagte Seine Hoheit: »Diese beiden sind unfähig, ihren Pflichten nachzugehen. Ich werde derartige Insubordination nicht tolerieren. Sind nicht die Nachtwächter die einzigen, auf die wir uns während der Stunden der Dunkelheit verlassen können? Sie verfügen nicht über die richtige geistige Haltung für diese lebenswichtige Aufgabe. Befragt sie ausführlich und erstattet mir dann Bericht.«

Nachdem sie die Männer streng verhört hatten, berichteten die Räte: »Wir äußern Bedauern für ihr Fehlverhalten und bitten, dass sie zurück nach Saga gesandt werden, um dort von Fürst Tsunashige ihr Urteil zu empfangen.« Dann sagte Seine Hoheit: »Es war nicht Hikobeis schuld. Und was Kakubei angeht, findet heraus, ob er mit seinem Kopf auf einem Kissen schlief oder nicht.« Es fand eine weitere Untersuchung statt, aber es war offensichtlich, dass Kakubei kein Kissen benutzt hatte. Seine Hoheit wurde informiert, dass der Mann unfreiwillig trotz all seiner Bemühungen eingeschlafen war und auf den Boden sank. Seine Hoheit erwiderte: »Wenn das der Fall ist, dann war er nicht so schludrig, wie ich gedacht hatte. Er muss erschöpft gewesen sein, also lässt es sich nicht ändern, dass er im Dienst eingeschlafen ist und zu Boden sank. Wir sollten ihn zurück nach Saga schicken, damit er sich ausruhen kann, doch wenn Fürst Tsunashige herausfindet, warum er so früh zurückkehrt, wird er ihn anweisen, Seppuku zu begehen. Schickt sie beide zur Strafe zunächst nach Edo.«

Wann immer Seine Hoheit glaubte, Straftäter könnten für ihr Handeln einen vernünftigen Grund anführen, verhörte er sie zunächst, hörte sich an, was sie zu sagen hatten, und vergab ihnen dann. War er der Meinung, der Vorwurf sei haltlos, suchte er nach mildernden Umständen und formulierte zugunsten des Übeltäters eine Entschuldigung, die ihn entlastete. Jeder war ihm dankbar für seine Milde.

5-98. Vor einigen Jahren erreichten der Status der Fürsten von Ogi, Hasuiki und Kashima ein so großes Ausmaß, dass das Shogunat ihnen prestigeträchtige Aufgaben übertragen konnte.[1] Zudem erwartete man nun von ihnen, der Regierung Geschenke zu machen, wie es für Fürsten üblich war, und zwar im selben Ausmaß wie die Hauptfamilie.[2] Damals hatte Prinz Tsunashige noch immer nicht die Führung des Clans übernommen und lebte in Edo. Als ihm die Situation zu Ohren kam, beschwerte er sich bei seinem Vater, Fürst Mitsushige, und erklärte, die hierarchische Beziehung zwischen Hauptfamilie und Nebenfamilien geriete in Gefahr. Fürst Mitsushige warnte die drei Nebenfürsten, aber sie weigerten sich, ihm Folge zu leisten. Das Problem verschlimmerte sich und führte zu Missstimmung zwischen der Hauptfamilie und den drei Nebenzweigen. Die obersten Gefolgsleute berieten Tag und Nacht über das Thema, doch es gelang ihnen nicht, eine Lösung zu finden.

Nakano Shogen[3] trat vor Fürst Mitsushige und erklärte: »Trotz unserer Beratungen können wir uns nicht auf eine geeignete Lö-

[1] Unterlagen zufolge wurde der dritte Fürst der Subdomäne Ogi, Nabeshima Mototake, 1692 zum Gochiso-yaku ernannt, zum Beamten, der dafür zuständig war, wichtige Besucher in der Burg Edo zu unterhalten. Das Datum steht im Widerspruch zu dem, was in diesem Abschnitt des *Hagakure* festgehalten wurde.

[2] Siehe Buch 1-101.

[3] Siehe Buch 2-129.

sung einigen. Ich habe gründlich darüber nachgedacht, da Feindseligkeit zwischen der Hauptfamilie und den Nebenfamilien einen Clan-Notfall darstellt. Ich habe mir eine Meinung gebildet, die ich dir gerne vortragen würde.«

»Indem du mich in deinen Dienst aufgenommen hast und sogar für jedes meiner Kinder Stipendien bewilligt hast, was mehr ist, als ich jemals hätte erbeten können, hast du mir gegenüber große Freigebigkeit an den Tag gelegt. Das lässt deine väterliche Zuneigung für uns erkennen. In diesem Licht betrachtet bin ich zu der Erkenntnis gelangt, dass sich die Sachlage rund um unsere drei Familienzweige unterscheidet von den drei [Tokugawa-]Familien Owari, Kii und Mito oder der Zuteilung von Lehen in anderen Reichen. Es ist der Nachwuchs von Fürst Katsushige, der der Regierung dient, deshalb solltest du sie stets als deine eigenen Kinder erachten und sie wie einen Schatz hegen und pflegen, ganz so, wie du es bei Lord Shinshu [= Tsunashige] tust. Je besser sie ihre Pflichten für die Regierung erfüllen, desto mehr sollte es Seine Hoheit erfreuen. Dass die drei Fürsten ihren Verpflichtungen gut nachkommen, schadet dem Clan nicht im Geringsten, ganz im Gegenteil: Es mehrt unser Prestige.«

»Die Menschen haben das falsch verstanden und sind erbost darüber, dass die Familienzweige gute Arbeit leisten. Die drei Fürsten sind wütend ob dieser kläglichen Behandlung und kritisieren dich dafür, das zugelassen zu haben. Setzt sich dieser Zwist fort, kann niemand sagen, wie es für unseren Clan ausgehen wird. Bis zum Alter von Taiseiin [= Fürst Katsushige] traten alle Gefolgsleute, die für den Dienst bei den Fürsten der drei Familienzweige eingeteilt waren, ohne zu zögern vor Seine Hoheit. Nie wurde an Festtagen und bei ähnlichen Gelegenheiten unterschieden zwischen Samurai der Hauptfamilie und jenen der Familienzweige und allen wurde dasselbe Maß an Wertschätzung entgegengebracht.«

»Seit kurzem jedoch werden Gefolgsleute der Familienzweige abschätzig als ›Diener der drei Fürsten‹ behandelt und man beleidigt sie, weshalb viele Saga verlassen haben. Das hatte zur Folge, dass nun auch ihre Herren unserem zuvor guten Verhältnis zum Trotz empört sind. Ich bin mir sicher, es muss für die drei Fürsten verwirrend sein, dass Menschen wütend darauf reagieren, dass sie einfach nur in lobenswerter Weise dem Shogunat dienen.«

»Insofern bin ich der Meinung, dass Schuld auf uns lastet. Du muss Fürst Kashu[1] [von Ogi] einladen und ihm sagen: ›Wir bedauern unser Fehlverhalten. Einige junge Männer machten Äußerungen ohne Sinn und Verstand und ihre Älteren stimmten ihnen zu. Der bittere Tadel ist unerträglich. Diese absurde Situation ist größtenteils auf ein Versäumnis meinerseits zurückzuführen. Ich trage die Schuld und ich übernehme die volle Verantwortung. Von jetzt an obliegt mir die Aufgabe, die Dinge wieder ins Lot zu bringen und die Familien zu vereinen. Fortan sollst du genauso behandelt werden wie Shinano-no-Kami [= Tsunashige], auf dass wir im Reich für ewigen Frieden sorgen können. Du bist ein hoher Berater mit beträchtlicher Erfahrung, deshalb fordere ich dich auf, mir dabei zu helfen, die anderen Fürsten davon zu überzeugen, gemeinsam mit mir diese höchst unerfreuliche Situation aus der Welt zu schaffen. Ich werde es persönlich übernehmen, Shinano-no-Kami zur Vernunft zu bringen.‹ Formulierst du es auf diese Weise, ist Fürst Kashu rehabilitiert und das Problem lässt sich lösen.«

1 Nabeshima Kaga-no-Kami Naoyoshi (1623–1689), der Sohn von Motoshige und zweiter Fürst der Unterdomäne Ogi.

Fürst Mitsushige stimmte ihm zu: »Das ist absolut wahr. Ich war im Unrecht. Bitte geh, suche Kashu auf und übermittle ihm diese Botschaft.«

Der Streit war noch in vollem Gange, entsprechend war sich Shogen nicht sicher, ob Fürst Kashu ihn empfangen würde, selbst wenn er ihn in Ogi aufsuchte. Er hielt es für ratsam, an seiner Stelle Fukae To'emon zu schicken, da dieser durch Heirat mit dem Fürsten verwandt war. To'emon wurde angewiesen zu erklären: »Shogen würde gerne nach Ogi kommen und sich mit dir beraten. Was er zu sagen hat, ist in deinem besten Interesse, also leihe ihm doch bitte dein Ohr.« Shogen brach dann nach Ogi auf und Kashu willigte ein, ihn umgehend zu empfangen. Shogen erklärte ihm: »Tanshu [= Fürst Mitsushige] möchte gern, dass du in ein, zwei Tagen nach Saga kommst. Ich weiß nicht, worum es in dieser Angelegenheit geht, aber ich habe das Gefühl, dass es für alle Familien gut wäre.« Shogen kehrte zurück, nachdem sie abgestimmt hatten, an welchem Tag Kashu den Fürsten aufsuchen würde.

Am Tag der Verabredung kam Fürst Kashu mit seinem Sohn Kishu[1] nach Saga. Er sagte ihm: »Warte in der westlichen Zitadelle. Ich bin mir sicher, dass später auch du einbestellt wirst.« Dann brach er zur Burg auf, zur Audienz bei Fürst Mitsushige.

Fürst Mitsushige hob zu folgender Rede an: »Es ist zu einem ärgerlichen Streit mit den drei Fürsten gekommen und bedauerlicherweise ist das Problem noch nicht gelöst. Nach sorgfältigem Abwägen ist es eindeutig, dass die Schuld bei uns liegt …« Er bot an, seine Gedanken umfassend darzulegen, woraufhin Kashu viele Tränen vergoss. Er unterbrach: »Bitte sage nichts mehr. Ich

[1] Nabeshima Kii-no-Kami Mototake (1662-1713).

verstehe deine Worte und bin von Demut erfüllt. Angesichts meiner Position muss auch ich die Verantwortung dafür übernehmen, zugelassen zu haben, dass die jungen Männer die Dinge gesagt haben, die sie gesagt haben. Ich werde mich sofort um das Problem kümmern, also mach dir bitte keine Sorgen mehr. Ich habe meinen Sohn Kii-no-Kami mitgebracht. Bitte erlaube, dass er deine Meinung mit eigenen Ohren hört.« Ohne zu zögern führte er seinen Sohn vor Fürst Mitsushige. Kashu schwor einen Eid auf einen Kumano-Go'o-Talisman[1] und Vater und Sohn legten einen Blutschwur [= Keppan] darauf ab, eine Versöhnung herbeizuführen.

Shogen hat niemals versucht, Lob dafür einzustreichen, dass er das Problem erfolgreich aus der Welt schaffen konnte.[2] Er behielt dieses Geheimnis stets für sich und erklärte einfach, dass Seine Hoheit den gesamten Plan selbst erdacht habe. Wahrhaft besonnener und loyaler Diener, der er war, weihte er mich nur unter strengster Geheimhaltung in den tatsächlichen Ablauf der Ereignisse ein.

Da es ein Geheimnis war, erzählte Yamamoto Jocho einzig mir davon, am siebenten Tag des zwölften Monats des dritten Jahrs von Shotoku [= 1713] in seiner friedlichen Hütte.

Er sagte: »Im Verlauf der Jahre habe ich viele Male mitangesehen, wie talentierte Bedienstete clevere Ideen darlegten, den Ruhm dafür einstrichen und ihre Herren in Verruf brachten. Du solltest deine Ratschläge still unterbreiten und es, wenn das Resultat güns-

[1] Die drei großen Schreine Kumano Hongu Taisha, Kumano Hayatama Taisha und Kumano Nachi Taisha verteilten diese Talismane von der Heian-Zeit bis in die frühe Neuzeit. Die Menschen legten Schwüre [= Kishomon] auf diese Talismane ab.

[2] Siehe Buch 2-129.

tig ist, so darstellen, als wäre es seine Idee gewesen. Ein loyaler Gefolgsmann aus einer Familie, die bereits seit Generationen dient, sollte bereit sein, die Schuld für sämtliche unrechtmäßigen Taten, die sein Herr begangen hat, komplett auf sich zu nehmen. Aus diesem Grund ist es auch verständlich, dass Nakano Takumi niemals enthüllte, dass er während des Shimabara-Aufstands als erster die Burg von Arima erreichte oder warum, wie ich es erwähnt habe, ein Bediensteter seinem Fürsten seinen Rat insgeheim anbietet. Sollte der Nabeshima-Clan jemals fallen, dann wird der Grund dafür, glaubt man einigen ranghohen Gefolgsleuten, Streit mit den drei Familien sein.«

Ein alter Samurai erinnerte sich einst: »Zu Zeiten Fürst Katsushiges waren die drei Familien sein Nachwuchs und sie wurden gleich behandelt. Es war, als habe man vier junge Prinzen und auf diese Weise trug es zum Ansehen des Clans bei. Die drei lebten in ihren Residenzen innerhalb des Burgbezirks und die Männer, die Auftrag erhielten, in Ogi zu dienen, waren zuverlässige Gefolgsleute von Fürst Naoshige. Auch den Fürsten von Hasuike und Kashima stellte man mehrere vertrauenswürdige Männer zur Seite. Diese hervorragenden Samurai lebten im Umfeld der Burg und wann immer sie mit Fürst Katsushige sprechen mussten, fanden sie sich einfach im Vorzimmer ein und erklärten: ›Es gibt Geschäftliches zu bereden.‹ Daraufhin konnten sie beim Fürsten vorstellig werden. Benötigte man Männer für unterschiedliche Pflichten oder Aufgaben, bestellte man sie unabhängig davon ein, wem sie dienten. An Festtagen und bei ähnlichen Anlässen beteiligten sich sämtliche Gefolgsleute und sie wurden gleich behandelt.«

»Nachdem Fürst Katsushige gestorben war, übernahm Fürst Mitsushige die Leitung des Reichs. Er hatte seine Erziehung in

Edo erhalten, weshalb ihm die alten Gebräuche und Sitten des Clans nur wenig vertraut waren. Selbst das Ratsmitglied Okabe Kunai wurde als Bannerträger [= Hatamoto] des Tokugawa-Shogunats entlassen und man berief Sagara Kyuma von außerhalb des Clans, weshalb sie kein echtes Wissen um die Familientraditionen der Nabeshimas besaßen. Deshalb verlegten sie das Mausoleum von Fürst Getsudo[1] im Tempel von Kodenji und teilten den Boden mit einer Heckenmauer ab. Sie kopierten das ›Drei-Familien-System‹ der Tokugawa-Familie und behandelten ihre Gefolgsleute, als seien diese Diener von Dienern und kein Teil der Hauptfamilie. Besuchten sie die Burg von Saga, hatten sie am Eingang zu warten. Kunai und Kyuma machten es ihnen schwerer und schwerer, eine Audienz beim Fürsten zu bekommen, und sie blieben bei sämtlichen Angelegenheiten außen vor. Diejenigen, die den drei Fürsten dienten, wurden wütend und erklärten: ›Wir waren es, die dem Clan durch Generationen des Dienens Gelassenheit brachten. Wir können nichts tun, wenn diese Neulinge darauf bestehen, derart herablassend aufzutreten, also werden wir Saga nicht mehr besuchen.‹ Mit diesen Worten verließen sie alle Saga. Auch ihre Fürsten zogen sich in ihre eigenen Schlösser zurück. Als man das Mausoleum von Fürst Getsudo erneut verlegte, dieses Mal in den Tempel von Sochiji, wuchs das Gefühl der Entfremdung noch weiter.«

»Der Nabeshima-Clan unterscheidet sich von anderen Daimyo-Häusern, was Unterfamilien oder Nebenzweige angeht, aber die aufsässigen Ereignisse waren bedauerlich und Fürst Katsushige hätte sich das gewiss nicht gewünscht. Seit einiger Zeit scheint es, als hätten sich die Familien angenähert. Das ist sehr erleichternd.«

[1] Nabeshima Motoshige, der Begründer der Subdomäne Ogi.

»Die Bediensteten der Nebenlinien begannen, Fürst Mitsushige als das ›Familienoberhaupt‹ zu bezeichnen und ihre eigenen Herren als die wahren ›Fürsten‹. Als Fürst Katsushige den Clan führte, funktionierte das System der Nebenlinien vergleichsweise gut. Die Gefolgsleute des neuen Fürsten bereiteten dem ein Ende, aber es freut mich zu sehen, dass sich die Situation zuletzt besserte.«

[= Jochos Vater] Yamamoto Jin'uemon sagte: »Alle Männer in Ogi vertrauten Fürst Naoshige zu hundert Prozent. Als er starb, folgte ihm die Hälfte der Männer in den Tod. Die übrigen waren zuverlässige Kerle, die auf herausragende Weise dienten. Obwohl sich ihre Zahl halbiert hatte, waren sie dennoch nicht zu übertreffen.«

7-6. Nachdem Fürst Kokokuin[1] gestorben war, brachte sein Berater Ezoe Kinbei seine Asche zum Koya-san, um sie dort segnen zu lassen. Anschließend sperrte sich Kinbei in einer Einsiedelei weg und schnitzte eine hölzerne Statue seines Meisters und eine weitere, die ihn, Kinbei, zeigt, wie er sich vor ihm niederwirft. Kinbei kehrte heim, möglicherweise am ersten Jahrestag von Kokokuin Tod, und beging Oibara.[2] Die Statue, die er geschnitzt hatte, holte man vom Koya-san und verwahrte sie im Kodenji-Tempel in Saga.

7-43. Eine Geschichte von Fukuchi Kichizaemon und dem Kranichmahl. Als Fürst Katsushige Gäste bewirtete, wurde Kranichfleisch serviert. Ein Gast sagte: »Eure Hoheit, man hat mir ge-

[1] Nabeshima Hizen-no-Kami Tadanao, der Erbe von Nabeshima Katsushige.

[2] Das war 1626.

sagt, dass du allein schon am Geschmack erkennen kannst, ob das Fleisch von einem weißen oder einem schwarzen Kranich stammt. Stimmt das?« Fürst Katsushige erwiderte: »Das ist in der Tat zutreffend.« Der Gast hakte nach: »Welche Variante steht denn heute auf der Karte?« »Es handelt sich um Manazuru, Weißnackenkranich.« Aber der Gast hegte noch immer Zweifel: »Kann das wirklich sein? Ich würde mir das gerne von jemandem aus der Küche bestätigen lassen.« Daraufhin gab Fürst Katsushige Befehl, Fukuchi Kichizaemon aus der Küche holen zu lassen. Zufällig hatte Kichizaemon das Gespräch insgeheim belauscht. Er eilte zurück in die Küche und stürzte mehrere große Schalen Sake herunter, bevor er nach wiederholter Aufforderung vor seinen Fürsten trat. Zu diesem Zeitpunkt war er bereits stark angetrunken und nuschelte so stark, dass seine Worte kaum zu verstehen waren: »Es ist, äh, tja, schwarz, weiß … nein, schwärzlich…« Fürst Katsushige schalt ihn für seine Trunkenheit und sandte ihn zurück in die Küche.[1]

8-22. Als er in Edo diente, beschwerte sich Yamamoto Gorozaemon[2] bei dem Priester Cho'on. Bevor Fürst Tsunashige seinem Vater nachfolgte und die Führung des Clans übernahm, wies ihn der Priester Cho'on[3] in die Lehren Buddhas ein. Er sollte von dem Priester ein Dharma-Siegel [= Inka] erhalten als Auszeichnung dafür, was er über den Buddhismus gelernt hatte. Die Veranstaltung sorgte bei den ranghohen Gefolgsleuten im An-

1 Dieser Abschnitt wird mit exakt demselben Inhalt wie bei Buch 4-49 fortgesetzt und handelt von den vier Arten Gefolgsleuten.

2 Tsunetomos Neffe.

3 Auch Kaion genannt.

wesen für viele Gerüchte. Yamamoto Gorozaemon war einer von Tsunashiges Bediensteten und hatte den Rang eines Inspektors [= O-metsuke] inne. Als ihm zu Ohren kam, welche Gerüchte in Zusammenhang mit der Angelegenheit kursierten, missfiel ihm der Verlauf der Ereignisse und er beschloss, den Priester in dessen Tempel in Edo aufzusuchen. Seine Absicht war es, den Priester davon zu überzeugen, die Zeremonie abzusagen. Sollte er sich weigern, würde er ihn mit dem Schwert erschlagen.

Der Priester begrüßte ihn würdig als Besucher, der zum Beten in den Tempel gekommen war. Gorozaemon sagte: »Da gibt es etwas, worüber ich mit dir privat sprechen muss, also sende doch bitte dein Gefolge fort.« Er rückte dichter an Cho'on heran und flüsterte ernst: »Es geht das Gerücht, dass du beabsichtigst, Shinano-no-Kami[1] ein Inka zu überreichen. Da du in der Provinz Hizen geboren bist, bin ich überzeugt, dass du mit der Geschichte und den Gebräuchen des Ryuzoji-Nabeshima-Clans vertraut bist. Verglichen mit anderen Reichen besitzt das unsere eine lange Geschichte aufeinanderfolgender Generationen und auch in Zukunft müssen der Fürst und seine Männer harmonisch zusammenarbeiten. Bislang hat noch nie ein Anführer des Nabeshima-Clans eine Auszeichnung für fortgeschrittenes Wissen um die Lehren Buddhas erhalten. Sollte Seine Hoheit ein Inka erhalten, würde er sich auf seine ›Erleuchtung‹ konzentrieren und das Verhältnis zwischen Fürst und Anhängern wird zerfallen, weil er die Meinungen seiner Gefolgsleute herablassend behandeln wird, als seien es bloß Insekten. Dies würde zu einem Bruch zwischen dem Fürsten und seinen Männern führen und es wäre, man kann es nicht anders sagen, furchtbar schädlich, was das Wohlergehen des Clans angeht.

[1] Nabeshima Tsunashige.

Männer in hohen Positionen neigen zu Arroganz, deshalb flehe ich dich von Herzen an, die Idee zu verwerfen, ihm einen Inka zu verleihen. Verwehrst du dich meiner Bitte, bin ich gezwungen zu handeln.«

Zunächst war der Priester ein wenig erschrocken, aber dann fand er seinen Gleichmut wieder: »Ich bewundere deine Absichten und ich verstehe den Zustand des Reichs voll und ganz. Du bist ein Gefolgsmann von lobenswerter Loyalität.« Gorozaemon unterbrach ihn: »Lass deine Spielchen. Ich bin nicht hier, weil ich möchte, dass du mich lobst. Ich will nur hören, dass du deine Pläne für eine Dharma-Übertragung aufgibst.« Der Priester antwortete: »Was du bittest, ist vernünftig. Ich werde die Übertragung nicht vornehmen, niemals.« Nachdem er sich dies noch einmal von dem Priester versprechen ließ, verließ Gorozaemon den Tempel. Meister Jocho erfuhr durch Gorozaemon von dieser Angelegenheit.

8-24. Fürst Katsushige ging des Nachts mit dem Falken auf Jagd. Er ging hierhin und dorthin, dann stieß er auf jemanden, der mit einem Netz im Fluss fischte. »Hast du heute Nacht schon Glück gehabt?«, fragte Fürst Katsushige. Der Mann erkannte nicht, dass er mit Fürst Katsushige sprach. Er hielt sein Netz hoch und erklärte: »Tatsächlich habe ich heute Abend einen sehr schönen Fang gemacht.« Im Netz befand sich ein großer Karpfen. Fürst Katsushige sagte: »Alle Achtung, was für ein beeindruckender Karpfen.« Der Fischer sagte: »Ich habe früher schon einmal zwei gefangen, die so groß waren.« Katsushige sagte: »Morgen bekommst du ihn serviert. Ich bin eifersüchtig.« Daraufhin erwiderte der Mann: »Das stimmt leider nicht, alter Mann. Ich habe einen Herrn. Er mag Karpfen. Den ersten großen Karpfen biete ich immer ihm an und wir essen die kleinen. Es wäre unverzeihlich, wenn ich den ersten großen Karpfen der Saison selbst essen würde.« Als er ging, sagte Fürst Katsushige: »Deine Haltung finde ich bewundernswert.«

Als der Koch in der Küche am nächsten Morgen Fürst Katsushige fragte, was dieser zu essen wünsche, erwiderte der Fürst: »Warte noch ein Weilchen. Ich schätze, es wird bald ein Karpfen eintreffen.« Dann kam die Meldung, dass Ishii Hachirozaemon mit einem Karpfen gekommen sei. »Der wurde letzte Nacht gefangen. Hiermit übergebe ich ihn dir.« Zu Zeiten Fürst Katsushiges brachten die Menschen den ersten Fang oder die erste Ernte stets als Gabe zur Burg, auch wenn sie vom Rang her zu weit unten für eine Audienz standen. Dorfbewohner kamen mit Nüssen und sagten, sie seien von den veredelten Bäumen.

8-70. Nakano Takumi stand an der Schwelle zum Tode. Er versammelte alle aus seiner Familie um sich und verkündete: »In Vorbereitung auf sein Dienen muss ein Gefolgsmann drei Faktoren bedenken: Gehorsam, die Hingabe zur Pflicht und die Art und Weise seines Ablebens.«

10-67. Die Familiengeschichte von Fürst Soma[1] wurde in einer *Chiken Marokashi* genannten Schriftrolle verzeichnet. Als Stammbaum einer Familie suchte sie in Japan ihresgleichen. Eines Jahres jedoch geriet das Anwesen des Fürsten plötzlich in Brand. Fürst Soma klagte: »Ich trauere nicht um den Verlust des Anwesens und seiner Einrichtung. Das lässt sich alles ersetzen, sollte das Feuer es zerstören. Bedauerlicherweise jedoch konnte

1 Aus dem Reich Iwaki Nakamuras.

ich unser geschätztes Erbstück, den Familienstammbaum, nicht retten.« Ein Bediensteter erklärte: »Ich werde mich ins Feuer stürzen und diesen Schatz retten.« Fürst Soma und die anderen Gefolgsleute gluckstenungläubig: »Wie kannst du die Schriftrolle jetzt, wo das gesamte Gebäude in Flammen steht, retten?« Dieser Bedienstete war im Dienst niemals übermäßig aufgefallen, noch war er ausgesprochen nützlich gewesen, doch aus irgendeinem Grund mochte der Fürst ihn, denn er war gewissenhaft. »Aufgrund meiner Unbeholfenheit war ich keineswegs ein hilfreicher Diener Seiner Hoheit. Dennoch war ich stets bereit, mein Leben, sollte sich die Gelegenheit dazu ergeben, für etwas Nützliches zu opfern. Ich glaube, diese Gelegenheit ist nun gekommen.« Und damit stürmte er in das tosende Inferno.

Sobald der Brand gelöscht war, wies Fürst Soma seine Männer an: »Findet seinen Leichnam. Es ist so eine Schande!« Sie durchsuchten die verbrannten Ruinen und fanden seine verkohlten Überreste schließlich im Garten nahe der Residenz. Blut strömte aus seinem Bauch, als sie seinen ausgestreckten Körper umdrehten. Offensichtlich hatte er sich den Bauch aufgeschlitzt und das Dokument dort zum Schutz vor dem Feuer verborgen. Fortan war es als *Chi-keizu* bekannt, der »Blut-Stammbaum«.

10-157. Amari Bizen-no-Kami, ein Gefolgsmann von Takeda Shingen, fiel in der Schlacht. Sein 18-jähriger Son Tozo ersetzte daraufhin seinen Vater als Yoriki.[1] Als sich ein Krieger seiner

[1] Im Japan des Mittelalters war der Yoriki jemand, der bei Feldzügen dem Fürsten oder den Abteilungskommandeuren als Assistent zur Seite stand. Während der Tokugawa-Zeit allerdings waren Yoriki Verwaltungsgehilfen in staatlichen Behörden. In diesem Abschnitt geht es um die erste Form von Yoriki.

Abteilung im Kampf verletzte und der Blutstrom einfach nicht abreißen wollte, wies Tozo ihn an, den mit Wasser verdünnten Dung eines grauen Pferds zu trinken. Der verwundete Krieger protestierte: »Das Leben mag kostbar sein, aber wie kann ich Pferdemist trinken?« Tozo hörte die Bemerkung und erwiderte: »Du bist ein wahrlich tapferer Krieger und deine Worte sind vernünftig. Die wahre Bedeutung von Loyalität jedoch besteht darin, dass sie uns die Pflicht auferlegt, zu versuchen, am Leben zu bleiben und zum Triumph unseres Herrn beizutragen. Ich werde also auch davon trinken.« Nachdem er einen großen Schluck der Mischung genommen hatte, reichte er den Becher weiter an den verwundeten Krieger, der das Heilmittel freudig konsumierte. Wie es heißt, erholte er sich rasch von seinen Verwundungen.

11-28. Über die Loyalität. Ein Gefolgsmann kann herausragende Loyalität auf dem Schlachtfeld zeigen, aber auch, indem er auf die Denkweise seines Herrn einwirkt und auf diese Weise zur Stabilität des Reichs beiträgt. Als erster Krieger die feindlichen Linien zu attackieren oder eine ruhmreiche Tat zu vollbringen, ist nicht schwierig. Du musst nur voranstürmen und Leib und Leben riskieren. Das ist eine einsame Tat und endet, wenn du stirbst. Die Fehler des Fürsten zu korrigieren dagegen ist eine Arbeit, die viele Jahre hingebungsvoller Plackerei erfordert, keine kurze Mission, bei der man sich opfert. Erst wenn du nach Jahren hingebungsvollen Dienens in den Rat der Ältesten aufgestiegen oder zum Vogt ernannt worden bist, dir das Vertrauen deiner Kameraden und des Fürsten verdient hast, steht es dir zu, Ratschläge zu geben. Es erfordert ein unschätzbares Maß an harter Arbeit, bis die Beförderung gewährt wird.

Selbst ein von Selbstverherrlichung getriebener Aufstieg durch die Ränge erfordert beträchtliche Anstrengungen. Doch ein Aufstieg, der einzig von dem Streben motiviert ist, dem Fürsten zur Seite zu stehen, erfordert ein höheres Maß an Entschlossenheit und davon, die Ruhe zu bewahren und weiterzumachen. Wer diesen selbstlosen Auftrag außer Acht lässt, den wird man niemals als wahrhaftig getreuen Diener akzeptieren.

Bezüglich des Tods und des Kriegs

4-46. Fürst Katsushige war noch ein junger Mann, als sein Vater, Fürst Naoshige, ihm sagte: »Wenn du zum Tode verurteilte Verbrecher hinrichtest, ist das eine gute Schwertübung für dich.« Nach diesem Ultimatum wurden zehn Verurteilte innerhalb des Westtors aufgereiht und Katsushige machte sich daran, einem nach dem anderen den Kopf abzuschlagen. Als er den zehnten Mann erreichte und sah, dass es sich um einen jungen Mann von starker Gesundheit handelte, sagte er: »Ich bin des Schneidens für den Augenblick müde. Diesen Kerl lasse ich am Leben.« Und so wurde sein Leben verschont.

6-5. Als Takagi Akifusa[1] sich von seinem Fürsten Ryuzoji Takanobu abwandte, bat er Maeda Iyo-no-Kami Iesada, dass dieser ihm Unterschlupf gewähre. Akifusa war ein kühner Krieger, der seinesgleichen suchte, ein Meister des Schwerts. Begleitet wurde er von seinen getreuen Gefolgsleuten Ingazaemon und Fudozae-

1 Noto-No-Kami, ein Sohn von Ryuzoji Moriie.

mon, beides wagemutige Krieger [= Kusemono], die ihrem Meister niemals von der Seite wichen.

Fürst Takanobu ließ Iyo-no-Kami eine Botschaft zukommen. Darin wies er ihn an, mit Blick auf den Schaden, den sein ehemaliger Gefolgsmann anrichten konnte, diesen zu erschlagen. Während Akifusa gemeinsam mit Ingazaemon auf der Veranda saß und seine Füße wusch, schlich sich Iyo-no-Kami von hinten heran und schlug Akifusa den Kopf ab. Bevor der Kopf auf dem Boden aufschlug, gelang es Akifusa, sein Wakizashi[1] zu ziehen und sich zum Gegenangriff umzudrehen, doch versehentlich schlug er dabei Ingazaemon den Kopf ab. Beide Köpfe fielen in die Waschschüssel, doch Akifusas Kopf schwebte anschließend in der Mitte des Raums. Er hatte scheinbar magische Fähigkeiten gewonnen.

6-58. Als die Burg von Arima[2] erobert wurde, saß Mitsuse Genbei[3] am 28. Tage[4] auf einer Mauer nahe der inneren Zitadelle. Zufällig kam Nakano Takumi Shigetoshi vorbei und fragte ihn, was er denn dort täte. Mitsuse erwiderte: »Plötzlich überkamen mich Magenschmerzen, weshalb ich nicht weiter als bis hierhin gehen kann. Die anderen Angehörigen meiner Einheit sind vorausgegangen, weshalb ich dich bitten muss, sie anzuführen.«

Als dieses Handeln dem Inspektor zu Ohren kam, wurde es als Akt der Feigheit gewertet. Mitsuse erhielt den Befehl, Seppuku zu begehen. In früheren Zeiten bezeichnete man das lähmende Lei-

[1] Anm. d. Übersetzers: Ein Kurzschwert von bis zu 60 Zentimeter Länge.

[2] Während des Shimabara-Aufstands 1637/38.

[3] Ein Inspektor (O-metsuke).

[4] Der 28. Tag des zweiten Monats im Jahr 1637.

den der Magenkrämpfe als »Schreibfeigheit«, denn dem Opfer war es plötzlich unmöglich, aufrecht zu stehen [wie ein Pinsel, der beim Schreiben in Schreibschrift das Papier nicht verlässt].

6-201. Im dritten Jahr von Meireki [= 1657] zwang man unseren Clan, die Verwahrung einiger Omura-Christen zu übernehmen. Man schickte Oki Hyobu und Nagayama Jubei los, ihnen Geleit zu geben. Am ersten Tag des zwölften Monats holten sie 80 Christen in Isahaya ab. Man errichtete ein neues Gefängnis in Imaizumimura und sperrte die 80 Christen dort ein. Hyobu, Nakano Kazuma, Nakano Matabei und Jubei erhielten den Auftrag, die Gefangenen zu beaufsichtigen. Am 27. Tag des siebenten Monats des folgenden Jahres richtete man die Gefangenen hin. Man stellte ihre Köpfe auf den Toren des Gefängnisses in Takao zur Schau.

Ein Prüfer traf aus Nagasaki ein. Nakano Ka'uemon [= später als Nakano Matabei bekannt], Nagayama Jubei, Inspektor Oki Hyobu und Nakano Kazuma kümmerten sich um den Besucher. Die Henker waren Fußsoldaten [= Okachi], die man wegen ihrer Fähigkeiten beim Umgang mit dem Schwert ausgewählt hatte. Jeder von ihnen schlug drei Köpfe ab. Als man zu den letzten drei gelangte, erfüllte Mitani Senzaemon seinen Auftrag mit viel Aplomb … Man fuhr die Leichname vor Higo mit einem Boot hinaus aufs Meer und versenkte sie dort.

7-14. Im Alter von fünf Jahren erhielt Yamamoto Kichizaemon[1] von seinem Vater Jin'uemon den Befehl, mit seinem Schwert einen Hund zu töten. Als er 15 Jahre alt war, befahl man ihm,

[1] Tsunetomos Halbbruder.

einen Kriminellen zu exekutieren. Man erwartete von allen jungen Krieger, dass sie, wenn sie 14 oder 15 Jahre alt waren, ohne zu zögern einen Menschen köpften. Auch Fürst Naoshige wies seinen Sohn Katsushige an, seine Fähigkeiten im Schneiden zu trainieren. Es heißt, er habe zehn Verurteilte hintereinander enthauptet.[1]

Derartige Gepflogenheiten waren vor langer Zeit an der Tagesordnung, sogar bei den Söhnen von Fürsten. Heutzutage hingegen verbessern nicht einmal die Kinder rangniedriger Samurai ihr Können, indem sie Hinrichtungen vollstrecken. Das spricht für absichtliche Vernachlässigung. Es handelt sich schlicht um einen Vorwand, behaupten zu können, dass diese Art von Praxis nicht mehr benötigt wird, dass nichts Verdienstvolles daran sei, einen gefesselten Kerl zu töten, dass es sich bei der Tat selbst um ein Verbrechen handele oder dass es Sünde sei. Alle sind viel zu sehr damit beschäftigt, ihre Nägel zu polieren und schöne Dinge zu besitzen, denn unter dem Strich behagt ihnen der Weg des kriegerischen Heldenmuts nicht.

Sieht man sich einen Mann, der derartige Praktiken als »widerwärtig« abtut, näher an, zeigt sich, dass er geschickt Rechtfertigungen übereinanderschichtet, und zwar schlichtweg aus dem Grund heraus, dass er Angst hat. Fürst Naoshige befahl seinem Sohn, es zu tun, weil er es als notwendige Übung erachtete. Im vorigen Jahr suchte ich die Hinrichtungsstätte in Kase für eine Enthauptung auf und erlebte einen Schauer der Erregung. Sich von Hinrichtungen aus dem Gleichgewicht bringen zu lassen, ist Beleg für Feigheit.

[1] Siehe Buch 4-46.

7-15. Der Seppuku von Tomoda Shozaemon. Shozaemon war Page bei Fürst Mitsushige und er war stets in Bereitschaft. Doch er war ein treuloser Kerl und war dermaßen vernarrt in Tamon Shozaemon, den Hauptdarsteller einer Theatertruppe, dass er nicht nur seinen Namen, sondern auch sein Familienwappen gegen Tamons austauschte. Dermaßen liebestrunken war er, dass er seine Kleidung und seine Habe versetzte, um Tamons Mäzen sein zu können, und als sein Geld aufgebraucht war, stahl er Mawatari Rokubei das Schwert und ließ es von einem bediensteten Speerträger [= Yarimochi] verpfänden. Der Speerträger meldete dies der Obrigkeit. Man ermittelte gegen Shozaemon und sowohl er als auch sein Bediensteter wurden zum Tode verurteilt.

Yamamoto Gorozaemon[1] leitete die Untersuchung. Als er seine Ergebnisse Fürst Mitsushige vorlegte, verkündete er: »Es war der Speerträger, der seinen Herrn verraten hat. Sein Name ist So-und-so.« Ohne zu zögern sagte Fürst Mitsushige: »Lass sie beide hinrichten.« Als er Shozaemon befahl, Seppuku zu begehen, sagte ihm Gorozaemon: »Für dich gibt es keinen anderen Weg als den Tod, dein Gesicht zu wahren. Stirb ehrenvoll als ein Samurai.« Shozaemon erwiderte: »Danke für deine freundlichen Worte. Tatsächlich werde ich voller Gleichmut tun, wie du mir geheißen hast.« Niemand weiß, wessen perfide Idee es war, aber man belog Shozaemon, was seinen Sekundanten [= Kaishaku] anbelangte, der ihm den Rest geben sollte. Naozuka Roku'emon, ein gewöhnlicher Fußsoldat [= Okachi] erhielt Befehl, ihm den Todesstoß zu versetzen.

Shozaemon saß aufrecht in Position und nickte ganz ruhig dem Mann zu, dem er gegenübersaß und den er für seinen Se-

[1] Jochos Neffe.

kundanten hielt. Doch als ein anderer, an seiner Seite stehende Mann sein Schwert zog, erhob er sich und sagte: »Wer bist du? Ich werde nicht zulassen, dass du mir den Kopf abschlägst.« Er verlor völlig die Fassung und führte sich sehr bedauernswert auf. Schließlich drückte man ihn nieder und köpfte ihn, während andere ihn an Händen und Füßen festhielten. Im Vertrauen erklärte mir Gorozaemon: »Hätte man ihn nicht auf diese Weise ausgetrickst, hätte Shozaemon sein Ende auf bewundernswerte Weise hinter sich gebracht …«

7-16. Die Ansichten von Noda Kizaemon bezüglich Kaishaku: »Beginnt ein [verurteilter] Samurai an dem Ort, an dem er Seppuku begehen soll, sich zu winden und die Nerven zu verlieren, ist es wahrscheinlich, dass die Rolle des Kaishaku nicht gut erfüllt wird. Wenn dies geschieht, wartet man am besten eine Weile und ermuntert den Mann, die Fassung zurückzuerlangen. Der tödliche Schlag wird eine saubere Angelegenheit sein, falls du ihn während eines Augenblicks der Ruhe rasch führen kannst.«

7-18. Eine Geschichte über Ushijima Kyujibei. Während eine Schauspieltruppe im Dorf Shozu auftrat, ging Kyujibei durch das Publikum, auf dem Kopf seinen geflochtenen Strohhut. Er stolperte und stürzte vorwärts. Dabei flog seine Sandale davon, prallte gegen eine Hecke und traf einen Mann am Kopf. Kyujibei erhob sich, griff nach seiner Sandale und sagte: »Das tut mir schrecklich leid, das war keinerlei Absicht. Herrje, ich habe sogar meine Kleider beschmutzt. Verzeihung!« Der Zuschauer und zwei, drei andere Männer, offenbar seine Begleiter, schnauzten ihn an: »He! Du glaubst wohl, nur weil du ein Schwert trägst, kannst du jemandem eine Sandale an den

Kopf werfen und dich mit einem ›Verzeihung‹ aus der Sache davonstehlen.« Kyujibei wandte sich um, legte seinen Hut ab und sagte: »Was seid ihr doch für unvernünftige Kerle. Obwohl meinem Handeln keine Absicht zugrunde lag, habe ich aus Gründen der Höflichkeit mein Bedauern zum Ausdruck gebracht, schließlich war es meine Sandale. Meine Entschuldigung nicht anzunehmen und mich auf derartige Weise in der Öffentlichkeit zu beschuldigen, ist unverantwortlich. Es sind zu viele Menschen hier. Kommt mit nach draußen. Ich werde euch allesamt zurechtstutzen!« Die Männer waren von seinem Geist überwältigt und zögerten. Kyujibei sprach in sanfterem Ton weiter: »Akzeptiert einfach meine Entschuldigung. Tut ihr es nicht, verliert ihr euren Kopf und ich den meinen. Schweigt still und genießt das Kyogen.«[1] Dann setzte er seinen Hut wieder auf und ging. An seinem Verhalten war nichts Kleinmütiges. Er muss ein sehr tapferer Mann gewesen sein.

7-24. Am elften Tag des elften Monats im zweiten Jahr von Tenwa [= 1682] wurde Sawabe Heizaemon[2] angewiesen, sich den Bauch aufzuschlitzen.[3] Nachdem er am Abend des Zehnten von dieser Verfügung erfahren hatte, schrieb er an Yamamoto Gon'nojo [= Tsunetomo] und bat diesen, als sein Kaishaku zu fungieren. Gon'nojo war zu diesem Zeitpunkt 24 Jahre alt und schrieb die folgende Antwort: »Ich fühle mit deinem Beschluss mit und werde diese ehrenvolle Aufgabe überneh-

[1] Eine traditionelle japanische Komödienform. Normalerweise findet sie bei Noh-Aufführungen als Zwischenakt statt.

[2] Der Sohn von Nakano Masayoshi, gleichzeitig der Vetter Jochos.

[3] Siehe Buch 1-16.

men, um dir auf diese Weise meinen Respekt zu bekunden. Mein erster Instinkt bestand darin, deine Bitte aus Gründen der Höflichkeit abzulehnen, aber es bleibt keinerlei Zeit, sich aus irgendeinem Grund zu entschuldigen, da die Zeremonie morgen stattfinden soll. Insofern nehme ich bescheiden an. Ich fühle mich zutiefst geehrt, dass du mich unter so vielen ausgewählt hast. Ruhe heute Nacht friedlich in Vorbereitung auf den morgigen Tag. Es ist inzwischen spät, aber ich werde dich bald persönlich aufsuchen, um die Vorbereitungen zu treffen. Zehnter Tag, elfter Monat.«

Es handele sich um ein herausragendes Schreiben, befand Heizaemon. Seit Urväterzeit galt es als unheilvoll, wenn man gebeten wurde, als Kaishaku zu fungieren. Die Aufgabe ist schwierig und findet nicht einmal dann Würdigung, wenn sie auf herausragende Weise vollzogen wird. Begeht der Sekundant allerdings Fehler, führt das zu lebenslanger Peinlichkeit. Meister Jocho hat eine Abschrift des Schreibens in seinem Besitz.

7-25. Das Oibara von Ono Senbei. Senbeis älterer Bruder und ein Schmied aus Hasuike hatten sich gegenseitig das Versprechen männlicher Liebe geschworen.[1] Eines Tages gerieten sie in Streit, woraufhin ihre Beziehung eine Wende zum Schlechten nahm. Familie und Freunde versuchten einzugreifen, doch es war vergebens, also wandten sie sich an den Fürsten. Fürst Katsushige war dienstlich in Edo, also übernahm Fürst Koshu[2] den Vorsitz über den Fall.

[1] Shudo. Siehe Buch 1-180 und 1-181.

[2] Nabeshima Naozumi. Katsushiges Sohn, später Fürst der Subdomäne Hasuike.

Nachdem er die Argumente beider Seiten gehört hatte, verkündete er: »Ihr klärt das im Kampf ohne Unterstützung. Versucht jemand, euch zu helfen, wird er durch Hinrichtung bestraft.« In Takao Nawate stellte man Zäune auf, innerhalb derer die beiden kämpfen sollten. Die Zuschauer drängten in Scharen an den Ort und standen dicht an dicht wie die Nägel auf der Rückseite eines Schuhs. Der Schmied traf als erster ein, dann Ono, der sagte: »Entschuldigung, dass ich dich so lange habe warten lassen. Ich habe Ewigkeiten gebraucht, um Abschied zu nehmen. Nun lass uns beginnen.« Sie zogen die Schwerter und die Funken flogen von den Schwertspitzen, als sie aufeinanderprallten. Das Publikum verfolgte den Kampf mit angehaltenem Atem. Dann wurde Onos Oberschenkel durchtrennt und er fiel mit einem Schlag zu Boden. Da durchbrach jemand den Zaun und schrie: »Du entkommst nicht!« Mit einem einzigen Schwerthieb wurde der Schmied erschlagen. Bei dem Angreifer handelte es sich um Onos jüngeren Bruder Senbei. Aber der ältere Ono war bereits tot. Man schilderte den Vorfall Fürst Koshu, der missbilligend erklärte: »Was für eine Unverfrorenheit, nachdem ich strikt jedwede Einmischung untersagt hatte! Richtet ihn hin!« Während die Untersuchung noch lief, kehrte Fürst Katsushige nach Saga zurück. Als er hörte, was geschehen war, sagte er: »Senbei ist eine Stufe besser als andere Männer. Er hat sich gut verhalten. Wenn dein Bruder vor deinen Augen getötet wird, würdest du einfach danebenstehen und nichts unternehmen, weil du so sehr an deinem eigenen Leben hängst?« Und mit diesen Worten wurde Senbei begnadigt. Fürst Koshu wurde streng zurechtgewiesen: »Beim Umgang mit dem Vorfall wurde wenig Rücksicht an den Tag gelegt und einen Ort für den Kampf so entlang einer Straße zu errichten, dass jedermann zuschauen kann, war eine entsetzliche Entscheidung.«

Senbei stieg später durch die Ränge auf und wurde zu einem bevorzugten Bediensteten, der für die Falknerei und die Aufzucht der Vögel verantwortlich war. Um seinem Fürsten dessen Großherzigkeit zu vergelten, machte er sich zum Märtyrer und folgte Fürst Katsushige in den Tod …

7-36. Matsuura Douns Kommentar zur Arima-Offensive.[1] Doun sagte: »Als ich noch ein junger Mann war, beteiligte ich mich an der Arima-Offensive, doch rückblickend muss ich sagen: Ob dir verdienstvolle Taten im Kampf gelungen sind, hängt vom Verlauf der Ereignisse ab. Wichtig ist deine Bereitschaft im Kampf. Mit Bereitschaft meine ich: Je dichter du am feindlichen Lager sitzt, desto höher werden die Menschen deine Tapferkeit einschätzen. In den Geschichten, die sich während eines Feldzugs abends erzählt werden, wird betont, dass diejenigen, die in die Nähe der Befestigungen an der Front lagern, furchtlos wirken, während diejenigen, die sich im Hintergrund halten, umso feiger erscheinen. Als junger Mensch wäre es gut, sich das in Erinnerung zu rufen.« (So schilderte es Baba Gontaro.]

7-40. Wann immer sich die Mitglieder von Oki Hyobus Einheit versammelten, sagte er nach Abschluss des Geschäftlichen: »Junge Krieger sollten danach trachten, mutig zu sein. Ihr könnt tapfer sein, wenn ihr jeden Gedanken darauf verwendet, euer Nervenkostüm zu stärken. Bricht euch mitten in der Hitze des Gefechts das Schwert, kämpft mit bloßen Hän-

[1] Der Shimabara-Aufstand 1637/8.

den weiter. Schlägt man euch die Arme vom Leib, ring deinen Widersacher mit den Schultern zu Boden. Schlägt man dir auch die Schultern ab, kannst du immer noch 10 oder 15 feindlichen Kriegern den Kopf abbeißen.« Das sagte er häufig.

8-48. Wie Hirohashi Ichiyuken zum Samurai wurde. Ichiyuken arbeitete in der Küche von Fürst Ryuzoji Takanobu als Diener. Bei einem Sumo-Kampf übermannte ihn der Groll, sodass er sein Schwert zog und sieben oder acht Mann erschlug, woraufhin man ihn dazu verurteilte, Seppuku zu begehen. Als Fürst Takanobu von dem Aufruhr erfuhr, entlastete er seinen Diener: »In diesen unruhigen Zeiten, in denen wir leben, sind tapfere Männer von großer Bedeutung. Er scheint jemand zu sein, der über ein ritterliches Herz verfügt.« Fürst Takanobu nahm Ichiyuken mit in die Schlacht von Anegawa, wo es ihm niemand an Mut gleichtat und er zahlreiche verdienstvolle Taten vollbrachte.[1] Bei der Schlacht von Takagi stieß Ichiyuken so tief in feindliches Gebiet vor, dass sein Fürst begann, sich Sorgen zu machen, und er ihn anwies, an der Seite seines Pferdes zu bleiben. Doch als sie zum Stillstand kamen, stürzte Ichiyuken erfüllt von dem Wunsch, als erster im Getümmel zu sein, vorwärts. Der Fürst konnte Ichiyuken gerade noch am Ärmel seiner Panzerung packen und zurückhalten. Ichiyuken hatte zahlreiche Kopfwunden. Die Blutungen stillte er mit Blättern, dann deckte er sie mit einem Tuch ab. Da keine Ärzte anwesend waren, mischte Ichiyu-

[1] Eine größere Schlacht, die am 30. Juli 1570 in der Nähe des Flusses Anegawa in der nördlichen Omi-Provinz (heute Präfektur Shiga) stattfand. Die verbündeten Truppen von Oda Nobunaga und Tokugawa Ieyasu besiegten die versammelten Streitmächte von Asai Nagamasa und Asakura Kagetake.

ken seinen »schwarze Medizin« genannten Trunk und trug ihn auf die Schwellungen auf. Für dieses Gebräu wurden Fussel aus dem Bauchnabel mit gekochtem Reis und Salz gemahlen. Entwickelte jemand eine Läsion, wurde sie oben aufgeschnitten, dann rieb man die Salbe in die Wunde. Bei dieser Behandlung fielen viele der Patienten in Ohnmacht.

Als auf dem Arm von Fürst Naoshige eine Schwellung erschienen, bat Ichiyuken: »Zeig mir doch bitte deinen Arm, mein Fürst.« Als Seine Hoheit ihm den Arm zeigte, zog Ichiyuken eine versteckte Nadel hervor und stach plötzlich in die Beule. »Was tust du da?!«, rief Fürst Naoshige. Ichiyuken erwiderte: »Bereitet dir ein so kleiner Pikser wie dieser Schmerzen?« Der Fürst riss ihm die Nadel aus der Hand und schlitzte damit Ichiyukens Wange auf. Danach kamen sie nie wieder miteinander zurecht. Ichiyuken fiel im zweiten Jahr von Tensho [= 1574] unter dem Kommando von Naoshige während der Hirai-Offensive an der Burg von Suko.

8-56. Horie San'uemon leitete das Lager des Anwesens von Edo. Er beging das Verbrechen, aus dem Lager des Nabeshima-Reichs zu stehlen, und floh mit dem gestohlenen Geld in eine andere Provinz. Man fasste ihn und er gestand seine Gaunerei ein. Daraufhin verkündete man:

»Angesichts der Schwere des Verbrechens muss er bis zum Tode gefoltert werden.« Man beauftragte Nakano Daigaku[1] damit, seine Hinrichtung offiziell zu bezeugen. Zunächst brannte man ihm die Haare vom Leib, zog all seine Fingernägel und durchtrennte seine Sehnen. Man durchlöcherte ihn und unterzog ihn allen möglichen

[1] Tsunetomos Onkel.

Formen der Folter. Und dennoch wimmerte er während all dieser Qualen nicht ein einziges Mal und sein Gesichtsausdruck blieb unverändert. Zum Schluss schnitt man ihm den Rücken auf und er starb mit zurückgebogenem Torso, während man ihn mit kochender Sojasauce überschüttete.

8-82. Beim Kaishaku etwas Haut zurücklassen. Ein gewisser Mann beging Seppuku und ein zweiter schlug ihm den Kopf ab, doch es blieb ein Hautstrang zurück, sodass der Kopf nicht völlig abgetrennt war. Der O-metsuke [= Beobachter] rief: »Da ist noch ein Stück übrig!« Das brachte den Mann auf, der den Gnadenstoß versetzt hatte. Er nahm den Kopf in seine Hand und trennte ihn vollends vom Hals ab. Er hielt ihn über Augenhöhe und rief lautstark: »Siehe!« Es war ein recht verstörender Aufzug.

Aus früheren Zeiten sind Geschichten überliefert, bei denen Köpfe durch die Luft flogen, wenn der Kaishaku seine Aufgabe erledigte. Aus diesem Grund galt es als besser, ein Stück vom Hals zu bewahren, das den Kopf mit dem Leib verband und verhinderte, dass der Kopf auf die Beamten zurollte. Mittlerweile gilt es als wünschenswerter, einen sauberen Schlag zu führen.

Ein Mann, der Augenzeuge bei 50 Köpfungen war, sagte: »Abhängig vom Hals kann der Widerstand so groß sein, als schneide man durch die Brust [= Ichi no do]. Bei den ersten drei Köpfen, die man abtrennt, stößt man auf keinerlei Widerstand und der Hals ist leicht zu durchtrennen. Nachdem man vier oder fünf Hälse durchtrennt hat, wird der Widerstand allerdings ziemlich stark spürbar. Da es eine Angelegenheit von immenser Bedeutung ist, wirst du es nicht verpatzen, wenn du jedes Mal so durch den Hals hackst, als hättest du vor, bis zum Boden durchzuschlagen.«

8-86. Als sein Fürst nach Saga zurückkehrte, blieb Ishii Jinzaemon in der Burg Edo als Verwalter zurück. Er begann, mit Ishii Mokunosuke zu spielen und gewann bei einer Wette ein Paar Schwerter. Als Einzelheiten des Vorfalls publik wurden, befahl man beiden Männern, Seppuku zu begehen. Auch Matsuo Kihei, der Wächter der Wohnräume, wurde in Edo hingerichtet. Seinen Vater Jurodayu entließ man unehrenhaft. Es war Jurodayu gewesen, der seinen Sohn nach Edo gebracht hatte. Man rief Jinzaemon nach Saga zurück und warf ihn nach einem Kreuzverhör hinter Gitter. Bei den Ermittlungen gab er gegenüber den obersten Gefolgsleuten eine ausführliche Erklärung über seine Spielsucht ab: »Der von mir begangene Fehltritt hat dazu geführt, dass ich eingesperrt wurde und nun warte ich auf die Verkündigung meines bevorstehenden Todes. Insofern sitze ich hier, ohne die Vergangenheit zu bedauern. Eine Sache jedoch finde ich nicht hinnehmbar. Unter den Dachrinnen meines Raums befindet sich ein Hohlraum, der durch Ketten blockiert wurde. Ich bin sprachlos, dass einige Leute offenbar glauben, ein Samurai meines Standes könnte versuchen, durch ein Loch in der Regenrinne zu entkommen!«

Fujii Kaheiji besuchte ihn in dem Tempel, wo der Seppuku stattfinden sollte. Gemeinsam leerten sie Becher voll Sake und dann biss Jinzaemon in ein Stück Taro. Er kaute die halbe Wurzel, dann flüsterte er: »Wird das wieder zum Vorschein kommen, wenn ich geköpft werde?« Kaheiji erwiderte: »Warum in aller Welt sollte es das?« Jinzaemon legte das Stück Taro weg und sagte: »Ich habe einen Kloß im Hals und kann überhaupt nichts schlucken. Es wäre höchst unziemlich, sollte das Stück wieder herauskommen, trifft mich das Schwert.«

Er gestand Kaheiji: »Ich mag für meinen Mut berühmt sein, aber sehe ich mir den schmählichen Zustand an, in dem ich mich gerade befinde, muss ich in Wahrheit wohl ein Feigling sein. Sollte ich mich vor dem Schmerz des Schnittes auf schändliche Weise winden, möchte ich, dass der Kaishaku den tödlichen Hieb rasch führt, damit meine Schwäche nicht meinem Ruf der Tapferkeit schadet. Es heißt, das Antlitz eines wahrlich tapferen Kriegers [= Kusemono] verändert sich auch im Angesicht seiner Sterblichkeit nicht. Bis zum letzten Abend war ich gelassen wie eh und je, dann brachte man mich hierher. Es tut mir leid, das sagen zu müssen, aber ich bin gerade nicht gelassen.« Otsuka Sadasuke übernahm die Aufgabe als Sekundant. Jinzaemon verhielt sich bis zum letzten Ende löblich. [= Aus dem Bericht von Kaheiji.]

9-12. Okubo Kannosuke übt Vergeltung. Okubo To'emon aus Shiota handelte für Fürst Nabeshima Kenmotsu mit Sake. Fürst Kashus[1] Sohn, Fürst Okura,[2] war körperlich behindert und sperrte sich an einem Ort namens Mino weg. Er unterhielt dort Sumo-Ringer und fand Gefallen daran, mit Raufbolden herumzutoben. Die Ringer führten sich oftmals ungebührlich auf und sorgten in den angrenzenden Weilern für Störungen. Zwei besuchten To'emons Etablissement und gaben sich lautstark groben Scherzen hin, während sie dem Reiswein zusprachen. To'emon geriet in eine heftige Auseinandersetzung, doch sie erschlugen ihn, während er sich mit einer Naginata[3] verteidigte.

[1] Nabeshima Naozumi (1616–69), der erste Daimyo des Reiches Hizen Hasuike und fünfter Sohn von Nabeshima Katsushige.

[2] Nabeshima Ukon Naomori.

[3] Anm. d. Übers.: Eine japanische Stangenwaffe. An einem bis zu 1,5 Meter langen Schaft ist eine bis zu einem Meter lange Klinge befestigt.

To'emons 15-jähriger Sohn Kannosuke studierte damals im Tempel von Jozaiji. Als er von der Ermordung seines Vaters erfuhr, sprang er auf sein Pferd und galoppierte an den Schauplatz des Verbrechens. Er führte ein Wakizashi bei sich, dass einen Shaku und drei Sun lang war.[1] Er forderte die beiden großen Ringer zum Kampf heraus und bezwang sie rasch. Dabei erlitt er 13 Wunden, von denen er sich jedoch mit der Zeit erholte. Er wurde später als Doko bekannt und war sehr versiert in der Kunst der Massage.

9-15. Es heißt, der inzwischen verstorbene Tokunaga Kokichizaemon[2] grummelte häufig: »Ich bin so alt, dass ich, wenn man mich in die Schlacht rufen würde, überhaupt nichts tun könnte. Und dennoch verlangt es mich danach, mich kopfüber in die feindlichen Reihen zu stürzen und in aller Herrlichkeit zu fallen. Was für eine Schande es doch wäre, einfach im Bett dahinzuscheiden!«

9-26. Die letzten Tage des Yamamoto Jin'uemon.[3] Als er 80 Jahre alt war, erkrankte Yamamoto Jin'uemon. Da er so aussah, als würde er gleich anfangen zu klagen, sagte ich: »Nur zu, schrei auf. Du wirst dich deutlich besser fühlen.« Jin'uemon fuhr mich an: »Ich werde nichts dergleichen tun! Jeder kennt den Namen Jin'uemon, wie sähe es da aus, wenn ein Mann, der als herausragend gilt, in seinen letzten Momenten ein hörbares Stöhnen von sich gäbe?« Bis zum Schluss schrie er nicht ein einziges Mal auf.

[1] Knapp 40 Zentimeter.

[2] Ein Gefolgsmann des Taku-Clans in Saga.

[3] Jochos Vater.

9-30. Der Sohn von Mori Monbei[1] geriet in einen Kampf und kam mit Verwundungen nach Hause. Monbei fragte: »Was ist mit deinem Gegner geschehen?« »Ich habe ihn erschlagen.« »Hast du ihm den Rest gegeben?« »Natürlich habe ich das.« Daraufhin erklärte Monbei: »Gut gemacht. Du solltest keinerlei Bedauern verspüren. Du wirst Seppuku begehen müssen, wenn auch nicht unverzüglich. Wenn du dich beruhigt hast, bereite dich darauf vor, dir den Bauch aufzuschlitzen. Erlaube mir, dein Sekundant zu sein, damit du nicht durch die Hand eines anderen sterben musst.« Kurz darauf vollzog Monbei Kaishaku an seinem Sohn.

10-63. Ein Vasall des Fürsten Matsudaira Sagami-no-Kami von Tottori[2] erhielt den Auftrag, in Kyoto Geld für sein Reich zu besorgen. Er mietete dort zum Leben ein Stadthaus an. Als er eines Tages seine Umgebung erkundete, hörte er zufällig einen Passanten sagen: »Der Samurai bei dieser Auseinandersetzung ist ein Gefolgsmann des Matsudaira Sagami-no-Kami.« Der Vasall war beunruhigt, denn er wusste, dass sich einige andere Mitglieder seines Clans, die auf dem Weg nach Edo waren, in der Stadt aufhielten. Er fragte den Mann, wo sich der Streit zutrug, dann eilte er an den Schauplatz. Als er dort ankam, sah er, dass sein Clanbruder blutete und es schon fast um ihn geschehen war. Unverzüglich konfrontierte er die beiden Widersacher, tötete sie und kehrte dann in sein Stadthaus zurück.

Das Büro des Richters bekam Wind von dem Vorfall und bestellte den Tottori-Samurai zur Anhörung ein. »Man wirft dir

[1] Ein Krieger im Rang eines Teakiyari.

[2] Ikeda Mitsunaka (1630–1694), der erste Daimyo des Reichs Inaba-no-Kuni Tottori.

vor, sich gesetzeswidrig deinem Kameraden in einem Kampf angeschlossen zu haben. Wie bekennst du dich?« Er erwiderte: »Ich bin nur ein Bauerntölpel aus der Provinz, deshalb fürchte ich, ich verstehe nicht, was du meinst. Bitte wiederhole die Anklage.«

Wütend bellte ihn der Beamte daraufhin an: »Bist du taub? Du warst in einen Kampf verwickelt und hast einige Männer getötet. Das ist ein unverhohlener Verstoß gegen das Gesetz [= Hatto] und die Regeln [= Okite]!« Der Beschuldigte erwiderte: »Ich beginne zu verstehen, was du sagst. Du wirfst mir vor, Gesetz und Regeln missachtet zu haben, dennoch habe ich nichts dergleichen getan. Sämtliche Lebewesen – allen voran der Mensch – sind von dem Wunsch beseelt zu leben. Auch ich schätze meine Existenz sehr. Man sagte mir: ›Dein Kamerad ist in einen Kampf verwickelt.‹ Ich dachte, dass ich dem militärischen Weg Schande bereiten würde, sollte ich die Situation ignorieren. Deshalb eilte ich zum Ort des Geschehens. Mehr noch: Es wäre unverzeihlich gewesen, hätte ich die Ermordung eines Clanbruders mitangesehen und gar nichts unternommen. Ich hätte die Dauer meines Lebens verlängert, aber der Geist des Bushido in mir wäre erloschen. Deshalb zerstörte ich mein eigenes kostbares Leben, um den Weg des Samurai zu bewahren. Indem ich mein Leben verwirkte, habe ich das Gesetz der Samurai geachtet und den Kriegergeist gewahrt. Ich habe mein Leben bereits hingegeben, insofern bitte ich voller Bescheidenheit darum, dass meine Bestrafung mir rasch zuteilwerden möge.« Sein Verhalten machte Eindruck auf die Richter. Der Vorfall wurde ohne weiteres Aufheben abgeschlossen und die Beamten schrieben Sagami-no-Kami: »Dein Gefolgsmann ist ein lobenswerter Mann und sollte geschätzt werden.«

10-90. Ein alter Gefolgsmann sagte, einen Feind in der Schlacht zu töten, sei so, als fange ein Falke einen kleinen Vogel. Obwohl er sich in einen Schwarm von tausend Vögeln stürzt, hat der Falke ausschließlich Augen für den Vogel, den er sich von Anfang an auserkoren hat. Beansprucht man den Kopf eines Feindes für sich, indem man verkündet »Der gepanzerte Krieger mit diesem oder jenem Band gehört mir!«, spricht man von Kezuke-no-kubi, einem »Kopf mit Haaren«.

10-91. Im *Koyo-gunkan*[1] sagte ein gewisser Krieger: »Stehe ich meinen Feinden gegenüber, ist es, als sei ich in die Schatten eingetreten. Insofern trage ich unvermeidbar Verwundungen davon. Obwohl du viele Ruhmestaten in der Schlacht angesammelt hast, wurdest du doch niemals verwundet. Wie kann das sein?« Der andere Krieger[2] antwortete: »Natürlich ist es wie Dunkelheit, trete ich dem Feind gegenüber. Aber kann ich meinen Geist beruhigen, wird es wie eine Nacht, in der ein schwaches Mondlicht alles erleuchtet. Greife ich dann an, weiß ich, dass ich nicht ver-

[1] Der Begriff »Bushido« taucht im *Koyo-gunkan* das erste Mal auf. Die Abhandlung befasst sich mit dem Leben von Takeda Shingen und ist ein wahrer Schatz an Informationen über das moralische Fundament der Sengoku-Krieger. Aufgrund zahlreicher historischer Ungenauigkeiten bewerten Fachleute das Werk allerdings als nicht vertrauenswürdig. Es gibt sogar Kontroversen in der Frage, wer das Buch überhaupt geschrieben hat. Die meisten Kapitel sind unterschrieben von Kosaka Danjo Masanobu (1527–1578), einem Ältesten aus dem Haus Takeda. Einige Fachleute vertreten jedoch die Theorie, wonach der Militärgelehrte Obata Kagenori (1572–1663) der Autor ist. Sakai Kenji hat die verwendete Sprache untersucht und nachgewiesen, dass sie an die Muromachi-Zeit erinnert. Das spricht dafür, dass Kosaka Danjo die Texte geschrieben hat und sie von Obata Kagenori zusammengestellt wurden.

[2] Baba Mino-no-Kami.

wundet werde.« Das ist der prägende Augenblick für die wahre Stärke eines Kriegers.

10-111. Ein Gefolgsmann aus Satsuma lief herum wie ein Schlafwandler, während er das Wachhaus passierte. Ein Wachtmeister sah ihn und sagte: »Du schläfst doch nicht.« Mit diesen Worten stach er ihm mit einem Stab ins Gesicht, sodass Blut floss. Der Krieger aus Satsuma wischte das Blut ab und ging. Gegen Abend kehrte er in Begleitung mehrerer anderer auf dem Rücken eines Pferds zurück und wartete darauf, dass der Wachtmeister erschien. Als er und seine Begleiter den Wächter entdeckten, sprang er vom Pferd. Er stellte sich ihm vor, dann hieb er ihn entzwei. Voller Furcht verschwanden die anderen Wächter. Es wurde sofort Bericht erstattet über den Vorfall, aber vonseiten Satsumas wurde jegliche Beteiligung bestritten, womit die Episode endete.

10-134. Fungierst du bei einem Seppuku als Sekundant und verwendest ein Katana [= Schwert], setze deinen rechten Fuß etwa einen Shaku oder fünf Sun von seinem Knie entfernt. Verwendest du dein Wakizashi [= Kurzschwert], dann sollte dein rechter Fuß etwa einen Shaku entfernt sein.[1] Tritt im selben Winkel vorwärts, den dein Knie anzeigt, und halte die Hände niedrig, während du beim Schneiden die Klinge senkrecht zum Hals führst.

11-1. Es steht geschrieben im *Gunpo-kikosho*: »Erst gewinnen, dann angreifen« ist die Essenz des sicheren Sieges. In Friedens-

[1] Etwa 43 bis 46 beziehungsweise 30 Zentimeter entfernt.

zeiten bedeutet Findigkeit, sich für den Krieg zu rüsten. Du musst imstande sein, mit 500 Mann einen Feind zu besiegen, der über 100 000 Mann verfügt.

Greifst du eine feindliche Burg an, achte darauf, dich über die Nebenstraßen zurückzuziehen und nicht über die Hauptstraße. Lege die verwundeten Körper und die Leichname deiner Verbündeten mit dem Gesicht in Richtung Feind.

Greifst du das feindliche Lager an, merke dir im Vorbeiziehen den Schatten der Bäume, um die Entfernung bis zu einem Ufer oder einer Brücke abschätzen zu können. Ziehen sich deine Verbündeten zurück, kannst du unter den bekannten Bäumen warten und mitzählen, wie viele Männer an dir vorbeiziehen, während du ihnen Rückendeckung gibst. Stelle dich vor die zurückeilenden Truppen und rufe: »Ich übernehme die Rückendeckung. Sammelt euch hier, wenn ihr euch mir anschließen wollt!«

Das Hauptaugenmerk eines Kriegers sollte selbstverständlich während des Angriffs auf der vordersten Front liegen und während des Rückzugs nach hinten gewandt sein. Vergiss nicht, auf den besten Zeitpunkt für einen Angriff zu warten, und vergiss nicht, während des Wartens anzugreifen.

11-5. Man glaubt, ein Kabuto [= Helm] sei eine schwere Sache. Doch wenn man auf eine Burg zustürmt und mit Bogen, Gewehren, Steinen, großen Holzstücken und so weiter angreift, erscheint einem der Kabuto auf einmal gar nicht so schwer.[1]

[1] Der Text kann auch dahingehend gedeutet werden, dass statt »angreift« »angegriffen wird« gemeint sein könnte.

11-6. Im Nachlass Fürst Getsudos[1] befand sich ein Dokument, in dem er erklärte, wie man einen Schwertkampf gewinnt. Als Shogun Iemitus darüber nachdachte, Kenjutsu[2] zu praktizieren, bat er Kimura Sukekuro,[3] einen Gefolgsmann aus dem Hause Kii, und Getsudo, aufzuschreiben, wie man aus ihrer Sicht in den militärischen Künsten [= Hyodo] erfolgreich ist. Er hatte vor, einen der beiden zu seinem Kenjutsu-Lehrer zu erklären. Sukekuro fertigte ein drei Seiten umfassendes Dokument an und übergab es Iemitsu. Getsudo dagegen schrieb einfach: »Es ist verkehrt zu denken, dass es richtig ist, und es ist verkehrt zu denken, dass es verkehrt ist. Beides ist verkehrt. Es ist richtig, an überhaupt nichts zu denken.« Das beeindruckte Fürst Iemitsu und er bestimmte Getsudo zu seinem Schwertmeister. Die beiden sollten jedoch niemals gemeinsam üben, da Fürst Getsudo kurz darauf verstarb.

11-8. Als Schwertmeister Yagyu Tajima-no-Kami[4] mit dem Shogun zusammenkam, fielen auf einmal mehrere Shinai [= Bambusschwerter] von der Decke. Meister Yagyu faltete die Hände über dem Kopf, um nicht getroffen zu werden. Als er ein anderes Mal an den Hof gerufen wurde, versteckte sich der Shogun mit einem Shinai in der Hand, um den Schwertmeister zu überraschen. Doch Meister Yagu rief: »Der Shogun praktiziert Kenjutsu. Nicht spionieren!« Überrascht drehte der Shogun sich

[1] Nabeshima Kii-no-Kami Motoshige aus der Subdomäne Ogi.

[2] Die traditionelle japanische Schwertkunst.

[3] 1581–1650. Während der frühen Edo-Zeit ein gefeierter Meister der Schwertkunst. Ein Schüler von Yagyu Munenori.

[4] Yagyu Tajima-no-Kami Munenori.

um, um zu sehen, wer hinter ihm stand. Da eilte Meister Yagyu herbei und entwand ihm das Shinai.[1]

11-18. Hast du den Auftrag, jemanden zu suchen und zu töten, so gilt: Egal, wo du dich aufhältst, erledige deinen Auftrag rasch. Gehe nicht erst zurück in dein Haus oder an einen anderen Ort. Dasselbe gilt, wenn du an regulären Tagen zum Dienst einberufen wirst. Aus diesem Grund muss ein Samurai stets bereit und imstande sein, sofort und unverzüglich zu reagieren.

11-46. Nagahama Inosuke gab nachfolgende Empfehlung: Im Schwertkampf lässt der Krieger jedwede Bedenken um sein Leben am besten einfach fahren und schlägt auf den Feind ein. Bei der Auseinandersetzung wird es sehr eng zugehen, denn die Opposition wird ganz genauso handeln. Glaube und Schicksal werden darüber entscheiden, wer sich durchsetzt. Zeige niemals anderen dein Schlafquartier. Es sind die Augenblicke, wenn du in den Schlaf gleitest oder dein Zimmer verlässt, in denen du am verwundbarsten bist. Vergiss das nicht.

11-55. Ein General verkündete einst: »Abgesehen von den Hauptmännern der Einheiten sollten sich alle Krieger um die Vorderseite ihrer Panzerung und ihrer Helme kümmern.« Und weiter: »Die Panzerung selbst muss nicht aufwendig dekoriert sein, aber der Kabuto [= Helm] sollte von hervorragender Qualität sein, denn der Feind wird ihn mitsamt deinem Kopf für sich beanspruchen.«

[1] Das bezieht sich auf die Muto-dori genannte berühmte Lehre aus der Schwertkunstschule Yagyu-Shinkage-ryu. Dabei geht es darum, den Widersacher zu entwaffnen, ohne ihn zu erschlagen.

11-56. Nimmst du deinem Feind den Kopf, dann schneide unterhalb des Haarknotens mit einem Messer ein Kreuz in den Nacken. Ein bestimmter Samurai hat früher, wenn er den Kopf eines Feindes für sich beanspruchte, zum Beweis drei Backenzähne entfernt. Ein anderer Samurai stopfte in die Lücke zwischen den Zähnen Papier [um seinerseits die Trophäe zu fordern]. Es kam zum Kampf und der Samurai, der das Papier eingeführt hatte, verdiente sich das Recht zu prahlen.

11-67. Über den Schauplatz einer Hinrichtung. Es ist nicht klug, eine Hinrichtungsstätte dort zu errichten, wo Reisende durchkommen. Die Todesstrafe, die in Edo und der Region Kamigata vollzogen wird, soll ganz Japan ein Beispiel geben, aber Hinrichtungen, die in den jeweiligen Provinzen durchgeführt werden, sind örtliche Angelegenheiten. Es wirft ein schlechtes Licht auf die Domäne, stellt man zu viele Kriminelle zur Schau. Wie würde das auf andere Clans wirken? Und selbst ein Verbrecher wird im Laufe der Zeit das Wesen seiner Untat vergessen. Ein Verbrechen sollte dort bestraft werden, wo es begangen wurde.

11-133. Beginne jeden Tag damit, über deinen Tod als seinen Höhepunkt nachzudenken. Beschwöre jeden Morgen mit einem ruhigen Gemüt Bilder von deinen letzten Augenblicken herauf. Sieh dich, wie du von Pfeil und Bogen getroffen wirst oder von einer Pistolenkugel, einem Schwert oder Speer, wie du von einer riesigen Welle fortgespült wirst, wie du in ein Feuerinferno stürmst, wie dich der Blitz trifft, wie du in einem großen Erdbeben zu Tode geschüttelt wirst, wie du hunderte Fuß von einer hohen Klippe stürzt, wie du einer tödlichen Krankheit erliegst oder einfach unerwartet tot umfällst. Achte darauf, dich jeden Morgen in eine Todestrance zu meditieren.

Ein Ältester erklärte: »Tritt jemand vor sein Haus, wird er inmitten von Leichnamen stehen. Tritt er vor sein Tor, wird er dem Feind begegnen.« Es geht hier nicht um Wachsamkeit, sondern darum, das eigene Ich von vornherein zu töten.

11-149. Die Geschichte eines alten Schlachtrosses. In den alten Zeiten ließen sich die Krieger Schnurrbärte wachsen, weil ihnen der Feind zum Zeichen ihres Erfolgs im Kampf Ohren und Nase abschneiden würde. Der Schnurrbart wurde zusammen mit der Nase abgeschnitten, um zu bestätigen, dass es sich bei der Trophäe um die eines Mannes handelte und nicht einer Frau. War der Kopf glattrasiert, ließ man ihn einfach im Schlamm liegen und verrotten. Ein Samurai pflegte seinen Hängeschnurrbart, damit gewährleistet war, dass sein abgeschlagener Kopf nicht kurzerhand fortgeworfen würde. Meister Jocho sagte: »Die Gesichtsfarbe eines Mannes wird sich nach seinem Tod auf dem Schlachtfeld nicht ändern, solange er sich jeden Morgen das Gesicht wäscht.«

Bezüglich der Frauen

3-29. Nachdem sie sich getrennt hatten, kam die ehemalige Frau von Fürst Naoshige[1] häufig mit ihren Bediensteten zu Besuch, für Uwanari-Uchi[2] oder um seiner neuen Frau Streiche zu

[1] Keien Myoyo.

[2] Beim Uwanari-Uchi schart eine geschiedene Frau ihre weiblichen Ver-

spielen. Fürstin Yodaiin[1] behandelte sie mit dermaßen viel Höflichkeit, dass die ehemalige Frau Seiner Hoheit stets widerstrebend besänftigt abreiste.

3-42. Nachdem ihr früherer Ehemann Nodomi Jibedayu auf dem Schlachtfeld gefallen war, zog sich Fürstin Yodaiin nach Isakari in das Heim ihres Vaters Ishii Hyobudayu zurück.

Eines Tages machten Männer von Ryuzoji Takanobu auf dem Weg in die Schlacht am Ishida-Haus Halt und verlangten, dass man ihnen ein Mittagessen zubereite. Hyobudayu wies seine Bediensteten an: »Grillt einige Sardinen.« Sie machten sich an die Arbeit, doch es dauerte zu lange, da so viele Fische vorzubereiten waren.

Fürstin Yodaiin beobachtete sie von einem Platz hinter dem Vorhang aus. Sie trat hervor, kratzte die brennende Glut vom Boden des Ofens und leerte den Eimer Sardinen darüber aus. Mit einem großen Fächer erhitzte sie den Fisch, dann schaufelte sie den ganzen Haufen in einen Weidenkorb, schüttelte die Asche fort und verteilte den Fisch an die Männer. Fürst Naoshige sah ihr dabei zu und dachte insgeheim: »Ich will eine Frau mit einer so schnellen Auffassungsgabe wie sie.« Kurz darauf begann er, um sie zu werben.

Eines Abends besuchte Fürst Naoshige Fürstin Yodaiin, da scheuchte ihn jemand mit dem Ruf »Dieb!« fort. Er sprang auf der Flucht über einen Graben, trug jedoch eine Streifwunde durch ein Schwert fort. Außerdem erlitt er einen kleineren

wandten um sich, um der neuen Gemahlin ihres Ehemanns einen Streich zu spielen und es ihr auf diese Weise »heimzuzahlen«.

[1] Die neue Gemahlin Nabeshima Naoshiges.

Schnitt an der Fußsohle. Auch bei einem nächtlichen Überfall in Taku wurde er leicht verwundet.[1] Es gibt zudem Spekulationen, wonach er im zweiten Monat des vierten Jahrs von Tensho [= 1576] beim Angriff auf die Burg Yokozawa verwundet wurde.[2]

3-43. Toyotomi Hideyoshi stieg während eines Feldzugs in Nagoya[3] ab. Dort veranstaltete er eine Feierlichkeit, zu der er die Frauen der Fürsten von Kyushu einlud. Er ersuchte auch um die Anwesenheit von Fürstin Yodaiin, aber sie bat Hideyoshis Magd Kozosu, sie bei dem Treffen entschuldigen zu lassen. Kozosu gelang es, die Dinge so zu regeln, dass sie befreit war. Allerdings bat Kozosu: »Tretet doch bitte wenigstens einmal auf, damit andere dein Handeln nicht zum Vorbild nehmen.« Sie rasierte sich die Stirn und arrangierte ihr Haar auf eine Art und Weise, als habe sie Hörner, sodass sie bei ihrem Erscheinen ganz besonders hässlich war. Sie musste sich ihnen nie wieder anschließen. (Berichtet von Kanemaru.)[4]

5-91. Als im Jahr des Affen [= 1668] das große Feuer ausbrach, ging Fürst Mitsushige nach Yanagihara zum Haus von Doi Toshikatsu, dem Gemahl seiner Tochter O-sen. Dort fragte er: »Das Feuer hat sich auf die Mietshäuser ausgebreitet. Wo ist die Dame des Hauses?« Man sagte ihm: »Sie ist noch immer in der Residenz.« Er ging hinein und erkundigte sich, was sie dort täte. »Ich habe die Dienerschaft bereits angewiesen zu gehen, aber mein

[1] Das war 1570.

[2] Richtig müsste es »Yokozo« heißen.

[3] Nagoma in Kyushu, nicht die Stadt in der heutigen Präfektur Aichi.

[4] Kanemaru Gun'uemon war ein Schreiber.

Gemahl ist fort und es wäre nicht angemessen, wenn seine Frau in seiner Abwesenheit das Haus allein ließe. Ich bin darauf vorbereitet, hier zu verbrennen.« Mitsushige verließ das Gebäude ohne sie. (Berichtet von Kanemaru.)

6-70. Daizens[1] Frau war die Tochter Nabeshima Ichisukes. Nachdem Fürst Katsushige sie adoptiert hatte, vermachte er sie Daizen. Während der Arima-Offensive im Zuge des Shimabara-Aufstands geschah es, dass Daizen durch seine Handlungen seinen Fürsten gegen sich aufbrachte. Er und seine Frau wurden daraufhin mit Zwang geschieden.[2] Sie ließ ihm per Boten Briefe überbringen, doch er ließ sie ungelesen liegen und erklärte: »So sehr sich mein Herz nach ihr sehnt, kann ich es nicht einmal fernab der neugierigen Augen Dritter über mich bringen, die Briefe der einen zu lesen, die mir mein Fürst entrissen hat.« Anderen sagte er: »Für mich gibt es nichts mehr, für dass es sich zu leben lohnt.« Er stellte das Essen ein und begann, stark zu trinken. Er starb, nachdem er begonnen hatte, Blut zu erbrechen. Nach seinem Tod gab der Fürst seiner ehemaligen Gemahlin 150 Koku Reis, um ihre Lebenshaltungskosten abzudecken …

6-127. Das rote Shogun-Siegel [= Shuin] für Töpferei in Takagijuku. Als Fürst Toyotomi Hideyoshi in Nagoya [= Hizen] lagerte, musste er nach Osaka zurückkehren, weil seine Mutter erkrankt war. Auf seinem Weg zurück nahm er in Saga den oberen Weg. Der Ort, an dem die Fähre den Kawakami-Fluss quert,

[1] Nabeshima Masayuki.

[2] Daizen erhielt während des Shimabara-Aufstands Befehl, die Residenz in Edo zu bewachen. Er missachtete jedoch den Befehl und ging an die Front.

heißt »Nagoya-Furt«, weil an dieser Stelle Fürst Hideyoshi übersetzte. Den Menschen zufolge, die das Ereignis mit eigenen Augen gesehen haben, war Fürst Hideyoshi ein kleiner Mann mit großen, öligen Augen. Sein Gesicht und seine Glieder leuchteten rot, als hätte man sie zinnoberrot angemalt. Er war in prächtige Gewänder gewandet und trug Schuhe aus Stroh. Er führte Lang- und Kurzschwerter in rot lackierten, mit Goldfäden durchsetzten Scheiden mit sich, an ihnen hing ein Reservepaar Halbsandalen. Er ritt zu Pferde, so wie alle Männer in seinem Gefolge. Sänften waren nicht zu sehen.

Damals sagte Fürstin Keigin[1] den Menschen: »Sammelt alle Türen der Häuser und fertigt Tische aus ihnen, indem ihr vier Bambusstöcker als Beine nutzt. Dann bereitet feste Reisbälle zu und stellt sie auf Tellern in die Straße.« Hideyoshi sah sie beim Durchreiten und erklärte: »Das ist gewiss das Werk der Fürstin Keigin, denn sie ist eine scharfsinnige Frau. Normalerweise ist an diesen Durchgangsstraßen keinerlei Essen zu bekommen und die Menschen in meiner Prozession werden hungrig. Dass sie sich auf diese Weise um uns kümmert, ist wunderbar.« Mit diesen Worten griff er sich einen Reisball und sagte: »Seht doch! Dieser Reisball ist fest. In einer Samuraifamilie sind die Frauen besonnen.« Dann fiel ihm das Steingut auf, auf dem die Reisbälle platziert waren. Er rief aus: »Und seht auch dies! Diese Teller sind herausragend.« Er bestellte den Töpfer nach Nagoya und verlieh ihm das rote Siegel der Shogun [was die offizielle Schirmherrschaft seiner Handwerkskunst ausdrückt]. Dieses Shogun-Siegel ist noch immer sehr angesehen. Die Inschrift lautet: »Die Töp-

[1] Die Stiefmutter von Nabeshima Naoshige. Sie war die Mutter von Ryuzoji Takanobu und heiratete später Naoshiges Vater.

ferarbeit dieses Mannes ist unvergleichlich. Er ist würdig, als der führende Töpfer Kyushu Nagoyas bezeichnet zu werden. Verliehen an Töpfermeister Ienaga Hikosaburo am 26. Tag des siebten Monats im zwanzigsten Jahr von Tensho [= 1592] …«

7-38. Über die Frau von Ushijima Shingoro.[1] Ushijima Shingoro war ein beliebter Vasall Fürst Tsunashiges, der ihm eine herzliche Behandlung zukommen ließ. Und dennoch sprach sich in der Gemeinde herum, dass Gondo Shichibei, der Bruder von Shingoros Frau, regelmäßig schlecht beleumdete Etablissements aufsuchte. Zur Wiedergutmachung seiner Fehltritte verurteilte man ihn in Edo zum Tode. Weil er ein Exempel statuieren wollte, ließ Fürst Tsunashige die gesamte erweiterte Familie Shichibeis unter Hausarrest stellen. Als Shichibeis Schwager ereilte auch Shingoro diese Strafe. Man zog ihn von seinem Posten in Edo ab und beorderte ihn zurück nach Saga, wo er für einen Zeitraum von drei Jahren das Haus nicht verlassen durfte.

Während dieser Zeit bedrängten ihn seine Verwandten und andere aus seiner Einheit: »Guter Mann, trenne die Verbindung zu deiner Frau, damit du wieder deinen Pflichten nachgehen kannst. Wie ist es möglich, mit gerade einmal vier Koku Reis zu überleben?« Unbeirrt gestand Shingoro: »Ich werde mich niemals von meiner Frau scheiden lassen. Es ist nicht die Zuneigung, die mich schwach macht, vielmehr verabscheue ich als Samurai es, mich von ihr zu trennen, wenn sie doch keinen Fehler begangen hat. Das wäre ein Verstoß gegen Giri.[2] Lasst mich in

[1] Dieser Vorfall trug sich 1697 zu.

[2] Siehe Fußnote für 3-1.

Frieden zu Tode hungern.« Diese Episode wurde während Shingoros Hausarrest weitergegeben und bestätigt.

8-47. Hashino Shogen willigt ein, Seppuku zu begehen. Als eine [adoptierte] Tochter des Fürsten Ryuzoji Takanobu mit Fürst Hata Mikawa-no-Kami von Karatsu verlobt wurde, traf Yatsunami Musashi-no-Kami[1] ein, um die Braut abzuholen.[2] Sie war jedoch ernsthaft erkrankt und die Wahrscheinlichkeit, dass sie überleben würde, lag bei zehn Prozent. »Ich habe den Auftrag, Ihre Hoheit nach Karatsu zu begleiten. Sollte sie sterben, bevor ich meinen Auftrag erfüllt habe, beschließe ich, Seppuku zu begehen.« Andere versuchten, ihn davon abzubringen, doch es war vergebens.

Die wichtigsten Gefolgsleute von Fürst Takanobu beratschlagten, wie sie mit diesem Dilemma umgehen sollten. »Es wäre sträflich, sollte niemand aus unserem Clan Ihrer Hoheit in den Tod folgen. Leider jedoch scheint außer vielleicht Hashino Shogen niemand willens, dieses Schicksal anzunehmen.«

Shogen wurde unverzüglich vor den obersten Rat gerufen. »Es ist eine Zumutung, aber wir müssen dich bitten, dein Leben zu opfern und dir den Bauch aufzuschlitzen, sollte sie sterben.« Shogen antwortete: »Das kommt in der Tat überraschend. Ich frage mich, ob das Seppuku eines derart rangniedrigen Mannes, wie ich es bin, eine derart ernsthafte Situation, bei der der Ruf des Reichs auf dem Spiel steht, aus der Welt schaffen kann.« Aber er willigte ein: »Ich werde getreulich tun, wie mir aufgetragen wird.« Dann ging er zur Unterkunft von Musashi-no-Kami und

[1] Ein Vasall von Fürst Hata.

[2] Siehe Buch 2-136.

informierte ihn über die Anweisung. »Da ich Ihrer Hoheit gegenüber sehr zu Dankbarkeit verpflichtet bin, werde ich ihr in die Unterwelt folgen.« Doch wie es der Zufall wollte, erholte sie sich voll und ganz und Shogen musste nicht sterben.

9-19. Ein Ehebrecher wird erschlagen. Einmal kehrte ein gewisser Mann spätabends in sein Heim zurück und stellte fest, dass sich dort ein Fremder aufhielt und sich unerlaubt einem Stelldichein mit seiner Frau hingab. Er tötete den Liebhaber. Dann schlug er ein Loch in die Wand seines Hauses und stieß einen Ballen Reis um. Er rief die Obrigkeit und erklärte, er habe »einen Einbrecher erschlagen«. Die Angelegenheit wurde nicht weiterverfolgt, die Ermittlungen wurden eingestellt. Nach einer Weile ließ er sich von seiner Frau scheiden und löste die Angelegenheit damit auf großartige Weise.

9-20. Über einen Mann, der seine Frau tötete. Eines Tages kehrte ein gewisser Mann nach Hause und fand dort seine Frau im Schlafzimmer mit einem Bediensteten bei einem Akt der Untreue vor. Während der Bedienstete in die Küche floh, machte der Mann sich auf in den inneren Raum. Er stürmte ins Schlafzimmer und erschlug sie mit seiner Klinge. Dann rief er die Magd und redete auf sie ein: »Damit keine Schande über meine Kinder kommt, bitte ich dich, es so aussehen zu lassen, als sei der Tod meiner Frau die Folge einer Krankheit. Solltest du dich weigern, werde ich dich als Mittäterin ebenfalls töten.« Sie erwiderte: »Bitte töte mich nicht, Herr. Ich werde tun, was in meinen Kräften steht, damit das Geheimnis nicht bekannt wird.« Sie räumte den Raum auf und legte dem Leichnam ein Nachtgewand an.

Zwei-, dreimal schickte man nach einem Arzt, sandte dann aber die Nachricht hinterher, dass die Frau bereits gestorben sei und keinerlei Notwendigkeit für sein Kommen mehr bestehe.

Man rief den Onkel der Frau und setzte ihn über den Vorfall in Kenntnis. Er hieß die Maßnahmen gut, die zur Vertuschung der Ereignisse ergriffen worden waren. Und so erklärte man das Ableben der Frau mit einem plötzlichen Unwohlsein, den wahren Grund ihres Todes machte man nicht publik. Den Bediensteten verwies man des Hauses. Die Angelegenheit trug sich in Edo zu.

9-27. Tashiro Riuemons Gattin reagiert sehr geschickt auf die Avancen eines Bediensteten. Eines Tages, als Tashiro Riuemon sich nicht in seinem Heim aufhielt, gestand einer der Bediensteten der Frau seine Liebe. »Viele Male habe ich versucht, meine Gefühle zu unterdrücken, denn ich weiß nur zu gut, dass ich mich meinem Herrn gegenüber des Glaubensabfalls schuldig mache. Doch ich sehe es als Karma und kann mich nicht länger beherrschen.« Riuemons Frau war aufgebracht über diese Erklärung und wies ihn streng zurecht, doch es war vergebens. Schließlich sagte sie zu ihm: »Wenn deine Gefühle dermaßen stark sind, dann unterwerfe ich mich dir. Geh ins Lager im hinteren Teil des Hauses und warte dort auf mich. Ich werde deine Wünsche erfüllen.«

Erfreut über ihre Reaktion tat der Mann wie geheißen. Nachdem sie in den Raum gegangen waren, sagte sie: »Ich komme zu dir, nachdem ich mich zurechtgemacht habe.« Dann schloss sie ihn im Lagerraum ein und wartete auf die Rückkehr ihres Gatten. Es dauerte nicht lange, bis er zurückkehrte, und sie schilderte ihm, was geschehen war. Man zerrte den unglückseligen Kerl aus dem Nebengebäude, Riuemon hörte sich an, was er zu sagen hatte, dann richtete er ihn hin.

9-39. Ein Mann namens Takagi geriet einmal in Streit mit drei Bauern aus der Region. Sie schlugen ihn windelweich und warfen ihn dann in ein Reisfeld. Als er in seinem jämmerlichen Zustand nach Hause kam, fragte seine Frau ihn vorwurfsvoll: »Hast du vergessen, wie man [als Samurai] stirbt?« »Absolut nicht«, erwiderte er. Während sie das Haus verließ, sagte seine Frau: »Allen Männern ist es bestimmt, irgendwann zu sterben. Sterben kann man auf unterschiedliche Art und Weise, etwa durch Krankheit, in der Schlacht, durch Seppuku oder indem man geköpft wird, während einem die Hände auf dem Rücken gebunden sind. Am bedauerlichsten wäre es jedoch, unehrenhaft zu sterben.«

Kurz darauf kehrte sie zurück, brachte die Kinder zu Bett, baute eine Fackel und bereitete sich auf den Kampf vor, der nach Anbruch der Dunkelheit bevorstand. »Als ich vorhin unterwegs war, habe ich die drei Männer gefunden, wie sie miteinander redeten. Jetzt ist unsere Gelegenheit zum Angriff gekommen. Gehen wir.« Die Fackel in der einen Hand und ein Kurzschwert in ihrer Schärpe, ging sie einige Schritte vor ihrem Ehemann und erzwang sich Zutritt zur Hütte. Sie griffen die Bauern an und schlugen wie im Fieber mit dem Schwert zu. Zwei Bauern starben sofort, einer wurde verwundet und in die Flucht geschlagen. Der Ehemann wurde später angewiesen, Seppuku zu begehen.

10-5. Einmal sagte ein gewisser Mann: »Ich kenne die Form von ›Vernunft‹ [= Ri] und ›Frauen‹.«[1] Jemand fragte, welche

[1] In einigen Versionen des *Hagakure* wird anstelle des Zeichens für »Frau« (婦 = Fu) das Zeichen für »falsch« oder »fehlerhaft« (非 = Hi) verwendet. Das ergibt in der Tat mehr Sinn, da es im Widerspruch zu »Vernunft«

Form diese Dinge denn hätten, woraufhin der Mann erwiderte: »Vernunft ist ein Quadrat und wird nicht im Geringsten nachgeben. Frauen sind rund. Frauen unterscheiden nicht zwischen Gut und Böse, falsch oder richtig. Sie rollen in jede Position.«

10-17. Die Familie Ii besaß keine designierte rechtmäßige Frau. Die letzten Worte Naomasas lautete: »Im Kampf übernimmt unser Clan stets die Führung. Kraft der Mutter, die ihn zur Welt gebracht hat, wird selbst ein inkompetenter Sohn die Führung des Clans übernehmen. Folgen wir einem Fürsten, der nicht dazu imstande ist, tapfer von der Front aus zu führen, können wir nicht darauf hoffen, einen Zweck zu erfüllen. Nur wenig lässt sich tun, um zu verhindern, dass ein schwächlicher Sohn einer rechtmäßigen Frau zum ›rechtmäßigen Erben‹ des Clans wird. Stattdessen ist es am besten, sich einen würdigen Anwärter herauszupicken, der mit einer Konkubine gezeugt wurde.«

10-101. Über die Qualitäten eines Hunds für die Wildschweinjagd. Besitzt er leuchtende Augen, einen Schweif, der senkrecht steht wie ein Mast, ein Fell wie Nadeln und einen Hintern groß genug, dass man Japan darauf ablegen kann? Es gibt zudem eine Lehre, die besagt, dass ein Hund, der am Maul nur ein Barthaar hat, sprunghaft sei. Zwei Barthaare sind gut, drei bedeuten, er ist ängstlich. Fütterst du ihn als Welpen mit dem Fleisch von Wildschwein und er legt enormen Appetit an den Tag, dann ist er für Großes bestimmt. Achte darauf, einen

steht. Ich habe jedoch beschlossen, mich an die Textversion zu halten, auf der meine Übersetzung beruht. Möglicherweise war es ein absichtlicher Scherz, möglicherweise auch ein zynischer Vergleich zwischen »Frau« und »Vernunft«.

Wurf nach der Geburt zu wiegen. Die Schweren werden zu guten Hunden heranwachsen. Außerdem sollst du sie nicht schlagen, schelten oder streicheln. Füttere sie häufig, aber stets nur ein wenig zurzeit.

11-36. Die Geschichte, wie Hyakutake Shima-no-Kami[1] nicht erschien, als Shigenami[2] getötet wurde. Nachdem Shigenami erschlagen worden war, brach in der Nähe von Tsujinodo[3] ein Aufstand los. Da Shima-no-Kami zu Hause blieb, warf seine Frau seine Rüstung nach ihm und kreischte: »Ist deine Angst so groß, dass du dich nicht dem Krawall anschließen und mit deinen Verbündeten kämpfen kannst?« Shima-no-Kami blieb, wo er war, und erwiderte nur: »Ich vergieße angesichts des Endes von Shigenami Tränen der Trauer und vermag mich nicht dazu aufraffen, mich in den Kampf zu stürzen.«

Ein anderes Mal hatte sich Shima-no-Kamis Frau mit ihm gestritten und versäumte es des Morgens, die Männer zu füttern. Ihr Mann und seine Truppen mussten plötzlich in die Schlacht ziehen und brachen eilig auf. Voller Reue bereitete die Frau etwas zu essen, verkleidete sich als Mann und eilte mit ihren Dienerinnen zu dem Treffpunkt, im Gepäck Wasserbehälter und Speisen.

Nach der Schlacht von Shimabara rückten die Satsuma-Einheiten auf Chikugo vor und Shima-no-Kamis Frau hielt sich

[1] Hyakutake Shima-no-Kami war respektiert und zählte zu den vier besten Kämpfern Ryuzoji Takanobus.

[2] Das bezieht sich auf den Vorfall, bei dem Ryuzoji Takanobu 1581 Kamochi Shigenami meuchelte, den Fürsten der Burg von Yanagawa.

[3] Saga-Stadt.

noch in der Burg von Kamochi auf.[1] Damit nicht der Eindruck entstand, dass die Burg nur leicht bewacht sei, improvisierte sie und entwarf viele Flaggen mit Abzeichen und reihte sie auf den Mauern auf. Tapfer verteidigte sie die Burg und wehrte den Feind ab. Die Flaggen nutzte man anschließend offenbar für alle möglichen Zwecke. Die frühere Residenz von Shima-no-Kami lag hinter der westlichen Zitadelle, heute liegt sie dort, wo sich das Anwesen von Denbei befindet.[2] Bei der Gattin Shima-no-Kamis handelte es sich zweifelsohne um eine temperamentvolle Frau.

11-77. Ein Samurai reiste durch das Dorf Yae in Saga, als ihn plötzlich Magenkrämpfe befielen. Auf der Suche nach einem Badezimmer, in dem er sich erleichtern konnte, eilte er in ein Haus in der Nähe. Im Haus war nur eine junge Frau, die ihm erklärte, die Toilette befinde sich hinter dem Haus. Eilig entfernte der Samurai seinen Hakama, während er zur Toilette rannte. Genau in diesem Augenblick kehrte der Ehemann der Frau zurück. Er erblickte den Hakama auf dem Boden, beschuldigte die beiden des Ehebruchs und der Fall ging vor Gericht. Fürst Naoshige hörte davon und erklärte: »Selbst wenn die beiden Angeklagten unschuldig sind und die Tat nicht begangen haben, machen die Tatsache, dass der Mann seinen Hakama ablegte, ohne zu bedenken, dass die Frau sich allein im Haus befand, und die Tatsache, dass die Frau dies zuließ, obwohl ihr Mann nicht im Haus war, das Ganze doch zum selben wie Ehebruch.«

[1] Hier ist die Rede von der Schlacht, die 1584 Ryuzoji Takanobu und Shimazu Iehisa austrugen. Ryuzojis Truppen wurden geschlagen, Takanobu und Shima-no-Kami fielen im Kampf.

[2] Nabeshima Denbei Zofusa.

Man verurteilte die beiden wegen ihres schlechten Urteilsvermögens zum Tode.

11-162. Zieht man einen Jungen groß, besteht die oberste Priorität darin, ihn zu Tapferkeit zu ermutigen. Schon in frühesten Jahren sollte das Kind lernen, seinen Vater als Herrn zu respektieren, außerdem sollte es Protokoll und Etikette lernen, das Dienen, ordentliches Sprechen, Selbstkontrolle und sogar, wie man eine Straße entlanggeht. Die alten Krieger haben dies getan. Ist der Junge faul, sollte er gescholten und einen Tag lang nicht gefüttert werden. Das gehört alles zur Ausbildung, wie man ein guter Gefolgsmann wird.

Bei einem Mädchen ist es wichtig, ihm bereits in jungen Jahren zu vermitteln, wie wichtig Tugendhaftigkeit ist. Sie sollte einem Mann nicht näher als sechs Shaku[1] kommen, sie sollte ihm nicht in die Augen schauen oder Dinge aus seiner Hand entgegennehmen. Sie sollte keine Attraktionen besuchen oder unbegleitet in den Tempel gehen. Eine Frau, die in ihrem Elternhaus eine strenge Erziehung genossen hat, wird nach der Eheschließung nicht ins Wanken geraten.

Beim Umgang mit Bediensteten gilt es, sie angemessen zu belohnen oder zu bestrafen. Ist man beim Durchsetzen von Anweisungen nachlässig, wird die Dienerschaft eigennützig und beginnt irgendwann, Fehler zu machen. Achte gut darauf!

[1] Ein Shaku entspricht etwa 30 Zentimetern.

Verschiedenes

3-22. Einmal reiste Fürst Naoshige durch einen kleinen Weiler namens Chiriku und man sagte ihm: »Hier lebt ein Mann von mehr als 90 Jahren. Er muss vom Glück gesegnet sein, ein derart langes Leben gelebt haben zu dürfen. Wollen wir ihm nicht einen Besuch abstatten?« Daraufhin brauste Fürst Naoshige auf: »Niemandem kann es noch elender ergehen. Was glaubst du, wie viele seiner Enkelkinder er hat sterben sehen? Was könnte daran denn glücklich sein?« Er besuchte ihn nicht.

3-26. Einmal entwickelte Fürst Naoshige einen Abszess an seinem Ohr. Jemand empfahl daraufhin: »Der Abszess wird abfallen, umwickelt man ihn mit Fäden aus einem Spinnennetz und zieht dann kräftig.« Fürst Naoshige räumte ein, dass die Schwellung »ausgesprochen lästig« sei, und ließ sich zögerlich auf die Empfehlung ein. Doch der Schorf begann zu eitern und zu faulen. Eine Zeitlang erholte er sich, aber dennoch wollte die Stelle nicht heilen.

Naoshige klagte: »Alles, was ich bislang unternahm, war zum Wohle der Menschen. Offenbar lag ich jedoch falsch in meiner Einschätzung dessen, was andere mir gesagt haben, und habe mich infolgedessen viele Male unbeabsichtigt geirrt. Das Problem des eiternden Ohres muss göttliche Vergeltung sein. Sollte ich verfaulen und sterben, brächte das Schande über meine Nachkommen, deshalb möchte ich lieber verscheiden, bevor meine Erkrankung zu schlimm wird und ich zu Tode rotte.« Er sagte »Ich bin krank«, zog sich zurück, verweigerte die Nahrungsaufnahme und lehnte jegliche Medizin ab.

Wiederholt drang Fürst Katsushige in ihn: »Die Menschen werden mich später als ehrlosen Sohn ansehen, wenn ich meinem Vater, während dieser am Rande des Todes schwebt, keine Heilmittel gebe. Nimm doch bitte etwas Medizin.« Fürst Naoshige willigte ein: »Für dich, Shinano-no-Kami [= Katsushige], werde ich ein wenig Medizin zu mir nehmen.« Er bat Hayashi Eikyu, ihm ein Mittel zu brauen. Eikyu gehorchte, doch als er das Mittel präsentierte, fuhr Seine Hoheit ihn wütend an: »Ich erweise dir einen Gefallen, weil du ein ehrlicher Mann bist. Was du getan hast, ist ausgesprochen empörend. Du hast dem Tonikum Reis hinzugefügt, oder etwa nicht? Antworte wahrheitsgemäß!« Reumütig gestand Eikyu es ein: »Du hattest seit Tagen nicht gegessen, mein Herr. Ich nahm an, dir würde es an Kraft mangeln, und dachte, wenn ich der Mischung etwas Reis beifüge, würde es dir die Kraft verleihen, dich bei deiner Genesung zu unterstützen. Deshalb habe ich es getan.« Streng sagte Fürst Naoshige: »Tu etwas derart Verschlagenes nie wieder!«

Nachdem er krank geworden war, rief Fürst Naoshige nach Ishii Shosatsu: »Ich möchte, dass bis zum Abend das Arbeitszimmer komplett abgebaut ist. Hältst du es für möglich, die Arbeiter ruhig zu halten?« Shosatsu beteuerte: »Nichts leichter als das, mein Fürst.« Das Arbeitszimmer wurde zerlegt und gesäubert, ohne dass dabei ein Geräusch gemacht wurde. Am nächsten Morgen fragte ihn Fürst Naoshige: »Wie ist es dir gelungen zu verhindern, dass Lärm gemacht wurde?« Shosatsu erwiderte: »Ich habe die Arbeiter auf Reisigblätter beißen lassen.« Fürst Naoshige erklärte: »Herausragende Leistung. Deshalb hatte ich auch dich gebeten, dich der Aufgabe anzunehmen. Übrigens würde ich gerne an der Stelle, wo das Arbeitszimmer gestanden hat, einen Fels von der Insel im See platzieren lassen, damit ich dort einen buddhistischen Gottesdienst für mich selbst abhalten kann.[1] Meine Mutter und meine Frau warnen mich: ›Wenn du einen nicht markierten Fels als Monument verwendest, wirst du keine Nachkommen zeugen können.‹ Also benötige ich, auch wenn es für die Leute entnervend sein mag, für die Rückseite eine Grabinschrift …«

Er begann, darüber nachzudenken, was dort stehen sollte, und entschied sich für: »Nabeshima Kaga-no-Kami Toyotomi Asaomi Naoshige. Das Gebäude steht, wo [1618] der Tempel von Sochiji errichtet wurde. Sein Grab befindet sich hier. Es wurde ein Jahr vor seinem Ableben errichtet.«

3-27. Einmal gab Fürst Naoshige seinem Enkel, Fürst Motoshige, die folgende Binsenweisheit mit auf den Weg: »Es ist egal, welchen Status dein Haus hat, hoch oder niedrig – eines Tages wird die Zeit des Verfalls kommen. Schändlich wird der Untergang sein, legst du Verzweiflung an den Tag und versuchst, das Unvermeidliche aufzuschieben. Ist der Zeitpunkt gekommen, akzeptiere deinen Untergang mit tadelloser Würde. Mit mentaler Vorbereitung und Akzeptanz des Unvermeidlichen könnte sich der Rückschlag sogar als heilsam erweisen.« Fürst Getsudo[2] erzählte diese Geschichte Meister Zenka-in.[3]

[1] Beim »vorweggenommenen Begräbnis« [= Gyakushu] wird noch zu Lebzeiten einer Person ein buddhistischer Gottesdienst abgehalten, um an die Vergänglichkeit aller Dinge zu erinnern und um Glück nach dem Tod zu erbitten.

[2] Nabeshima Motoshige.

[3] Motoshiges zweiter Sohn, Nabeshima Naoaki.

3-46. Fürst Aki[1] suchte Fürst Naoshige in der dritten Zitadelle wegen einer offiziellen Angelegenheit auf. Fürst Naoshige war nicht anwesend und niemand konnte sagen, wo er sich aufhielt. Am nächsten Tag kam Fürst Aki erneut zu Besuch, aber wieder war Fürst Naoshige nirgendwo zu finden. Die gesamte Burg wurde abgesucht und schließlich entdeckte man ihn in einem Ecktürmchen. Fürst Aki bestieg den Turm und fragte: »Bitte sage mir doch, was tust du hier oben?« »In den vergangenen zwei, drei Tagen habe ich mir das Verhalten der Menschen in unserem Reich angesehen.« Aki fragte: »Warum tust du dergleichen?« Fürst Naoshige erwiderte: »Ich sehe mir die Haltung der Menschen an, während sie vorbeigehen, und ich habe darüber nachgedacht. Leider scheint es, als hätten die Krieger von Hizen bereits den ›Biss‹ in ihren Speeren verloren. Höre auf das, was ich sage! Die meisten Männer, die vorbeigehen, haben den Blick auf den Boden gewandt. Es scheint, dass sie etwas sanftmütig geworden sind. Der Stoß eines Speers wird zu nichts führen, wenn es an Kampfgeist mangelt. Ein gutmütiger Mann, der stets höflich, aber gehemmt ist, wird keine männlichen Aufgaben erfüllen können. Ein wahrer Samurai muss manchmal stolzieren und eine Aura des Hochmuts ausstrahlen.« Wie es heißt, sprach von diesem Zeitpunkt ab Fürst Aki in einem überheblichen Ton.

3-49. Fürst Nippo[2] sagte zu seinen Bediensteten: »Ein Samurai sollte in seiner Wachsamkeit niemals nachlassen, nicht einmal zu gewöhnlichen Zeiten, denn man könnte sich einer Krise gegenübersehen, wenn man am wenigsten damit rechnet. Bist du

[1] Nabeshima Shigemasa (1571–1645).

[2] Nabeshima Naoshige.

nicht wachsam, wirst du fallen. Außerdem solltest du nicht über jemanden spotten, nur weil es andere auch tun. Im Dienst solltest du von dir aus Anleitung anbieten, aber tritt einen Schritt zurück und warte darauf, zu Vergnügungen und Ausflügen eingeladen zu werden [anstatt sie selbst zu organisieren]. Es ist töricht, Wissen in einer Angelegenheit vorzutäuschen, über die andere sprechen, von der du jedoch nichts weißt. Weiterhin ist es unangemessen, anderen, wenn du gefragt wirst, nicht zu sagen, was du weißt.«

3-53. Dem unübertroffenen Speerkämpfer Yokoo Kuranojo wurde im Dienst von Fürst Naoshige eine Vorzugsbehandlung zuteil. Gegenüber seinem Enkel, Fürst Getsudo, lobte Fürst Naoshige Kuranojo ohne Einschränkung: »Ich wünschte nur, du hättest mit eigenen Augen sehen können, wie großartig Kuranojo in seinen besten Zeiten den Speer auf dem Schlachtfeld einsetzte. Was für ein Anblick das war!« Kuranojo war sich absolut bewusst, welche Gunst ihm da zuteilwurde. Er schrieb seinem Fürsten einem Eid und schwor, ihm unmittelbar in den Tod zu folgen und sich zu diesem Zweck den Bauch aufzuschneiden [= Oibara].

Eines Tages geriet Kuranojo in einen Rechtsstreit mit einem Bauern. Die Umstände des Falls wurden in Anwesenheit des Fürsten erörtert. Kuranojo verlor einen unmöglichen Fall. Voller Empörung über das Urteil ersuchte er den Herrscher: »Ich bitte dich, meinen Schwur für null und nichtig zu erklären, denn ein Samurai, der von einem kleinen Bauern übertroffen wird, könnte niemals seinem Fürsten in den Tod folgen.« Fürst Naoshige seufzte: »Eine Seite gewinnt und die andere wird verlieren. Es ist schade, dass Kuranojo zwar ein so großer Meister der Kampfkünste ist, aber so wenig über den Verlauf der Dinge in der Welt weiß.« Er entband Kuranojo von seinem Versprechen.

4-18. Fürst Naoshige genoss jeden Abend einen Schlummertrunk. Sorgfältig achtete er darauf, vor dem Zubettgehen noch etwas zu plaudern, um wieder nüchtern zu werden. War er bereit, sich schlafen zu legen, zog er seine Unterwäsche fester. Dann zog er sein Wakizashi,[1] führte es dicht vor sein Gesicht, kürzte seine Augenbrauen, während er die Klinge inspizierte, und steckte es dann wieder in die Scheide. Sein Leben lang vernachlässigte er niemals dieses Ritual.

4-22. Fürst Katsushige ließ seine zehn Fußsoldaten [= Go-kachi] Schwerter in einer Länge von drei Shaku und drei Sun[2] tragen. Er überraschte sie immer wieder, indem er sie, wann immer ihm der Sinn danach stand, ihre Schwerter ziehen ließ. Schließlich waren sämtliche Bediensteten derart gut ausgebildet, dass sie, sobald er nur den Mund öffnete, schon ihre Waffen ziehen konnten. Dann ließ er sie Schwerter tragen, die etwa einen Sun länger waren. Als sie versiert darin waren, diese zu ziehen, kehrten sie zu ihren alten Schwertern zurück [die deutlich leichter zu benutzen waren].

4-25. Während der Herrschaft von Fürst Katsushige schrieb er am ersten Tag eines jeden Jahres seine Bittgebete und reichte sie in den drei Schreinen von Yoka, Honjo und Hachiman ein. Er huldigte an den drei Schreinen und dankte den Gottheiten für Gebete, die sie beantwortet hatten. Der Inhalt seiner Bittgebete lautete:

[1] Kurzschwert.

[2] Ein Meter. Ein Shaku sind rund 30 Zentimeter, ein Sun etwa drei Zentimeter.

- Mögen herausragende Bedienstete auftauchen.
- Möge es keine Bediensteten geben, die entlassen werden müssen.
- Möge die Dienerschaft nicht von Krankheiten heimgesucht werden.

Diese Liste der Bittgebete, die Fürst Katsushige im Jahr seines Todes verfasste, wird in einem der Schreine aufbewahrt. (So hat es Ittei berichtet.)

4-40. Während er in Shiroishi auf der Jagd war, wurde es Fürst Katsushige kalt. Er betrat das Haus eines Bauern, um sich dort am Ofen aufzuwärmen. Es war jedoch nur eine einzige Person anwesend, eine alte Frau, die, während sie mehr Stroh ins Feuer legte, sagte: »Heute morgen ist es ganz besonders kalt. Komm doch herein und setz dich ans Feuer.« Nach einer Weile dankte er ihr und ging. Als er das Haus verließ, trat er auf Reis, der im Hof lag. Die alte Frau schlug ihm daraufhin mit einem Besen auf die Füße und schimpfte wütend: »Das ist Reis für den Fürsten. Was für ein furchtbar ungeschickter Mann du doch bist.« Er erwiderte »Bitte verzeih« und ging seiner Wege. Die alte Frau hatte ihn sehr beeindruckt, also beschloss er, ihre Familie in die »zehn [führenden] Höfe« in Shiroishi aufzunehmen, was ihnen das Recht gab, einen Nachnamen zu tragen und ein Schwert zu führen.[1]

[1] Das Tokugawa-Shogunat und die Reiche schränkten ein, welche Personen Schwerter tragen und Familiennamen führen durften [= Myoji taito]. Der Daimyo gewährte bestimmten Bürgerlichen für herausragende Dienste das Privileg, ein Schwert zu führen und einen Familiennamen zu tragen, doch an ihrem offiziellen Status änderte das nichts. Manchmal wurden Samurai gezwungen, ihren Status aufzugeben. In derartigen Fällen büßten sie auch das Privileg des Myoji taito ein.

4-41. Bei der Jagd in Shiroishi erlegte Fürst Katsushige erfolgreich ein gewaltiges Wildschwein. Daraufhin stürzten alle zu ihm und riefen: »Herrje, da hat Seine Hoheit aber ein ungewöhnliches und großes Tier erlegt.« Plötzlich sprang das Schwein wieder auf die Beine und versuchte zu fliehen. Die Zuschauer stürmten davon, einzig Nabeshima Matabei zog sein Schwert und tötete das Biest. Während dies geschah, schirmte Fürst Katsushige sein Gesicht mit seinem Ärmel ab und verkündete: »Ich bekomme Staub in die Augen.« Rücksichtsvoll wandte er seine Augen von dem schmählichen Anblick ab, den seine konfusen Männer boten.

4-54. Bevor er die Macht an seinen Sohn Mitsushige abtrat, überreichte ihm Fürst Katsushige eine Schriftrolle mit 20 Artikeln. Es handelte sich um die Grundsätze des Fürsten Katsushige. Enthalten ist ein Bericht über eine Diskussion, die Vater und Sohn am 26. Tag des fünften Monats [im vierten Jahr von Genwa = 1618] führten. Damals besuchte Fürst Katsushige Fürst Naoshige auf dessen Totenbett.[1] Fürst Naoshige beschwor ihn: »Halte die guten Männer, das ist der wichtigste Aspekt beim Regieren des Reichs.« Fürst Katsushige fragte ihn daraufhin: »Sollte ich um fähige Vasallen beten?« Fürst Naoshige erwiderte: »Die Menschen bitten Buddha und die Götter in Gebeten um Dinge, die sie aus eigener Kraft niemals erlangen können. Gute Bedienstete zu rekrutieren hingegen ist etwas, das im Rahmen deiner Möglichkeiten liegt.« »Wie kann es mir gelingen?«, fragte Fürst Katsushige erneut. »Dinge neigen dazu, sich zu einem Menschen hingezogen zu fühlen, der ihnen etwas bedeutet. Wird beispielsweise ein Mann, der nie zuvor eine Pflanze hatte, auf einmal zum Liebhaber von Blumen, so wird er über kurz oder

1 Er starb am dritten Tag des sechsten Monats im Jahr 1618.

lang von ihnen umgeben sein, selbst von den seltenen Spezies. Genauso gilt: Wenn du die Menschen liebst, werden gewiss gute Menschen in dein Leben treten. Sei also einfach sehr fürsorglich.«

Offenbar sagte Fürst Naoshige auch: »Mangelt es dir an Aufrichtigkeit, wirst du unmöglich erfolgreich sein.« Auch einige andere Themen behandelte man.

4-64. Fürst Katsushige erklärte: »Männer aus bescheidenen Verhältnissen sollten ihre Vergangenheit niemals vergessen.« Er sagte auch: »Stelle die Vergangenheit vor dich, damit du sie nicht hinter dich legst und vergisst, woher du gekommen bist.«

4-65. Zu seinen obersten Ratgebern sagte Fürst Katsushige offenbar: »Ich erinnere mich gut daran, was Fürst Naoshige stets sagte: ›Hört euch bei Klagen und Gerichtsverhandlungen die Umstände sehr sorgfältig an und versucht, eine Todesstrafe zu umgehen.‹ Das gebe ich an euch alle weiter.« Außerdem: »Trinkt niemals während eines Notfalls. Normalerweise ist Alkohol in keinem Fall gut. Auch dies war ein mahnender Appell von Fürst Naoshige.«

5-70. Als junger Mann war Fürst Mitsushige an sämtlichen Formen der Unterhaltung interessiert.[1] Er stürzte sich kopfüber auf alles, was sein Interesse erweckte. Berater versuchten mit diesem oder jenem, ihn von seinen Obsessionen abzubringen, da sie der Meinung waren, das werde zu nichts Gutem führen. Im Alter von 19 Jahren entdeckte er seine Leidenschaft für Gedichtbände. Seine Berater hielten es für akzeptabel, wenn er sich mit etwas Derartigem beschäftigte, also ließen sie ihn tun, was sein Herz ihm ein-

[1] Siehe Buch 2-68.

gab. Seine Begeisterung für die Poesie führte jedoch dazu, dass er schließlich alles andere aufgab. Als Fürst Katsushige davon hörte, wurde er wütend. Er wies ihn streng zurecht, sammelte all seine Gedichtbände ein und verbrannte sie im Anwesen von Uchikoshi.[1] Er entließ die beiden Ratgeber Fürst Mitsushiges[2] und ließ ihn schriftlich vor den Göttern schwören, dass er sich nie wieder Gedichtbände ansehen werde. »Poesie ist etwas für die Adligen am Hofe in Kyoto, aber nicht für Männer aus Kriegerfamilien. Wie kannst du Anführer eines Clans werden, wenn du deine Pflichten als Samurai vernachlässigt hast? Wissen benötigst du einzig in militärischen Belangen und der Politik.«

Fürst Mitsushige las fortan keine Poesie mehr. Nachdem mehrere Jahre vergangen waren, wurde ihm klar: »Es ist nur natürlich, dass mir mein Großvater, Fürst Katsushige, die Leidenschaft für die Poesie untersagte, da sie sich schädlich auf meine Fähigkeit zu regieren auswirken könnte. Würde er heute noch leben, würde er mir vermutlich eine Ablenkung in meiner Freizeit zugestehen, sofern sie nicht zulasten meiner Pflichten geht. Meine Vorfahren wurden in einem Zeitalter geboren, als Krieg herrschte im Land, und sie verdienten sich einen ehrenvollen Ruf als tapfere Krieger des Reichs. Ich bin als Samurai geboren, insofern wäre es bedauernswert, könnte ich meinen Namen nicht der Nachwelt hinterlassen. Heute jedoch leben wir in einer Zeit des Friedens – die Möglichkeit, mir auf dem Schlachtfeld Ruhm zu verdienen, steht mir nicht offen. Stünde das Land im Krieg, würde ich auf eine Art und Weise tapfer sein, die der meiner Vorfahren in nichts nachstünde. Um mir heutzutage einen

1 Eine der Nabeshima-Residenzen in Edo.

2 Mawatari Ichinosuke und Fukushima Gorozaemon.

Namen zu machen, könnte ich ein Meister im ›Weg der Poesie‹ werden, und zwar dergestalt, dass man mich als den führenden Experten Japans erachtet. Ich möchte, abgesehen von [Hosokawa] Yusai,[1] der einzige Krieger sein, der die Geheimnisse des *Kokin-denju*[2] erbt, und möchte dies zu meinem Vermächtnis machen. Vorausgesetzt, die Regierungsarbeit im Reich wird dadurch nicht gestört, wäre es für meinen verstorbenen Großvater gewiss akzeptabel und würde nicht als Versäumnis meiner Pflichten kritisiert.«

Deshalb unternahm er große Anstrengungen, den »Weg der Poesie« zu studieren. Schließlich gelang es ihm auf seinem Todesbett, die Geheimnisse des *Kokin-denju* zu erlangen, was in der Tat ziemlich wundersam war. Er sagte: »Da mein Großvater es mir untersagte, muss ich mein Studium hinter verschlossenen

1 Auch bekannt als Hosokawa Fujitaka (1534–1610). Yusai war ein bekannter Daimyo und Dichter, der eine wichtige Vermittlerrolle zwischen Shogun Ashikaga Yoshiaki und Oda Nobunaga einnahm. Als Nobunaga 1582 beim Vorfall von Honnoji ermordet wurde, ging Yusai in den Ruhestand und übergab sein Reich [= Tango] an seinen Sohn Hosokawa Tadaoki. Anschließend machte er sich einen Namen als Experte für Waka und er unterwies sogar Toyotomi Hideyoshi (1537--1598) in klassischer japanischer Poesie. Er ist auch bekannt dafür, Prinz Hachijo Toshihito (1579–1629) in die geheimen Traditionen der aus dem 10. Jahrhundert stammenden Anthologie *Kokin-shu* (*Kokin-denju*) eingeweiht zu haben.

2 Beim *Kokin-denju* (»*Die Übermittlung des Kokin-shu*«) handelt es sich um einen Korpus geheimer Lehren rund um das *Kokin-shu*, eine im 10. Jahrhundert vom damaligen Kaiser in Auftrag gegebenen klassischen Gedichtsammlung. Diese Lehren standen sehr hoch im Kurs und wurden üblicherweise vom Lehrer an einen handverlesenen Schüler weitergegeben. Seinen Anfang nahm das *Kokin-denju*, als die ausgesprochen prominenten literarischen Familien Nijo und Kyogoku-Reizei um den poetischen Nachlass von Fujiware no Sadaie (Teika, 1162–1241) stritten. Beide Familien waren Nachkommen des berühmten Barden.

Türen fortsetzen.« Er trug ständig Sorge, dass der Welt seine Besessenheit mit der Poesie zu Ohren kommen könnte.

Es heißt, dass Yusai die Geheimnisse nicht vollständig erhielt, doch Fürst Mitsushige erbte die legitime Tradition von Nishi-Sanjo und empfing eine perfekte Abschrift, von der es ansonsten nur noch zwei auf der Welt gibt. Es ist bemerkenswert, dass sich diese esoterischen Schriften nunmehr im Besitz unseres Clans befinden. Es gibt nur drei Familien, die die Geheimnisse des *Kokin-denju* besitzen – die kaiserliche Familie, die Familie Nishi-Sanjo und die Nabeshima-Familie.

5-74. Einige Fürsten debattierten darüber, ob es möglich sei, die Tauben abzuschießen, die in den Wachtürmen der Burg von Edo nisteten. Ein Daimyo fragte Fürst Mitsushige nach seiner Auffassung: »Glaubst du, du könntest sie erlegen?« Mitsushige erwiderte: »Ich schieße Tauben ohne Schwierigkeit, aber ich finde es grässlich zu sagen, ob mir dasselbe auch bei denen gelingen würde, die in der Burg Edo nisten.« Seine Antwort beeindruckte die anderen Fürsten.[1]

5-81. Als man Fürst Tsunashige erstmals eine Pause von seinem Dienst in Edo zugestand, reiste Fürst Mitsushige gemeinsam mit ihm nach Saga. Die Straßen waren gesäumt mit Dorfbewohnern, die sich mit zum Gebet gefalteten Händen verbeugten, um den jungen Fürsten bei seinem ersten Besuch im Reich zu begrüßen.[2] Später sagte Fürst Tsunashige zu seinem Vater: »Sie knieten

[1] Hintergrund: Die Burg von Edo gehörte dem Shogun und es war jedermann strengstens untersagt, dort Waffen zu verwenden.

[2] Das Sankin-Kotai-System schrieb vor, dass Daimyos ihre Familie als Geiseln in Edo zurücklassen. Insofern war dies die erste Gelegenheit für Tsu-

und beteten zu mir, während ich vorbeikam.« Daraufhin wies ihn Fürst Naoshige streng zurecht und erklärte ihm: »Eines musst du begreifen, mein Sohn: Wir sind es genauso wenig wert, verehrt zu werden, wie andere Menschen.«

5-143. Am 25. Tag des fünften Monats des ersten Jahrs von Empo [= 1673] liefen drei Schiffe aus England im Hafen von Nagasaki ein. Sie beabsichtigten zu handeln, aber wir schickten sie fort.[1] Das Brimborium führte dazu, dass man Kumashiro Sakyo (und viele weitere) zur Bewachung Fukahoris nach Nagasaki entsandte … Sakyo schickte eine Nachricht, wonach es unklug wäre, sollten viele Leute auf einmal erscheinen, da dies Aufmerksamkeit erregen könnte, also trafen die Neuankömmlinge einer nach dem anderen in gewöhnlichen wirkenden Sänften ein. Sakyo hielt es für entscheidend, auf alle nur denkbaren Entwicklungen vorbereitet zu sein, deshalb mobilisierte er die Wachen mit einem strategischen Plan.

Anweisungen:

- Bezieht in der Nacht, bevor die englischen Schiffe Segel setzen, heimlich Stellung nicht weit von ihnen entfernt.
  - Nummer 1: Nabeshima Shima bezieht Stellung in Shirosaki. Positioniere dich kurz vor Nishihama-kita.

nashige, das Reich zu besuchen, das er später einmal regieren sollte. Er war damals 21 Jahre alt. Siehe auch Buch 1-194.

[1] Die Schiffe gehörten zur Britischen Ostindien-Kompanie.

- Nummer 2: Die Besatzung von Nakano Kurobei soll Stellung vor der Insel Kaminoshima beziehen. Besatzung in selbiger Position. Aufbruch nach Shima.
- Nummer 3: Die Besatzung von Nabeshima Aki wird sich vor der Küste der Insel Kaminoshima in Stellung bringen. Aufbruch nach der Besatzung von Nakano Kurobei.
- Nummer 4: Sakyo und seine Besatzung, Taku Hyogo, Daiki Sho'emon und Nishi Gotaiyu beziehen Stellung zwischen Bakuchishima und Hitotsuya. Sie werden sich vor Ohato positionieren.
- Nummer 5: Kitashima Geki, Doi Kurando, Hara Jiroei und fünf Kanonenboote sollten Positionen nördlich der Feste Takahoko beziehen. Aufbruch von unterhalb Makomes.

• Was die Mahlzeiten für die Soldaten und die Besatzungen angeht, so sind in der Nacht zuvor Vorräte für einen Tag vorzubereiten. Abhängig von der Situation kann es erforderlich sein, dass die Männer draußen ihr Lager aufschlagen, insofern sollte eine ausreichende Menge an Vorräten bereitstehen und Mahlzeiten sind jeweils am Vorabend für den folgenden Tag vorzubereiten.
• Was die Abzeichen der Boote angeht, so sind Papierbanner mit den Zeichen der Clans völlig ausreichend. Für Abzeichen oder Flaggen einzelner Boote besteht keinerlei Notwendigkeit.
• Es sind keine Reisigabdeckungen zu verwenden, nicht einmal bei Regen.
• Jedes Boot sollte mit Schiffshaken und eisernen Rechen ausgestattet sein.

- Führt keine Schusswaffen mit. Lasst eure Hände leer bleiben.
- Was die Signale anbelangt: Auf Sakyos Boot wird eine große Flagge geschwenkt und es wird eine Muschel geblasen. Auf dieses Signal hin kappt ihr alle Seile und bringt die Boote zum Einsatz. Bevor das Signal nicht gegeben wird, bewegen sich keine Boote. Außerdem: Kanonenboote sollten nicht mit den anderen Booten in See stechen.
- Kanonen sind erst dann abzufeuern, nachdem die Glocke auf Sakyos Boot geläutet wurde.
- Schießt nicht vom hinteren Teil des Kanonenboots aus.
- Mit Pfeilen bewaffnete Schiffe sollten gemeinsam mit dem Kanonenbooten vorrücken. Auf dasselbe Signal hin sind die Pfeile abzufeuern.
- Wird ein englisches Schiff requiriert oder versenkt, kreist es mit anderen Booten ein und sichert es. Sollte zu diesem Zeitpunkt Sakyo etwas zustoßen, erstatten die verbliebenen Kommandeure dem Amt des Magistrats von Nagasaki sowie Saga Bericht. Solange Sakyo unbeschadet ist, gibt er die Befehle. Die englischen Schiffe sind dem Magistrat zu übergeben und alle Besatzungen kehren geordnet nach Fukahori zurück.
- Verlassen die englischen Schiffe den Hafen, ohne Probleme zu bereiten, bleiben sämtliche Boote auf Position, bis Sakyo mit der Muschel Signal gibt. Das gilt auch dann, wenn die Boote mit den Gesandten des Shoguns fort sind. Auf das erste Signal hin sind die Anker einzuholen und die Ruder zu senken. Auf das zweite Signal hin setzt sich Sakyos Boot an die Spitze und die Abteilungen folgen in dieser Reihenfolge: Die Männer von Nabeshima Aki, Nakano

Kurubei, Nabeshima Shima, Kitajima Geki, Doi Kurando, dann die Kanonenboote und die Bogenschützen.

- Boote sind ordentlich in Fukahori festzumachen.
- Nishi Godaiyu wird die Bootsleute mit ausreichend Vorbereitungszeit instruieren, wann sie zum Einsatz kommen.

Geschrieben von Sakyo Kumashire am 19. Tag des siebten Monats.

Die englischen Schiffe verließen am 25. Tag des siebten Monats ohne Vorfälle den Hafen. Sakyo und alle anderen verließen Fukahori am 27. Tag des siebten Monats und trafen am 29. Tag wieder in Saga ein. Es waren 30 Boote. Totoki Settsu-no-Kami, ein Ratsmitglied aus dem Yanagawa-Clan, besuchte Sakyo auf dessen Boot und beglückwünschte ihn zu seinen Verfahrensweisen.

6-21. Tannen sprach die folgenden Worte: »Ist ein buddhistischer Mönch nicht nach außen mitfühlend und im Inneren seines Herzens beherzt, wird er niemals Erleuchtung auf dem Weg Buddhas finden. Für einen Samurai gilt: Ist er nicht nach außen mutig und bricht ihm im Innersten nicht das Herz vor Mitgefühl, wird er nicht imstande sein, seinen Pflichten nachzugehen. Durch den Umgang mit Samurai ist der buddhistische Mönch imstande, Mut zu begreifen, während der Samurai umgekehrt vom Mönch Mitgefühl lernt.«

»Während der Jahre des Reisens habe ich im ganzen Land viele scharfsinnige Priester kennengelernt, aber nicht ein einziger war für meine Studien hilfreich. Kam mir zu Ohren, dass in der Nähe ein heroischer Samurai lebte, habe ich ihn aufgesucht, ohne darüber zu nörgeln, wie schwer der Weg zu ihm doch sei.

Ich erinnere mich, wie sehr es mir bei der Aufgabe, den buddhistischen Weg zu studieren, geholfen hat, Kriegergeschichten zu lauschen. Zunächst einmal hat der Krieger mit seinen Waffen in der Hand die Stärke, sich in die feindlichen Linien zu stürzen. Der Mönch besitzt nur seine Gebetskette. Er kann nicht voller Sanftmut und Mitgefühl in eine Mauer aus Speeren und Langschwertern stürmen.«

»Ohne großen Mut kannst du nicht voranschreiten. Der Beweis dafür: Manchmal sieht man Priester vor Nervosität zittern, wenn sie bei einer großen Versammlung von Buddhisten Weihrauch verbrennen. Das liegt daran, dass es ihnen an Mut gebricht. Der Priester muss unglaublich mutig sein, um die bösen Geister, die zurückkehren wollen, niederzutrampeln und die Toten aus den Abgründen der Unterwelt zu ziehen.«

»Dessen ungeachtet befassen sich Mönche heutzutage mit Belanglosigkeiten und sind gefangen darin, ›sanftmütig‹ und ›fromm‹ zu werden, was es ihnen unmöglich macht, den Weg zu erkennen. Bedauerlich mitanzusehen ist es zudem, dass Mönche Samurai ermutigen, durch buddhistische Lehren Erleuchtung zu suchen, wodurch sie sich in hoffnungslose Weichlinge verwandeln. Für einen jungen Krieger ist es ein Fehler, sich obsessiv mit buddhistischen Lehren zu befassen, denn es führt dazu, dass er die Welt auf zweierlei [sich widersprechende] Perspektiven betrachtet. Ein Krieger wird es niemals zu etwas bringen, wenn er sich nicht standhaft an eine einzige Richtung hält.«

»Hat sich ein Samurai von seinen Pflichten zurückgezogen, um sein restliches Leben als Einsiedler zu verbringen, mag er es auf sich nehmen, Predigten zum Weg des Buddhismus zu hören. Ein Krieger, der im Dienst steht, muss unerschütterlich die zermürbende Last tragen, auf der einen Schulter [seinem Herrn gegenüber] treu zu sein und [seinen Eltern] Ehre zu erweisen und auf der anderen Mut und Mitgefühl an den Tag zu legen, auf dass er seine Berufung erfüllen und als Samurai von Ehre dastehen kann.«

»Beim morgendlichen und beim abendlichen Gebet Tag für Tag ›Mein Herr! Mein Herr‹ zu rufen, ist fraglos genauso verdienstvoll wie ein Priester, der den Namen des heiligen Buddha führt oder Mantras singt. Zudem sollten die Ujigami[1] verehrt werden, da dies Glück verheißt. Aus den alten Zeiten und den heutigen Tagen sind viele Fälle von Kriegern bekannt, die vor Heldenmut schier platzen, denen es aber an Mitgefühl gebricht und die ihrem Untergang entgegentaumeln.«

6-63. Ittei wurde aus dem Dienst entlassen und lebte in Umenoyama. Seinen Lohn übertrug er seinem Sohn Yasuzaemon. Als er eines Tages in Kyoto etwas zu erledigen hatte, sagte Shimomura Saburobei, der Verwalter der Residenz, zu ihm: »Als Ronin hast du bestimmt schon lange keinen Wein mehr bekommen.« Ittei erwiderte: »In den Bergen, in denen ich lebe, ist mir keiner untergekommen. Mehr noch – es gibt keinen Reis. Ich habe Gerste, Buchweizen, Hühnerhirse und dergleichen in einem Kocher und esse, wenn mir danach ist. Wenn ich es mir genauer überlege, hatte ich auch keine Suppe.« Saburobei sagte: »Es ist gewiss schwierig, in kalten Nächten, ohne etwas zu trinken, Schlaf zu finden, aber ich schätze, es ist auch schwierig, etwas dergleichen Bescheidenes zu essen.« Ittei erwiderte: »Ich schlafe nicht, sollte ich nicht einschlafen können. Ich schlafe, wenn ich kann. Ich esse nicht, sollte ich nicht essen können. Ich esse, wenn ich

[1] Die Gottheiten des Clans oder der Region. Siehe Buch 2-80.

kann. So einfach ist das.« Ittei sagte zudem: »Saburobei neigt dazu, knapp, wenn nicht gar ein wenig herrisch, zu sein. Es muss lästig sein, seinen Einfluss in seinem Umfeld zu haben, und er ist kein Azuma otoko, wie es im *Tsuzuregusa* dargestellt wird.«[1]

6-81. Ursprünglich gab es keine Ashigaru[2] im Nabeshima-Clan. Während der Invasionen in Korea setzten mehrere Häuser Ashigaru mit großem Erfolg in ihren Heeren ein. Die Nabeshima-Führung beschloss daraufhin, zweite und dritte Söhne als Ashigaru dienen zu lassen. Das war der Beginn dieses Rangs im Reich Saga. [= Es heißt auch, dass während der Belagerung der Burg von Osaka[3] Arbeiter, die für den Bau der Burg in Edo vorgesehen waren, vorübergehend zu Ashigaru ernannt wurden. Die beiden Theorien stehen im Widerspruch zueinander. Eine Verifizierung ist erforderlich.]

6-109. Am zwölften Tag des achten Monats im sechsten Jahr von Eiroku [= 1563] wurde Nakano Uemon'nosuke Tadaaki erschlagen, als auf der Insel Kabashima in Kishima Goto und Hirai aufeinanderstießen. Während sich Uemon'nosuke verabschiedete, um in die Schlacht zu ziehen, umarmte er auf dem Hof seinen jungen Sohn Shikibu [= der später Jin'uemon heißen würde]

1 *Tsuzuregusa* (*Aufzeichnungen in Mußestunden*) ist eine bekannte Sammlung japanischer Essays oder »zufälligen Gekritzels« des Mönchs Yoshida Kenko aus den Jahren 1330 bis 1332. »Azuma otoko« bezieht sich auf Männer oder Krieger aus den Ostprovinzen, die dafür bekannt waren, unprätentiös und pragmatisch zu sein.

2 Fußkrieger von niedrigem Rang.

3 Katsushige wurde zum Beamten bestimmt, der für den Bau der Burg von Edo verantwortlich war. Siehe Buch 1-201, was die Belagerungen der Burg von Osaka anbelangt.

und sagte: »Wenn du erwachsen bist, musst du unbedingt auf dem Weg des Militärs nach Ruhm streben.« Das hatte zur Folge, dass auch Yamamoto Jin'uemon die Kinder um sich scharte, und waren sie noch so klein, und ihnen ins Ohr flüsterte: »Du musst zu einem tapferen Krieger [= Kusemono] heranwachsen, auf den sich der Fürst verlässt.« Außerdem empfahl er: »Es ist sinnvoll, einem Kind diese Dinge ins Ohr zu flüstern, auch wenn sie noch nicht über die Fähigkeit verfügen, es begreifen zu können.«

7-1. Naridomi Hyogo[1] sagte: »Den Sieg zu erlangen bedeutet, über seine Verbündeten zu siegen. Um über seine Verbündeten zu siegen, ist es erforderlich, das Selbst zu bezwingen. Um das Selbst zu bezwingen, ist es erforderlich, mit seinem Geist über seinen Körper zu triumphieren. Das bedeutet, dass du deinen Körper und Geist so schmiedest, dass niemand dich aufhalten kann, während du voranstürmst, und hast du auch Zehntausende verbündeter Krieger hinter dir.«

7-5. Über die Rüstung von Tazaki Geki. Beim Angriff auf die Burg Hara in Shimabara trug der Krieger Tazaki Geki eine schillernde Rüstung.[2] Fürst Katsushige missfiel diese Prahlerei und wann immer er fortan etwas Grelles erblickte, verkündete er: »Ah, genau wie die Rüstung von Geki.« Die Lehre aus dieser Anekdote: Protzige militärische Gegenstände oder Kleidungsstücke verurteilt man als fadenscheinig und wenig widerstandsfähig. Die Leute werden durch sie hindurchsehen.

[1] Naridomi Yogonosuke Shigeyasu (1560–1634).

[2] Während des Shimabara-Aufstands von 1637.

7-46. Die Regeln des Ikuno Oribe. Eines Abends trank Tsunetomo, der damals noch jung war, in der Burg. Da suchte ihn Ikuno Oribe auf, um mit ihm zu sprechen: »Nakano Shogen fragte mich nach der grundlegenden Haltung eines Mannes, der in Diensten steht. Da wir Freunde sind, sagte ich ihm meine ehrliche Meinung. Viel weiß ich nicht, außer dass jeder Mann imstande ist, seinen Pflichten zielführend nachzugehen, wenn die Dinge gut laufen. Er wird sich zurückgewiesen fühlen, weist man ihn an, ermüdende Aufgaben zu erledigen, die er als seinem Rang nicht angemessen erachtet. Eine derartige Haltung ist beklagenswert. Es ist Verschwendung. Wird ein Mann von hohem Rang angewiesen, Wasser aus dem Brunnen zu holen oder Reis zu kochen, sollte er das meiner Meinung nach freudig tun, ohne darüber nachzusinnen. Das gilt ganz besonders für dich, Tsunetomo, da du noch jung und voller Selbstbewusstsein bist.«

7-48. Über Wissen, das sich Shida Kichinosuke im Verlauf seines Lebens angeeignet hat.[1] Kichinosuke sagte: »Es ist ermüdend zu laufen, bis man keine Luft mehr bekommt, aber es fühlt sich besonders gut an, wenn man nach dem Ende steht. Noch angenehmer ist es zu sitzen. Noch besser als das ist es zu liegen. Und mehr noch als das: Wie wunderbar ist es doch, sich ein Kissen zu greifen und wegzudösen. Das ist die Art und Weise, in der das Leben eines Mannes sein sollte. Idealerweise solltest du dich in deiner Jugend ins Zeug legen und eifrig arbeiten und im hohen Alter schlafen oder wenn du kurz vor dem Verscheiden stehst. Schläfst du erst, wirst du dir später bei der Arbeit ›die Knochen brechen‹ müssen. Selbst wenn du dir später die Finger bis auf die Knochen abarbei-

[1] Siehe Buch 1-48.

test, wäre es in hohem Maß unglücklich, solltest du sterben, nachdem du dich [spät] in deinem Leben ausgiebig geschunden hast.« (Diese Anekdote wurde wiedergegeben von Shimomura Rokuzaemon.) Kichinosuke hatte eine ähnliche Redensart: »Je mehr Härte, desto besser.«

7-52. Als Harada Shirozaemon eine riesige Schlange erschlug. Junker Harada, ein Mitglied einer Takeo-Familie [= Nabeshima], war 15 Jahre alt und ging mit einem Falken auf dem Arm über ein Feld, als eine große Schlange erschien. Möglicherweise hatte das Tier den Vogel im Blick, jedenfalls stürzte sich die Schlange auf ihn und wickelte seinen Schwanz drei Mal um Haradas Brustkorb. Während er weiterhin den Falken hielt, zog Harada sein Kurzschwert und brachte sich in Stellung, während er darauf wartete, dass der Kopf der Schlange erschien. Als der Kopf in Reichweite kam, schlug er ihn ab. Leblos fiel der Leib der Schlange zu Boden. Sie war schätzungsweise drei Ken lang.[1] Haradas Rippen hatten bei der Begegnung Schaden genommen und es dauerte eine Weile, bis er sich erholt hatte. Er sagte, bis heute würden seine Rippen schmerzen, wenn es kalt wird. (Direkt von Harada erzählt.)

Ein anderer Mann, der in Takeo auf die Jagd ging, stieß auf ein unvertrautes Wesen mit weit aufgerissenem Maul. Es versuchte, ihn zu beißen, also zog er sein Jagdmesser, das etwa einen Shaku oder drei Sun[2] lang war, und stieß dem Wesen die Klinge bis zum Ellenbogen tief ins Maul. Es handelte sich um eine Schlange, die etwa 1,5 Ken lang war.[3] Ihr Gesicht sah aus wie das eines Wächter-

[1] Etwa 5,5 Meter.

[2] Etwa 36 bis 40 Zentimeter.

[3] Etwa 2,7 Meter.

löwen, etwa vier Shaku[1] ihres Rumpfs waren wie der einer Katze. Die Schuppen waren wie Münzen und vom Kiefer bis zum Bauch wuchs weißes Haar. Das Tier hatte acht Beine, die denen einer Ratte ähnelten. Zum Schwanz hin lief der Körper zu. Der Mann konservierte das Wesen in Salz und nahm es mit zurück nach Saga. Dies trug sich vor etwa drei oder vier Jahren zu. Der Ort, an dem man das Reptilien-Untier entdeckt hatte, ließ sich eine Zeit lang nicht aufsuchen, da der Berg stark bebte und die Wege zerstört waren. Greift dich eine Schlange an, spring rasch zur Seite, sodass sie an dir vorbeigleitet. Sie wird mit erhobenem Kopf auf dich zukommen, schlage sie also so, dass du ihr den Hals brichst. Schlägst du sie entzwei, wird sie möglicherweise dennoch davongleiten. Triffst du sie hingegen kurz unterhalb des Kopfs, löschst du ihr das Lebenslicht aus. Schlägst du sie weit hinten am Schwanz, wird sie noch zwei, drei Ken[2] zurücklegen, bevor sie stoppt. Es heißt, Schlangen stoßen Menschen so heftig mit dem Kopf, dass sie auf der einen Seite eindringen und auf der anderen wieder aus. Gelingt es dir nicht, einer Mamushi[3] den Kopf abzuschlagen, so wird sie zurückkehren und sich rächen.

8-14. Traf sich der ehemalige Yamamoto Jin'uemon mit seinen Männern, sagte er: »Geht hin, spielt und prahlt, wenn euch der Sinn danach steht. Wenn ihr nicht einmal ein Cho[4] weit gehen könnt, ohne sieben Lügengeschichten in die Welt zu setzen, dann seid ihr keine echten Männer!« In den alten Zeiten erwartete man

[1] Etwa 1,2 Meter.

[2] Etwa 3,5 bis 5,5 Meter.

[3] Eine japanische Grubenotter.

[4] Etwa 110 Meter.

von einem Krieger nichts weiter, als dass er sich in der Schlacht durch Heldenmut hervortat. Anständige Männer waren nicht imstande, wichtige, männliche Leistungen zu vollbringen. Er tat so, als sehe er die eigenwilligen Mätzchen seiner Männer nicht, und erklärte, sie würde »etwas von Wert leisten«. Auch Sagara Kyuma sah darüber hinweg, wenn Vasallen Diebstähle oder Ehebruch begingen. Er machte aus ihnen gute Männer, indem er darauf beharrte: »Sind sie nicht von vornherein Flegel, kann man keine verlässlichen Samurai aus ihnen machen.«

8-20. Ikuno Oribe erklärte: »Glaubt ein Gefolgsmann, dass sein Dienst in einem Tag endet, wird er alles ertragen. Jeder kann einen Tag lang zermürbende Arbeit ertragen. Morgen ist ein anderer Tag.«

8-77. Uchida Shoemons geistvolle Erwiderung, was Kaishaku anbelangt. Einmal versammelte sich eine Gruppe Krieger im Begrüßungssaal der zentralen Zitadelle. Ein Mann wandte sich an Uchida Shoemon:[1] »Mir ist zu Ohren gekommen, dass du ein fähiger Lehrer in der Kunst des Schwertkampfs sein sollst. Wenn ich mir ansehe, wie du dich hältst, behaupte ich jedoch, dass deine Lehrmethoden sehr grob sein müssen. Ich wette, würdest du Kaishaku ausüben, würdest du dem armen Kerl gewiss das Oberteil des Schädels abschlagen [anstatt ihm den Hals zu durchtrennen].« Shoemon erwiderte: »Ganz im Gegenteil! Lass mich deinen Hals mit einem Tropfen Tinte markieren und dann zeige ich, wie präzise ich mein Schwert führen kann.«

[1] Ein Meister der Tetsujin-Ryu-Schwertkunst.

8-79. Was Nagayama Rokurozaemon zu dem Ronin sagte. Als Rokurozaemon auf der Tokaido-Straße durch die Stadt Hamamatsu kam, saß vor einem Gasthaus ein Landstreicher und bettelte. Er näherte sich der Sänfte von Rokurozaemon und sagte: »Ich bin ein Ronin aus Echigo. Ich habe kein Geld und bin verzweifelt. Wir sind beide Samurai, deshalb wäre ich dir sehr dankbar für Unterstützung.« Über die Bitte aufgebracht weigerte sich Rokurozaemon und erklärte: »Wie anmaßend von dir zu behaupten, wir seien beide Samurai! Wäre ich an deiner Stelle, würde ich mir den Bauch aufschlitzen. Anstatt dich ohne Geld zu entehren, solltest du auf der Stelle deinen Bauch aufschlitzen!« Angesichts dieser Worte verschwand der Landstreicher kleinlaut in den Schatten.

9-3. Als Shimomura Shoun für die Burg verantwortlich war, sagte Fürst Naoshige: »Wunderbar, dass Iheita[1] für sein Alter so kräftig und stark ist. Er rang mit einigen Bediensteten und bezwang auch solche, die älter als er waren.« Shoun erwiderte: »Ich mag ein alter Mann sein, aber ich möchte im Sitzen mit ihm ringen.« Er zog Iheita dicht an sich heran und warf ihn mit aller Macht zu Boden. Während er sich verabschiedete, sagte Shoun: »Er wird sich beschämen, da sich seine Knochen noch nicht gesetzt haben, aber er ist, was seine Stärke angeht, unbescheiden. Er ist schwächer, als er aussieht.«

9-21. Eine Meinung, die einem gewissen Krieger kundgetan wurde, der die Ermordung seines Vorgesetzten beabsichtigte. Während der Fürst in Edo residierte, schalt ein gewisser Gefolgs-

[1] Nabeshima Katsushige.

mann, der es zu einem prominenten Rang geschafft hatte, einen anderen Mann sehr streng, dass dieser seine Pflichten ordentlich erledigen solle. Der auf diese Weise beleidigte Samurai zog sich, ohne auch nur ein einziges Wort von sich zu geben, vom Schauplatz zurück. Es schien, als bereite er sich darauf vor, seinen Vorgesetzten zu töten.

Ein anderer Samurai lud ihn in eine Hütte ein: »Niemand kann dir einen Vorwurf daraus machen, dass du Feindseligkeit in dir verspürst und ihm eine ordentliche Lektion erteilen möchtest. Auch auf die Gefahr hin, grob zu klingen: Ich glaube, dein Groll liegt darin begründet, dass du eine andere Auffassung des Dienens hast. Seine Hoheit will sich auf uns verlassen können, sollte die Notwendigkeit entstehen, in die Schlacht zu ziehen. Also zeigt er sich in friedlichen Zeiten zurückhaltend, wie er unsere Dienste nutzt. Gegenüber Lakaien wie jenem, die ihm den Hintern abwischen oder niedrige Aufgaben erledigen, ist er herzlich.[1] Doch der ist ein unhöflicher Narr, der sich dessen nicht bewusst ist und sich fälschlicherweise für einen Gefolgsmann hält, der das Vertrauen des Fürsten genießt. Weil er ein Narr ist, dient er auf seine sorglose Art, ist jedoch nicht mehr als eine Fliege, die auf dem Kopf Seiner Hoheit gelandet ist. Wenn du als Krieger, von dem der Fürst erwartet, dass er in Zeiten der Krise Herausragendes leistet, mit einem Idioten wie jenem kämpfst, bist du nicht besser als jemand, der einen Leprösen mit einem Stock zu Tode prügelt. Zudem wäre es illoyal, Seine Hoheit durch einen solchen Aufruhr zu belästigen. Du musst tun, was dein Herz dir vorschreibt, und da es sich hier bloß um meine Meinung handelt, habe ich nicht im Geringsten die

[1] Siehe Buch 3-9.

Absicht, dich aufzuhalten.« Der Samurai hörte auf, darüber nachzudenken, wie er den Mann töten könne.

9-36. Okubo Doko stellt Beobachtungen zu Blumen an. »Die Menschen sagen, in diesem verkommenen Zeitalter seien keinerlei echte Experten für irgendetwas mehr geblieben, doch ich bin anderer Meinung. Mit der Zeit wurden so viele wunderbare Strauch-Pfingstrosen, Chinesische Pfingstrosen, Azaleen und Kamelien hervorgebracht. Und je mehr Zeit vergeht, desto schöner werden die Blumen. Ich bin überzeugt, dass genau wie diese Blumen auch weiterhin wahre Meister der Künste erscheinen werden, während sich die Welt ihrem Ende nähert. Es ist beklagenswert, dass die Menschen sich nicht anstrengen, sondern stattdessen die Schuld bei dem verkommenen Zeitalter suchen, in dem sie leben, während die Welt sich ihrem Ende nähert. Doch das hat nichts mit der Welt zu tun, sondern vielmehr mit den Menschen.«

10-8. Für korrekte Etikette ist es unerlässlich, sie zu Beginn und zum Schluss rasch zu vollziehen und gelassen dazwischen. Mitani Senzaemon [= Masamichi] sagte in diesem Zusammenhang: »Auf diese Weise führe ich Kaishaku durch.«[1]

10-26. Der Priester Ryozan erstellte eine Zusammenfassung der militärischen Leistungen Fürst Ryuzoji Takanos. Ein anderer Priester sah die Dokumente und maßregelte ihn: »Ein Priester ist nicht gut beraten, über einen Militärgeneral zu schreiben. Ganz unabhängig davon, wie eloquent er auch zu schreiben imstande ist – dass er nicht mit militärischen Belangen vertraut ist,

[1] In Buch 2-50 wird er als Yozaemon bezeichnet.

wird höchstwahrscheinlich dazu führen, dass er die Gedanken eines berühmten Generals falsch versteht. Entsprechend bedauerlich wäre es, künftigen Generationen (durch die Interpretation eines Amateurs) ein falsches Bild eines berühmten Generals zu vermitteln.«

10-56. Ein gewisser Mann sagte: »Es gibt im Schrein [von Sugawara-no-Michizane][1] ein Gedicht, das da lautet: ›Beschreitet jemand in seinem Herzen den Pfad der Aufrichtigkeit, obwohl er nicht betet, werden die Gottheiten nicht dennoch über ihn wachen?‹ Was kann ›Pfad der Aufrichtigkeit‹ bedeuten?« Ein anderer Mann erwiderte: »Du scheinst der Poesie zugeneigt zu sein, also lass mich dir in Versform antworten: ›Insofern sämtliche Dinge auf dieser Welt trügerisch sind, zeigt sich Aufrichtigkeit erst im Tode.‹ Zu leben, als seist du bereits tot, auf diese Weise verkörperst du den Pfad der Aufrichtigkeit.«

10-74. Priester Daiyo Osho aus Sanchu ging einen Kranken besuchen, doch man teilte ihm mit, dass der Mann gerade gestorben sei. Der Priester fragte: »Er war nicht die Art Mensch, die ›plötzlich verstirbt‹. Lag es an einem Mangel ausreichender medizinischer Aufmerksamkeit? Das ist wahrlich unglücklich.« Zufällig hörte auf der anderen Seite der Schiebetür der Arzt des

[1] Sugawara-no-Michizane (845–903) war ein berühmter Hofgelehrter und Poet der Heian-Zeit (794–1185). Nachdem er am Hofe gegen die mächtige Fujiwara-Hegemonie aufbegehrte, wurde er wegen »Verschwörung gegen den Thron« ins Exil verbannt, wo er auch starb. Eine Reihe Missgeschicke, die sich im Anschluss am Hof zutrugen, wurden dem Zorn seines Geistes zugerechnet. Um den Geist zufriedenzustellen, wurde er posthum begnadigt und in den höchsten Rang am Hof befördert. Heute verehrt man ihn als Schutzheiligen der Wissenschaft.

Mannes diese Worte mit an und brach in grenzenlose Wut aus. »Ich habe gehört, wie Eure Heiligkeit andeutete, sein Tod sei auf unzureichende Betreuung zurückzuführen. Im Falle eines Quacksalbers mögen Eure Behauptungen nicht völlig grundlos sein. Ich habe gehört, das buddhistische Gesetz verleiht den Priestern besondere Kräfte. Wenn dem so ist, dann stellt diese Kraft unter Beweis, indem ihr ihn wieder zum Leben erweckt. Könnt Ihr das nicht, ist das der Beweis dafür, dass Buddhas Lehren keinerlei Wert haben.«

Der Priester war ob dieses Ausbruchs beunruhigt, erachtete es jedoch als unhaltbar, dass der Ruf des buddhistischen Gesetzes durch seine eigene Narretei Schaden nehmen sollte. »Ich werde diesen Mann durch Gebet wieder zum Leben erwecken. Warte, ich muss mich zunächst vorbereiten.« Daraufhin kehrte er in seinen Tempel zurück und traf die notwendigen Vorbereitungen. Dann kam er wieder und setzte sich zum Beten neben den Leichnam. Kurz darauf begann der kranke Mann überraschenderweise wieder zu atmen und erholte sich schließlich völlig. Es heißt, er habe noch ein weiteres halbes Jahr lang gelebt. Priester Tannen Osho erkundigte sich, ob die Geschichte wahr sei und wie der Priester gebetet habe. Daiyo gestand: »Es gibt keine Möglichkeit, die Toten wieder zum Leben zu erwecken, und ich bin mit keiner bestimmten Methode des Gebets vertraut. Ich habe um des buddhistischen Gesetzes willen den Vorsatz gefasst und nachdem ich in meinen Tempel zurückgekehrt war, wetzte ich ein gespendetes Wakizashi und verbarg es in meiner Robe. Ich blickte auf den toten Mann und flehte: ›Sollte Buddhas Macht existieren, dann möge sie jetzt erwachen!‹ Während ich dies sagte, beabsichtigte ich, meinen Leib aufzuschlitzen und mit den Armen um den Leichnam des Mannes geschlungen zu sterben …«

10-123. Eines Abends reiste der Priester Ungo Osho aus Matsushima durch das Gebirge, als ihm dort ein Bandit auflauerte. Ungo rief aus: »Ich bin aus dieser Region. Ich bin kein reisender Priester. Ich habe kein Geld. Ich gebe dir die Kleider an meinem Leib, aber ich ersuche dich, mir nicht das Leben zu rauben.« Der Bandit erwiderte: »Das ist reine Zeitverschwendung. Für Kleidung habe ich keinerlei Verwendung.« Damit zog er weiter. Nachdem er etwa ein Cho[1] weit gegangen war, kehrte Ungo um und rief den Banditen zurück. »Ich habe meine Eide gebrochen und eine Unwahrheit gesagt. Ich war dermaßen verwirrt, dass ich dieses Stück Silber in meiner Börse vergessen habe, dabei hatte ich doch behauptet, über keinerlei Geld zu verfügen. Sei nicht wütend auf mich. Hier ist es, bitte akzeptiere es.« Den Banditen ergriff die Ehrfurcht angesichts dieses Eingeständnisses. Er rasierte sich auf der Stelle den Schädel und wurde ein Schüler.

10-125. Einmal ging eine Gruppe zehn blinder Mönche durch das Gebirge. Während sie die Spitze einer Klippe umwanderten, begannen ihre Beine zu zittern und obwohl sie höchste Achtsamkeit an den Tag legten, überwältigte sie die Furcht. Der Anführer stolperte und stürzte über den Rand. Der Rest rief aus: »Oh, was für ein schreckliches Ende!« Sie waren nicht imstande, auch nur einen einzigen weiteren Schritt zu tun. Der blinde Mönch, der von der Klippe gestürzt war, rief von unten: »Habt keine Angst. Das Fallen war nicht so schlimm. Ich bin jetzt ziemlich gelassen. Ich hatte mir Sorgen gemacht, was wohl geschehen könnte, sollte ich stürzen, und war deswegen etwas besorgt. Jetzt jedoch bin

[1] Etwa 110 Meter.

ich ganz ruhig. Wollt ihr euren Geist beruhigen, dann fallt rasch [und bringt es hinter euch].«

10-127. Hojo Awa-no-Kami[1] sammelte seine Schüler der Militärwissenschaften um sich und bat einen beliebten Gesichtsleser aus Edo hinzu. Dieser sollte feststellen, welche Studenten stark waren und welche feige. Dazu ließ er jeden Schüler einzeln vor dem Mann Platz nehmen. »Solltest du ›stark‹ sein, strebe danach, noch besser zu werden. Solltest du ›feige‹ sein, werde noch entschlossener, dein Leben für deine Ausbildung aufzugeben. Da du mit diesen Eigenschaften geboren wurdest, ist daran nichts Schändliches.« Hirose Denzaemon war zur damaligen Zeit gerade einmal 12 oder 13 Jahre alt, aber er setzte sich vor den Gesichtsleser und sprach laut: »Wenn du verkündest, ich hätte das Antlitz eines Feiglings, werde ich dich mit einem einzigen Hieb meines Schwerts erschlagen!«

10-137. In einer öffentlichen Debatte oder bei einem Tribunal erklärt man am besten: »Erlaubt mir, mit meiner Antwort zu warten, bis ich ausreichend darüber nachgedacht habe.« Selbst wenn du nur eine vorläufige Antwort gibst, ist es ratsam, dir etwas Flexibilität zu bewahren, indem du sagst: »Ich würde, wenn ich darf, gerne noch etwas länger über diese Angelegenheit nachdenken.« Mit diesem Spielraum solltest du die Ange-

[1] Hojo Awa-no-Kami Ujinaga (1609–1670) studierte unter dem Strategen Obata Kagenori (1572–1639) die Koshu-ryu-Schule der Militärwissenschaften [= Gungaku]. Ujinaga hatte in der Bakufu eine ganze Reihe wichtiger Posten inne und lehrte einflussreichen politischen Figuren eine radikal neue Auslegung der Militärstrategie. Dadurch nahm er großen Einfluss darauf, wie fortan die Rolle der Samurai zu Friedenszeiten definiert wurde.

legenheit mit anderen erörtern und dir Ratschläge einholen. Ein scharfsinniger Kerl steuert möglicherweise unerwartet eine Weisheit bei, die deiner Sache zusätzliche Logik verleiht. Selbst wenn ein schlecht informierter Mann die Umstände der Angelegenheit erfährt, kann der Kern deiner Haltung zu deinem Vorteil innerhalb der Gemeinde verbreitet werden. Außerdem kannst du deine Argumentation mit deinen Dienern oder Mägden einüben: »Wenn sie dies und jenes sagen, werde ich dies erwidern.« Das versetzt dich in die Lage, wohl artikuliert mit einer Aura des Selbstvertrauens zu sprechen, was die Überzeugungskraft deiner Sache noch erhöht. Die Wahrscheinlichkeit, dass du scheiterst, nimmt zu, wenn du alles für dich behältst und dich nicht vorbereitest. Egal, worum es in dem Fall geht, du solltest stets den Rat anderer einholen. Gibt es niemanden, der dafür verständig genug ist, wird dir eine Lösung in den Sinn kommen, wenn du den Fall mit deiner Frau oder den Kindern erörterst. Derartige Einsichten erlangt man erst, wenn Alter und Erfahrung zunehmen. (Übermittelt von Mura Josui.)

11-26. Aki-no-Kami[1] und seine Überzeugung, seine Kinder müssten keine Militärtaktik [= Gunpo] studieren. »Nichts lässt sich erreichen, indem man auf dem Schlachtfeld allzu umfangreiche Analysen vornimmt. Ein gutes Urteilsvermögen [= Funbetsu] hält einen Krieger davon ab, sich voller Eifer auf den Feind zu stürzen. Was mitten in der Hitze des Gefechts gefragt ist, ist Unbesonnenheit. Ein Halbwissen in Militärtaktik wird dazu führen, dass ein Krieger unentschlossen ist, während er

[1] Nabeshima Aki-no-Kami Shigetake war ein Fürst aus dem Fukabori-Zweig des Nabeshima-Clans.

seine Optionen abwägt. Deshalb sollte mein Nachwuchs keine Militärtaktik studieren.«

11-40. Über das Bedauern. Es gibt nichts Schlimmeres, als Dinge zu bedauern. Alle Samurai sollten gewissenhaft darauf achten, nichts zu tun, was sie später bedauern. Haben sie Glück, werden die Menschen überschwänglich und schauen nicht in die Zukunft. Sie werden sorglos und scheitern, wenn sich die Dinge in eine unangenehme Richtung entwickeln. Das ist bedauerlich. Bleibe stets auf der Hut und stehe mit beiden Beinen fest auf dem Boden, insbesondere in guten Zeiten.

11-42. Dies sind die Lehren von Yamamoto Jin'uemon:[1]

- Junge Männer sollten sich nicht mit Poesie befassen, Bildromane lesen oder sich mit Go, Shogi oder anderen derartigen Aktivitäten befassen, die Antriebslosigkeit verursachen. Mitglieder des Nakano-Clans sollten ein Eichenschwert mitführen und ihre militärische Bereitschaft verfeinern.
- Durch zielstrebige Anstrengung [= Banno-isshin] lässt sich alles erreichen.
- Innen Hundefell, außen Tigerfell.
- Der Schlusssatz eines Briefs wird deinen Pinsel nicht überanstrengen. Du wirst dir nicht den Rücken brechen, indem du dich höflich verneigst.[2]

1 Jochos Vater. Siehe Buch 1-60. Die Quintessenz bei einigen dieser Grundsätze ist ähnlich, aber die Formulierungen unterscheiden sich leicht von denen, die im ersten Buch angeführt werden.

2 Bedeutung: Man kann niemals zu höflich sein.

- Achte darauf, selbst ein Brathühnchen zu sichern.[1]
- Peitsche selbst ein galoppierendes Pferd.[2]
- Ein Mann, der dir direkt und freimütig Fragen stellt, führt nichts Böses im Schilde.
- Ein Mann lebt eine Generation lang, aber ein Name lebt ewig.
- Geld ist leicht zu bekommen, gute Männer nicht.
- Ein Mann, der Gelächter vortäuscht, ist ein Feigling. Eine Frau, die dies tut, ist lustvoll.
- Ein echter Mann ist imstande, sieben Mal innerhalb eines Cho Lügengeschichten aufzutischen.[3]
- Selbst wenn man die Antwort schon kennt, ist es nicht unhöflich zu fragen. Es ist aber unbedingt erforderlich, wenn man die Antwort nicht kennt.
- Kannst du in eine Richtung sehen, kannst du in acht Richtungen sehen.[4]
- Kennst du eine Wahrheit, wirst du für alles erwachen.
- Hülle deinen Willen in Tannennadeln.[5]
- Ein vertrauenswürdiger Mann ist ein Kusemono [= heldenhafter Krieger].
- Stecke deine Hände nicht in die Seiten deines Hakamas. Das ist Sorglosigkeit.

[1] Bedeutung: Verliere unter keinen Umständen deine Achtsamkeit.

[2] Bedeutung: Nimm nichts als gegeben hin, schon gar nicht dann, wenn alles gut zu laufen scheint.

[3] Ein Cho gleich 110 Meter.

[4] Bedeutung: So lange du beim Beobachten sorgfältig vorgehst, wirst du alle Dinge wahrnehmen können.

[5] Bedeutung: Bist du aufrichtig, können die Geschenke, die du als Tribut entsendest, auch klein sein, denn es ist der Gedanke, der zählt.

- Vor anderen solltest du nicht deinen Mund aufreißen und gähnen. Verbirg dein Gähnen hinter deinem Ärmel oder einem Fächer.
- Ein Strohhut oder ein Kabuto [= Helm] sollte mit dem Vorderteil heruntergezogen getragen werden.[1]
- Als er starb, sagte er: »Jeder kennt den Namen Jin'uemons. Es wäre bedauerlich, wegen der Schmerzen zu stöhnen.« Bis zum Schluss schrie er nie vor Schmerz auf.[2]

11-48. Über das Loslösen vom Leben und den Tod. Ein Krieger, der keinen Abstand von Dingen des Lebens und Sterbens gewinnen kann, ist zu nichts zu gebrauchen. Der Sinnspruch »Durch zielstrebige Anstrengung lässt sich alles erreichen« scheint eine Form von Verbundenheit zu sein, bedeutet jedoch tatsächlich, sich von Sorgen um Leben und Tod zu lösen. Mit dieser geistigen Haltung ist dann jede heldenhafte Tat möglich. Die Kunst [des Kampfs] ist ein Vehikel für den Weg [sich von Leben und Tod zu lösen].

11-74. Matsudaira Izu-no-Kami sagte zu Mizuno Kenmotsu [= Tadayoshi]:[3] »Du bist ein nützlicher Mann, aber es ist eine Schande, dass du so klein bist.« Kenmotsu erwiderte: »Du hast absolut Recht. Manche Dinge entwickeln sich nicht dergestalt, wie man es sich wünschen würde. Ich zum Beispiel wäre ein klein wenig größer, wenn ich dir den Kopf abschlüge und ihn an meinen Füßen befestigte. Leider jedoch bekomme ich meinen Willen nicht.«

[1] Bedeutung: Niemand soll sehen, wohin du schaust.

[2] Siehe Buch 9-26.

[3] Herrscher über das Reich Okazaki.

11-124. Vorbedingung für das Sprechen ist es, nicht zu sprechen. Willst du etwas ohne Worte beilegen, lässt es sich ohne Gerede erreichen. Befiehlt man dir zu sprechen, so gebrauche so wenig Worte wie nötig sind, um es vernünftig klingen zu lassen. Impulsiv und überflüssig mit der Sprache herauszuplatzen, ist ein schmähliches Verhalten und führt wahrscheinlich dazu, dass sich andere von dir abwenden.

11-167. Es heißt: »Große Unternehmungen geben sich nicht allzu sehr mit Bagatellen ab.« So lange ein Gefolgsmann seinem Fürsten mit einzigartiger Loyalität dient [= worüber ich ausführlich in *Gukenshu* geschrieben habe], wird man ihm verzeihen, selbst wenn er in anderen Angelegenheiten unbedacht ist oder zum Ärgernis für andere wird, indem er seinen Willen durchsetzt. Ist ein Mann hingegen in jeder Hinsicht perfekt, macht ihn das unsympathisch. Er wird in wichtige Angelegenheiten eingebunden sein, bis er an seine Grenzen stößt. Ohne Flexibilität jedoch lassen sich keine bemerkenswerten Leistungen erzielen. Es heißt: »Erreicht ein Mann Großes, geziemt es sich nicht, kleinere Patzer als ›ungeraten‹ anzuprangern.«

Zentrale Ereignisse in der Geschichte des Reiches Saga und im Leben von Yamamoto Jocho

1530 Bei der Schlacht von Tatenawate verbünden sich Ryuzoji Iekane und Nabeshima Kiyohisa erstmals und kämpfen gemeinsam gegen die Heerscharen von Ouchi und Kanzaki.

1545 Ryuzoji Iekane wird in Kawakami getötet, Baba Yorichika erschlägt Ryuzoji Chikaie.

1570 Die Otomo-Armee der Provinz Bungo [= heutzutage Präfektur Oiga] greift die Burg von Saga an, die Hauptfestung der Ryuzojis. Nabeshima Naomasa [= später in Naoshige umbenannt] überfällt nachts die feindlichen Truppen in Imayama. Er verleiht auf diese Weise dem Ryuzoji-Clan neuen Siegeswillen.

1584 In Shimabara fällt Ryuzoji Takanobu bei den Kämpfen gegen die Streitkräfte von Shimazu und Arima.

Fürst Ryuzoji Masaie (1556–1607)

1588 Toyotomi Hideyoshi bestätigt, dass Ryuzoji Masaie der souveräne Herrscher über die Provinz Hizen ist.

1590 Hideyoshi befiehlt Masaie, die Kontrolle über das Reich Saga an seinen Verwandten Nabeshima Naoshige abzutreten.

Fürst Nabeshima Naoshige (1538–1618)

1592 Im Rahmen von Hideyoshis Feldzug auf der koreanischen Halbinsel führt Naoshige seine Truppen in die Schlacht. Sein Heldenmut wird weithin gepriesen.

1597 Bei der zweiten Expedition nach Korea kehrt Naoshige mit seinem Sohn Katsushige zurück.

1598 Hideyoshi stirbt. Naoshige kehrt aus Korea nach Saga zurück.

1600 Zunächst stellt sich Naoshige auf die Seite der Toyotomi-Truppen, wechselt dann aber über in Tokugawas Lager. Nachdem er bei der Schlacht von Sekigahara Tachibana Muneshige besiegte und zum Sieg der Tokugawa-Truppen beitrug, erklärt Tokugawa Ieyasu Naoshige offiziell zum Herrscher über das Reich Saga.

Fürst Nabeshima Katsushige (1580–1657)

1607 Takafusa stirbt und besiegelt damit das Ende der Ryuzoji-Linie. Die Bakufu erlaubt es Nabeshima Katsushige, die Kontrolle über alle ehemaligen Ländereien der Ryuzojis zu übernehmen.

1610 Für Katsushiges jüngeren Bruder Tadashige wird im Nabeshima-Reich die Subdomäne Kashima begründet.

1611 Das Reich Nabeshima erhält Befehl, Personal für den Bau der Burg abzustellen, die sich der Shogun in Edo errichten lässt.

1614 Katsushige und seine Männer werden für die Winterbelagerung der Burg Osaka mobilisiert. Ziel ist es, den letzten Widerstand der Anhänger Toyotomis zu brechen.

1615 Das Reich Nabeshima erhält Befehl, Personal für den Wiederaufbau der Burg Osaka abzustellen.

1617 Für Katsushiges ältesten Sohn Motoshige wird im Reich Nabeshima die Subdomäne Ogi geschaffen.

1618 Nabeshima Naoshige stirbt im Alter von 81 Jahren. 13 seiner Gefolgsleute folgen ihm in den Tod [= Oibara]. Katsushiges ältester Sohn Motoshige wird eingetragener Lehrer in der renommierten Schwertkunst Yagyu Shinkage-ryu.

1619 Für den Bau der Burg Edo werden Ressourcen aus dem Reich Nabeshima mobilisiert. Die Burg sollte Regierungssitz und Residenz des Shoguns sein.

1620 Nakano Kiyoaki [= Jochos Großvater] stirbt bei Imari Momonokawa.

1628 Für Renovierungsarbeiten an der Burg Osaka werden Männer aus dem Nabeshima-Reich mobilisiert.

1629 Nabeshima Naoshiges Frau Yodaiin stirbt. Acht ihrer Gefolgsleute folgen ihr in den Tod. Auch Nabeshima Katsushiges zweiter Sohn Tadanao stirbt. Fünf seiner Gefolgsleute folgen ihm in den Tod. Für Katsushiges fünften Sohn Naosumi wird die Subdomäne Hasuike ins Leben gerufen.

1637 Während des Shimabara-Aufstands beteiligen sich Katsushiges Truppen an den Kämpfen zur Unterwerfung der Christen.

1642 Das Shogunat bestimmt Katsushige zum Aufseher Nagasakis.

1647 Yamamoto Shigezumi [= Jochos Vater] wird erster Gouverneur von Arita.

1648 Katsushiges Enkel begeht seine Mannbarkeitsfeier.

1652 Das *Torinoko-cho*, ein Buch über die Gesetze des Reiches Saga, wird geschrieben.

1657 Nachdem sich Katsushige aus seinem Amt zurückzieht, übernimmt Mitsushige die Leitung des Reichs Nabeshima.

Fürst Nabeshima Mitsushige (1632–1700)

1659 Am elften Tag des sechsten Monats kommt Yamamoto Jocho [= Tsunetomo] zur Welt. Sein Geburtsname ist Matsukame.

1661 Mitsushige untersagt die Praxis des Junshi, die Selbstverbrennung von Gefolgsleuten, die ihrem Fürsten in den Tod folgen wollen. Damit will man verhindern, dass Gefolgsleute von Shiraishi Yushu Nabeshima Naohiro nach dessen Tod Selbstmord begehen.

1667 Mitsushige nimmt Tsunetomo in das Gefolge der angehenden Pagen auf. Sein neuer Name lautet Fukei.

1669 Tsunetomos Vater stirbt.

1672 Er wird zum persönlichen Knappen Mitsushiges ernannt. Sein neuer Name lautet Ichijuro.

1673 Nachdem in Nagasaki uneingeladen Handelsschiffe aus England eintreffen, werden Krieger aus Saga dorthin gerufen, um die Verteidigungslinien zu stärken.

1678 Er begeht die Mannbarkeitszeremonie [= Genpuku] und wird Schreiber Mitsushiges. Nimmt den Namen Gon'nojo an. Tashiro Tsuramoto kommt zur Welt.

1679 Der Mönch Tannen Osho nimmt Tsunetomo für sein Wissen um buddhistisches Recht in das Kechi-myaku auf, die Ahnentafeln der Zen-Schule. Tsunetomo bekommt den buddhistischen Namen Kyokuzan Jocho. Die Feindseligkeiten zwischen dem Nabeshima-Reich und dessen drei Subdomänen vertiefen sich.

1680 Tannen Osho stirbt.

1682 Tsunetomo wird zunächst Page und dann Beamter der Dokumentenabteilung. Er heiratet die Tochter von Yamamura Sukedayu Naritsugu.

1686 Er wird Sekretär in der Residenz der Nabeshima in Edo und später für das Anwesen in Kyoto.

1687 Tsunetomo wird vorübergehend von seinen Pflichten entbunden. Grund ist der Selbstmord von Yamamoto Tsuneharu [= seinem Neffen], der damit für ein Feuer büßen wollte, das 1686 in Saga ausgebrochen war.

1691 Er nimmt von seinem verstorbenen Vater den Namen Jin'uemon an.

1693 Ittei stirbt.

1695 Nachdem sich sein Vater Mitsushige zurückzieht, wird Nabeshima Tsunashige dritter Fürst des Reichs.

Fürst Nabeshima Tsunashige (1652–1707)

1696 Tsunetomo wird nach Kyoto entsandt. Er soll dort für Mitsushige das *Kokin-denju* beschaffen, ein Lehrbuch über Poesie. Tashiro Tsuramoto wird Schreiber Tsunashiges.

1700 Nabeshima Mitsushige stirbt 69-jährig im Koyoken. Jocho lässt sich zum Priester weihen und zieht sich in eine Einsiedelei in Kurotsuchibaru zurück.

1702 Jocho adoptiert Tominaga Tsunetoshi. Dieser nimmt später den Namen Gon'nojo an.

1706 Nabeshima Tsunashige stirbt.

Fürst Nabeshima Yoshishige (1664–1730)

1707 Nabeshima Yoshishige wird vierter Fürst des Reichs.

1708 Jocho verfasst das *Gukenshu* und präsentiert es seinem Adoptivsohn.

1709 Tsuramoto verliert den Posten als Bediensteter seines Fürsten. Jochos Mutter stirbt.

1710 Tsuramoto besucht erstmals Jocho in seiner Einsiedelei. Das Diktat für das *Hagakure* beginnt. Jocho ist 52 Jahre alt, Tsuramoto 33.

1713 Nach dem Tod von Mitsushiges Konkubine Ryoju-in zieht Jocho von Kurotsuchibaru nach Daishokuma in eine andere Einsiedelei.

1714 Jocho schreibt für den künftigen Herrscher Nabeshimas, Prinz Muneshige, die Abhandlung *Osorenagara Kakioki no Oboe*, in der es um die korrekte Haltung für einen Daimyo geht. 1715 überreicht er dem Prinzen sein Werk.

1716 Elf Bücher des *Hagakure* sind fertig.

1719 Jocho stirbt im Alter von 61 Jahren.

Nabeshima Muneshige (1687–1754)

1730 Nabeshima Yoshishige stirbt. Muneshige wird der fünfte Fürst des Reichs.

1731 Tsuramoto wird Sekretär von Fürst Muneshige.

1748 Tsuramoto stirbt im Alter von 71 Jahren.

Hierarchie

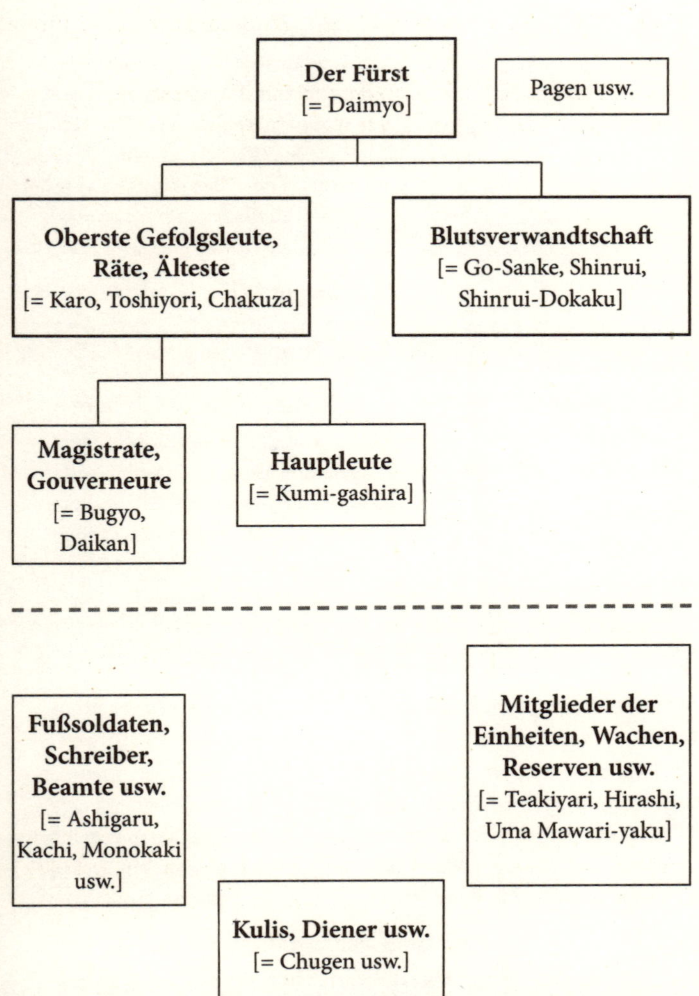

Der Fürst
[= Daimyo]
Pagen usw.
Oberste Gefolgsleute, Räte, Älteste
[= Karo, Toshiyori, Chakuza]
Blutsverwandtschaft
[= Go-Sanke, Shinrui, Shinrui-Dokaku]
Magistrate, Gouverneure
[= Bugyo, Daikan]
Hauptleute
[= Kumi-gashira]
Fußsoldaten, Schreiber, Beamte usw.
[= Ashigaru, Kachi, Monokaki usw.]
Mitglieder der Einheiten, Wachen, Reserven usw.
[= Teakiyari, Hirashi, Uma Mawari-yaku]
Kulis, Diener usw.
[= Chugen usw.]

Loyalität

Große Loyalität
Samurai der oberen Ränge

Ehre erlangt man durch gute Beratung und Beschwerden, durch selbstloses Beraten zum Wohle von Fürst und Reich, durch Weisheit und Diskretion, durch die Bereitschaft, zu schützen oder zu sterben und selbst dann die Verantwortung zu übernehmen, wenn der Herrscher sich als Dummkopf erweist.

Reiner Wille [= Ichinen]

»Der Weg des Kriegers [= Bushido] liegt im Sterben.«

Samurai der mittleren und unteren Ebenen

»Todesraserei«
[= Shini-Gurui]

Reiner Wille [= Ichinen]
Ehre erlangt man durch Mut, durch geheime Liebe [= Shinobu-koi], selbstlose Hingabe zur Pflicht, Bereitschaft, für den Fürsten zu sterben, Kriegergeist, Zuverlässigkeit …
= KUSEMONO

Vor die Wahl gestellt, zu leben oder zu sterben

Hohe Wahrscheinlichkeit zu sterben
Höhere Wahrscheinlichkeit, zu leben und das Problem aus der Welt zu schaffen. Auch wenn du stirbst, werden deine Ehre und dein guter Ruf weiterleben.

Geringe Wahrscheinlichkeit zu sterben
Du lebst länger, aber man wird dich für einen Feigling halten. Du wirst wegen der Schande ohnehin Seppuku begehen müssen.

Symbolische Loyalität

Basiert auf Oliver Ansart, »Embracing Death: Pure Will in Hagakure« und Yamamoto Hirofumi, »Zukai Bushido«

Literatur

Englisch

Ansart, O. »Embracing Death: Pure will in Hagakure.« *Early Modern Japan: An Interdisciplinary Journal*, Vol. 18 (2010): S. 57–75.

Befu, H. *Japan: An Anthropological Introduction*. HarperCollins College Division, 1972.

Bito Masahide. »Introduction of Studies on Bushi.« *Acta Asiatica*, 1985.

Conlan, Thomas. »Largesse and the Limits of Loyalty in the Fourteenth Century.« *The Origins of Japan's Medieval World* (Hrsg.: Jeffrey P. Mass), S. 39–64. Stanford University Press, 1997.

Dale, Peter N. *The Myth of Japanese Uniqueness*. Croom Helm, 1986.

Davis, Winston. »The Civil Theology of Inoue Tetsujirō.« *Japanese Journal of Religious Studies 3*, Nr. 1 (März 1976): S. 5–40.

Day, Stacey B. *The Wisdom of the Hagakure*. Kyushu University Press, 1994.

Doak, K. *A History of Nationalism in Modern Japan: Placing the People*. Brill Academic Publishers, 2006.

Friday, K. »Valorous butchers: The art of war during the golden age of the samurai.« *Japan Forum 5* (1), 1993: S. 1–19.

Friday, K. »Bushidō or Bull? A Medieval Historian's Perspective on the Imperial Army and the Japanese Warrior Tradition.« *The History Teacher 27*, Nr. 3 (Mai 1994): S. 339–349.

Friday, K. *Legacies of the Sword*. University of Hawai'i Press, 1997.

Friday, K. *Samurai, Warfare and the State in Early Medieval Japan*. Routledge, 2003.

Furukawa Tetsushi. »The Individual in Japanese Ethics.« *The Japanese Mind: Essentials of Japanese Philosophy and Culture* (Hrsg. Craig Moore), S. 228–244. University of Hawai'i Press, 1967.

Garon, S. Molding. *Japanese Minds: The State in Everyday Life*. Princeton University Press, 1997.

Gluck, Carol. *Japan's Modern Myths*. Princeton University Press, 1985.

Hobsbawm, Eric J. und Terence Ranger. *The Invention of Tradition*. Cambridge University Press, 1983.

Howes, John F. *Japan's Modern Prophet: Uchimura Kanzo, 1861–1930*. UBC Press, 2005.

Hurst, C. G. III. »Death, honor, and loyalty: The bushido ideal«, *Philosophy East and West 40*, 1990: S. 511–527.

Ikegami, E. *The Taming of the Samurai: Honorific Individualism and the Making of Modern Japan*. Harvard University Press, 1995.

Koga Hideo und Stacey B. Day (Hrsg.). *Hagakure: Spirit of Bushido* (Bericht vom Internationalen *Hagakure*-Symposium, November 1992, Saga, Japan). Kyushu University Press, 1993.

Lafleur, William R. *Awesome Nightfall: The Life, Times and Poetry of Saigyō*. Wisdom Publications, 2003.

Mukoh Takai (Übers.). *The Hagakure: A Code to the Ways of the Samurai*. Hokuseido Press, 1980.

Nitobe Inazo. *Bushido, the Soul of Japan: An Exposition of Japanese Thought*. Leeds & Biddle, 1900.

Ohnuki-Tierney, Emiko. *Kamikaze, Cherry Blossoms, and Nationalisms: The Militarization of Aesthetics in Japanese History*. University of Chicago Press, 2002.

Sadler, A. L. *The Code of the Samurai*. Charles E. Tuttle Company, 1988.

Varley, Paul. *Imperial Restoration in Medieval Japan*. Columbia University Press, 1971.

Varley, Paul. *Warriors of Japan: As Portrayed in the War Tales*. University of Hawai'i Press, 1994.

Wilson, W. S. (Übers.). *The Book of the Samurai—Hagakure*. Kodansha International, 1979.

Japanisch

Bennett, Alexander. *Bushi no Etosu to sono Ayumi: Bushidō no Shakai Shisōshi-teki Kōsatsu*. Shibunkaku Shuppan, 2009.

Furukawa Tetsushi. *Nihon Rinri Shisō Shi Kenkyū. Volume 2: Bushidō no Shisō to sono Shūhen*. Fukumura Shoten, 1957.

Furukawa Tetsushi. *Hagakure no Sekai*. Shibunkaku Shuppan, 1993.

Hiraizumi Kiyoshi. *Bushidō no Fukkatsu*. Shibundō, 1933.

Inoue Tetsujirō. *Bushidō*. Heiji Zasshisha, 1901.

Inoue Tetsujirō. *Bushidō Sōsho*. Hakubunkan, 1906.

Kamura Takashi. *Hagakure Ronkō*. Sōeisha-Sanseidō Shoten, 2001.

Kanno Kakumyō. *Bushidō no Gyakushū*. Kōdansha Gendai Shinsho, 2004.

Kasaya Kazuhiko. »Bushidō Gainen no Shiteki Tenkai.« *Nihon Kenkyū* 35 (Mai 2007): S. 231–274.

Koga Takeshi. *Bushidō Ronkō*. Shimazu Shobō, 1974.

Koike Yoshiaki. *Hagakure: Bushi to Hōkō*. Kōdansha Gakujutsu Bunko, 1999.

Kurihara Arano. *Hagakure no Shinzui*. Hagakure Seishin Fukyūkai, 1935.

Kurihara Arano. *Hagakure Kōchū*. Naigai Shobō, 1940.

Mishima Yukio. *Hagakure Nyūmon*. Shinchōsha, 1983.

Morikawa Tetsurō. *Hagakure Nyūmon*. Nihon Bungeisha, 1973.

Motoki Yasuo. *Bushi no Seiritsu*. Yoshikawa Kōbunkan, 1994.

Motoki Yasuo. *Bushi no Rinri: Kinsei kara Kindai e*. Perikansha, 1993.

Nakamura Ikuichi (Hrsg.). *Hagakure*. Teiyūsha, 1906.

Naramoto Tatsuya. *Bushidō no Keifu*. Chūōkōronsha, 1975.

Sagara Tōru. »Kōyōgunkan, Gorinsho, Hagakure-shū.« *Nihon no Shisō* (Vol. 9), Chikuma Shobō, 1969.

Saiki Kazuma, Okayama Taiji und Sagara Tōru (Hrsg.). »Mikawa Monogatari, Hagakure.« *Nihon Shisō Taikei* 26, Iwanami Shoten, 1974.

Sakurai Shōtarō. *Meiyo to Chijoku*. Hosei University Press, 1971.

Ujie Mikito. *Bushidō to Erosu*. Kōdansha Gendai Shinsho, 1995.

Watsuji Tetsurō und Furukawa Tetsushi (Hrsg.). *Hagakure*. Iwanami Bunko, 1940.

Yamamoto Hirofumi. *Hagakure no Bushidō: Gokai Sareta »Shini-Gurui« no Shisō*. PHP, 2001.

Yamamoto Hirofumi. *Zukai Bushidō no koto ga Omoshiroi hodo Wakaru Hon*. Chūkei Shuppan, 2003.

Yoshida Yutaka. *Hagakure Nyūmon*. Tokuma Shoten, 1975.